Guttentagsche Sammlung
Nr. 101. Deutscher Reichsgesetze. Nr. 101.
Text-Ausgaben mit Anmerkungen.

Zuwachssteuergesetz

vom 14. Februar 1911

mit Quellenangabe und amtlichen Erläuterungen (Heft II der Amtlichen Mitteilungen über die Zuwachssteuer)

nebst

den reichsrechtlichen Ausführungsbestimmungen, den einzelstaatlichen Vollzugsanweisungen und der systematischen Darstellung der Zuwachssteuer (Heft III der Amtlichen Mitteilungen)

zusammengestellt

von

Dr. jur. Wilhelm Cuno,
Regierungsrat im Reichsschatzamt.

Berlin 1911.
J. Guttentag, Verlagsbuchhandlung,
G. m. b. H.

Vorwort.

Mit dem Zuwachssteuergesetz sind die „Amtlichen Mitteilungen über die Zuwachssteuer"*) ins Leben getreten, die der Einführung in das Gesetz und der Durchführung seiner Vorschriften zu dienen bestimmt sind. Sie bieten in ihren ersten fünf Heften eine Wiedergabe des Gesetzes, der Ausführungsbestimmungen, eine Zusammenstellung der einzelstaatlichen Vollzugsanweisungen sowie Erläuterungen zu den Vorschriften des Gesetzes und eine systematische Darstellung seines Inhalts. In dieser Abgrenzung erscheinen sie als ein abgeschlossenes Ganzes, das die für die Anwendung des Gesetzes erforderlichen Unterlagen umfaßt. Diese in handlicher, für den täglichen Gebrauch geeigneter Form weitesten Kreisen zugänglich zu machen, ist umsomehr an der Zeit, als die übergroße Zahl der Erläuterungsbücher — ihrer besonderen Vorzüge ungeachtet — schon wegen der Verschiedenheit der von ihnen vertretenen Auslegungsweisen die Anwendung des Gesetzes mehr zu erschweren als zu erleichtern beginnen

*) Die Mitteilungen erscheinen in zwanglosen Heften und sind im Buchhandel durch Carl Heymanns Verlag zu Berlin W 8, Mauerstraße 43/44, zu beziehen. Jahresabonnements werden durch jede Postanstalt entgegengenommen.

oder doch in der Auslegung von dem Wege ablenken könnte, der in den amtlichen Erlassen vorgezeichnet und den zu gehen die Zuwachssteuerämter durchgängig zufolge Anweisung der Landeszentralbehörden gehalten sind. Demgegenüber hält sich die vorliegende Ausgabe streng an die Veröffentlichungen in den „Amtlichen Mitteilungen" und bringt nichts mehr als eine Zusammenstellung des amtlichen Materials, das der Veranlagung auf geraume Zeit als Richtschnur dienen und daher jedem wertvoll sein wird, der mit dem Gesetze in Berührung kommt. Für den, der sich an der Hand der Entstehungsgeschichte eingehender, als in den Erläuterungen und in der systematischen Darstellung geschieht, über das Gesetz unterrichten will, sind dem Gesetzestexte Quellenangaben angefügt. Wer für die Entwicklung der weiteren Auslegung Interesse hat, wird in den „Amtlichen Mitteilungen über die Zuwachssteuer" fortlaufend geeigneten Aufschluß finden.

Die Wiedergabe der einzelstaatlichen Vollzugsanweisungen im Wortlaut hat — um den für die Ausgabe vorgesetzten Rahmen nicht zu überschreiten — auf wenige Bundesstaaten beschränkt bleiben müssen. Im übrigen sind die Vollzugsanweisungen ihrer Überschrift nach zusammengestellt und in den beiden wichtigsten Beziehungen von allgemeinem Interesse — der Ordnung der Behörden und Rechtsmittel — in Übersichten mitgeteilt.

Die Zusammenstellung ist unabhängig von der amtlichen Beziehung des Herausgebers zum Gesetze und sollte ursprünglich mit einer für den gleichen Verlag übernommenen Handausgabe des Gesetzes verbunden werden. Deren über Erwarten langsames Fortschreiten läßt indessen die vorzeitige, gesonderte Veröffentlichung geboten erscheinen, da weiteres Warten der Erreichung des ihr vorgesetzten Zweckes abträglich sein muß.

Berlin, Oktober 1911.

Dr. Cuno.

Abkürzungen.

ABl. d. StK. = Amtsblatt des Steuer-Kollegiums.
Ausführungsbestimmungen = Zuwachssteuer-Ausführungsbestimmungen vom 27. März 1911 (ZBl. f. d. D. R. S. 79).
A. u. VBl. = Amts- und Verordnungsblatt.
Ba. LV. = Landesherrliche Verordnung, die Zuwachssteuer betreffend, vom 1. April 1911 (G. u. VBl. S. 207).
Ba. VA. = Zuwachssteuer-Vollzugsanweisung der Zoll- und Steuerdirektion vom 8. April 1911.
Ba. VV. = Verordnung der Ministerien der Justiz, des Kultus u. Unterrichts, des Innern u. der Finanzen vom 1. April 1911, den Vollzug des Zuwachssteuergesetzes betreffend (G. u. VBl. S. 208).
Bay. B. = Bayerische Bekanntmachung, den Vollzug des Zuwachssteuergesetzes vom 14. Februar 1911 betreffend, vom 27. Juni 1911 (G. u. VBl. S. 965).
Bay. K. V. = Königlich Bayerische Verordnung vom 1. April 1911 (G. u. VBl. S. 185).
Begr. = Begründung zum Entwurf eines Zuwachssteuergesetzes (Nr. 374 der Drucksachen des Reichstags, 12. Legislaturperiode, II. Session 1909/10).
BGB. = Bürgerliches Gesetzbuch.
Bundesrat = Zuwachssteuer-Ausführungsbestimmungen des Bundesrats vom 27. März 1911 (ZBl. f. d. D. R. S. 79).
GBl. = Gesetzblatt.
GS. = Gesetz-Sammlung.
G. u. VBl. = Gesetz- und Verordnungsblatt.
G. u. VS. = Gesetz- und Verordnungssammlung.
H. B. = Bekanntmachung des Hessischen Staatsministeriums, das Reichszuwachssteuergesetz vom 14. Februar 1911 betreffend, vom 1. April 1911 (Reg.Bl. S. 62).
H. B. (1)= Bekanntmachung des Hessischen Staatsministeriums, die Erhebung von Zuschlägen zur Reichszuwachssteuer durch die Gemeinden betreffend, vom 20. Mai 1911 (Reg.Bl. S. 79).

K. I, II, III = Beschlüsse der 15. Kommission des Reichstags in 1., 2., 3. Lesung. (Die eingeklammerten Ziffern bei K. III beziehen sich auf die Paragraphenfolge mit den redaktionellen Änderungen.

KB. I = Bericht der 15. Kommission über den Entwurf eines Zuwachssteuergesetzes (Nr. 515 der Drucksachen des Reichstags, 12. Legislaturperiode, II. Session 1909/10).

KB. II = Bericht der 15. Kommission über die dritte Lesung des Entwurfs eines Zuwachssteuergesetzes (Nr. 596 der Drucksachen des Reichstags).

LV. = Landesverordnungen.

Pl. = Verhandlungen des Reichstags, 12. Legislaturperiode, II. Session 1909/11, Stenographische Berichte (die eingeklammerten Zahlen beziehen sich auf Stellen, an denen nur nebenher von der betreffenden Vorschrift die Rede ist).

Pl. II, III = Beschlüsse des Reichstags in 2., 3. Lesung. (Die eingeklammerten Ziffern beziehen sich auf die Fassung des Gesetzes in fortlaufender Nummernfolge der Paragraphen.)

Pr. A. = Preußische Ausführungsanweisung des Ministers des Innern und des Finanzministers vom 19. Mai 1911 zum Reichszuwachssteuergesetz vom 14. Februar 1911.

Pr. AV. (1) = Preußische Allgemeine Verfügung des Justizministers vom 19. Mai 1911 über Mitteilungen an die Zuwachssteuerämter (JMBl. S. 201).

Pr. AV. (2) = Preußische Allgemeine Verfügung des Justizministers vom 23. Juni 1911 über Mitteilungen an die Zuwachssteuerämter (JMBl. S. 255).

Pr. E. = Preußischer Erlaß des Ministers des Innern und des Finanzministers vom 5. August 1911.

Pr. G. = Preußisches Ausführungsgesetz zum Reichszuwachssteuergesetze vom 14. Februar 1911. Vom 14. Juli 1911 (GS. S. 95).

RGBl. = Reichsgesetzblatt.

Reg.Bl. = Regierungsblatt.

RV. = Regierungsvorlage (Nr. 374 der Drucksachen des Reichstags, 12. Legislaturperiode, II. Session 1909/10).

S. V. = Sächsische Verordnung der Ministerien der Justiz, des Innern und der Finanzen, die Vollziehung des Zuwachssteuergesetzes vom 14. Februar 1911 betreffend, vom 29. März 1911 (G. u. VBl. S. 87).

S. V. (1) = Sächsische Verordnung des Finanzministeriums vom 30. März 1911 (G. u. VBl. S. 92).
S. V. (2) = Sächsische Verordnung des Finanzministeriums, die Errichtung eines Zuwachssteueramtes betreffend, vom 29. Mai 1911 (G. u. VBl. S. 126).
S. V. (3) = Sächsische Verordnung der Ministerien der Justiz und der Finanzen, die Vollziehung des Zuwachssteuergesetzes vom 14. Februar 1911 betreffend, vom 29. Mai 1911 (G. u. VBl. S. 126).
VBl. = Verordnungsblatt.
W. A. = Anweisung des Steuerkollegiums, Abt. f. direkte Steuern, vom 2. Mai 1911, betreffend den Vollzug des Zuwachssteuergesetzes (ABl. d. StK. S. 163).
W. E. = Erlaß des Steuerkollegiums, Abt. f. direkte Steuern, vom 16. Juni 1911, betreffend die Veräußerungsanzeigen über zuwachssteuerpflichtige Rechtsgeschäfte (ABl. d. St.K. S. 176).
W. E. (1) = Erlaß des Steuerkollegiums, Abt. f. direkte Steuern, vom 16. Juni 1911, betreffend die im Steuerhauptbuch zu verrechnenden Einnahmen und Ausgaben aus der Zuwachssteuerverwaltung (ABl. d. StK. S. 177).
W. V. = Verfügung der Ministerien der Justiz, des Innern und der Finanzen vom 28. April 1911, betreffend den Vollzug des Zuwachssteuergesetzes (ABl. d. StK. S. 155).
W. V. (1) = Verfügung der Ministerien der Justiz und der Finanzen vom 12. Juni 1911, betreffend die zuwachssteuerpflichtigen Rechtsvorgänge aus der Zeit vom 1. Januar bis 31. März 1911 (ABl. S. 175).
ZBl. f. d. D. R. = Zentralblatt für das Deutsche Reich.

Paragraphenangaben ohne weiteren Zusatz verweisen auf die Paragraphen des Zuwachssteuergesetzes.

Inhaltsübersicht.

Seite

Teil I.

Das Zuwachssteuergesetz mit Quellenangabe und amtlichen Erläuterungen.

Abschnitt I.

Gegenstand und Zeitpunkt der Steuerpflicht im allgemeinen.

Abschnitt II.

Der steuerpflichtige Zuwachs.

A. Im allgemeinen.

Abschnitt VI.

Träger des Steueranspruchs.

Abschnitt VII.

Uebergangsvorschriften.

Abschnitt VIII.

Schlußvorschriften.

Seite

Teil II.

Die reichsrechtlichen Ausführungsbestimmungen.

A. Ausführungsbestimmungen des Bundesrats: Zuwachssteuer-Ausführungsbestimmungen.

Erster Abschnitt.

Anmeldungsverfahren.

Zweiter Abschnitt.

Vorverfahren.

Dritter Abschnitt.

Hauptverfahren.

Erster Teil: Veranlagung der Steuer.

Seite

Zweiter Teil: Erhebung der Steuer.

Vierter Abschnitt.

Fünfter Abschnitt.

Sechster Abschnitt.

Siebenter Abschnitt.

Schlußbestimmungen.

B. Bekanntmachung des Reichskanzlers vom 12. Mai 1911.

Teil III.

Die einzelstaatlichen Vollzugsanweisungen.

Teil I.

Zuwachssteuergesetz.

Vom 14. Februar 1911.

(RGBl. 1911 Nr. 6 S. 33—56.)

Mit Quellenangabe und amtlichen Erläuterungen.
(Amtliche Mitteilungen 1. Jahrgang S. 97—136).

---

§ 1.

Beim Übergange des Eigentums an inländischen Grundstücken wird von dem Wertzuwachse, der ohne Zutun des Eigentümers entstanden ist, gemäß den Vorschriften dieses Gesetzes eine Abgabe (Zuwachssteuer) erhoben.

Beträgt der Veräußerungspreis, und im Falle einer Teilveräußerung der Wert des Gesamtgrundstücks, bei bebauten Grundstücken nicht mehr als 20 000 Mark, bei unbebauten Grundstücken nicht mehr als 5000 Mark, so bleibt der Eigentumsübergang von der Steuer frei. Als unbebaut gelten auch solche Grundstücke, auf denen sich Gartenhäuser, Schuppen, Lagerstätten und ähnliche zu vorübergehenden Zwecken dienende Baulichkeiten befinden. Die Steuerfreiheit tritt nur ein, wenn weder der Veräußerer und sein Ehegatte im letzten Jahre ein Einkommen von mehr als 2000 Mark gehabt haben, noch einer von ihnen den Grundstückshandel gewerbsmäßig betreibt. Wird festgestellt, daß die Veräußerung für Rechnung eines Dritten erfolgt, so ist die Steuerfreiheit nur zu gewähren, wenn die Voraussetzungen für die Befreiung auch in der Person des Dritten vorliegen.

I. **Quellen:**

Abs. 1. RB. § 1 Abs. 1; K. I, II: § 1 Abs. 1 S. 1; K. III: § 1 Abs. 1 S. 1 (§ 1 Abs. 1); Pl. II: § 1 Abs. 1; Pl. III: § 1 Abs. 1 (§ 1 Abs. 1). — Begr. 20, 22, 33; KB. I: 2—4, 8, 9, (38) (92); KB. II: 2—7 (8); Pl.: 3891 D, 3893 B, 3894 D, 3895, 3903 B, C, 3906 B, 3910 D, 3915 B, 3919 A, 3955 C, D, 3962 D, 3963 A—C, 4297 B, C, 4302 C.

Abs. 2. RB. —; K. I: § 1 Abs. 1 S. 2; K. II: § 1 Abs. 1 S. 2—4 u. Abs. 2; K. III: § 1 Abs. 1 S. 2—4 u. Abs. 2 (§ 1 Abs. 2); Pl. II, III: § 1 Abs. 2 (§ 1 Abs. 2); — KB. I: 4—11 (63, 134); KB. II: 7, 8, 11, 12, 13 14, (84); Pl.: 3897 A—C, 3903 B—3904 C, 3906 C, D, 3914 A, 3918 B, 3926 C, 3931 D, 3933 A, 3935 A, B, D, 3942 C, D, 3948—3949 D, 3952 C—3954 D, 3959 B—3961 A, 3962 D, 3963 D, (4001 D), (4014 B, C), 4302 C, (4306 C).

II. **Ausführungsbestimmungen:** Bundesrat: §§ 2, 3.

III. **Erläuterungen:**

1. Der Begriff des Grundstücks im Sinne des Gesetzes umfaßt außer der Erdoberfläche selbst die mit ihr als wesentliche Bestandteile verbundenen Gegenstände (Sachen und Rechte) mit Ausnahme der Maschinen und Bodenerzeugnisse (§ 10).

Im übrigen ist für den Begriff des Grundstücks nicht die rechtliche Einheit, auch nicht die Eintragung im Grundsteuerkataster, Lagerbuch oder auf einem oder mehreren Grundbuchblättern, sondern die wirtschaftliche Einheit des Besitzes das maßgebende Merkmal (KB. II S. 8; Pl. S. 3960 B, C; 3962 D). Die gleiche Bedeutung hat das Wort Gesamtgrundstück in § 1 Abs. 2 und § 20 Abs. 1. Der Ausdruck „Gesamtgrundstück" ist hier lediglich gewählt, um den Gegensatz zu den Teilen hervortreten zu lassen (KB. II S. 8; Pl. S. 3903 C). Enger ist die Umgrenzung in § 20 Abs. 3, wo außer dem wirtschaftlichen ein örtlicher Zusammenhang gefordert wird.

2. Die Steuerpflicht knüpft, ohne Rücksicht auf Art und Zahlung des Preises (Pl. S. 4322), an den Übergang des Eigentums — also an den abgeleiteten Erwerbsvorgang (z. B. infolge Kaufes) —

an und trifft, soweit nicht ein Umgehungsfall vorliegt (§ 6), nicht den ursprünglichen Erwerb (Okkupation). Ob der Eigentumsübergang ein freiwilliger oder ein zwangsweiser ist (Enteignung, Zwangsversteigerung), ist ohne Einfluß auf die Steuerpflicht.

3. Der Zusatz „ohne Zutun des Eigentümers entstanden“ soll für die Auslegung und Anwendung des Gesetzes keine selbständige Bedeutung haben, sondern eine grundsätzliche Erklärung über den Gegenstand der Steuerpflicht geben, wie er in den Einzelbestimmungen des Gesetzes bindend und vollständig abgegrenzt ist. Den Einzelbestimmungen gegenüber kann daher der Einwand nicht beachtlich erscheinen, bei deren Anwendung werde auch vom Eigentümer geschaffener Zuwachs von der Steuer getroffen, während nach dem Willen des Gesetzgebers nur der ohne Zutun des Eigentümers geschaffene Zuwachs steuerpflichtig sein solle (KB. I S. 4 Abs. 2, S. 9 Abs. 2, Pl. S. 3895 D, 3955 C, D). Diese Auslegungsweise sollte durch Aufnahme der Worte „gemäß den Vorschriften dieses Gesetzes“ sichergestellt werden (KB. I S. 9 Abs. 3).

Diese Vorschriften sind enthalten in den §§ 8 bis 13, 17 bis 20 und 23, 24, 64 einerseits und in den §§ 14, 15, 16, 21, 22, 25, 27, 65 anderseits. Die erste Gruppe von Bestimmungen schafft für die Besteuerung die Grundlage, indem sie als steuerpflichtigen Wertzuwachs den Unterschied zwischen Erwerbs- und Veräußerungspreis bezeichnet und den Begriff des Preises allgemein (§§ 8, 10, 11, 12, 13, 17) und für bestimmte Fälle (§§ 9, 18, 19, 20, 23, 24) feststellt. Die zweite Gruppe scheidet aus dem steuerpflichtigen Zuwachs in besonderen Vorschriften, namentlich durch Zu- und Abrechnungen zum Erwerbs- und vom Veräußerungspreise, denjenigen Teil aus, der, weil auf eigener Tätigkeit des Eigentümers beruhend, von der Steuerpflicht ausgenommen bleibt.

4. Die Befreiungsvorschrift des § 1 Abs. 2 gilt nur für Grundstücke, nicht auch für Berechtigungen (§ 2) oder Rechte (§ 3) [KB. II S. 18].

5. Unter Veräußerungspreis ist ebenso wie unter Erwerbspreis oder Preis schlechthin der Betrag zu verstehen, der sich aus

der Parteiabrede unter Beachtung der Vorschriften der §§ 8 bis 13, 17 bis 20, 23, 24, 64 ergibt ohne Berücksichtigung der Vorschriften der §§ 14 bis 16, 21, 22, 25, 27, 65 (KB. II S. 14, Bl. S. 4306 C).

6. Teilveräußerung bedeutet jede Abtrennung eines Teiles des zu einer wirtschaftlichen Einheit zusammengefaßten Grundbesitzes (vgl. Anmerkung 1). Dieser deckt sich nicht notwendig mit dem gesamten Grundbesitz des Veräußerers (Bl. S. 3903 B, C; 3949 B). Ist der Veräußerer z. B. Eigentümer eines Landguts und eines städtischen Miethauses, so liegt beim Verkauf eines von beiden keine Teilveräußerung vor und es kommt lediglich auf den Wert des verkauften Besitzes an, während eine Teilveräußerung anzunehmen und der Wert des ganzen Landguts zu berücksichtigen wäre, wenn von diesem etwa ein Acker veräußert würde.

7. Über den Unterschied zwischen bebauten und unbebauten Grundstücken bietet der Abs. 2 Satz 2 des § 1 einen Anhalt, insofern als ihm zu entnehmen ist, daß Baulichkeiten nicht dauernder Art das Grundstück nicht zu einem bebauten machen. Eine abschließende Begriffsbestimmung soll damit nicht gegeben sein. Vielmehr wird die Verkehrsauffassung im Einzelfalle maßgebend sein müssen.

8. Die persönlichen Befreiungsvoraussetzungen müssen nicht wie beim Umsatzstempel (Tarifnummer 11 des Reichsstempelgesetzes) für den Erwerber, sondern für den Veräußerer gegeben sein (KB. II S. 84, Bl. S. 3897 B). Dabei findet die Befreiung nur Anwendung, wenn der Veräußerer eine physische Person ist (KB. II S. 84). Unter Veräußerer ist hier der am steuerpflichtigen Rechtsvorgang Beteiligte, nicht etwa auch sein Rechtsvorgänger zu verstehen, von dem jener das Grundstück in steuerfreier Weise (§ 7) erworben hat.

9. Für die persönlichen Befreiungsvoraussetzungen gelten Ehegatten als e i n e Person ohne Rücksicht darauf, ob sie getrennt leben und ohne Rücksicht auf das zwischen ihnen bestehende Ehegüterrecht. Bei Veräußerung für Rechnung eines Dritten müssen die Befreiungsvoraussetzungen sowohl in der Person des Ver-

tretenen als in der des Vertreters — und zwar gesondert — vorhanden sein.

10. Als Veräußerung für Rechnung eines Dritten gilt nicht auch die auf gesetzlicher Vertretungsbefugnis (Vormundschaft) beruhende Handlung.

11. Bei Veräußerung seitens mehrerer Miteigentümer müssen die Befreiungsvoraussetzungen für jeden einzelnen gegeben sein, andernfalls entfällt die Anwendung der Befreiung für alle.

12. Für die Feststellung des Einkommens wird die Veranlagung zur Einkommensteuer einen Anhalt bieten können, wobei jedoch zu berücksichtigen ist, daß nur das wirkliche veranlagte Einkommen und nicht etwa das Einkommen in Betracht gezogen werden darf, von dem infolge besonderer Ermäßigungsvorschriften (z. B. Kinderprivileg, Abzug für Lebensversicherungsprämie usw.) die Einkommensteuer berechnet wird.

§ 2.

Die Vorschriften dieses Gesetzes über Grundstücke finden Anwendung auf Berechtigungen, für welche die sich auf Grundstücke beziehenden Vorschriften des bürgerlichen Rechtes gelten; ausgenommen sind unbewegliche Bergwerksanteile.

I. **Quellen:** RV. § 1 Abs. 1; K. I, II: § 1 Abs. 1; K. III: § 1 Abs. 5 (§ 1a); Pl. II: § 1a; Pl. III: § 1a (§ 2). — Begr. 20, 33; KB. I: (12), 25; KB. II: 8—11, 13, (15), (30—32); Pl.: 3897 A, 3907 A, 3936 C — 3939 C, 3963 D, 4302 C.

II. **Ausführungsbestimmungen:** Bundesrat: §§ 2, 3, 11, 12.

III. **Erläuterungen:**

1. Zu den Berechtigungen im Sinne dieser Vorschrift gehören mit Ausnahme der unbeweglichen Bergwerksanteile alle Berechtigungen, die auf Grund des Reichsrechts (z. B. Erbbaurecht und Erbpachtrecht) oder der Landesgesetzgebung (z. B. Bergwerkseigentum, Apothekengerechtigkeiten, Wirtschaftsgerechtigkeiten, Kohlenabbaurechte) den für Grundstücke geltenden Vorschriften unterstellt sind (KB. II S. 11). Erforderlich ist eine all-

gemeine und grundsätzliche Gleichstellung, wie sie z. B. im Bürgerlichen Gesetzbuch § 1017 für das Erbbaurecht vorgesehen ist, mit der Möglichkeit selbständiger — vom Grundstückseigentum getrennter — Veräußerung und Belastung. Eine Gleichstellung in einzelnen Beziehungen, z. B. bei Schiffsparten hinsichtlich der Verpfändung und Zwangsvollstreckung, reicht nicht aus.

2. Die Gleichstellung des § 2 hat die Bedeutung einer völligen Gleichordnung sowohl in materieller als auch in formaler Beziehung, also insbesondere auch für § 3 (Verwertung von Berechtigungen als Ausgangspunkt für die Steuerpflicht von Gesellschaftsanteilen), § 38 (Mitteilungspflicht) — KB. II S. 11 —, so daß alle von Grundstücken handelnden Vorschriften auf die Berechtigungen Anwendung finden, soweit sich nicht aus der Natur der Sache eine Abweichung ergibt. Das letzte gilt insbesondere für die Befreiungsvorschrift des § 1 Abs. 2, die — wie sich aus ihrer Zweckbestimmung und der Unterscheidung zwischen bebauten und unbebauten Grundstücken ergibt — auf Grundstücke selbst beschränkt bleiben soll (KB. II S. 11/13).

3. Für das Bergwerkseigentum sind besondere Ausnahmen von der Steuerpflicht bestimmt, indem im Falle des Austausches von Feldesteilen und im Falle der Konsolidation von der Erhebung der Steuer abgesehen werden soll (§ 7 Anmerkung 8).

4. Die Ausnahmebestimmung für unbewegliche Bergwerksanteile gilt nur für die grundsätzliche Gleichstellung des § 2, nicht auch für die Vorschrift des § 3, so daß die Übertragung unbeweglicher Bergwerksanteile an sich steuerfrei ist und als steuerpflichtiger Vorgang nur in Frage kommen kann, soweit im Einzelfalle für die Gewerkschaft die besonderen Voraussetzungen des § 3 gegeben sind. Ebenso werden „bewegliche" Bergwerksanteile (Neukuxe) von § 2 nicht betroffen, und zwar ohne daß es einer besonderen Hervorhebung bedurfte, da sie schon an sich den Grundstücken nicht gleichgestellt sind.

5. Aus der Gleichstellung der Berechtigung mit dem Grundstück folgt, daß die Steuerpflicht auf die Fälle des abgeleiteten Erwerbes beschränkt ist, die Bestellung der Berechtigung also

steuerfrei bleibt. Bei der ersten Übertragung gilt als Erwerbspreis der Wert der Berechtigung zur Zeit der Bestellung.

6. Bei gleichzeitiger Veräußerung des Grundstücks und der Berechtigung hat gesonderte Steuerberechnung einzutreten, und zwar nötigenfalls unter Anwendung des § 13 Abs. 2.

§ 3.

Dem Übergange des Eigentums an Grundstücken steht gleich der Übergang von Rechten an dem Vermögen einer Gesellschaft mit beschränkter Haftung, einer Kommanditgesellschaft, Gewerkschaft, eingetragenen Genossenschaft, eines eingetragenen Vereins oder einer offenen Handelsgesellschaft, soweit das Vermögen der Vereinigung aus Grundstücken besteht, wenn entweder zum Gegenstande des Unternehmens die Verwertung von Grundstücken gehört, oder wenn die Vereinigung geschaffen ist, um die Zuwachssteuer zu ersparen.

I. **Quellen:** RV. § 3; K. I, II: § 3; K. III: § 3 (§ 1b); Pl. II: § 1b; Pl. III: § 1b (§ 3). — Begr. 31, 32, 34, 35; KB. I: 11, 12; KB. II: 11—15, (47); Pl. 3938, 3964 A, 4302 C.

II. **Ausführungsbestimmungen:** Bundesrat: §§ 2, 3, 5, 7, 11.

III. **Erläuterungen:**

1. Die Vorschrift des § 3, bestimmt Umgehungen entgegenzutreten, begründet für die Gesellschaftsformen der daselbst bezeichneten Art weder eine Steuerpflicht schlechthin noch auch nur für den Regelfall, sondern ausnahmsweise, nämlich bei den mit der Verwertung von Grundstücken befaßten oder zur Steuerersparung geschaffenen Gesellschaften (KB. II S. 12).

2. Die Gleichstellung des Überganges von Rechten am Gesellschaftsvermögen — d. i. jedes Wechsels in der Beteiligung von Gesellschaftern an der Gesellschaft — mit dem Eigentumsübergang an Grundstücken hat im allgemeinen dieselbe Bedeutung wie die Gleichordnung der Berechtigungen im § 2 (KB. II S. 11). Sie ist aufzufassen als eine steuerliche Sonderbelastung der Gesell-

schaftsanteile, die als selbständiges Steuerobjekt zu gelten haben, und für die als Wertzuwachs der Unterschied zwischen Erwerbspreis und Veräußerungspreis schlechthin gilt, ohne daß — abgesehen von Erwerbs- und Veräußerungskosten — Zu- und Abrechnungen der in §§ 14 und 22 bezeichneten Art oder die Hinzurechnungen des § 16 in Frage kommen können. Eine Einschränkung erleidet der Unterschied zwischen Erwerbs- und Veräußerungspreis für die Steuerpflicht dadurch, daß die Steuerpflicht beschränkt bleibt auf den aus Grundstücken und grundstücksgleichen Berechtigungen (KB. II S. 14) bestehenden Teil des Vermögens. Ist also ein Gesellschaftsanteil erworben zu 300 und veräußert zu 500 und betrug der Grundbesitz der Vereinigung beim Erwerb $^1/_2$, bei der Veräußerung $^3/_5$ des gesamten Vermögens, so berechnet sich der steuerpflichtige Zuwachs nach einem Erwerbspreis von 150 und einem Veräußerungspreise von 300, und es ergibt sich ein Zuwachs von 100 vom Hundert. Auf die Nämlichkeit der Grundstücke zur Zeit des Erwerbes und der Veräußerung und folgerichtig auch darauf, ob der höhere Wert des Grundbesitzes auf eine Wertsteigerung des zur Zeit des Erwerbes vorhandenen Grund und Bodens oder auf Erwerb neuer Grundstücke in der Zwischenzeit zurückzuführen ist, kommt es bei der durchaus selbständigen Erfassung der Gesellschaftsanteile nicht an. Ebensowenig besteht irgendwelche Beziehung zwischen der Besteuerung der Anteile und der steuerlichen Erfassung des Zuwachses bei Veräußerung von Gesellschaftsgrundstücken.

3. Der Kreis der steuerpflichtigen Gesellschaftsanteile umfaßt die Kuxe des alten Rechtes, da die Ausnahmebestimmung des § 2 nur für die Gleichstellung der Berechtigung mit dem Grundstück gilt, so daß der Übertragungsakt zwar an sich als steuerfrei gilt, indessen der Abgabe zu unterstellen ist, falls für die Gewerkschaft die besonderen Voraussetzungen des § 3 vorliegen (KB. II S. 13).

4. Der Verwertung von Grundstücken steht gemäß § 2 die Verwertung von grundstücksgleichen Berechtigungen gleich (KB. I S. 12, II S. 14).

5. Als Verwertung ist weder jede gelegentliche noch auch nur jede gewerbsmäßige Benutzung der Grundstücke oder einer Berechtigung anzusehen, sondern lediglich eine solche, die abzielt auf die Nutzbarmachung des Mehrwerts, ohne daß es anderseits darauf ankommt, ob diese allein oder mit anderen Zwecken den Gegenstand des Unternehmens bildet (KB. I S. 12), und ob die Verwertung von Grundstücken satzungsgemäß als Zweck genannt ist oder nicht (KB. I S. 11). Wie daher der Betrieb eines Bergwerkes an sich nicht schon die Steuerpflicht der Kuxübertragungen begründet, wird die Übertragung der Anteile einer Vereinigung nicht bereits um deswillen der Steuerpflicht zu unterstellen sein, weil die Vereinigung etwa aus Anlaß der Verlegung des Fabrikunternehmens sich zu einem Grundstücksverkaufe veranlaßt sieht, bei dem sie einen Gewinn erzielt (KB. II S. 12/13). Im übrigen ist nicht notwendig, daß die Verwertung in einer Veräußerung besteht. Sie kann auch durch Bebauung und mietweise Ausnutzung erfolgen (KB. I S. 12). Ebensowenig braucht die Verwertung eine unmittelbare zu sein. Sie würde ebenso als gegeben zu erachten sein, wenn eine Gesellschaft sich damit befaßt, Geschäftsanteile einer anderen Gesellschaft (etwa einer Tochtergesellschaft) zu verwerten, die unter § 3 fällt (KB. II S. 12).

6. Die Ausdehnung der Steuerpflicht auf die in Umgehungsabsicht geschaffenen Vereinigungen ist von der Kommission angefügt worden, um die bei dem flüssigen Begriffe der „Verwertung" möglichen Grenzfälle zu erfassen und namentlich die Geltung des § 3 auf solche Vereinigungen außer Zweifel zu stellen, die der Verwertung eines einzelnen Grundstücks dienen (KB. I S. 11).

§ 4.

Die Steuerpflicht wird begründet durch die Eintragung der Rechtsänderung in das Grundbuch oder, wenn es einer solchen zum Übergange des Eigentums nicht bedarf, durch den Vorgang, der die Rechtsänderung bewirkt.

Sofern das Grundbuch noch nicht als angelegt anzusehen

ist, tritt an die Stelle der Eintragung die Umschreibung in öffentlichen Büchern.

I. **Quellen:** RV. § 1 Abs. 2, 3; K. I: § 1 Abs. 2, 3; K. II: § 1 Abs. 3, 4; K. III: § 1 Abs. 3, 4, (§ 1c); Pl. II: § 1c; Pl. III: § 1c, (§ 4). — Begr. 22; KB. I: 11; KB. II: 12; Pl.: 3964 A, 4302 C.

II. **Ausführungsbestimmungen:** Bundesrat: §§ 3, 4, 6, 8, 11, 12.

III. **Erläuterungen:**

1. Der Begründung der Steuerpflicht im Augenblicke des Eigentumsüberganges steht nicht entgegen, daß für die Veranlagung, insbesondere für die Feststellung des steuerpflichtigen Zuwachses, die Vereinbarungen zu Grunde gelegt werden, wie sie in den Veräußerungsverträgen getroffen sind, ohne Berücksichtigung etwaiger Veränderung der Veranlagungsgrundlagen in der Zwischenzeit.

2. Als Zeitpunkt der Entstehung der Steuerpflicht gilt regelmäßig die Eintragung in das Grundbuch (nicht schon die Auflassung) oder, soweit eine Eintragung nicht erforderlich ist (Enteignung, Zwangsversteigerung usw.), der Vorgang, der die Eigentumsänderung bewirkt. Ausnahmen von der Steuerpflicht sieht § 7, von ihrer Verknüpfung mit dem Übereignungsvorgange § 5 vor.

§ 5.

Erfolgt der Übergang des Eigentums nicht innerhalb eines Jahres nach Abschluß des zur Übertragung des Eigentums verpflichtenden Veräußerungsgeschäfts, so gelangt die Zuwachssteuer aus Anlaß dieses Rechtsgeschäfts und, falls innerhalb des einjährigen Zeitraums mehrere Rechtsgeschäfte dieser Art abgeschlossen worden sind, aus Anlaß des letzten Rechtsgeschäfts zur Hebung.

Die Steuerpflicht tritt im Falle des Abs. 1 mit Ablauf eines Jahres nach Abschluß des Veräußerungsgeschäfts ein; für die Veranlagung ist der Zeitpunkt maßgebend, in welchem das Rechtsgeschäft oder bei mehreren Rechtsgeschäften das letzte Rechtsgeschäft abgeschlossen ist.

Als Rechtsgeschäfte im Sinne des Abs. 1 sind auch anzusehen:

1. die Übertragung der Rechte der Erwerber aus Veräußerungsgeschäften;
2. die Übertragung von Rechten aus Anträgen zur Schließung eines Veräußerungsgeschäfts, die den Veräußerer binden, sowie aus Verträgen, durch die nur der Veräußerer zur Schließung eines Veräußerungsgeschäfts verpflichtet wird;
3. nachträgliche Erklärungen des aus einem Veräußerungsgeschäfte berechtigten Erwerbers, die Rechte für einen Dritten erworben oder die Pflichten für einen Dritten übernommen zu haben;
4. die Abtretung der Rechte aus dem Meistgebot und die Erklärung des Meistbietenden, daß er für einen anderen geboten habe;
5. Rechtsgeschäfte, durch die jemand ermächtigt wird, ein Grundstück ganz oder teilweise auf eigene Rechnung zu veräußern.

I. **Quellen**: RV. § 2; K. I, II: § 2: K. III: § 2 (§ 2); Pl. II: § 2; Pl. III: § 2 (§ 5). — Begr. 22, 33, 34; KB. I: 11, (93); KB. II: 12, 43; Pl.: 3964 A, 4302 C.

II. **Ausführungsbestimmungen**: Bundesrat: §§ 3, 6, 10, 12.

III. **Erläuterungen**:

1. Die Vorschrift des § 5 soll der Möglichkeit vorbeugen, daß in weitem Umfang und über Gebühr die förmliche Eigentumsübertragung hinausgeschoben wird, um die damit verbundene Entstehung der Steuerpflicht hintanzuhalten. Deshalb genügt es auch zum Ausschluß der Bestimmung des § 5, daß innerhalb des Jahres überhaupt eine Auflassung erfolgt. Nicht erforderlich ist, daß die Auflassung sich als Erfüllung des Veräußerungsgeschäfts darstellt. Wenn z. B. A. an B. ein Grundstück veräußert, diesen Vertrag aber aus irgendeinem Grunde nicht erfüllt und das Grund-

stück vor Ablauf eines Jahres an C. aufläßt, so ist aus Anlaß der Auflassung und nicht etwa daneben nach Ablauf der Jahresfrist vom Veräußerungsgeschäft ab die Steuer zu erheben.

Mit Abschluß des Veräußerungsvertrags die Steuerpflicht eintreten zu lassen, erschien auch, abgesehen von der vorbezeichneten Erwägung, schon deshalb geboten, weil in gewissen Fällen, z. B. bei der Teilveräußerung eines mecklenburgischen Erbpachtrechts (§§ 5, 164 bis 176 der mecklenburgischen Ausführungs-Verordnung zum Bürgerlichen Gesetzbuch vom 9. April 1899), das Nutzeigentum an dem veräußerten Teile nicht unmittelbar an den Erwerber aufgelassen und übertragen, sondern zunächst der Grundherrschaft (dem Obereigentümer) durch Auflassung zurückgegeben und von diesem demnächst durch Erteilung eines Grundbriefs — also außerhalb des Grundbuchs — zu Erbpacht an den Erwerber verliehen wird. Es unterliegt keinem Zweifel, daß in solchem Falle die Steuer von dem Zuwachs zu berechnen ist, welchen der ursprüngliche Erbpächter bei der Veräußerung an den demnächstigen Erbpächter erzielt hat (Begr. S. 34).

2. Als Veräußerungsgeschäfte im Sinne des § 5 sind alle entgeltlichen, obligatorischen Rechtsgeschäfte anzusehen, welche unmittelbar oder mittelbar als Grundlage für den Übergang des Eigentums zu dienen geeignet sind, in einer Form abgeschlossen sind, die einen Rechtsanspruch auf Übertragung des Eigentums begründen (Begr. S. 33), und zur Zeit des Eintritts der Steuerpflicht (Ablauf eines Jahres) noch zu Recht bestehen.

3. Die Vereinbarungen des Veräußerungsgeschäfts sind für die Veranlagung (auch soweit dabei die Dauer der Besitzzeit in Betracht kommt) grundlegend ohne Rücksicht auf eine etwaige Wertsteigerung innerhalb der folgenden Jahresfrist. Für einen späteren Steuerfall ist dann gleichfalls das Veräußerungsgeschäft als Erwerbsvorgang maßgebend (§ 27 Abs. 1 Satz 2). Das gilt naturgemäß nur, soweit aus Anlaß des Veräußerungsgeschäfts eine Steuer erhoben ist, d. h. hinsichtlich der seit dem 1. Januar 1911 eingetretenen Fälle (§ 17 Abs. 2 Satz 2). Das Veräußerungsgeschäft unterbricht also, im Gegensatze zu den Rechtsvorgängen

der §§ 1, 2, 3, den Lauf des für die Steuerbemessung maßgebenden Zeitraums nicht, wenn es vor dem 1. Januar 1911 liegt.

4. Sind nach Abschluß eines Veräußerungsgeschäfts innerhalb der Jahresfrist nebeneinander oder einander folgend (§§ 27, 32) weitere Veräußerungsgeschäfte getätigt, so beginnt der Lauf der Jahresfrist von dem ersten Veräußerungsgeschäfte, während für die Festsetzung des Veräußerungspreises, für die Berechnung der Besitzzeit usw. das letzte, innerhalb der Jahresfrist abgeschlossene Geschäft maßgebend ist, wobei für die Berechnung des Zuwachses bei einander folgenden Rechtsgeschäften § 27 Platz greift. Für die Übergangszeit gilt als erstes Veräußerungsgeschäft das erste nach dem 31. Dezember 1910 gelegene.

5. Den Veräußerungsgeschäften sind im Abs. 3 zu Ziffer 1 bis 4 eine Anzahl Rechtsvorgänge gleichgestellt worden, die im Grundstücksverkehre vielfach zur Ersparung der staatlichen oder gemeindlichen Umsatzsteuer üblich geworden und infolgedessen für den Umsatzstempel schon in Tarifnummer 11 des Reichsstempelgesetzes ausdrücklich der Abgabepflicht unterstellt sind (Begr. S. 34). Die Bestimmungen sollen in doppelter Hinsicht der Umgehung vorbeugen, indem sie sowohl Rechtsvorgänge erfassen, die ihrer Rechtsform nach andernfalls der Besteuerung sich entziehen würden, als auch Fälle im Auge haben, in denen etwa durch Dazwischentreten einer befreiten Person (§ 30) eine Steuerersparung erreicht werden könnte (KB. II S. 12, 43). Für das letztere wird, soweit nicht § 6 Platz greift, außer Ziffer 2 ganz besonders die — gegenüber dem Reichsstempelgesetz neu eingefügte — Ziffer 5 dienlich sein.

6. Für Rechtsvorgänge des Abs. 3 gilt die Gleichstellung nur, wenn sie rechtswirksam — unter Beachtung der für sie vorgesehenen Rechtsform — vorgenommen sind und bei Eintritt der Steuerpflicht (Ablauf des Jahres) noch zu Recht bestehen.

7. Die Abtretung aus Vertragsanträgen (Ziffer 2) vollzieht sich meist derart, daß der Grundstücksbesitzer A. dem B. die Schließung eines Kaufvertrags anträgt (§§ 145 ff. Bürgerliches Gesetzbuch), vielfach unter der Ermächtigung des B., die Rechte aus

dem Angebot abzutreten. B. macht hiervon Gebrauch und überträgt seine Rechte an C., dieser an D., und es erfolgt schließlich die Auflassung von A. an D. Bei Abtretung von Angebotsverträgen schließt der Grundstückseigentümer A. mit B. einen notariellen Vertrag ab, durch den er dem B. oder einem von B. zu bezeichnenden Dritten den Abschluß eines Kaufvertrags über sein Grundstück anbietet. Zur Annahme des Angebots wird eine bestimmte Frist festgesetzt. Noch vor deren Ablauf ist ein Teil des Kaufgeldes zu zahlen, der im Falle der Nichtannahme des Angebots als verfallen gilt. Hat B. in C. einen Erwerber gefunden, so schließen A., B. und C. einen weiteren Vertrag, in welchem C. den Vertragsantrag des A. annimmt und an B. eine Provision — meist die Preissteigerung — für die Zuführung des Grundstücks zahlt. Die Auflassung erfolgt unmittelbar von A. an C. (Begr. S. 34).

§ 6.

Die Besteuerung wird nicht dadurch ausgeschlossen, daß ein nach diesem Gesetze steuerpflichtiges Rechtsgeschäft durch ein anderes Rechtsgeschäft verdeckt wird, insbesondere an die Stelle des Überganges des Eigentums ein Rechtsvorgang tritt, der es ohne Übertragung des Eigentums einem anderen ermöglicht, über das Grundstück wie ein Eigentümer zu verfügen.

I. **Quellen**: RV. —; K. I, II, III: —; Pl. II: § 3a; Pl. III: § 3a (§ 6); Pl. 3964 B, C, 4129 B — 4136 B, 4302 D, 4303, 4333 B.

II. **Ausführungsbestimmungen**: Bundesrat: § 46.

III. **Erläuterungen**:

Über den materiellen Wirkungskreis des § 6 lassen sich bestimmte Grenzen nicht ziehen. Der im zweiten Halbsatz angeführte Fall im Zusammenhalt mit dem in den Verhandlungen hervorgetretenen Zweckgedanken (Pl. S. 4303, 4333 B) ergibt, daß der Begriff der „Verdeckung“ nicht auf den Fall der Simulation im rechtlichen Sinne beschränkt bleiben soll. Vielmehr wird die Vorschrift in allen Fällen anzuwenden sein, in denen nach den

Umständen — insbesondere nach wirtschaftlichen Grundsätzen — ein Übertragungsfall als vorliegend anzusehen, eine Steuer aber nach dem Wortlaut des Gesetzes nicht erhoben werden kann, weil weder ein förmlicher Eigentumsübergang noch auch eine der im § 5 genannten Geschäftsformen vorliegt.

§ 7.

Die Zuwachssteuer wird nicht erhoben:

1. beim Erwerbe von Todes wegen im Sinne der §§ 1 bis 4*) des Erbschaftssteuergesetzes sowie beim Erwerb auf Grund einer Schenkung unter Lebenden im Sinne des § 55*) des Erbschaftssteuergesetzes, sofern nicht die Form der Schenkung lediglich gewählt ist, um die Zuwachssteuer zu ersparen;

---

*) Die Vorschriften des Erbschaftssteuergesetzes lauten:

§ 1. Gegenstand der Erbschaftssteuer ist der Erwerb von Todes wegen.

Als Erwerb von Todes wegen gilt, außer demjenigen, was durch Erbfolge, durch Vermächtnis oder als Pflichtteil erworben wird:

1. ein Erwerb, auf welchen die für Vermächtnisse geltenden Vorschriften des bürgerlichen Rechtes Anwendung finden, sowie dasjenige, was durch eine nach den Vorschriften des bürgerlichen Rechtes als Verfügung von Todes wegen zu beurteilende Schenkung erworben wird;
2. ein Erwerb, welcher infolge der Vollziehung einer durch Verfügung von Todes wegen angeordneten Auflage oder infolge der Bewirkung einer Leistung, von welcher der Erblasser einen Erwerb von Todes wegen abhängig gemacht hat, oder, sofern der Erwerb der Genehmigung einer Behörde bedarf, infolge der Vollziehung einer Anordnung dieser Behörde erlangt wird.

§ 2. Als Erwerb von Todes wegen ist außerdem anzusehen:

1. was durch Rechtsgeschäft unter Lebenden mit der Bestimmung zugewendet wird, daß es auf den Pflichtteil angerechnet werden soll;

2. bei der Begründung, Aenderung, Fortsetzung und Aufhebung der ehelichen Gütergemeinschaft;
3. beim Erwerb auf Grund von Verträgen, die zwischen Miterben oder Teilnehmern an einer ehelichen oder fortgesetzten Gütergemeinschaft zum Zwecke der Teilung der zum Nachlaß oder zum Gesamtgut gehörenden Gegenstände abgeschlossen werden, sowie

2. was als Abfindung für einen Erbverzicht (§§ 2346, 2352 des Bürgerlichen Gesetzbuchs) oder für die Ausschlagung einer Erbschaft oder eines Vermächtnisses gewährt wird.

§ 3. Als Erwerb von Todes wegen sind ferner anzusehen:
1. was durch den Eintritt eines Lehens- oder Fideikommißfalls erworben wird;
2. Bezüge aus Familienstiftungen, sofern sie infolge Todesfalls an den stiftungsmäßig oder gesetzlich dazu Berufenen gelangen, sowie der Erwerb des Vermögens einer solchen Stiftung, sofern das Vermögen infolge Erlöschens der Stiftung an den stiftungsmäßig oder gesetzlich dazu Berufenen gelangt;
3. Vermögensvorteile, die auf Grund eines von dem Erblasser geschlossenen Vertrags unter Lebenden von einem Dritten mit dem Tode des Erblassers unmittelbar erworben werden;
4. was als Abfindung für den Verzicht auf einen Erwerb der unter Nr. 1, 2 bezeichneten Art gewährt wird.

§ 4. Für die Steuerpflicht an Kindesstatt angenommener Personen und ihrer Abkömmlinge, soweit sich auf diese die Wirkungen der Annahme an Kindesstatt erstrecken, gelten außerdem folgende besondere Vorschriften:

Als Erwerb von Todes wegen ist auch anzusehen:
1. ein Erwerb, auf welchen die für den Pflichtteilsanspruch geltenden Vorschriften des bürgerlichen Rechtes Anwendung finden;
2. was durch eine Zuwendung unter Lebenden erworben wird, sofern die Zuwendung von dem Erwerber bei einer Erbauseinandersetzung mit anderen Abkömmlingen des Zuwendenden nach gesetzlicher Vorschrift oder auf Grund einer bei der Zuwendung getroffenen Anordnung des letzteren zur Ausgleichung zu bringen sein würde.

beim Erwerb auf Grund eines Zuschlags, der in den vorgenannten Fällen bei Teilung im Wege der Versteigerung einem Miterben oder Teilnehmer erteilt wird;

4. beim Erwerbe der Abkömmlinge von den Eltern, Großeltern und entfernteren Voreltern;
5. beim Einbringen in eine ausschließlich aus dem Veräußerer und dessen Abkömmlingen oder aus diesen

---

Im Falle der Fortsetzung der ehelichen Gütergemeinschaft (§§ 1483 ff. des Bürgerlichen Gesetzbuchs) ist nach der Beendigung der fortgesetzten Gütergemeinschaft der einem anteilsberechtigten Abkömmling an dem Gesamtgute der fortgesetzten Gütergemeinschaft zustehende Anteil Gegenstand der Erbschaftssteuer in gleicher Weise, wie wenn der erstverstorbene Ehegatte zur Zeit der Beendigung der Gütergemeinschaft gestorben und der Anteil an dem Gesamtgute der gesetzliche Erbteil des Abkömmlinges wäre. Als Erwerb von Todes wegen ist auch eine Zuwendung anzusehen, die einem anteilsberechtigten Abkömmling unter Lebenden gemacht wird, soweit die Zuwendung bei der Auseinandersetzung zur Ausgleichung kommen würde, sowie eine Abfindung, die einem Abkömmlinge dafür gewährt wird, daß er vor oder nach dem Eintritte der fortgesetzten Gütergemeinschaft auf seinen Anteil am Gesamtgute verzichtet.

§ 55. Schenkungen unter Lebenden unterliegen der gleichen Steuer wie der Erwerb von Todes wegen mit der Maßgabe, daß an Stelle der Verhältnisse des Erblassers und des Erwerbers die Verhältnisse des Schenkers und des Beschenkten berücksichtigt werden.

Als ein Erwerb durch Schenkung gilt auch ein Erwerb, der infolge der Vollziehung der einer Schenkung beigefügten Auflage oder infolge der Bewirkung einer Leistung, von welcher der Schenker eine Schenkung abhängig gemacht hat, oder, sofern die Schenkung der Genehmigung einer Behörde unterliegt, infolge der Vollziehung einer Anordnung dieser Behörde erlangt wird.

Einer Schenkung unter Lebenden steht gleich das in einem Stiftungsgeschäft unter Lebenden von dem Stifter zugesicherte und auf die Stiftung übergegangene Vermögen.

allein bestehende Gesellschaft des Bürgerlichen Gesetzbuchs oder Vereinigung der im § 3 bezeichneten Art. Die Steuerpflicht tritt ein, soweit nachträglich ein Gesellschafter aufgenommen wird, der nicht zu den Abkömmlingen des Veräußerers gehört;

6. beim Einbringen von Nachlaßgegenständen in eine ausschließlich von Miterben gebildete Gesellschaft des Bürgerlichen Gesetzbuchs oder Vereinigung der im § 3 bezeichneten Art. Die Vorschrift der Ziffer 5 Satz 2 findet entsprechende Anwendung;
7. beim Austausch im Inland gelegener Grundstücke zum Zwecke der Zusammenlegung (Flurbereinigung), der Grenzregelung oder der besseren Gestaltung von Bauflächen (Umlegung) sowie bei Ablösung von Rechten an Forsten, wenn diese Maßnahmen auf der Anordnung einer Behörde beruhen oder von einer solchen als zweckdienlich anerkannt werden;
8. beim Austausch von Feldesteilen zwischen angrenzenden Bergwerken und bei der Vereinigung zweier oder mehrerer Bergwerke zum Zwecke der besseren bergbaulichen Ausnutzung, sofern sie nicht zum Zwecke der Steuerersparung erfolgen.

Zu den Miterben im Sinne der Ziffern 3, 6 wird der überlebende Ehegatte gerechnet, der mit den Erben des verstorbenen Ehegatten gütergemeinschaftliches Vermögen zu teilen hat.

I. **Quellen:** RV. § 4; K. I, II: § 4; K. III: § 4 (§ 4); Pl. II: § 4; Pl. III: § 4 (§ 7). — Begr. 23, 35; KB. I: 13, (14—19), 20—22, (55), (56), (113), (114), (115); KB. II: 14, 15, (28); Pl.: 3964 D — 3976 A, 4303 B, C.

II. **Ausführungsbestimmungen:** Bundesrat: § 12.

III. **Erläuterungen:**

1. Der Eintritt eines der im § 7 bezeichneten Vorgänge schließt die spätere steuerliche Erfassung des bis dahin erfolgten Zuwachses

nicht aus, da beim nächsten Steuerfalle für die Festsetzung des Erwerbspreises auf den letzten steuerpflichtigen Vorgang vor Eintritt des steuerfreien Aktes zurückzugehen ist (Begr. S. 23, § 17 Abs. 1), auch soweit dieser vor dem Inkrafttreten des Gesetzes liegt (§ 17 Abs. 2). Bei einem vom Erblasser 1885 für 50 000 ℳ erworbenen, im Jahre 1895 im Werte von 75 000 ℳ auf den Erben übergegangenen und von diesem 1915 für 100 000 ℳ veräußerten Grundstück ist der Zuwachs von 1885 bis 1915 im Betrage von 50 000 ℳ zu versteuern. Durch diese lediglich aufschiebende Wirkung unterscheiden sich die Ausnahmefälle des § 7 von den Befreiungsvorschriften des § 1 Abs. 2 und des § 30, die beide eine endgültige Befreiung des bis dahin eingetretenen Zuwachses bedeuten, so daß im Falle späterer Veräußerung immer nur von der Veräußerung seitens der befreiten Person ausgegangen wird. Geht z. B. das im Jahre 1900 von A. für 10 000 ℳ erworbene Grundstück im Jahre 1911 im Wege des Überlassungsvertrags (§ 7 Ziffer 4) für 15 000 ℳ auf B. über, so ist, wenn dieser es im Jahre 1915 für 20 000 ℳ veräußert, maßgebend die während der Zeit von 1900 bis 1915 eingetretene Wertsteigerung (von 10 000 auf 20 000 ℳ), während lediglich die von 1911 bis 1915 eingetretene Wertsteigerung zu versteuern sein würde, wenn B. das Grundstück nicht im Wege der Überlassung von A. erhalten hätte, sondern die Veräußerung des A. an B. auf Grund des § 1 Abs. 2 oder deshalb steuerfrei wäre, weil A. zu den im § 30 genannten Personen gehört.

2. Das Vorhandensein von Umständen, aus denen sich ergibt, daß die Form der Schenkung zur Ersparung der Zuwachssteuer gewählt ist, ist von Amts wegen nachzuprüfen (Pl. S. 3965 D, 3966).

3. Die Verträge zu Ziffer 3 müssen zwischen Miterben geschlossen sein; dahin gehören nicht Vermächtnisnehmer, Pflichtteilsberechtigte und sonstige Nachlaßinteressenten. Den Miterben steht unter Umständen der überlebende Ehegatte gleich (§ 7 Abs. 2).

4. Die Einbeziehung der Versteigerungen in Ziffer 3 will dem

im Westen und Süden üblichen Brauche Rechnung tragen, daß das Grundstück, um die Auseinandersetzung zwischen Miterben vorzunehmen, zur öffentlichen Versteigerung gebracht und alsdann von demjenigen Miterben erworben wird, der es dauernd behalten will. Der Erwerb durch einen Miterben ist Vorbedingung der Befreiung (KB. I S. 20).

5. Der allgemeine Ausdruck „Erwerb" stellt klar, daß in Ziffer 4 alle zwischen Eltern als Veräußerern und Abkömmlingen als Erwerbern abgeschlossenen entgeltlichen Verträge und nicht etwa nur diejenigen verstanden sind, die einen vorweggenommenen Erbgang darstellen (KB. I S. 13/14, 16).

6. Als Abkömmlinge gelten nicht auch die „angenommenen Kinder", deren Gleichstellung in der Regierungsvorlage vorgesehen war, später aber gestrichen worden ist (Pl. S. 4303 B).

7. Der Eintritt eines Gesellschafters im Falle der Ziffer 5 und 6 Satz 2 hat nicht die nachträgliche Steuerpflicht des ganzen Einbringungsaktes zur Folge, sondern läßt die Steuerpflicht nur für den Anteil des neuen Gesellschafters entstehen, so daß insoweit aus Anlaß der Änderung im Beteiligungsverhältnisse der Gesellschafter eine Steuerpflicht auch ohne die Voraussetzungen des § 3 eintritt. Für den nächsten Steuerfall ist hinsichtlich des Anteils des Gesellschafters von dessen Erwerb, hinsichtlich des übrigen Grundstücksteils von dem Preise auszugehen, für den das eingebrachte Grundstück von den einbringenden Personen oder deren Rechtsvorgängern erworben ist. Ein 1890 für 80 000 *M* erworbenes Grundstück ist vom Veräußerer 1900 für 100 000 *M* steuerfrei gemäß § 7 Ziffer 5 in eine von ihm und seinen drei Söhnen zu gleichen Anteilen gebildete Gesellschaft eingebracht. Geht der Anteil des einen Sohnes 1912, wo das Grundstück 120 000 *M* wert ist, auf einen Fremden über, so tritt Steuerpflicht für die von 1890 bis 1912 entstandene Wertsteigerung im Teilbetrage von 20 000 *M* bis 30 000 *M* ein. Wird das ganze Grundstück von der Gesellschaft 1915 für 140 000 *M* an einen Dritten veräußert, so ist ähnlich wie nach § 25 zu versteuern: die Wertsteigerung von 1890 bis 1915 für drei Vierteile des Grundstücks

von 60 000 bis 105 000 ℳ und außerdem die Wertsteigerung in den Jahren 1912 bis 1915 für das dem fremden Gesellschafter gehörige Viertel von 30 000 bis 35 000 ℳ.

8. Zusammenlegung ist jede wirtschaftliche Vereinigung zersplitterter und im Gemenge belegener Grundstücke ohne Rücksicht darauf, ob sie mit einer Gemeinheitsteilung verbunden ist oder nicht.

9. Die Ablösung von Rechten an Forsten bezieht sich auf die z. B. in Lippe übliche, nicht mittels Geldzahlung sondern durch Landausweisung erfolgende Ablösung der Gewährung von Bau-, Nutz- und Brennholz, von Fallholz, Streulaub, Heide usw.

10. Für die Berechnung des Erwerbspreises bei aus Anlaß einer Flurbereinigung, Grenzregelung oder Umlegung empfangenen Grundstücken gibt § 19 Sonderbestimmungen.

11. Die Anerkennung der Zweckdienlichkeit kann noch im Veranlagungsverfahren erfolgen. Der behördlichen Anerkennung einer privaten Flurbereinigung, Grenzregelung oder Umlegung steht die Verfügung der Behörde gleich, durch die eine solche Flurbereinigung, Grenzregelung oder Umlegung für vollzugsreif erklärt wird (Begr. S. 35).

12. Als Austausch von Feldesteilen ist der Vorgang zu verstehen, wie er in § 51 des Allgemeinen Berggesetzes für die Preußischen Staaten behandelt ist, während die Vereinigung zweier oder mehrerer Bergwerke zu einem einheitlichen Ganzen die Fälle der Konsolidation im Sinne der §§ 41 bis 49 ebenda umfaßt und nicht — wie bei den Kommissionsberatungen (KB. II S. 15) und durch Ablehnung des Antrags Nr. 616 Ziffer 1 im Plenum klargestellt ist — auch den Fall der Fusion (z. B. Vereinigung mehrerer technisch selbständiger Bergwerke zu einer Aktiengesellschaft, oder, wie in dem abgelehnten Antrag Nr. 616 Ziffer 1 angestrebt war, eines Bergwerkes mit einem Hüttenunternehmen).

§ 8.

Als steuerpflichtiger Wertzuwachs gilt der Unterschied zwischen dem Erwerbspreis und dem Veräußerungspreise.

Der Preis bestimmt sich nach dem Gesamtbetrage der Gegenleistung einschließlich der vom Erwerber übernommenen oder ihm sonst infolge der Veräußerung obliegenden Leistungen und der vorbehaltenen oder auf dem Grundstück lastenden Nutzungen und bei Verträgen über Leistung an Erfüllungsstatt nach dem Werte, zu dem die Gegenstände an Erfüllungsstatt angenommen werden.

Ist einem der Vertragschließenden ein Wahlrecht oder die Befugnis eingeräumt, innerhalb gewisser Grenzen den Umfang der Gegenleistung zu bestimmen, so ist für die Bemessung der Abgabe der höchste mögliche Betrag der Gegenleistung maßgebend.

I. **Quellen:** RV. § 5; K. I, II: § 5; K. III: § 5 (§ 5); Pl. II: § 5; Pl. III: § 5 (§ 8). — Begr. 20, 36: KB. I: 22, 26; KB. II: (11), 15—17, (18), (19), (39); Pl.: 3976 A, B, 4303 B, 4306.

II. **Ausführungsbestimmungen** —

III. **Erläuterungen:**

1. Die Vorschrift des § 8 bildet die Grundlage für die Abgrenzung des Steuerobjekts, indem als steuerpflichtiger Wertzuwachs die Erhöhung bezeichnet wird, die während der Besitzdauer eingetreten ist und die in dem Unterschiede zwischen Erwerbs- und Veräußerungspreis ihren Ausdruck findet. An Stelle des Preises tritt, soweit ein solcher nicht vereinbart oder nicht zu ermitteln ist, der Wert zu dem entsprechenden Zeitpunkt (§ 11). Als Erwerb und Veräußerung sind — vom Falle des § 6 abgesehen — die in §§ 1 (Abs. 1) bis 5 bezeichneten Rechtsvorgänge anzusehen, nur mit dem Unterschiede, daß sie mit Ausnahme der Rechtsgeschäfte des § 5 als Erwerb auch insoweit in Betracht kommen, als sie vor dem 1. Januar 1911, aber nicht vor dem 1. Januar 1885 gelegen sind (§ 17 Abs. 1 bis 4).

Ist das Grundstück erworben

a) auf Grund eines Überlassungsvertrags (§ 7 Ziffer 4)

1. am 1. Mai 1900, so gilt als Erwerb der Ankauf des Grundstücks durch den Überlassenden, und sofern dieser vor dem 1. Januar 1885 liegt, dieser Zeitpunkt,

2. am 1. Mai 1880, so gilt als Erwerbszeit der 1. Januar 1885;

b) auf Grund eines Kaufes

1. am 1. Mai 1900, so gilt als Erwerb dieser Kauf,
2. am 1. Mai 1880, so gilt als Erwerbszeit der 1. Januar 1885;

c) unter Abschluß eines Kaufvertrags ohne Auflassung

1. am 1. Mai 1900, so gilt als Erwerb der letzte vorhergegangene Eigentumserwerb, der nicht unter § 7 fällt,
2. am 1. Mai 1880, so gilt als Erwerbszeit der 1. Januar 1885.

2. Unter Erwerbs- und Veräußerungspreis ist der zwischen den Parteien vereinbarte Betrag zu verstehen, wie er sich unter Berücksichtigung der Vorschriften der §§ 8 bis 13, 17 bis 20 und 23, 24, 64 darstellt. Wo anderweite Hinzu- und Abrechnungen (§§ 14 bis 16, 21, 22, 25, 65) Berücksichtigung finden sollen, wird dies nach dem Sprachgebrauche des Gesetzes ausdrücklich erwähnt (KB. II S. 14, 39; Pl. S. 4306).

3. Unter Preis ist sowohl der Erwerbs- wie der Veräußerungspreis zu verstehen.

4. Als Gesamtbetrag der Gegenleistung gilt die Summe, die von den Parteien für das Grundstück vereinbart ist. Der Preis oder Wert z. B. eines auf dem Grundstück betriebenen Geschäfts ist abzusondern nach § 13 Abs. 1 (KB. I S. 25, 26).

5. In der Begriffsbestimmung des Preises finden sich gegenüber den Vorschriften der Tarifnummer 11 des Reichsstempelgesetzes Abweichungen, die jedoch in der Hauptsache redaktioneller Art sind.

a) Übernommene Leistungen sind solche, die der Erwerber kraft besonderer Abrede und nicht schon kraft Gesetzes zu tragen hat, außer den zur Eintragung in das Grundbuch nicht geeigneten, z. B. Renten, Erbpacht, Kanon und dergl., also vor allem Hypotheken- und Rentenschulden (§ 439 Abs. 2 BGB.).

b) Sonstige infolge der Veräußerung obliegende Leistungen sind solche, die ohne besondere Abrede kraft Gesetzes auf den Erwerber übergehen (§ 439 BGB.), insbesondere Reallasten (Grundrenten) und dingliche Nutzungsrechte.

c) Vorbehaltene Nutzungsrechte sind solche, die im Veräußerungsvertrage für den Veräußerer vereinbart sind (z. B. Altenteile).

d) Auf dem Grundstück lastende Nutzungen sind nicht im Veräußerungsvertrage vereinbarte Nutzungen, die als Dienstbarkeiten auf dem Grundstück lasten.

e) Die Ausnahmebestimmung, wonach vom Käufer übernommene Stempel und Umsatzsteuer, sowie Verpflichtungen, welche eine Erhöhung des Kaufpreises nicht zur Folge haben, als Leistungen im Sinne des § 8 nicht gelten sollen, ist in dritter Kommissionslesung wieder gestrichen worden, weil sie, soweit die Außerachtlassung wertloser Verpflichtungen in Frage kommt, gegenstandslos erscheint und im übrigen zu Unklarheiten führen kann, indem schon aus der im § 14 Ziffer 1 vorgesehenen Zurechnung der Erwerbskosten sich ergibt, daß diese als ein Teil des Preises im Sinne des Gesetzes nicht anzusehen sind (KB. II S. 17).

6. Der Wert wiederkehrender Leistungen oder Nutzungen bestimmt sich gemäß § 12 Abs. 2 nach dem Erbschaftssteuergesetz.

§ 9.

Beim Übergang im Wege der Zwangsversteigerung gilt als Preis der Betrag des Meistgebots, zu dem der Zuschlag erteilt wird, unter Hinzurechnung der vom Ersteher übernommenen Leistungen. Im Falle der Abtretung der Rechte aus dem Meistgebot und der Erklärung des Meistbietenden, daß er für einen anderen geboten habe, tritt an die Stelle des Meistgebots der Wert der Gegenleistung, wenn sie höher ist als das Meistgebot.

I. Quellen: RB. § 6; K. I, II: § 6; K. III: § 6 (§ 6); Pl. II: § 6; Pl. III: § 6 (§ 9). — Begr. 36, 37; KB. I: 27; KB. II: 17, 18, (39); Pl.: 3976 B, 4303 B.

II. Ausführungsbestimmungen: Bundesrat: § 20.

III. Erläuterungen:

1. Unter Meistgebot im Sinne des § 9 ist das Bargebot zu verstehen, für das der Zuschlag erteilt wird einschließlich der nach den Versteigerungsbedingungen oder nach den gesetzlichen Vorschriften bestehenbleibenden Rechte (Begr. S. 37).

2. In der Regierungsvorlage war wie im Reichsstempelgesetze (Tarifnummer 11) vorgesehen, daß an die Stelle des Meistgebots der Wert des Grundstücks treten sollte, wenn das Meistgebot ihn nicht erreichte; durch diese Vorschrift sollte verhindert werden, daß der Bieter sich mit dem Eigentümer und den Hypothekengläubigern auf ein unverhältnismäßig niedriges Gebot einigen könne, indem die letzteren durch die Zusage späterer Wiedereintragung ihrer Hypotheken veranlaßt würden, auf deren Herausbieten zu verzichten (Begr. S. 36, KB. I S. 27). In der späteren Beratung hat man dies nicht für erforderlich gehalten. Soweit derartige Abreden in der Zeit vor dem Inkrafttreten des Gesetzes liegen, werden sie für die Steuerveranlagung im Regelfalle ohne Einfluß sein. Für die spätere Zeit besteht die Möglichkeit, derartige Abreden als eine Nebenleistung im Sinne des § 11 Abs. 2 bei Bemessung des Preises in Rücksicht zu ziehen (KB. II S. 17, 18).

3. Eine Ergänzung zu der Vorschrift des § 9 bildet diejenige des § 14 Ziffer 2, wonach der erwerbende Hypotheken- oder Grundschuldgläubiger berechtigt ist, bei der späteren Veräußerung den Betrag seiner ausgefallenen Forderung dem Erwerbspreis hinzuzurechnen.

4. Der Erwerb im Wege der Zwangsversteigerung ist ein Fall (§ 4), in welchem das Eigentum übertragen wird, ohne daß eine Eintragung der Rechtsänderung in das Grundbuch erforderlich ist.

§ 10.

Von dem Preise kommt in Abzug der Wert der vom Veräußerer übernommenen Lasten, der Maschinen, auch

soweit sie zu den wesentlichen Bestandteilen des Grundstücks gehören, und der Erzeugnisse des Grundstücks, solange sie mit dem Boden zusammenhängen.

I. **Quellen:** RV. —; K. I, II: § 5 Abs. 1 S. 2; **K. III: § 5 Abs. 1 S. 2 (§ 6a)**; Pl. II: § 6a; **Pl. III: § 6a (§ 10). — KB. I: 22—25, 29, 30, (48); KB. II:** 16, 17, 18, (39); Pl.: 3976 B — 3978 A, 4303 B.

II. **Ausführungsbestimmungen** —

III. **Erläuterungen:**

1. Während im allgemeinen der Begriff des Grundstücks außer dem Teil der Erdoberfläche selbst die zu dieser als wesentliche Bestandteile gehörenden Gegenstände (Sachen und Rechte) umfaßt (Anmerkung 1 zu § 1) und sich sonach auch auf die in § 10 genannten Gegenstände beziehen würde, wird dieser Begriff durch Aussonderung einzelner wesentlicher Bestandteile (Maschinen und Grundstückserzeugnisse) enger umgrenzt (KB. I S. 22 bis 24). Wenn die Aussonderung für erstere auf die als wesentliche Bestandteile anzusehenden Maschinen und für letztere auf die mit dem Boden zusammenhängenden Erzeugnisse beschränkt ist, so erklärt sich dies daraus, daß andere Maschinen und Erzeugnisse — weil nicht zu den wesentlichen Bestandteilen des Grundstücks gehörend — ohnehin der Steuer nicht unterliegen und daher nicht besonders bei der Preisfestsetzung ausgeschieden zu werden brauchen. Soweit etwa für Grundstück und geschnittene Ernte ein Einheitspreis verabredet ist, greift § 13 Platz.

2. Voraussetzung für die Aussonderung nach § 10 ist naturgemäß, daß die Preisvereinbarung sich auf die für die Aussonderung in Betracht kommenden Gegenstände mitbezieht, daß also die Gegenstände in die Veräußerung einbegriffen sind (KB. I S. 23). Ist z. B. von A. die aufstehende Ernte für 2000 ℳ an B. veräußert und das Grundstück vor Trennung der Ernte an C. für 80 000 ℳ verkauft, so gilt als Veräußerungspreis der Betrag von 80 000 ℳ. Ist dagegen Grundstück mit aufstehender Ernte für 80 000 ℳ veräußert, so beträgt der Veräußerungspreis gemäß § 10 nur 78 000 (80 000—2000) ℳ.

3. Unter Preis ist der Erwerbs- wie der Veräußerungspreis

sowohl bei freiwilliger wie bei zwangsweiser Veräußerung (KB. II S. 18) zu verstehen.

4. Abzugsfähig ist vom Erwerbspreis der Wert zur Zeit des Erwerbs und vom Veräußerungspreise der Wert zur Zeit der Veräußerung. Zwischen Erwerb und Veräußerung mit dem Grundstück verbundene Maschinen und Erzeugnisse sind also nicht ohne weiteres mit ihrem Anschaffungswert in Abzug zu bringen.

5. Die Wertaussonderung hat zur Folge, daß auch die auf die ausgesonderten Gegenstände (Maschinen, Erzeugnisse) gemachten Aufwendungen nicht anrechnungsfähig sind (§ 14 Ziffer 3); ebensowenig dürfen für die Wertminderung von Maschinen und Erzeugnissen gezahlte Entschädigungen dem Veräußerungspreise hinzugerechnet werden (§ 23).

6. Für den Begriff der Erzeugnisse ist das bürgerliche Recht (BGB. § 99) maßgebend. Er entspricht den sogenannten natürlichen Früchten und umfaßt nicht nur die Früchte im engeren Sinne, sondern auch den Obstbaum, Rebstock und alle dauernd im Boden bleibenden Pflanzen (KB. II S. 16, 17), dagegen nicht auch Bergwerksprodukte (KB. I S. 23). Die mit dem Boden zusammenhängenden Erzeugnisse sind in vollem Umfange und nicht nur insoweit abzugsfähig, als sie den bestimmungsgemäßen Ertrag des Grundstücks darstellen (also der ganze aufstehende Wald, nicht nur dessen schlagbarer Teil, KB. II S. 16).

7. Durch die Vorschrift des § 10 soll von der Eigenart des Grundstücks nach seiner Nutzungsart, wie sie unter Berücksichtigung von Bodenbeschaffenheit, Lage usw. für den Wert von Bedeutung ist, nicht abgesehen werden (KB. II S. 16).

8. Als eine vom Verkäufer übernommene Last ist z. B. die Pflicht zur Unterhaltung von Turn- und Spielplätzen oder anderen öffentlichen Einrichtungen anzusehen, wobei die Abzugsfähigkeit naturgemäß davon abhängig ist, daß die Verpflichtung nicht etwa schon um deswillen von der Steuerpflicht ausscheidet, weil ihr ein Recht des Käufers entspricht, das ohnehin nach § 13 für die steuerliche Behandlung des Grundstücks von diesem zu trennen ist (KB. I S. 25).

§ 11.

Ist ein Preis nicht vereinbart oder nicht zu ermitteln, so tritt an dessen Stelle der Wert des Grundstücks.

Das Gleiche gilt, wenn auf dem Grundstück eine der im § 2 bezeichneten Berechtigungen oder ein Nießbrauchsrecht lastet, zu deren Beseitigung der Veräußerer nicht verpflichtet ist, und der Wert des Grundstücks den Betrag der Gegenleistung übersteigt. Wenn die Beteiligten zum Zwecke der Steuerersparung einen Teil des Entgelts in die Form einer Vermittelungsgebühr, einer den üblichen Zinssatz erheblich übersteigenden Verzinsung des gestundeten Preises oder einer sonstigen Nebenleistung kleiden, so ist der als Teil des Entgelts anzusetzende Betrag durch Schätzung zu ermitteln.

I. **Quellen:** RB. § 7; K. I, II: § 7; K. III: § 7 (§ 7); Pl. II: § 7; Pl. III: § 7 (§ 11). — Begr. 36; KB. I: 27, 28, (114); KB. II: 17, 18, (39); Pl.: 3978 A, (4020 B, C), 4021 C, D, 4303 B.

II. **Ausführungsbestimmungen:** Bundesrat: § 22.

III. **Erläuterungen:**

1. Der Wert, und zwar der gemeine Wert (§ 12), soll an die Stelle des Preises, abgesehen von den Fällen, in denen der Erwerb vor dem 1. Januar 1885 oder 40 Jahre vor der Veräußerung liegt (§ 17 Abs. 2, 4), nur treten, sofern ein Preis nicht vereinbart oder nicht mehr zu ermitteln ist. Wenn der vereinbarte Preis von den Parteien verschleiert wird, soll der Preis durch Schätzung ermittelt werden (KB. II S. 18).

2. Der erste Satz des Abs. 2 bezieht sich auf den Fall, daß der Eigentümer eines Grundstücks dem künftigen Erwerber zunächst z. B. ein Nießbrauchsrecht einräumt, und alsbann das nackte Eigentum (nuda proprietas) auf ihn zu einem Preise überträgt, der erheblich hinter dem eigentlichen Werte des Grundstücks zurückbleibt (Begr. S. 36).

3. Was als erhebliche Überschreitung des üblichen Zinssatzes anzusehen ist, bestimmt sich nach der Verkehrsauffassung unter Berücksichtigung der zeitlichen und örtlichen Sonderumstände, wobei die Vorschriften des Bürgerlichen Gesetzbuchs (§ 246: 4 vom Hundert) und des Handelsgesetzbuchs (§ 352: 5 vom Hundert) als Anhalt dienen können (KB. I S. 27, 28).

4. Als sonstige Nebenabrede ist jede Vereinbarung einer Leistung des Erwerbers an den Veräußerer oder an Dritte anzusehen, durch welche die förmliche Kaufpreisabrede auch nur mittelbar herabgemindert wird (vgl. z. B. auch die Anmerkung 2 zu § 9 über die Vereinbarung mit Hypothekengläubigern, wonach diese auf Ausbietung der Hypothek verzichten und sie später wieder eingetragen erhalten, KB. II S. 17, 18).

5. Als zum Zwecke der Steuerersparung erfolgt, wird im Zweifel eine Abrede der im Abs. 2 bezeichneten Art gelten dürfen, die zu einem geringeren Steuerbetrag führt und für die nach den Begleitumständen ein sonstiger Grund nicht zu erkennen ist.

6. Die in der Regierungsvorlage (§ 7) vorgesehene Bestimmung, wonach der Wert an Stelle des Preises treten sollte, wenn ohne jedwede Nebenabrede der Preis geringer angegeben wird, als zwischen den Parteien verabredet ist, wurde als unzweckmäßig gestrichen, weil es richtiger erschien, wenn die Steuerbehörde einen andern wie den angegebenen Preis als vereinbart festgestellt hat, diesen auch zu Grunde zu legen (KB. I S. 28). Daraus ergibt sich, daß ohne besondere Bestimmung als vereinbart der Preis zu gelten hat, der nach der Parteiabsicht im Verhältnis der Beteiligten zueinander das Entgelt für die Eigentums- oder Rechtsübertragung bildet, und nicht der Betrag, der nach außen hin von den Parteien als Preisvereinbarung ausgegeben wird. Die Vorschrift, daß bei unrichtiger Preisangabe der wirkliche Preis maßgebend sein soll, findet auf die Vertauschung (§ 26) für den Fall Anwendung, daß zum Zwecke der Steuerminderung als Preise Beträge angegeben werden, die hinter dem Werte der Tauschgegenstände zurückbleiben (Begr. S. 36).

§ 12.

Die Wertermittelung ist in den Fällen, in denen für die Berechnung der Abgabe ein Wert in Betracht zu kommen hat, auf den gemeinen Wert des Grundstücks zu richten. Die Vorschrift des § 8 Abs. 3 findet entsprechende Anwendung.

Der Wert wiederkehrender Leistungen oder Nutzungen bestimmt sich nach den Vorschriften des Erbschaftssteuergesetzes.

I. **Quellen**: RV. § 8; K. I, II: § 8: K. III: § 8 (38); Pl. II: § 8; Pl. III: § 8 (§ 12). — KB. I: 28, 29; KB. II: (39); Pl.: 3978 A, 4308 B.

II. **Ausführungsbestimmungen**: Bundesrat: § 22. Pr. A. 11: Ba. V.V. § 6.

III. **Erläuterungen**:

1. Die Vorschrift des § 12 greift auch in solchen Fällen Platz, in denen die Ermittelung des Wertes einer Berechtigung (§ 2), eines Rechtes (§ 3), der Gegenleistung (§ 9), übernommener Lasten, Maschinen und Erzeugnisse (§ 10), der Aufwendungen (§ 14) und namentlich des anrechnungsfähigen d. h. zur Zeit der Veräußerung vorhandenen Wertes der Aufwendungen des § 14 Ziffer 3 notwendig wird.

2. Unter dem gemeinen Wert ist nach § 22 der Ausführungsbestimmungen der Verkaufs- oder Verkehrswert zu verstehen, der durch den Preis bestimmt wird, welcher im gewöhnlichen Geschäftsverkehre nach der Beschaffenheit des Gegenstandes ohne Rücksicht auf andere ungewöhnliche oder lediglich persönliche Verhältnisse zu erzielen ist. Der Reichskanzler ist ermächtigt, über die Ermittelung des Wertes für einzelne Grundstücksarten Grundsätze aufzustellen. Die Landeszentralbehörde kann im Einverständnisse mit dem Reichskanzler bestimmen, daß, soweit für den in Betracht kommenden Zeitpunkt nach landesrechtlichen Vorschriften der gemeine Wert des Grundstücks ermittelt ist, diese Wertermittelung der Steuerberechnung zu grunde gelegt wird, sofern nicht der Steuerpflichtige nachweist, daß der Wert ein anderer war.

3. Die Vorschrift des Abs. 1 Satz 2 tritt ein, wenn dem Erwerber eine Wahlbefugnis wie im § 8 Abs. 3 eingeräumt ist derart,

daß der Umfang der wahlweise geschuldeten Gegenleistung nicht ziffermäßig, sondern dem Gegenstande nach bestimmt ist.

4. Zu Abs. 2 vergleiche Erbschaftssteuergesetz §§ 17 ff.*)

---

*) Die Vorschriften des Erbschaftssteuergesetzes lauten:

§ 17. Bei Nutzungen oder Leistungen, die entweder ausdrücklich oder durch anderweitige die Dauer begrenzende Umstände auf bestimmte Zeit beschränkt sind, ist der Gesamtwert unter Abrechnung der Zwischenzinsen durch Zusammenzählung der einzelnen Jahreswerte zu berechnen. Der Gesamtwert darf den zum gesetzlichen Zinssatze kapitalisierten Jahreswert nicht übersteigen. Bei immerwährenden Nutzungen wird das Fünfundzwanzigfache des einjährigen Betrags, bei Nutzungen von unbestimmter Dauer, sofern nicht die Vorschriften der §§ 18, 19 Anwendung finden, das Zwölfundeinhalbfache des einjährigen Betrags als Wert angenommen.

§ 18. Der Wert von Leibrenten oder anderen auf die Lebenszeit einer Person beschränkten Nutzungen, einschließlich des im § 3 Nr. 1 bezeichneten Erwerbes, wird nach dem Lebensalter der Person, mit deren Tode das Bezugsrecht erlischt, berechnet, und zwar wird als Wert bei einem Alter

1.					bis	zu	25	Jahren	das	20 fache,
2.	von	mehr	als	25	bis	zu	35	Jahren	das	18 fache,
3.	"	"	"	35	"	"	45	"	"	16 "
4.	"	"	"	45	"	"	55	"	"	14 "
5.	"	"	"	55	"	"	65	"	"	12 "
6.	"	"	"	65	"	"	70	"	"	10 "
7.	"	"	"	70	"	"	75	"	"	8 "
8.	"	"	"	75	"	"	80	"	"	6 "
9.	"	"	"	80	Jahren	das	4 fache	des	Wertes	der

einjährigen Nutzung angenommen.

Ist jedoch die Nutzung oder Leistung

im Falle des Abs. 1 Nr. 1 schon innerhalb eines Zeitraums von 10 Jahren,

im Falle des Abs. 1 Nr. 2 schon innerhalb eines Zeitraums von 9 Jahren,

im Falle des Abs. 1 Nr. 3 schon innerhalb eines Zeitraums von 8 Jahren,

im Falle des Abs. 1 Nr. 4 schon innerhalb eines Zeitraums von 7 Jahren,

§ 18.

Betrifft der steuerpflichtige Rechtsvorgang steuerpflichtige und steuerfreie Gegenstände, ohne daß Einzelpreise oder -werte angegeben werden, so bestimmt die Steuerbehörde den auf die steuerpflichtigen Gegenstände entfallenden Teil der Gesamtsumme, wenn nicht der Steuerpflichtige auf Erfordern innerhalb der ihm bestimmten Frist die Trennung der Preise oder Werte nachholt. Sind zum Zwecke der Steuerersparung unrichtige Angaben gemacht worden, so ist der Betrag durch Schätzung zu ermitteln.

Das Gleiche gilt für die Verteilung des Gesamtbetrags auf mehrere steuerpflichtige Gegenstände.

I. **Quellen:** RV. § 9; K. I, II: § 9; K. III: § 9 (§ 9); Pl. II: § 9; Pl. III: § 9 (§ 13). — KB. I: 25—27, 29; KB. II: (11), 19, (39); Pl. 3983 D, 3984 A, 4303 B.

---

im Falle des Abs. 1 Nr. 5 schon innerhalb eines Zeitraums von 6 Jahren,
im Falle des Abs. 1 Nr. 6 schon innerhalb eines Zeitraums von 5 Jahren,
in den Fällen des Abs. 1 Nr. 7 bis 9 schon innerhalb eines Zeitraums von 4 Jahren

nach dem Anfall erloschen, so wird ihr Wert nach Maßgabe der wirklichen Dauer bestimmt und die gezahlte Steuer bis auf den diesem Werte entsprechenden Betrag erstattet. In gleicher Weise wird, wenn die steuerpflichtige Masse um den nach Abs. 1 berechneten Wert einer Nutzung oder Leistung geringer veranlagt war, im Falle des früheren Erlöschens der Nutzung oder Leistung ein entsprechender Steuerbetrag nacherhoben.

§ 19. Hängt die Dauer der Nutzungen von der Lebenszeit mehrerer Personen ab, so ist, wenn das Bezugsrecht mit dem Tode der zuerst versterbenden Person erlischt, das Lebensalter der ältesten Person, wenn das Bezugsrecht mit dem Tode der letztversterbenden Person erlischt, das Lebensalter der jüngsten Person maßgebend.

§ 20. Der einjährige Betrag der Nutzung eines Geldbetrags ist, wenn er nicht anderweit feststeht, zu vier vom Hundert anzunehmen.

II. **Ausführungsbestimmungen**: Bundesrat: § 43; Bay. B. § 15.

III. **Erläuterungen**:

1. Der § 13 soll ebenso wie § 10 der Beschränkung der Steuerpflicht auf das Grundstück dienen, jedoch mit dem Unterschiede, daß es sich im § 10 um von dem Begriff des Grundstücks umfaßte, im § 13 dagegen um außerhalb dieses Begriffs stehende Gegenstände (z. B. Hausgerät, lebendes Inventar) handelt. Während die Aussonderung nach § 10 kraft Gesetzes und ohne weiteres von Amts wegen der Behörde obliegt, ohne daß dadurch naturgemäß eine Befragung des Steuerpflichtigen ausgeschlossen werden soll, ist in § 13 die Steuerbehörde angewiesen, dem Steuerpflichtigen zunächst Gelegenheit zu einer Äußerung zu geben. Der sachliche Grund für die vorstehende Behandlung dürfte darin zu finden sein, daß die Gegenstände des § 10 als ein Teil des Grundstücks selbst anzusehen sind und ihr Entgelt daher regelmäßig mit in dem Gesamtpreis für das Grundstück verabredet sein wird, während die steuerfreien Gegenstände des § 13 gleichsam nur zufällig von demselben Veräußerungsakt umfaßt werden, so daß die Abrede von getrennten Preisen die Regel bilden wird.

2. Unter Gegenständen sind außer körperlichen Sachen auch Rechte zu verstehen; die Bestimmung bezieht sich also ohne weiteres auf den Fall, in welchem der steuerpflichtige Rechtsvorgang ohne Angabe von Einzelpreisen neben Grundstücken Rechte betrifft (KB. I S. 29, 30).

3. Als steuerpflichtige Gegenstände gelten Grundstücke sowie ihre wesentlichen Bestandteile mit der Beschränkung des § 10 (Maschinen und Erzeugnisse) und neben ihnen gemäß §§ 2, 3 Berechtigungen und Gesellschaftsanteile, als steuerfrei sonstige Sachen und Rechte.

4. Die Ermittelung durch Schätzung soll nach Abs. 1 Satz 2 nur erfolgen, falls unrichtige Angaben zum Zwecke der Steuerersparung gemacht sind. Dadurch soll naturgemäß, wenn mit der Unrichtigkeit der Angaben zugleich der wirkliche Betrag ermittelt ist, dessen Annahme nicht etwa ausgeschlossen werden, so daß eine eigentliche Schätzung immer nur einzutreten haben wird,

wo unrichtige Angaben als solche erkannt sind und der Inhalt der wirklichen Vereinbarung nicht festzustellen ist.

5. Unrichtige Angaben sind auch solche, die zwar der Vereinbarung der Parteien entsprechen, jedoch von diesen nur nach außen hin gewollt sind, während im inneren Verhältnis der Parteien zueinander die Leistungen sich anders bestimmen.

6. Als zum Zwecke der Steuerersparung erfolgt, wird, sofern nicht die Sonderumstände des Einzelfalls ausnahmsweise diese Annahme ausschließen, eine Angabe zu gelten haben, die zur Festsetzung eines geringeren Steuerbetrags führen kann.

7. Von besonderer Bedeutung ist die Bestimmung des § 13 Abs. 1 für den Fall der Veräußerung eines industriellen Unternehmens, eines Hausgrundstücks mit Geschäft, eines Bergwerkes und ähnlicher Vermögensgesamtheiten (KB. I S. 25/26). Die Aussonderung des Grundstückspreises von den Beträgen, die für die Kundschaft, für das Geschäft usw. gezahlt werden, wird, soweit für deren Bewertung nicht besondere Anhaltspunkte gegeben sind, in der Regel vorerst so geschehen können, daß das Grundstück unter Berücksichtigung seiner Besonderheit nach Lage und Verwendungszweck zur Zeit des Erwerbes und der Veräußerung geschätzt und dieser Schätzungswert als Erwerbs- und Veräußerungspreis zu grunde gelegt wird, während der übrige Betrag als Entgelt für das Geschäft usw. von der Steuerpflicht auszunehmen sein wird.

8. Die Vorschrift des Abs. 2 trifft die Veräußerung mehrerer Grundstücke oder eines Grundstücks und einer Berechtigung und wird u. a. im Falle der Veräußerung eines bergrechtlichen Unternehmens zusammen mit dem Grundstück, auf welches es sich erstreckt, Platz zu greifen haben.

§ 14.

Dem Erwerbspreis sind hinzuzurechnen:

1. als Kosten des Erwerbes, sofern nicht an Stelle des Erwerbspreises der Wert maßgebend ist, vier vom

Hundert des Erwerbspreises und, falls der Veräußerer nachweislich einschließlich der ortsüblichen Vermittelungsgebühr einen höheren Betrag aufgewendet hat, dieser;

2. falls der Erwerb im Wege der Zwangsversteigerung erfolgt ist und der Veräußerer zur Zeit der Einleitung der Zwangsversteigerung Hypotheken- oder Grundschuldgläubiger war, der nachweisliche Betrag seiner ausgefallenen Forderungen, bis zu dem Werte, den das Grundstück zur Zeit der Zwangsversteigerung oder, wenn der Wert zur Zeit der Eintragung der Forderung höher war, zu diesem Zeitpunkt hatte. Die Forderungen kommen, wenn sie durch entgeltliches Rechtsgeschäft erworben sind, nur in Höhe des geleisteten Entgelts in Anrechnung. Beruht ihr Erwerb auf einer Schenkung, oder ist ihre Eintragung innerhalb kürzerer Zeit als sechs Monate vor der Einleitung der Zwangsversteigerung erfolgt, so werden die Forderungen nur berücksichtigt, wenn nach den Umständen Schenkung oder Eintragung keine Steuerersparung bezwecken;

3. die Aufwendungen für Bauten, Umbauten und für sonstige dauernde besondere Verbesserungen, auch solche land- oder forstwirtschaftlicher Art, sowie für bergmännische Versuchs- und Ausrichtungsarbeiten, die innerhalb des für die Steuerberechnung maßgebenden Zeitraums gemacht sind und weder die nach § 10 abzugsfähigen Gegenstände betreffen, noch der laufenden Unterhaltung von Baulichkeiten oder der laufenden Bewirtschaftung von Grundstücken dienen, soweit die Bauten und Verbesserungen noch vorhanden sind. Außerdem sind fünf vom Hundert, oder wenn der Veräußerer Baugewerbetreibender

oder Bauhandwerker und selbst der Bauunternehmer ist, fünfzehn vom Hundert des anrechnungsfähigen Wertes den Aufwendungen hinzuzurechnen. Diese Bestimmung findet jedoch keine Anwendung, wenn der Unternehmer eine Gesellschaft im Sinne des Handelsgesetzbuchs oder eine Genossenschaft ist, die nicht ausschließlich aus Baugewerbetreibenden oder Bauhandwerkern bestehen. Als Aufwendungen im Sinne dieser Vorschrift gelten Beträge, die aus Versicherungen gedeckt sind, nicht, wenn sie zur Wiederherstellung von Baulichkeiten verwendet sind, die vor dem für die Steuerberechnung maßgebenden Zeitraum errichtet waren;

4. die Aufwendungen, Leistungen und Beiträge für Straßenbauten, andere Verkehrsanlagen einschließlich der Kanalisierung, sowie ohne entsprechende Gegenleistung und Verzinsung geleistete Beiträge für sonstige öffentliche Einrichtungen, soweit die Aufwendungen, Leistungen und Beiträge innerhalb des für die Steuerberechnung maßgebenden Zeitraums gemacht sind. Für jedes volle Jahr dieses Zeitraums nach Schluß des Kalenderjahrs, in welchem die Aufwendungen gemacht oder die Leistungen oder Beiträge verausgabt sind, längstens jedoch für fünfzehn Jahre, sind ihnen vier vom Hundert ihres Betrags hinzuzurechnen. Auf Antrag des Veräußerers tritt an die Stelle dieser Zinsanrechnung die Hinzurechnung gemäß § 16, und zwar gemäß Abs. 1 Ziffer 1 von demjenigen Betrage, welcher den dort bezeichneten Höchstbetrag bei Berücksichtigung auch der Aufwendungen nach Ziffer 4 nicht übersteigt, gemäß Abs. 1 Ziffer 2 von dem Mehrbetrage.

I. Quellen:

Ziffern 1, 2: RV. § 10 Z. 1, 2; K. I, II: § 10 Z. 1, 2; K. III: § 10 Z. 1, 2 (§ 10 Z. 1, 2); Pl. II: § 10 Z. 1, 2; Pl. III: § 10 Z. 1, 2 (§ 14 Z. 1, 2). — Begr. 36, 37, 38; KB. I: 30, 31, 49; KB. II: (17), 19, 21, (39); Pl. 3985 D, 3986 A, 3987 D, 3989 C, D, 3990 A, 3992 A, 4303 D—4305 B.

Ziffer 3: RV. § 15 Z. 1; K. I, II: § 10 Z. 4; K. III: § 10 Z. 3 (§ 10 Z. 3); Pl. II: § 10 Z. 3; Pl. III: § 10 Z. 3 (§ 14 Z. 3). — Begr. 20, 21, 37, 38; KB. I: 31, 32, 33—40, 49—54, (72), (75); KB. II: 19, 20, 21—24, 25, (30—32), 33, (39), (154); Pl.: (3895 B, C), 3939 A, B, 3984 B—3985 D, 3986 A—D, 3987 B, C, 3988 A—D, 3989 A—C, 3990 A—3991 D, 3992 A—3993 A, 3993 D—3995 B, 3998 D—4000 C, (4003 C), 4303 D—4305 B.

Ziffer 4: RV. § 15 Z. 2; K. I, II: § 10 Z. 5; K. III: § 10 Z. 4 und für S. 2 § 20 Abs. 3 S. 2 (§ 10 Z. 4); Pl. II: § 10 Z. 4; Pl. III: § 10 Z. 4 (§ 14 Z. 4). — Begr. 21, 37, 38; KB. I: 31, 32, 33, 40, 41, 54, 55, (62); KB. II: 19, 20, 24, 25, (37), (39); Pl.: (3895 B, C); Pl.: 3902 B, 3987 A, 3989 C, 3991, 3993 B—C, 4303 D—4305 B.

II. Ausführungsbestimmungen: Bundesrat: § 13.

III. Erläuterungen:

Zu Ziffer 1.

1. Nach der Vorschrift der Ziffer 1 sind in jedem Falle 4 vom Hundert des Erwerbspreises, d. h. des zwischen den Parteien vereinbarten Entgelts ohne Berücksichtigung der Zu- und Abrechnungen der §§ 14 bis 16, 22 usw., diesem hinzuzurechnen, wobei es eines Nachweises über die Höhe der entstandenen Kosten oder darüber nicht bedarf, ob diese Beträge tatsächlich entrichtet worden sind. Voraussetzung hierfür ist naturgemäß, daß für den jetzigen Veräußerer Kosten des Erwerbes überhaupt in Frage kommen können. Sind in dem Vertrage, der dem Erwerb zugrunde liegt, die Kosten der Übertragung in vollem Umfang demjenigen auferlegt, der das Grundstück auf den jetzigen Veräußerer übertragen hat, so kommt auch die Anrechnung der 4 vom Hundert nicht in Frage. Eine solche unterbleibt weiterhin in allen Fällen, in denen an Stelle des Preises der Wert maßgebend ist (insbesondere §§ 11, 17 [KB. I S. 49]).

2. Als Veräußerer ist derjenige anzusehen, der an dem steuerpflichtigen Vorgang als solcher teilnimmt oder von dem dieser

das Grundstück durch einen Rechtsvorgang des § 7 erworben hat (z. B. der Erblasser oder der Vater, von dem ihm [dem jetzigen Veräußerer] das Grundstück überlassen ist).

3. Die Kosten des Erwerbes umfassen nur die im unmittelbaren Zusammenhange mit der Veräußerung und Übertragung notwendig gewordenen Kosten, wie Gerichts-, Notariats-, Schreibgebühr, Stempelkosten u. a. m., nicht dagegen auch die Zuwachssteuer oder gar Auslagen, die der Veräußerer bei Gelegenheit des Erwerbes aus persönlichem Anlaß gehabt hat.

4. Für die Frage, ob und inwieweit über den Betrag von 4 vom Hundert hinaus Anrechnungen gemäß § 14 Ziffer 1 zulässig sind, sind die tatsächlichen Aufwendungen maßgebend, deren Höhe von dem Steuerpflichtigen darzutun ist (KB. II S. 21). Nicht im vollen Umfang der Verauslagung ist die Vermittelungsgebühr anrechnungsfähig. Sie ist nur in der ortsüblichen Höhe anzusetzen. Darüber hinaus kann sie gegebenenfalls als Teil des Entgelts gemäß § 11 in Betracht kommen.

Zu Ziffer 2.

1. Die Bestimmung der Ziffer 2 entspricht im wesentlichen der Tarifnummer 11a des Reichsstempelgesetzes, Anmerkung c, und soll der Unbilligkeit abhelfen, daß jemand, der als Hypotheken- oder Grundschuldgläubiger das Grundstück zur Rettung seiner Forderung ohne volle Ausbietung seiner Hypothek erworben hat und es später zum vollen Betrage seiner Hypothek oder darüber hinaus veräußert, den ausgefallenen Teil seiner Forderung als Zuwachs versteuern muß. Jedoch ist, um Umgehungen zu verhüten, die Anrechnung von folgenden Voraussetzungen abhängig gemacht:

a) Die Anrechnung ausgefallener Hypotheken darf den Wert des Grundstücks zur Zeit der Zwangsversteigerung (d. h. der Zuschlagserteilung) oder zur Zeit der Eintragung der Forderung nicht überschreiten. Hat A. das Grundstück des B. mit einer Hypothek von 100 000 ℳ beliehen, und erwirbt er im Wege der Zwangsversteigerung das Grundstück für

80 000 ℳ, so ist eine Anrechnung der ausgefallenen 20 000 ℳ nur zulässig in dem Betrage, um welchen das Grundstück zur Zeit der Eintragung der Hypothek oder zur Zeit der Zuschlagserteilung mehr wert war als 80 000 ℳ.

b) Durch entgeltliches Rechtsgeschäft erworbene Forderungen kommen nur in Höhe des gezahlten Entgelts in Anrechnung. Hat A. dem B. ein Darlehen von 50 000 ℳ gegeben und dafür von diesem eine Hypothek von 70 000 ℳ bestellt erhalten, so würde, wenn A. das Grundstück im Wege der Zwangsversteigerung für 40 000 ℳ erworben hat, und das Grundstück zu dieser Zeit 60 000 ℳ wert war, immer nur ein Betrag von 10 000 ℳ angerechnet werden können.

c) Durch Schenkung erworbene Forderungen sind grundsätzlich nicht anrechnungsfähig, es sei denn, daß die Schenkung keine Steuerersparung bezweckt hat. Ist von dem Grundstückseigentümer B. schenkungsweise eine Hypothek über 100 000 ℳ bestellt worden, und erwirbt A. das Grundstück für ein Gebot von 60 000 ℳ, so ist, auch wenn das Grundstück etwa 100 000 ℳ wert sein sollte, eine Anrechnung der 40 000 ℳ nur zulässig, falls A. nachweist, daß die schenkungsweise Hingabe der Hypothek nicht in der Absicht geschehen ist, ihm für die spätere Veräußerung die Anwendung des § 14 Ziffer 2 zu sichern oder anderweit eine Steuerersparung zu erwirken (KB. I S. 31).

d) Innerhalb kürzerer Zeit als 6 Monate vor der Einleitung der Zwangsversteigerung eingetragene Hypotheken sind nicht anrechnungsfähig, sofern nicht auch hier der Nachweis erbracht wird, daß durch die Eintragung keine Steuerersparung bezweckt ist. Eines solchen besonderen Nachweises bedarf es nicht, sofern die Umstände das Fehlen des Ersparungszweckes ohne weiteres erkennen lassen, wie dies z. B. regelmäßig bei den Hypotheken der Bauhandwerker der Fall sein wird (KB. I S. 30/31).

2. In Anspruch genommen werden kann die Anrechnung nur von dem Hypotheken- und Grundschuldgläubiger selbst, nicht auch

von dessen Bürgen oder von dem, der eingetragener Übernehmer einer Sicherheitsgewährung für eine Hypothek oder Grundschuld ist.

3. Entscheidend für den Anspruch auf Anrechnung ist die Eintragung des Hypotheken- oder Grundschuldgläubigers zur Zeit der Einleitung der Zwangsversteigerung. Die Eintragung nach Einleitung der Zwangsversteigerung gibt selbst dann keinen Anspruch auf die Anwendung des § 14 Ziffer 2, wenn dem Hypotheken- oder Grundschuldgläubiger etwa bei Erwerb seiner Forderung die Einleitung der Zwangsversteigerung unbekannt war (Pl. S. 3989 C, D; 3992 A).

Zu Ziffer 3.

1. Die Anrechnungen der Ziffer 3 bilden zusammen mit denen der Ziffer 4 den Schwerpunkt für die Scheidung zwischen steuerpflichtigem und steuerfreiem Zuwachs. Sie haben die Voraussetzung gemeinsam, daß in beiden Fällen nur solche Aufwendungen in Frage kommen können, die sich auf das steuerpflichtige Grundstück selbst beziehen, während des für die Steuerberechnung maßgebenden Zeitraums gemacht und wirklich verauslagt sind, wobei den gezahlten Barbeträgen der Wert der aus der eigenen Wirtschaft entnommenen Erzeugnisse, wie etwa von Bauholz, Steinen, Naturallöhnen u. a. m., gleichzuachten ist (RB. I S. 36).

2. Nach Ziffer 3 sind dem Erwerbspreise hinzuzurechnen:

a) Aufwendungen für Bauten und Umbauten und für sonstige Verbesserungen, wenn sie
   1. dauernder Natur,
   2. besonderer Art sind;

b) Aufwendungen für Verbesserungen land- oder forstwirtschaftlicher Art, wenn sie
   1. dauernder Natur,
   2. besonderer Art sind;

c) Aufwendungen für bergmännische Versuchs- und Ausrichtungsarbeiten,

und zwar wenn die Aufwendungen zu a bis c

1. innerhalb des für die Steuerberechnung maßgebenden Zeitraums gemacht sind,
2. nicht die nach § 10 abzugsfähigen Gegenstände (Maschinen, Erzeugnisse) betreffen,
3. nicht der laufenden Erhaltung von Baulichkeiten oder der laufenden Bewirtschaftung von Grundstücken dienen.

3. Die einzelnen Aufwendungen sind — abgesehen von solchen für bergmännische Versuchs- und Ausrichtungsarbeiten — nicht im ursprünglichen Betrage, sondern nur insoweit anrechnungsfähig, als die Bauten und Verbesserungen zur Zeit der Veräußerung noch vorhanden sind. In der Erwägung, daß in gleicher Weise, wie unter Wertzuwachs ohne Rücksicht auf Schwankungen der Zwischenzeit allein der zur Zeit des Eintritts der Steuerpflicht vorhandene Zuwachs verstanden wird, als steuerfreier Zuwachs nur der Betrag gelten kann, der in diesem Augenblick als die Folgewirkung von Maßnahmen des Eigentümers noch vorhanden ist (Begr. S. 20, 37), sollten nach dem Regierungsentwurfe die Aufwendungen angerechnet werden, „soweit sie eine zur Zeit des Eintritts der Steuerpflicht noch fortbestehende Werterhöhung zur Folge haben". Statt dessen werden nunmehr im Gesetz als anrechnungsfähig die Aufwendungen bezeichnet, „soweit sie (zur Zeit des Eintritts der Steuerpflicht) noch vorhanden sind", lediglich weil die Umgrenzung des Entwurfs der praktisch nicht durchführbaren Auffassung Vorschub leisten konnte, als sei Voraussetzung der Anrechnung, daß die Höhe des Veräußerungspreises oder des an seine Stelle gesetzten Wertes auch ursächlich durch diese Anlagen beeinflußt sei (KB. I S. 84, II S. 23 Abs. 2). Von dem Grundsatz der Beschränkung der Anrechnung auf den Wert der Aufwendungen zur Zeit des Eintritts der Steuerpflicht ist, wie schon die sprachliche Bedeutung des Eingangsworts „soweit" ergibt, durch die Fassungsänderung nicht abgewichen worden. Das bestätigt der Wortlaut des Gesetzes, der in Satz 2 der Ziffer 3 von dem „anrechnungsfähigen Werte" der Aufwendungen spricht. Auch ist den wieder-

holten Versuchen, das Erfordernis des Nochvorhandenseins zu beseitigen, mit dem ausdrücklichen Hinweis entgegengetreten worden, die Aufwendungen dürften nach dem ganzen Gesetzesaufbau nur soweit sie noch vorhanden seien, d. h. in dem zur Zeit der Veräußerung noch vorhandenen Werte, berücksichtigt werden, ohne daß von einer Seite diese Bedeutung der Worte in Zweifel gestellt worden wäre (KB. II S. 23 Abs. 1, Pl. S. 3987 C). Sie ist vielmehr von der Gegenseite als richtig anerkannt worden (Pl. S. 3988 A).

Als Wert hat auch hier der gemeine Wert zu gelten, d. h. der Verkaufs- oder Verkehrswert, den die Verbesserung zur Zeit der Veräußerung im gewöhnlichen Geschäftsverkehre für jeden hat, ohne Rücksicht darauf, ob die Parteien etwa aus irgend welchen Gründen einen besonders hohen oder geringen Wert angenommen haben (§ 12 Anmerkung 2).

Für den Begriff des Vorhandenseins selbst darf nicht so sehr der tatsächliche Befund, als der Umstand maßgebend sein, ob die Anlagen noch irgend welchen Zwecken dienen. So sollen Anlagen, die gar nicht mehr benutzt werden und dem Verfalle preisgegeben sind, als nicht mehr vorhanden gelten (KB. I S. 35, II S. 23). Anderseits wird in Fällen, in denen etwa eine Düngung sich als besondere Aufwendung darstellt, diese als noch vorhanden gelten können, soweit sich die Düngung noch nicht durch die späteren Ernten erschöpft hat (KB. II S. 24).

Hiernach ist ausgeschlossen die Anrechnung

a) von Aufwendungen für Bauten und Verbesserungen, die nicht mehr vorhanden sind, z. B. für Einrichtung einer Werkstatt, wenn an deren Stelle späterhin ein Laden getreten ist, oder für Herstellung einer dem Verfalle preisgegebenen, nicht mehr benutzten Baulichkeit;

b) desjenigen Teilbetrags der Aufwendungen, um den der Wert der Bauten und Verbesserungen zur Zeit der Veräußerung hinter dem ursprünglichen Betrage zurückbleibt. Dieser Teilbetrag bestimmt sich ausschließlich durch den Betrag der Aufwendungen und den gegenwärtigen Wert der Verbesserungen und nicht etwa schlechthin nach den Regeln über kaufmännische Abschreibungen. Nicht ausgeschlossen ist, daß, soweit die Unterhaltung eine besonders sorgfältige war, bei Baulichkeiten selbst nach langjähriger Benutzung der Wert der gleiche geblieben oder gar ein höherer geworden ist. Deshalb vermag auch die bestimmungsgemäße Lebensdauer des Baues oder der sonstigen Verbesserung nur bei regelmäßiger Unterhaltung und Benutzung einen gewissen Maßstab für die seit der Errichtung eingetretenen Wertminderung zu geben.

4. Welche Aufwendungen als anrechnungsfähig im Sinne der Ziffer 2 im Einzelfall anzusehen sind, läßt sich mit Sicherheit nur unter Berücksichtigung der besonderen Begleitumstände entscheiden. Das Gesetz gibt als Richtweg eine doppelte Begrenzung

a) in positiver Hinsicht, indem die Aufwendung
   1. für das Grundstück selbst und nicht für die abzugsfähigen Gegenstände des § 10 dienen und
   2. ähnlich wie Bauten und Umbauten sich als besondere und dauernde Verbesserung darstellen muß;

b) nach der negativen Seite hin, indem als anrechnungsfähige Aufwendungen solche nicht zu gelten haben, die der laufenden Unterhaltung dienen.

Zu a 1. Damit wird ausgeschlossen die Anrechnung der Kosten für den Anbau der Erzeugnisse.

Zu a 2. Bei Bauten und Umbauten sind alle für die Ausführung der Bauten erforderlichen Auslagen als Aufwendungen anzusehen (KB. I S. 54). Bauzinsen insbesondere sollen anrechnungsfähig sein, soweit sie die Verzinsung des aufgewendeten Baukapitals betreffen, und in dem Umfang, in dem die Einstellung solcher Zinsen in die Bilanz nach den Bestimmungen des Handelsgesetzbuchs zugelassen ist (KB. I S. 54 Abs. 4). Dabei bleibt die Ersatzfähigkeit auf den Zeitraum beschränkt, der mit der gebrauchsfertigen Herstellung endigt (KB. I S. 54).

Durch die Gleichstellung der sonstigen anrechnungsfähigen Verbesserungen mit Bauten und Umbauten soll nicht gefordert werden, daß die Verbesserungen bautenähnlich sein müssen. Namentlich sollen bei landwirtschaftlichen Grundstücken auch solche Verbesserungen berücksichtigt werden, die — wie z. B. tiefes Rigolen des Bodens, das Aufbringen von Humusboden — als sichtbare Anlagen nicht in die Erscheinung treten. Um nach dieser Richtung jeden Zweifel auszuschließen, sind die Worte „land- und forstwirtschaftlicher Art" eingefügt worden (KB. I S. 53).

Zu b. Mit der Ausscheidung der laufenden Unterhaltungskosten ist die Anrechnung von Aufwendungen für unzulässig bezeichnet, die der Erzielung der laufenden Ertrags und nicht der Verbesserung von Baulichkeiten oder von Grundstücken dienen (KB. I S. 51). Hierhin werden bei Hausgrundstücken regelmäßig zu rechnen sein Erneuerung des Hausanstrichs, des Verputzes, des inneren Anstrichs, der Tapeten, Reparaturen an Dach, Schornstein, Wasser- und Lichtanlagen, Erneuerung von Öfen usw., während als Umbau oder besondere Verbesserung zu gelten haben würden Umbau eines Wohnhauses in ein Geschäftshaus, von Boden- oder Kellerräumen zu Zimmern, erstmalige Anlage von Zentralheizung, Wasserleitung, Gas- oder elektrischer Beleuchtung.

Nicht einmal in dieser Beschränkung läßt sich indessen bindend der Kreis der laufenden Unterhaltungskosten von den besonderen Aufwendungen ein für allemal abgrenzen. Vielmehr wird im Einzelfall als anrechnungsfähig auch eine Aufwendung gelten müssen, die an sich zu den laufenden gehört, aber im gegebenen Falle als eine solche nicht angesehen werden kann, weil sie infolge Vernachlässigung des Grundstücks durch den Vorbesitzer oder aus andern Gründen über das gewöhnliche Maß der laufenden Unterhaltung hinausgeht (Pl. S. 3994 D, 4000). So werden im Falle der Wiederherstellung eines devastierten Gutes oder eines vernachlässigten Miethauses die Aufwendungen für die Wiederherstellung, auch soweit sie sich auf Anlagen gewöhnlicher Art beziehen, unter Aussonderung des auf die laufende Unterhaltung entfallenden Betrags der Ziffer 3 einzustellen sein. Hat der Erwerber eines Hauses zu dessen Wiederherstellung für Anlagen gewöhnlicher Art 15 000 *M* aufgewendet, während die jährlichen Unterhaltungskosten 3 000 *M* betragen, so würden von dem verauslagten Betrage 12 000 *M* als besondere Aufwendungen im Sinne des § 14 Ziffer 3 gelten können.

5. Ob die Aufwendungen der Errichtung neuer oder der Wiederherstellung vorhandener Anlagen dienen, ist für die Anrechnung belanglos. Wiederherstellungskosten sind gleichfalls anrechnungsfähig in dem Wertbetrag, in dem die Anlagen zur Zeit der Veräußerung vorhanden sind. Dabei findet der Umstand, daß vor ihrer Errichtung andere, gleichen Zwecken dienende Anlagen vorhanden waren, insofern entsprechende Berücksichtigung, als deren Wert im Erwerbspreis enthalten ist. Wird z. B. ein zur Zeit des Erwerbes vorhandenes Gebäude ganz oder in seinem wesentlichen Teile umgebaut, so wird der Wert des alten Gebäudes in dem Erwerbspreis, der Wert des neuen Gebäudes in dem Veräußerungspreise zum Ausdruck kommen (RB. I S. 52). Eine Besonderheit für Versicherungsbeträge s. Anmerkung 9 unter B.

6. Ob die Aufwendungen von dem Eigentümer persönlich oder für seine Rechnung von einem Dritten vorgenommen sind, ist ohne Belang.

7. Als Verbesserungen gelten neben denjenigen tatsächlicher Art auch Verbesserungen rechtlicher Art, z. B. Bestellung eines Wegerechts für ein Grundstück (Bl. S. 3991 C).

8. Dem anrechnungsfähigen Betrage der Aufwendungen, also dem Werte der Verbesserung zur Zeit des Eintritts der Steuerpflicht, ist allgemein ein Betrag von 5 vom Hundert hinzuzurechnen. An dessen Stelle tritt für Baugewerbebetreibende und Bauhandwerker, die selbst als Bauunternehmer tätig gewesen sind, ein Betrag von 15 vom Hundert. Diese Vergünstigung entfällt, wenn der Unternehmer eine Gesellschaft oder Genossenschaft ist, die nicht ausschließlich aus Baugewerbebetreibenden oder Bauhandwerkern besteht. Mit dieser Hinzurechnung von 5 oder 15

vom Hundert soll zugleich die Berücksichtigung der eigenen Arbeit abgegolten werden (KB. I S. 35, 49, 50, 51), so daß für sie daneben eine besondere Anrechnung nicht zulässig ist.

9. Besondere Vorschriften gelten

A. für bergmännische Versuchs- und Ausrichtungsarbeiten. Diese sind im Gegensatze zu den sonstigen Aufwendungen im vollen Betrag ohne Rücksicht darauf anrechnungsfähig, ob und inwieweit sie zur Zeit des Eintritts der Steuerpflicht noch vorhanden sind. Zu den Versuchsarbeiten gehören Bohrarbeiten, Versuchsstollen, Schächte und andere Arbeiten, die zur Einleitung und Vorbereitung des Bergbaues notwendig sind. Als Ausrichtungsarbeiten gelten diejenigen, welche die Aufsuchung, Zugänglichmachung und Feststellung des Verhaltens der Lagerstätte in den verschiedenen Teilen und Tiefen des Grubenfeldes betreffen (KB. II S. 21). Nicht anrechnungsfähig sind die sogenannten Vorrichtungsarbeiten, d. h. die Herrichtung der in einer bestimmten Sohle durch Stollen, Schächte, Querschläge und Grundstrecken ausgerichteten (nachgewiesenen) Lagerstätte zum Zwecke des Abbaues, also der Hereingewinnung der Mineralien (KB. II S. 33).

B. für solche Wiederherstellungsarbeiten, deren Kosten aus Versicherungsbeträgen gedeckt sind. Sie sollen, da der Wert von Gebäuden, die bereits zur Zeit des Erwerbes vorhanden waren, in der Erhöhung des Erwerbspreises zum Ausdruck gekommen ist und der Versicherungsbetrag lediglich an die Stelle dieser Gebäude tritt, den Aufwendungen nur gleichgestellt sein, wenn sie zur Wiederherstellung eines innerhalb der steuerpflichtigen Zeit errichteten Gebäudes verwendet worden sind. Diese Bestimmung steht im Zusammenhange mit der Vorschrift des § 23, wonach Entschädigungsbeträge dem Veräußerungspreise hinzuzurechnen sind, soweit sie nicht nachweislich zur Beseitigung des Schadens verwendet sind. Daraus ergibt sich folgende Rechtslage:

a) die versicherten Baulichkeiten sind vor dem für die Steuerberechnung maßgebenden Zeitraum errichtet und

I. die Versicherungsbeträge sind zur Wiederherstellung verwendet, dann kommen sie weder für die Zurechnung nach § 14 Ziffer 3 noch nach § 23 in Betracht;

II. die Versicherungsbeträge werden nicht zur Wiederherstellung verwendet, dann sind sie

1. dem Veräußerungspreise hinzuzurechnen (§ 23), falls der Ersatzanspruch nach dem 1. Januar 1911 entstanden ist, und außerdem
2. als Aufwendungen im Sinne des § 14 Ziffer 3 zu behandeln, soweit sie etwa für eine besondere Verbesserung verwendet worden sind.

b) Die versicherten Baulichkeiten sind während des für die Steuerberechnung maßgebenden Zeitraums errichtet und

I. die Versicherungsbeträge werden zur Wiederherstellung oder

II. zu einer sonstigen besonderen Verbesserung verwendet, dann sind sie als Aufwendungen im Sinne des § 14 Ziffer 3 zu behandeln;

III. die Versicherungsbeträge werden weder zu I noch zu II verwendet, dann kommt weder § 14 Ziffer 3 noch § 23 in Betracht.

Zu Ziffer 4.

1. Die Aufwendungen, Leistungen und Beiträge müssen, um anrechnungsfähig zu sein, ebenso wie die Aufwendungen der Ziffer 3 sich auf das Grundstück beziehen und tatsächlich verauslagt sein. Unter öffentlichen Einrichtungen sind deshalb nur solche zu verstehen, die mit dem Grundstück im Zusammenhange stehen, z. B. die den Unternehmern einer Kolonisation von den Behörden auferlegten Leistungen zu Gemeindezwecken, für Kirchen und Schulen (RB. I S. 41).

2. Die Aufwendungen usw. der Ziffer 4 sind im Gegensatze zu denen der Ziffer 3 im ursprünglichen Betrag anrechnungsfähig, ohne Rücksicht, ob und wieweit die Anlagen noch vorhanden sind. Sie haben jedoch mit den Aufwendungen der Ziffer 3 gemein,

daß sie, um anrechnungsfähig zu sein, innerhalb des für die Steuerberechnung maßgebenden Zeitraums gemacht sein müssen. Ob die Aufwendungen unmittelbar oder mittelbar geleistet sind, und ob sie erst gezahlt werden, wenn die Kanalisation usw. hergestellt ist, oder ob sie bei einem früheren Geschäfte im voraus entrichtet sind, ist ohne Belang (Pl. S. 3991).

3. Unter Aufwendungen sind selbstgemachte Aufwendungen zu eigenen Unternehmungen (z. B. sogenannten Unternehmerstraßen), unter „Leistungen und Beiträge" Beträge zu verstehen, die als Zuschüsse zu den Anlagen öffentlich-rechtlicher Verbände oder Dritter geleistet werden (z. B. Anliegerbeiträge), ebenso Zuschüsse auf Grund von Zinsgarantien (KB. I S. 41).

4. Nicht anrechnungsfähig sind „Betriebsausfälle für Anlagen zur Aufschließung und Verwertung des Geländes", ebensowenig diese Anlagekosten selbst, z. B. Errichtung eines Elektrizitätswerkes zur entgeltlichen Versorgung der späteren Hausbesitzer auf einem Gelände. Das Gleiche gilt von Verkehrsunternehmungen, die der Besitzer selbst errichtet hat und für deren Benutzung ein Entgelt erhoben wird (KB. I S. 41).

5. Während die Aufwendungen, Leistungen und Beiträge für Straßenbauten, andere Verkehrsanlagen, einschließlich der Kanalisierung, ohne Rücksicht darauf anrechnungsfähig sind, ob eine Gegenleistung vorliegt oder nicht, ist die Anrechnung der Beiträge für sonstige öffentliche Einrichtungen davon abhängig, daß keine entsprechende Gegenleistung oder Verzinsung gewährt ist. Als „entsprechend" ist nicht nur eine solche Gegenleistung anzusehen, die der Aufwendung voll gleichwertig ist, vielmehr soll der Zusatz lediglich verhindern, daß jede beliebige, noch so kleine Gegenleistung die Anrechnung der Aufwendung ausschließt (KB. I S. 55).

6. Unter Straßenbauten, anderen Verkehrsanlagen sind, wie auch der Ausdruck „sonstige" öffentliche Einrichtungen erkennen läßt, Unternehmungen öffentlich-rechtlicher Art verstanden (KB. I S. 40). Privatstraßen und privaten Verkehrszwecken dienende Anlagen würden unter § 14 Ziffer 3 fallen.

7. Unter Straßenkosten sind nicht nur die Kosten für Neuanlage einer Straße, sondern auch diejenigen für Pflasterung oder Chaussierung einer bestehenden Straße zu verstehen (KB. II S. 24).

8. Eine Verzinsung der Aufwendungen der Ziffer 4 tritt nur für volle Kalenderjahre nach Schluß des Jahres ein, in dem die Aufwendung gemacht ist. Sind also Straßenkosten im Mai 1910 veranlagt, so werden die Zinsen für jedes volle Jahr vom 1. Januar 1911 ab bis längstens 31. Dezember 1925 berechnet, und eine Verzinsung tritt überhaupt nicht ein, wenn das Grundstück im Laufe des Jahres 1911 veräußert wird.

9. Die Anrechnung gemäß § 16 erfolgt nur auf Antrag, für den eine Frist nicht vorgesehen ist, der jedoch vor Erteilung des Steuerbescheids zu stellen sein wird. Die Wahlbefugnis besteht ohne Rücksicht auf den Wert des Grundstücks und gewährt eine Verzinsung der Aufwendungen der Ziffer 4 entweder von 4 vom Hundert auf längstens 15 Jahre (im Höchstfalle 60 vom Hundert) oder von $2^1/_2$, 2 oder $1^1/_2$ vom Hundert längstens bis 1. Januar 1885 zurück (zur Zeit [1911] höchstens 65, 52, 39 vom Hundert) und späterhin längstens auf 40 Jahre (also 100, 80, 60 vom Hundert).

Die Bedeutung der Wahl ergeben folgende Beispiele:

A. Berechnung des Erwerbspreises für ein im Februar 1887 für 100 000 ℳ erworbenes unbebautes Grundstück von 400 a Fläche, für das im Laufe des Jahres 1887 für 200 000 ℳ Aufwendungen nach § 14 Ziffer 4 gemacht worden sind, und das im Oktober 1928 veräußert wird.

Erwerbspreis	100 000 ℳ
Erwerbskosten (§ 14 Ziffer 1)	4 000 „
Aufwendungen nach § 14 Ziffer 4 200 000 ℳ + 4 v. H. jährlich auf 15 Jahre	320 000 „
Hinzurechnungen nach § 16 Abs. 1:	
a) Ziffer 1 $2^1/_2$ v. H. von (400 × 100 ℳ =) 40 000 ℳ auf 40 Jahre	40 000 „
b) Ziffer 2 2 v. H. von (104 000 ℳ — 40 000 ℳ =) 64 000 ℳ auf 40 Jahre .	51 200 „
sind . . .	515 200 ℳ

oder

auf Antrag des Veräußerers gemäß § 14 Ziffer 4, letzter Satz:

Erwerbspreis	100 000 ℳ
Erwerbskosten (§ 14 Ziffer 1)	4 000 „
Aufwendungen nach § 14 Ziffer 4	200 000 „
	304 000 ℳ.
Hinzurechnungen nach § 16 Abs. 1:	
a) Ziffer 1 2½ v. H. von (400 × 100 ℳ =) 40 000 ℳ auf 40 Jahre	40 000 „
b) Ziffer 2 2 v. H. von (304 000 ℳ — 40 000 ℳ =) 264 000 ℳ auf 40 Jahre .	211 200 „
sind . . .	555 200 ℳ.

B. Berechnung des Erwerbspreises für ein im Mai 1887 für 100 000 ℳ erworbenes unbebautes Grundstück von 4000 a Fläche, für das im Laufe des Jahres 1887 für 50 000 ℳ Aufwendungen nach § 14 Ziffer 4 gemacht worden sind und das im Oktober 1918 veräußert wird.

Erwerbspreis	100 000 ℳ
Erwerbskosten (§ 14 Ziffer 1)	4 000 „
Aufwendungen nach § 14 Ziffer 4 50 000 ℳ + 4 v. H. jährlich auf 15 Jahre	80 000 „
Hinzurechnungen nach § 16 Abs. 1 Ziffer 1 2½ v. H. von 104 000 ℳ auf 30 Jahre . .	78 000 „
sind . . .	262 000 ℳ

oder

auf Antrag der Veräußerers gemäß § 14 Ziffer 4 letzter Satz:

Erwerbspreis	100 000 ℳ
Erwerbskosten (§ 14 Ziffer 1)	4 000 „
Aufwendungen nach § 14 Ziffer 4	50 000 „
	154 000 ℳ.
Hinzurechnungen nach § 16 Abs. 1 Ziffer 1 2½ v. H. von 154 000 ℳ auf 30 Jahre . .	115 500 „
sind . . .	269 500 ℳ.

§ 15.

Soweit es sich um die Verbesserung von Flächen handelt, die aus Moorland, Sumpfland, Öd- oder Heideland bestehen, ist auf Antrag des Veräußerers an Stelle der im § 14 Ziffer 3 bezeichneten Aufwendungen dem Erwerbspreis die Erhöhung des Ertragswerts hinzuzurechnen.

I. **Quellen:** RB. —; K. I, II: —; K. III: § 10 Abs. 2 (§ 10a); Pl. II: § 10a: Pl. III: § 10a (§ 15). — KB. I: 36; KB. II: 25, 26, (39); Pl.: (4003 A), 4305 B.

II. **Ausführungsbestimmungen:** Bundesrat: §§ 13, 22 Abs. 2.

III. **Erläuterungen:**

1. Als Verbesserungen von Flächen im Sinne des § 15 sind nur solche anzusehen, bei denen es sich um Schaffung von Neuland handelt, also um eine wesentliche Umänderung der ganzen Beschaffenheit des Grundstücks, durch welche dessen Ertragsfähigkeit erheblich gesteigert wird. Dabei ist nicht notwendige Voraussetzung, daß das Grundstück vor der Melioration ganz ertraglos gewesen ist; vielmehr genügt es, daß nach seiner Beschaffenheit nur eine geringe Ertragsfähigkeit vorhanden war (KB. II S. 26).

2. Die Bezeichnungen „Moorland, Sumpfland, Öd- oder Heideland" sind beispielsweise gewählt und sollen die Anwendung des § 15 nicht etwa auf Grundstücke beschränken, die unter dieser Bezeichnung in den amtlichen Grundsteuerlisten eingetragen sind (KB. II S. 26).

3. Bei Bestimmung der Erhöhung des Ertragswerts soll lediglich auf die durch die Meliorationsarbeiten unmittelbar betroffene Fläche Rücksicht genommen werden (KB. II S. 26). Ertragserhöhungen, die als Folge der Melioration einer Fläche bei benachbarten Teilen des Grundbesitzes eingetreten sind, bleiben außer Betracht.

§ 16.

Dem Erwerbspreis werden für jedes Jahr des für die Steuerberechnung maßgebenden Zeitraums hinzugerechnet:

1. von dem Betrage des Erwerbspreises und der Anrechnungen nach § 14 Ziffer 1 bis 3, § 15, der zusammen einhundert Mark, bei Weinbergen dreihundert Mark für das Ar nicht übersteigt, zweieinhalb vom Hundert;
2. von dem Mehrbetrage bei unbebauten Grundstücken zwei, bei bebauten Grundstücken eineinhalb vom Hundert.

Beträgt der für die Steuerberechnung maßgebende Zeitraum nicht mehr als fünf Jahre, so ermäßigen sich die Hinzurechnungen bei unbebaut gebliebenen Grundstücken auf die Hälfte.

Die Hinzurechnung erfolgt für jedes volle Kalenderjahr nach Schluß des Jahres, in dem der für die Steuerberechnung maßgebende Zeitraum beginnt, oder die Aufwendung gemacht, oder in dem bei Bauten und Umbauten die behördliche Gebrauchsabnahme und soweit eine solche nicht besteht, die gebrauchsfertige Herstellung erfolgt ist.

I. **Quellen:** RV. —; K. I, II: § 20 Abs. 3, 4: K. III: § 20 Abs. 3 S. 1 u. 3, Abs. 4 (§ 10c): Pl. II: § 10c; Pl. III: § 10c (§ 16). — KB. I: (18), (19), (49), (51), (58), (65), (66), 72—75, 77—82, 84, (105); KB. II: (22), (24), (25), 26, 27, 35—39, (58), (154); Pl.: (3895 C), 3902 B, (3918 C), 4001 C—4007 A, 4298 B, 4305 D—4307 A.

II. **Ausführungsbestimmungen:** Bundesrat: § 12.

III. **Erläuterungen:**

1. Die Hinzurechnung ist auf den für die Steuerberechnung maßgebenden Zeitraum beschränkt (Erläuterungen zu § 17 Ziffer 3).

2. Die Hinzurechnung ist zu bemessen nach dem Erwerbspreis zuzüglich der Anrechnung des § 14 Ziffer 1 bis 3, wobei die Aufwendungen der Ziffer 3 in dem nach Anmerkung 3 zu § 14 Ziffer 3 bezeichneten Betrage einzustellen sind und an deren Stelle die Erhöhung des Ertragswerts gemäß § 15 treten kann.

3. Die Anrechnung beträgt für den Teil des zu 2 bezeichneten Betrags, der 100 ℳ und bei Weinbergen 300 ℳ für das Ar nicht übersteigt, $2^1/_2$ vom Hundert jährlich und von dem Mehrbetrage

bei unbebauten Grundstücken 2, bei bebauten Grundstücken $1^1/_2$ vom Hundert.

Die Anrechnung von $2^1/_2$ vom Hundert wird also allen Grundstücken, auch denen im Werte von mehr als 100 oder bei Weinbergen mehr als 300 ℳ für das Ar, bis zu diesem Teilbetrage zugebilligt. (Vgl. Beispiel unter Anmerkung 6.)

4. Wie der Zeitraum für die jährliche Hinzurechnung im Sinne des Abs. 1 zu bemessen ist, ergibt Abs. 3. Dieser bildet eine Ausnahme von dem für die Berechnung des steuerpflichtigen Zeitraums maßgebenden Grundsatze, wonach nicht das Kalenderjahr, sondern der Zeitraum des Besitzes schlechthin maßgebend ist.

5. Die Vorschrift des Abs. 2, wonach die schärfere Erfassung des kurzfristigen Besitzes auf unbebaut gebliebene Grundstücke beschränkt ist, ist dahin zu verstehen, daß Grundstücke, die beim Erwerb unbebaut waren und während der für die Steuerberechnung maßgebenden Zeit nicht bebaut worden sind, von der Verkürzung der Hinzurechnung betroffen werden sollen.

6. Für die Auslegung des § 16 dient folgendes Beispiel:

B e r e c h n u n g des Erwerbspreises für ein im März 1892 für 10 000 ℳ erworbenes unbebautes Grundstück, für das im März 1902 und im Oktober 1910 Aufwendungen nach § 14 Ziffer 3 gemacht worden sind, deren jede zur Zeit der Veräußerung 1 000 ℳ wert ist, und das im Oktober 1913 veräußert wird,

a) wenn die Grundstücksfläche 140 a beträgt:

Erwerbspreis	10 000,00 ℳ
Erwerbskosten (§ 14 Ziffer 1)	400,00 „
Aufwendungen + 5 v. H. (§ 14 Ziffer 3)	2 100,00 „
Hinzurechnungen nach § 16 Abs. 1 Ziffer 1	
1. $2^1/_2$ v. H. auf 20 Jahre = 50 v. H. von 10 400 ℳ	5 200,00 „
2. $2^1/_2$ v. H. auf 10 Jahre = 25 v. H. von 1 050 ℳ	262,50 „
3. $2^1/_2$ v. H. auf 2 Jahre = 5 v. H. von 1 050 ℳ	52,50 „
sind . . .	18 015,00 ℳ,

b) wenn die Grundstücksfläche 10 a beträgt:

Erwerbspreis	10 000,00 ℳ
Erwerbskosten (§ 14 Ziffer 1)	400,00 „
Aufwendungen + 5 v. H. (§ 14 Ziffer 3)	2 100,00 „
Hinzurechnungen nach § 16 Abs. 1	
α) nach Ziffer 1: $2^1/_2$ v. H. auf 20 Jahre = 50 v. H. von (10 × 100 ℳ =) 1 000 ℳ	500,00 ℳ
β) nach Ziffer 2: 2 v. H.	
1. von (10 400 ℳ — 1 000 ℳ =) 9 400 ℳ auf 20 Jahre	3 760,00 „
2. von 1 050 ℳ auf 10 Jahre . .	210,00 „
3. von 1 050 ℳ auf 2 Jahre . . .	42,00 „
sind . . .	17 012,00 ℳ.

§ 17.

Beruht der Erwerb des Grundstücks auf einem steuerfreien Rechtsvorgange (§ 7), so ist für die Bemessung des Wertzuwachses von dem Preise zur Zeit des letzten steuerpflichtigen Rechtsvorganges auszugehen.

Ob im Sinne dieser Vorschrift Rechtsvorgänge steuerfrei oder steuerpflichtig sind, ist auch für die Zeit vor dem Inkrafttreten dieses Gesetzes nach ihm zu bestimmen. Rechtsgeschäfte der im § 5 bezeichneten Art stehen einem steuerfreien Erwerbsvorgange gleich, sofern sie vor dem 1. Januar 1911 abgeschlossen worden sind.

Wenn der letzte steuerpflichtige Rechtsvorgang mehr als vierzig Jahre vor dem Eintritt der Steuerpflicht liegt, so ist als Erwerbspreis der Wert anzusehen, den das Grundstück vierzig Jahre vor dem Eintritt der Steuerpflicht hatte, sofern der Steuerpflichtige nicht nachweist, daß er oder sein Rechtsvorgänger vor jener Zeit bei einem steuerfreien oder steuerpflichtigen Erwerb einen höheren Erwerbspreis gezahlt hat.

Liegt der für die Bemessung des Wertzuwachses maßgebende Erwerbsvorgang vor dem 1. Januar 1885, so tritt an die Stelle des Preises der Wert, den das Grundstück an diesem Tage gehabt hat, wenn der Steuerpflichtige nicht nachweist, daß er oder sein Rechtsvorgänger vor jener Zeit bei einem steuerfreien oder steuerpflichtigen Erwerb einen höheren Erwerbspreis gezahlt hat.

Als für die Steuerberechnung maßgebender Zeitraum gilt im Falle des Abs. 3 der vierzigjährige Zeitraum, im Falle des Abs. 4 die Zeit seit dem 1. Januar 1885.

I. **Quellen:** RV. § 11; K. I, II: § 11; K. III: § 11 (§ 11); Pl. II: § 11; Pl. III: § 11 (§ 17). — Begr. 23, (33), 38; KB. I: 13, 14—19, 55—59, 78, (80), (114); KB. II: 27—29, 31, (39), (49), (50); Pl.: 3901 C, D, (3911 D), 3926 B, 4007 B—4012 B, 4022 D—4031 A, 4287 C bis 4288 D, 4307 A.

II. **Ausführungsbestimmungen** —

III. **Erläuterungen:**

1. Der § 17 bringt im Abs. 1 den Gedanken zum Ausdruck, daß die Befreiung des § 7 eine aufschiebende und keine endgültige ist. Das muß auch für die Zeit vor dem Inkrafttreten gelten, deshalb soll sich die Steuerpflicht oder Steuerfreiheit eines Rechtsvorganges aus der Zeit vor dem Inkrafttreten des Gesetzes nach dessen Vorschriften richten. Eine Ausnahme besteht für Veräußerungsgeschäfte. Diese können als Erwerbsakt für die Steuerberechnung selbst dann nicht in Betracht kommen, wenn sie vor dem Inkrafttreten des Gesetzes abgeschlossen und nicht innerhalb eines Jahres durch Auflassung erfüllt sein sollten. Ist ein Grundstück im Jahre 1890 von dem Rechtsvorgänger des jetzigen Eigentümers gekauft, alsdann im Jahre 1898 auf diesen im Erbgang übergegangen und von ihm durch obligatorischen Veräußerungsvertrag im Jahre 1908 einem Dritten verkauft, ohne daß bisher die Auflassung an diesen stattgefunden hat, so ist für den nächsten Steuerfall weder von dem Abschluß des Veräußerungsvertrags, noch von dem Erbfall, sondern von dem Erwerb im Jahre 1890 auszugehen.

Als Veräußerungsvorgang, d. h. als Anlaß zur Steuererhebung, kommen Veräußerungsgeschäfte unter den Voraussetzungen des § 5 ebenso wie jeder Eigentumsübergang in Betracht, soweit sie seit dem 1. Januar 1911 vorgenommen sind (§ 62).

2. Für die Vergangenheit soll der letzte Zeitpunkt, auf den für die Ermittelung des Wertzuwachses zurückgegangen werden darf, der 1. Januar 1885 sein und, sobald seit diesem Zeitpunkt 40 Jahre vergangen sein werden — vom 1. Januar 1925 ab —, wird immer nur der während der letzten 40 Jahre entstandene Wertzuwachs zur Steuer herangezogen werden. Zur Zeit würde also, wenn ein Grundstück von dem Rechtsvorgänger des jetzigen Eigentümers im Jahre 1872 gekauft und auf den jetzigen Eigentümer im Erbgang im Jahre 1887 übergegangen ist, nicht von dem Erwerbspreis im Jahre 1872, sondern von dem Werte ausgegangen werden müssen, den das Grundstück im Jahre 1885 gehabt hat. Sollte dieser Wert niedriger sein als der Preis, der für das Grundstück im Jahre 1872 gezahlt worden ist, so steht es dem jetzigen Eigentümer beim ersten Steuerfalle frei, an die Stelle des Preises von 1885 den höheren Erwerbspreis treten zu lassen. Dabei ist der Preis als solcher ohne die Zurechnungen der §§ 14, 15, 16 in Vergleich zu stellen mit dem Werte, wie er sich nach §§ 11, 12 — ebenfalls unter Ausschluß der Zurechnungen nach §§ 14, 15, 16 — ergibt, so daß nicht schon dann, wenn die gesamte Berechnung etwa zu einem für den Steuerpflichtigen günstigeren Ergebnis führt, auf den früheren Preis zurückgegangen werden darf (KB. I S. 56, 58, 59). Ob dieser Preis bei einem steuerpflichtigen Rechtsvorgange (Kauf) oder bei einem steuerfreien Rechtsvorgang (Überlassung, Erbauseinandersetzung) gezahlt worden ist, soll keinen Unterschied machen. Immer aber muß es sich um eine Preiszahlung handeln (KB. II S. 28). Die Geltendmachung eines früheren höheren W e r t e s ist nicht zugelassen (KB. I S. 57, II S. 28), so daß nicht etwa der Wert bei einem früheren Erbfall berücksichtigt werden kann. Um an die Stelle des Wertes vom 1. Januar 1885 treten zu können, muß die Preiszahlung vor diesem Zeitpunkt liegen. Ein Preis, der später, etwa im Jahre

1890 bei einer Erbauseinandersetzung gezahlt worden ist, kommt hierbei nicht in Frage (KB. II S. 28). Der Nachweis eines f r ü h e r e n Erwerbspreises überhaupt — ohne Rücksicht, ob er höher als der Wert ist oder nicht — ist Voraussetzung für die Anrechnung nach § 22 Ziffer 2 (KB. II S. 31).

3. Aus der Vorschrift des § 17 ergibt sich für die Begriffsbestimmung des für die Steuerbemessung maßgebenden Zeitraums (§§ 14, 16, 22, 28 u. a.), daß als solcher nicht nur die Besitzzeit des gegenwärtigen Eigentümers, sondern auch die seit dem 1. Januar 1885 und späterhin innerhalb eines Zeitraums von 40 Jahren gelegene Besitzzeit des Rechtsvorgängers zu gelten hat, von dem der jetzige Eigentümer das Grundstück im Wege eines steuerfreien Rechtsvorganges (§ 7) erworben hat. Folgerichtig ist regelmäßig unter Eigentümer und, abgesehen von dem Falle des § 1 Abs. 2 und des § 29 Abs. 2, unter Veräußerer nicht nur zu verstehen, wer an dem Veräußerungsakt unmittelbar beteiligt ist, sondern auch dessen Rechtsvorgänger, der auf ihn das Grundstück steuerfrei übertragen hat (KB. I S. 78, II S. 27).

§ 18.

Bei Grundstücken in Festungsrayons, die vor dem Erlasse des Rayongesetzes vom 21. Dezember 1871 erworben sind und für die eine Rayonentschädigung nicht gewährt worden ist, ist dem für den 1. Januar 1885 ermittelten Werte der Betrag hinzuzurechnen, um den das Grundstück durch Einführung der Rayonbeschränkung an Wert gemindert worden ist.

I. **Quellen:** RB. —; K. I, II, III: —; Pl. II: —; Pl. III: § 12 (§ 18) — KB. II: 30, 31; Pl.: 4303 D—4305 B.

II. **Ausführungsbestimmungen** —

III. **Erläuterungen:**

1. Voraussetzung für die Anwendung ist,

a) daß der letzte steuerpflichtige Erwerbsvorgang vor dem 21. Dezember 1871 liegt,

b) daß eine Rayonentschädigung seinerzeit nicht gewährt worden ist.

2. Die Hinzurechnung bezieht sich auf den Minderwert, der aus der Einführung der Rayonbeschränkung entstanden ist, also weder auf die Wertminderung, die infolge der Rayonbeschränkung am 1. Januar 1885 vorhanden war, noch etwa auf die Wertminderung zu einer späteren Zeit. Bei Bemessung der Höhe der Wertminderung wird von dem Betrag ausgegangen werden können, der gleichgelegenen Grundstücken als Rayonentschädigung zugewiesen worden ist.

§ 19.

Bei einem aus Anlaß einer Flurbereinigung, Grenzregelung oder Umlegung (§ 7 Ziffer 7) empfangenen Grundstück ist als Erwerbspreis das Entgelt anzusehen, das der Eigentümer oder sein Rechtsvorgänger für das in die Flurbereinigung, Grenzregelung oder Umlegung gegebene Grundstück gezahlt hat. Ausgleichszahlungen, die bei der Flurbereinigung, Grenzregelung oder Umlegung stattgefunden haben, sind entsprechend anzurechnen.

Hat der Eigentümer oder sein Rechtsvorgänger bei der Flurbereinigung, Grenzregelung oder Umlegung mehrere Grundstücke empfangen, so werden deren Erwerbspreise aus dem im Abs. 1 bezeichneten Entgelt nach dem Verhältnis berechnet, in welchem die Werte der empfangenen Grundstücke im Zeitpunkt der Flurbereinigung, Grenzregelung oder Umlegung zueinander gestanden haben.

I. **Quellen:** RB. § 13; K. I, II: § 13; K. III: § 13 (§ 13); Pl. II: § 13; Pl. III: § 13 (§ 19). — KB. I: 60; KB. II: 29; Pl.: 4013 D, 4307 A.

II. **Ausführungsbestimmungen:** Bundesrat: § 11.

III. **Erläuterungen:**

Zur Klarstellung der Vorschrift des § 19 dienen folgende Beispiele:

A. Für das am 1. April 1900 für 10 000 ℳ erworbene, in die Flurbereinigung gegebene Grundstück x empfängt dessen Eigentümer das Grundstück y.

Erwerbspreis für das Grundstück y am 1. April 1900: 10 000 ℳ.

B. Für das am 1. April 1900 für 10 000 ℳ erworbene, im Jahre 1905 mit einem Werte von 12 000 ℳ in die Flurbereinigung gegebene Grundstück x empfängt dessen Eigentümer das Grundstück y und erhält zum Ausgleich 2 000 ℳ.

Erwerbspreis für das Grundstück y am 1. April 1900 nach Ausscheidung des in der Ausgleichssumme von 2 000 ℳ enthaltenen Zuwachses 8 333 ℳ, nämlich 10 000 ℳ minus 1 667 ℳ (12 000 : 2 000 = 10 000 : x).

C. Für das am 1. April 1900 für 12 000 ℳ erworbene, 1905 in die Flurbereinigung gegebene Grundstück x empfängt dessen Eigentümer das Grundstück n im Werte von 10 000 ℳ und das Grundstück y im Werte von 5 000 ℳ und hat zum Ausgleich 3 000 ℳ zu zahlen.

Erwerbspreis am 1. April 1900

a) für das Grundstück n 8 000 ℳ ($^2/_3$ von 12 000 ℳ) + 2 000 ℳ ($^2/_3$ Anteil an der Ausgleichszahlung von 3 000 ℳ) = 10 000 ℳ,

b) für das Grundstück y 4 000 ℳ ($^1/_3$ von 12 000 ℳ) + 1 000 ℳ ($^1/_3$ Anteil an der Ausgleichszahlung von 3 000 ℳ) = 5 000 ℳ.

Die Hinzurechnungen des § 16 sind für die Anteile am ursprünglichen Erwerbspreis und für die Anteile an den Ausgleichszahlungen gesondert zu berechnen.

§ 20.

Beschränkt sich der steuerpflichtige Rechtsvorgang auf einen Teil eines Grundstücks, so wird der Erwerbspreis dieses Teiles nach dem Verhältnis seines Wertes zum Werte des Gesamtgrundstücks berechnet.

Unentgeltliche dauernde Überlassung von Grundstücken für Verkehrszwecke, für öffentliche oder gemeinnützige Zwecke wird in der Weise berücksichtigt, daß der Gesamterwerbspreis

nicht auf die ursprüngliche, sondern auf die nach der Abtretung verbleibende Fläche verteilt wird. Hierzu ist nicht erforderlich, daß eine Eigentumsübertragung erfolgt ist.

Werden Teile eines örtlich und wirtschaftlich zusammenhängenden Grundbesitzes durch verschiedene Rechtsvorgänge von demselben Veräußerer oder von dessen Erben innerhalb dreier Jahre übertragen, so ist der Steuerpflichtige berechtigt, von dem Wertzuwachse des einen Teiles des Grundstücks einen bei der Veräußerung anderer Teile eingetretenen Verlust abzuziehen. Die Zuwachssteuer wird bei den einzelnen Rechtsvorgängen fällig; etwa zuviel gezahlte Steuer wird nach dem letzten Rechtsvorgang erstattet.

I. **Quellen:** RV. § 14; K. I, II: § 14; K. III: § 14 (§ 14); Pl. II: § 14; Pl. III: § 14 (§ 20). — Begr. 39; KB. I: 60—64; KB. II: 29, 30, (39); Pl.: 4013 D—4016 C, 4307 A.

II. **Ausführungsbestimmungen:** Bundesrat: § 23 Abs. 2. Pr. A.B. (2) 2.

III. **Erläuterungen:**

1. Der § 20 regelt sowohl den Fall der Abveräußerung des Teiles eines Grundstücks wie der Parzellenveräußerung bei Teilung einer Grundstücksgesamtheit, die zu einem Einheitspreis erworben ist. Maßgebend soll das Wertverhältnis zur Zeit des Erwerbes sein (KB. I S. 61). Die Bedeutung der Vorschrift ist aus folgendem Beispiel ersichtlich: Ist eine Grundstücksgesamtheit von 2 000 qm für 300 000 ℳ erworben und werden demnächst 500 qm für Straßenland unentgeltlich abgetreten, so verteilt sich der Gesamterwerbspreis von 300 000 ℳ nunmehr gemäß Abs. 2 auf 1 500 qm, so daß der Erwerbspreis für jedes Quadratmeter 200 ℳ beträgt. Wird demnächst eine Parzelle von 500 qm für 200 000 ℳ veräußert, so würde bei Zugrundelegung des Durchschnittserwerbspreises, falls Anrechnungen nicht in Betracht kommen, ein Wertzuwachs von 100 000 ℳ oder 100 vom Hundert des Erwerbspreises zu versteuern sein. Der Steuerpflichtige würde durch diese Verrechnungsart geschädigt werden, wenn die verkaufte Parzelle ein besonders wertvolles Eckgrundstück oder einen Acker

von besonders hoher Kulturart darstellt, während der ihm verbleibende Rest aus minderwertigem Grund und Boden besteht. Diese Umstände sollen deshalb bei der Verteilung des Gesamterwerbspreises auf die verkauften und zurückbleibenden Grundstücksteile und bei Bemessung des Zuwachses der ersteren Berücksichtigung finden, so daß, wenn im vorliegenden Falle jedes der veräußerten 500 qm beim Erwerbe doppelt soviel wert gewesen sein würde, wie jedes von den übrigen 1 000 qm, der Erwerbspreis des Teilgrundstücks auf 150 000 ℳ zu veranschlagen und bei einem Veräußerungspreise von 200 000 ℳ nur ein Wertzuwachs von 50 000 ℳ oder 33 1/3 vom Hundert des Erwerbspreises für die Besteuerung in Betracht kommt (Begr. S. 39).

2. Der Teilveräußerung tragen die Ausführungsbestimmungen besondere Rücksicht, indem nach § 23 Abs. 2, falls das veräußerte Grundstück Teil eines größeren Gesamtgrundstücks ist, welches demnächst ebenfalls in Teilstücken zur Veräußerung gelangen soll, die Berechnungsgrundlagen durch Verhandlung mit dem Steuerpflichtigen tunlichst für alle Grundstücke festzulegen sind.

3. Die Vorschrift des Abs. 1 findet keine Anwendung, wenn das Grundstück nicht einheitlich erworben oder, falls der Wert am 1. Januar 1885 in Frage kommt, zu diesem Zeitpunkt nicht als einheitliches Ganzes vorhanden war. Ist z. B. das Gesamtgrundstück entstanden durch den zu verschiedenen Zeiten — nach dem 1. Januar 1885 — erfolgten Ankauf von Parzellen, dann ist bei deren Weiterverkauf für die Bildung des Erwerbspreises oder Wertes, auch wenn er nicht in gleicher Abgrenzung erfolgt, von dem Erwerbspreis für die vom Verkauf ergriffenen Parzellen auszugehen.

4. Unter Gesamtgrundstück ist nichts anderes zu verstehen, als unter dem Grundstück im Sinne des § 1 (eine wirtschaftliche Einheit), dagegen gilt der Abs. 3 nur für den örtlich und wirtschaftlich zusammenhängenden Grundbesitz, so daß für seine Anwendung außer der wirtschaftlichen Zusammengehörigkeit die örtliche vorausgesetzt wird.

5. Bei Anwendung des Abs. 2 sind als zu öffentlichen Zwecken

erfolgende Abtretungen anzusehen z. B. bei Aufschließung eines städtischen Baugeländes Landabtretungen für Zwecke der Kirche, der Schule, der Gemeinden, der Entwässerungs- oder sonstiger Meliorationen (KB. I S. 62).

6. Die Landabtretung zu öffentlichen Zwecken kann nicht etwa neben der Berücksichtigung nach Abs. 2 noch als anrechnungsfähige Aufwendung (§ 14 Ziffer 4) in Betracht kommen (KB. I S. 62).

7. Überlassungen ohne Eigentumsübertragung kommen z. B. vor bei Aufschließung eines Baugeländes durch eine Industrie-Terrain-Gesellschaft, die dem Fiskus den Grund und Boden für Eisenbahngleise überläßt (KB. I S. 62).

8. Die dreijährige Frist für Verlust- und Gewinnausgleichung ist nicht an die Kalenderjahre gebunden.

9. Ein Verlust kann nur e i n m a l zur Ausgleichung kommen. Wenn z. B. von einem Grundstück mit 4 Parzellen die erste Parzelle 1910 mit Gewinn, die zweite 1912 mit Verlust, die dritte 1914 mit Gewinn verkauft wird, dann ist der bei Veräußerung der zweiten Parzelle erlittene Verlust mit dem Gewinne der ersten Parzelle auszugleichen und kann nicht daneben von dem Gewinne der dritten Parzelle abgezogen werden.

10. Als letzter — nach Abs. 3 für die Erstattung maßgebender — Rechtsvorgang gilt der Übergang des Eigentums oder im Falle des § 5 das Veräußerungsgeschäft über die letzte für die Aufteilung des Grundstücks in Betracht kommende Parzelle.

§ 21.

Bei Teilveräußerungen sind nur diejenigen Aufwendungen (§ 14 Ziffern 3, 4) anzurechnen, welche diesen Teil ausschließlich oder gemeinschaftlich mit anderen Teilen betreffen. Im letzteren Falle erfolgt die Anrechnung nach dem Verhältnis des Wertes, den die Grundstücksteile zur Zeit der Veräußerung haben.

I. Quellen: RB. —; K. I, II: § 14 Abs. 3; K. III: § 14 Abs. 3 (§ 14a); Pl. II: § 14a; Pl. III: § 14a (§ 21). — KB. I: 61—64; KB. II: 30, (39); Pl.: 4016 C, 4307 A.

II. **Ausführungsbestimmungen:** Bundesrat: §§ 13, 23 Abs. 2.

III. **Erläuterungen:**

Bei der Teilveräußerung sind für die Anrechnung der Aufwendungen folgende Möglichkeiten gegeben:

a) die Aufwendungen betreffen das Restgrundstück allein, dann werden sie bei der Veräußerung der Parzelle überhaupt nicht berücksichtigt;

b) die Aufwendungen betreffen allein die veräußerte Parzelle, dann kommen sämtliche Aufwendungen gemäß § 14 Ziffer 3, 4 in Anrechnung;

c) die Aufwendungen betreffen die Parzelle und das Restgrundstück gemeinsam, dann wird nach dem Verhältnis des Wertes beider zur Zeit der Veräußerung (nicht — wie im Falle des § 20 Abs. 1 — zur Zeit des Erwerbes) geschieden.

§ 22.

Von dem Veräußerungspreise sind in Abzug zu bringen:

1. die dem bisherigen Eigentümer nachweislich zur Last fallenden Kosten der Veräußerung und Übertragung einschließlich der für die Vermittelung gezahlten ortsüblichen Gebühr, sofern nicht an Stelle des Veräußerungspreises der Wert maßgebend ist;
2. auf Antrag des Veräußerers der Betrag, um den nachweislich während des für die Steuerberechnung maßgebenden Zeitraums, jedoch nicht länger als für fünfzehn zusammenhängende Jahre, der aus dem Grundstück erzielte Jahresertrag hinter drei vom Hundert des Erwerbspreises zuzüglich der nach § 14 Ziffer 1 bis 3 zulässigen Anrechnungen zurückbleibt. Ist statt des Erwerbspreises der Wert zu einer späteren Zeit als der des Erwerbes maßgebend (§ 17 Abs. 3 und 4), so sind die drei vom Hundert nicht von diesem Werte, sondern von dem Erwerbspreis zu berechnen,

den der Steuerpflichtige oder sein Rechtsvorgänger vor jener Zeit bei einem steuerfreien oder steuerpflichtigen Erwerbe gezahlt hat.

I. **Quellen:** RB. § 15 Z. 3, 4 u. § 53; K. I: § 15 Z. 1, 2 u. § 53; K. II: § 15 Z. 1, 2; K. III: § 15 Z. 1, 2 (§ 15 Z. 1, 2); Pl. II: § 15 Z. 1, 2; Pl. III: § 15 Z. 1, 2 (§ 22 Z. 1, 2). — Begr. 21, 37, 38: KB. I: 42—48, 64—67, (72), 111—113; KB. II: 30—34, (49), (154); Pl.: 3895 D, 4019 B—4022 C, 4307 B.

II. **Ausführungsbestimmungen:** Bundesrat: § 22 Abs. 2.

III. **Erläuterungen:**

1. Im Gegensatz zu den Kosten des Erwerbes, für die ein Mindestpauschbetrag von 4 vom Hundert vorgesehen ist, sollen die Kosten der Veräußerung (des obligatorischen Rechtsvorganges) und der Übertragung (des dinglichen Rechtsvorganges) immer nur in dem dem bisherigen Eigentümer nachweislich zur Last fallenden Betrag abzugsfähig sein.

Der Begriff der Kosten einschließlich der Vermittelungsgebühr ist hier in der gleichen Begrenzung zu verstehen wie im § 14 Ziffer 1. Insbesondere fallen Reklame- und Propagandakosten nicht darunter (KB. II S. 31).

2. Die Zinsanrechnung der Ziffer 2 gilt für Grundstücke aller Art (KB. I S. 47). Sie wird nur auf Antrag des Steuerpflichtigen gewährt und ist von dem diesem obliegenden (KB. I S. 67) Nachweis abhängig, daß der Jahresertrag hinter 3 vom Hundert des Erwerbspreises zuzüglich der nach § 14 Ziffer 1 bis 3 zulässigen Anrechnungen zurückgeblieben ist (KB. I S. 48).

3. Die Dauer der Anrechnung ist durch den für die Steuerberechnung maßgebenden Zeitraum und, soweit dieser mehr als 15 Jahre beträgt, durch die Längstdauer von 15 Jahren mit der Maßgabe begrenzt, daß die Jahre einen zusammenhängenden Zeitraum darstellen müssen (KB. I S. 65).

4. Für die Höhe der Anrechnung ist der Mindererertrag entscheidend, der (wie die Bezeichnung „Jahresertrag" ergibt) nach dem Ergebnis des einzelnen Jahres und nicht etwa im Durchschnitt des ganzen in Betracht kommenden Zeitraums bestimmt wird,

und im Höchstfalle 3 vom Hundert des Erwerbspreises zuzüglich der Anrechnungen nach § 14 Ziffer 1 bis 3 beträgt. Einem Steuerpflichtigen, der im Jahre 1900 2 vom Hundert, im Jahre 1901 1 vom Hundert Ertrag erzielt, im Jahre 1902 mit einer Unterbilanz von 2 vom Hundert gewirtschaftet und dann im Jahre 1903 einen Ertrag von 3 vom Hundert gehabt hat, sind also anzurechnen für 1900 1 vom Hundert, für 1901 2 vom Hundert, für 1902 3 vom Hundert. Er kann weder für 1902 den Unterschied zwischen —2 und +3 mit 5 vom Hundert in Rechnung stellen, noch sind für die Zinsberechnung die Jahre als Einheitszeitraum anzusehen, so daß auf jedes der vier Jahre ein Ertrag von $\left(\frac{2 + 1 - 2 + 3}{4}\right)$ $= \frac{4}{4}$ oder 1 vom Hundert entfallen und für jedes Jahr ein Abzug von weiteren 2 vom Hundert zuzulassen wäre.

5. Für die Ermittelung des Ertrags im Sinne des § 22 Ziffer 2 können nach § 22 der Ausführungsbestimmungen vom Reichskanzler besondere Grundsätze aufgestellt werden. Das ist bislang nicht geschehen. Bis dahin wird als Ertrag zu gelten haben der Rohertrag abzüglich der Werbungskosten, d. h. der Aufwendungen zum Erwerbe des Ertrags, für deren Umgrenzung im einzelnen vorerst die Grundsätze einen Anhalt werden bieten können, die bei der einzelstaatlichen Steuerveranlagung des Einkommens aus Grundbesitz in Geltung sind.

6. Der anrechnungsfähige Mindererertrag wird gewonnen aus der Gegenüberstellung des erzielten Jahresertrags und eines Betrags von 3 vom Hundert des Erwerbspreises zuzüglich der Zurechnungen in dem nach § 14 Ziffer 1 bis 3 anrechnungsfähigen Betrage, also unter Berücksichtigung des gegenwärtigen Wertes der Verbesserungen des § 14 Ziffer 3. Dabei tritt an die Stelle des Erwerbspreises der Wert nur, soweit gemäß § 11 der Wert zur Zeit des Erwerbes maßgebend ist (RB. I S. 48, 67). In Fällen dagegen, in denen statt des Erwerbspreises von dem Werte zu einer späteren Zeit als der des Erwerbes auszugehen ist, weil dieser vor dem 1. Januar 1885 oder späterhin weiter als 40 Jahre vor dem Eintritt der Steuerpflicht liegt, sind die 3 vom Hundert

von dem früheren Erwerbspreis und nicht vom Werte zu berechnen — und zwar auch dann, wenn der frühere Erwerbspreis niedriger war als der Wert —, weil es nicht angängig erscheinen kann, eine Verzinsung vom Werte auch da zu gewähren, wo er nicht — wie in § 11 — an die Stelle eines zu derselben Zeit aufgewendeten Betrags tritt (KB. II S. 31). Der Nachweis eines solchen früheren Erwerbspreises ist also Voraussetzung für die Zinsanrechnung. Bei einem im Jahre 1872 für 100 000 ℳ erworbenen Grundstück, das 150 000 ℳ im Jahre 1885 wert war, ist also für die Zinsberechnung nicht — wie für die sonstige Zuwachssteuerberechnung — ein Betrag von 150 000 ℳ, sondern ein solcher von 100 000 ℳ zugrunde zu legen und ebenso ist bei einem 1872 für 100 000 ℳ erworbenen Grundstück, das 1885 nur 80 000 ℳ wert war, der — gemäß § 17 Abs. 3, 4 auch für die sonstige Berechnung maßgebende — Betrag von 100 000 ℳ und nicht ein solcher von 80 000 ℳ zu grunde zu legen.

§ 23.

Dem Veräußerungspreise sind hinzuzurechnen Entschädigungen für eine Wertminderung des Grundstücks, soweit der Anspruch während des für die Steuerberechnung maßgebenden Zeitraums nach dem 1. Januar 1911 entstanden und der Betrag nicht nachweislich zur Beseitigung des Schadens verwendet worden ist.

I. **Quellen:** RB. —; K. I, II: —; K. III: § 10 Abs. 3 (§ 10b); Pl. II: § 10b; Pl. III: § 15a (§ 23). — KB. II: 20; Pl.: 4000 C—4001 C, 4305 C.

II. **Ausführungsbestimmungen** —

III. **Erläuterungen:**

1. Unter Entschädigung sind alle Beträge zu verstehen, die auf gesetzlicher, öffentlichrechtlicher oder privatrechtlicher Grundlage dem Eigentümer für die Wertminderung des Grundstücks gezahlt werden (namentlich Enteignungsschäden, Bergschäden und die im § 14 Ziffer 3 einer Sonderregelung unterstellten Versiche-

rungsentschädigungen). Dabei bleibt zu berücksichtigen, daß die Entschädigung für eine Wertminderung des Grundstücks selbst in seiner beim Erwerbe gegebenen Beschaffenheit und nicht etwa der vom Eigentümer geschaffenen Verbesserungen gezahlt sein muß. Ist auf einem Hausgrundstücke, das 1890 für 100 000 ℳ erworben ist und 1910 150 000 ℳ wert war, das Haus 1911 durch Brand zerstört worden, so ist die Entschädigungssumme nach § 23 zu behandeln. War das Haus während der Besitzzeit errichtet, so greift § 23 nicht Platz.

2. Für die Anrechnung ist maßgebend die Entstehung des Anspruchs während der für die Steuerberechnung maßgebenden Zeit ohne Rücksicht darauf, wann die Zahlung erfolgt.

3. Daß die Beträge zur Beseitigung des Schadens verwendet sind, ist vom Steuerpflichtigen darzutun.

4. Ein Betrag, der zur Beseitigung des Schadens verwendet ist, kann nicht etwa daneben noch als Aufwendung im Sinne des § 14 Ziffer 3 behandelt werden.

§ 24.

Wird die Zahlung der Zuwachssteuer nach dem Vertrage von dem Erwerber übernommen, so ist ein nach den sonstigen Vorschriften dieses Gesetzes berechneter Steuerbetrag dem Veräußerungspreise hinzuzuzählen und hiernach die Steuer festzusetzen.

I. **Quellen:** RV. § 16; K. I, II: § 16; K. III: § 16 (§ 16); Pl. II: § 16; Pl. III: § 16 (§ 24). — Begr. 39; KB. I: 67; KB. II: 34; Pl.: 4022 D, 4307 C.

II. **Ausführungsbestimmungen:** —

III. **Erläuterung:**

Bei Anwendung der Vorschrift des § 24 auf einen Fall, in dem der Erwerber die Zahlung der Zuwachssteuer übernommen hat und eine Steuerermäßigung nach § 28 Abs. 2 nicht eintritt, ergibt sich nachstehende Berechnungsweise:

Erwerbspreis + Zurechnungen	100 000 ℳ
Veräußerungspreis	109 500 „
Wertzuwachs	9 500 ℳ

= 9,5 vom Hundert des Erwerbspreises + Zurechnungen.

Steuersatz 10 vom Hundert. Steuerbetrag . . . 950 „,

der dem Veräußerungspreise hinzuzuzählen ist.

Mithin Wertsteigerung . . . . 10 450 ℳ

oder 10,4 vom Hundert des Erwerbspreises + Zurechnungen.

Danach Steuersatz 11 vom Hundert.

Fälliger Steuerbetrag 11 vom Hundert von 10 450 ℳ = 1 149,50 ℳ.

§ 25.

Im Falle der steuerpflichtigen Überlassung eines gemeinschaftlichen Grundstücks an einen Mitberechtigten oder Gesellschafter bleibt für die Bemessung des Wertzuwachses der Anteil des Erwerbers außer Betracht. Beim Eintritt des nächsten Steuerfalls ist der Wertzuwachs, der für den Anteil des Erwerbers seit dem letzten vor der Auseinandersetzung gelegenen steuerpflichtigen Rechtsvorgang entstanden ist, und der für die Anteile der früheren Mitberechtigten oder Gesellschafter seit der Auseinandersetzung eingetretene Wertzuwachs gesondert zu versteuern.

I. **Quellen:** RV. § 17; K. I, II: § 17; K. III: § 17 (§ 17); Pl. II: § 17; Pl. III: § 17 (§ 25). — Begr. 39; KB. I: 67, 68; KB. II: 34; Pl.: 4022 D, 4307 C.

II. **Ausführungsbestimmungen:** Bundesrat: § 20.

III. **Erläuterung:**

Die Bedeutung des § 25 (KB. I S. 68) ist aus folgendem Beispiel ersichtlich:

Preis zur Zeit des Erwerbes seitens der zu glei-

		A.	B.	C.
chen Anteilen berechtigten Gemeinschafter A. + B. + C. . .	90 000 ℳ =	30 000 ℳ +	30 000 ℳ +	30 000 ℳ.
Preis, den C. für die Überlassung des Grundstücks seitens der Gemeinschaft d. Mitgesellschaftern A. und B. zu zah-hat	90 000 ℳ =	45 000 ℳ +	45 000 ℳ.	
Wertzuwachs .		15 000 ℳ +	15 000 ℳ	
		30 000 ℳ oder 50 v. H. des Erwerbspreises.		
Veräußerung seitens des C. an X für	180 000 ℳ =	60 000 ℳ +	60 000 ℳ +	60 000 ℳ.
Wertzuwachs .		15 000 ℳ +	15 000 ℳ	30 000 ℳ oder 100 v. H. des Erwerbspreises.
		30 000 ℳ oder 33 1/3 v. H. des Erwerbspreises.		

§ 26.

Bei der Vertauschung ist die Zuwachssteuer für jeden Tauschgegenstand gesondert zu berechnen und zu erheben.

I. **Quellen:** RB. § 18; K. I, II: § 18; K. III: § 18 (§ 18); Pl. II: § 18; Pl. III: § 18 (§ 26). — KB. I: 68, 69; KB. II: 34; Pl. 4022 D, 4307 C.

II. **Ausführungsbestimmungen** —

III. **Erläuterung:**

Diese Vorschrift hat die volle Gleichstellung jeder beim Tausche vorgesehenen Eigentumsübertragung mit dem Eigentumsübergang zur Folge, so daß, soweit es sich um Grundstücke handelt, auch die Befreiungsvorschrift des § 1 Abs. 2 Platz greift (KB. I S. 68, 69).

§ 27.

Erfolgt der Erwerb auf Grund mehrerer aufeinanderfolgender Rechtsgeschäfte von dem bisherigen Berechtigten an den letzten Erwerber, so gilt der von dem ersteren gezahlte Preis als Erwerbspreis und die Gesamtheit der Beträge, um die sich der Preis des Grundstücks zwischen je zwei Rechtsgeschäften erhöht hat, als Wertzuwachs. Das Gleiche gilt, falls vor dem Übergang an den letzten Erwerber die Steuerpflicht gemäß § 5 eingetreten ist, mit der Maßgabe, daß für den Übergang an den letzten Erwerber als Erwerbspreis das Entgelt bestimmend ist, das bei der früheren Versteuerung als Veräußerungspreis zu Grunde gelegt worden ist.

Als Rechtsgeschäfte im Sinne des Abs. 1 sind auch Vorgänge der im § 5 Abs. 3 bezeichneten Art anzusehen.

I. **Quellen:** RB. § 19; K. I, II: § 19; K. III: § 19 (§ 19); Pl. II: § 19; Pl. III: § 19 (§ 27). — Begr. 41; KB. I: 69; KB. II: 34; Pl.: 4022 D, 4307 C.

II. **Ausführungsbestimmungen** —

III. **Erläuterung:**

Die Vorschrift des § 27 hat die Bedeutung, daß für die Bemessung des steuerpflichtigen Zuwachses (§ 8) nicht etwa der vom ersten Veräußerer gezahlte Erwerbspreis dem vom letzten Erwerber gezahlten Preise gegenübergestellt, sondern die Wertsteigerung zwischen je zwei Veräußerungsgeschäften gesondert behandelt werden und die Summe dieser Wertsteigerungen als Zuwachs gelten soll.

§ 28.

Die Steuer beträgt

10 v. H. bei einer Wertsteigerung von nicht mehr als 10 v. H. des Betrags, der sich aus dem Erwerbspreis und den Zu- und Abrechnungen (§§ 14 bis 16, 21) zusammensetzt,

11 v. H. bei einer Wertsteigerung von mehr als 10 v. H. bis einschließlich 30 v. H. dieses Betrags,

12 v. H. bei einer Wertsteigerung von mehr als 30 v. H. bis einschließlich 50 v. H. dieses Betrags,

13 v. H. bei einer Wertsteigerung von mehr als 50. v. H. bis einschließlich 70 v. H. dieses Betrags,

14 v. H. bei einer Wertsteigerung von mehr als 70 v. H. bis einschließlich 90 v. H. dieses Betrags,

15 v. H. bei einer Wertsteigerung von mehr als 90 v. H. bis einschließlich 110 v. H. dieses Betrags,

16 v. H. bei einer Wertsteigerung von mehr als 110 v. H. bis einschließlich 130 v. H. dieses Betrags,

17 v. H. bei einer Wertsteigerung von mehr als 130 v. H. bis einschließlich 150 v. H. dieses Betrags,

18 v. H. bei einer Wertsteigerung von mehr als 150 v. H. bis einschließlich 170 v. H. dieses Betrags,

19 v. H. bei einer Wertsteigerung von mehr als 170 v. H. bis einschließlich 190 v. H. dieses Betrags,

20 v. H. bei einer Wertsteigerung von mehr als 190 v. H. bis einschließlich 200 v. H. dieses Betrags,

21 v. H. bei einer Wertsteigerung von mehr als 200 v. H. bis einschließlich 210 v. H. dieses Betrags,

22 v. H. bei einer Wertsteigerung von mehr als 210 v. H. bis einschließlich 220 v. H. dieses Betrags,

23 v. H. bei einer Wertsteigerung von mehr als 220 v. H. bis einschließlich 230 v. H. dieses Betrags,

24 v. H. bei einer Wertsteigerung von mehr als 230 v. H. bis einschließlich 240 v. H. dieses Betrags,

25 v. H. bei einer Wertsteigerung von mehr als 240 v. H. bis einschließlich 250 v. H. dieses Betrags,

26 v. H. bei einer Wertsteigerung von mehr als 250 v. H. bis einschließlich 260 v. H. dieses Betrags,

27 v. H. bei einer Wertsteigerung von mehr als 260 v. H. bis einschließlich 270 v. H. dieses Betrags,

28 v. H. bei einer Wertsteigerung von mehr als 270 v. H. bis einschließlich 280 v. H. dieses Betrags,

29 v. H. bei einer Wertsteigerung von mehr als 280 v. H. bis einschließlich 290 v. H. dieses Betrags,

30 v. H. bei einer Wertsteigerung von mehr als 290 v. H. dieses Betrags.

Die Steuer ermäßigt sich für jedes vollendete Jahr des für die Steuerberechnung maßgebenden Zeitraums um eins vom Hundert ihres Betrags. Ist das Grundstück vor dem 1. Januar 1900 erworben, so beträgt die Ermäßigung für die Zeit bis zum 1. Januar 1911 eineinhalb vom Hundert jährlich.

Steuerbeträge, die im ganzen unter zwanzig Mark bleiben, werden nicht erhoben.

I. **Quellen:** RV. § 20; K. I: § 20 Abs. 1, 2; K. II: § 20 Abs. 1, 2, 5, 6; K. III: § 20 Abs. 1, 2, 5, 6 (§ 20); Pl. II: § 20; Pl. III: § 20 (§ 28). — Begr. 27, 28, 29, 41, 42, 43; KB. I: 69—74, 76, 78—81, 84, (105), (112); KB. II: 34, 36, 38, 39, (154); Pl.: (3902 B, C), (4004 B), 4022 D—4031 A, 4034 C bis 4035 B, 4307 D.

II. **Ausführungsbestimmungen:** Bundesrat: §§ 12, 13, 21.

III. **Erläuterungen:**

1. Unter den für die Berechnung der Wertsteigerung in Betracht kommenden Zu- und Abrechnungen sind nur diejenigen der §§ 14, 15, 16 und 21 zu verstehen. Weitere Anrechnungen kommen nicht in Betracht.

2. Bei der Berechnung der Steuerermäßigung des Abs. 2 ist die tatsächliche Besitzdauer und nicht die Besitzzeit nach Kalenderjahren maßgebend.

3. Die Vorschrift des § 28 Abs. 2 wird durch folgende Beispiele erläutert:

A. Ist ein Grundstück am 1. Mai 1902 erworben und am 1. Juli 1922 — also nach 20 vollendeten Jahren — veräußert worden und beträgt die nach § 28 Abs. 1 errechnete Steuer 20 000 ℳ,
so ermäßigt sich diese um 20 × 1 v. H. = 20 v. H. = 4 000 „
auf . . . 16 000 ℳ.

B. Ist das Grundstück am 1. Mai 1892 erworben und am 1. Juli 1922 — also nach 30 vollendeten Jahren — veräußert worden und beträgt die nach § 28 Abs. 1 errechnete Steuer 20 000 ℳ,
so ermäßigt sich diese
a) um 30 × 1 v. H. = 30 v. H. = . 6 000 ℳ,
b) für die Zeit vom 1. Mai 1892 bis 1. Januar 1911 — 18 vollendete Jahre — um 18 × 1/2 v. H. = 9 v. H. = ... 1 800 „
zusammen um . . . 7 800 „
auf . . . 12 200 ℳ.

4. Bei einem Grundstück, dessen Teilstücke zu verschiedenen Zeiten erworben sind, ist die Ermäßigung für jedes Teilstück gesondert zu berechnen. Die Vergünstigung des Abs. 2 Satz 2 kommt nur auf die vor dem 1. Januar 1900 erworbenen Teilstücke zur Anwendung.

5. Ob die Voraussetzung des Abs. 3 vorliegt, ist im Vorverfahren festzustellen. Erreicht die Steuer — auch nur unter schätzungsweiser Berücksichtigung der dem Zuwachssteueramte bekannten Aufwendungen — nicht 20 ℳ, so ist das Verfahren einzustellen (§ 13 der Ausführungsbestimmungen). Das Gleiche gilt, sobald diese Feststellung im Laufe des Hauptverfahrens getroffen wird (§ 21 Abs. 2 der Ausführungsbestimmungen).

§ 29.

Die Entrichtung der Zuwachssteuer liegt demjenigen ob, dem das Eigentum an dem Grundstück vor dem die Steuerpflicht begründenden Rechtsvorgange zustand. Mehrere Steuerpflichtige haften als Gesamtschuldner.

Kann die Steuer von dem Veräußerer nicht beigetrieben werden, so haftet der Erwerber für die Steuer bis zum Betrage von zwei vom Hundert des Veräußerungspreises. Diese Bestimmung findet keine Anwendung beim Erwerb im Wege der Zwangsversteigerung.

Die Haftung fällt fort, sobald der Veräußerer einen entsprechenden Betrag gezahlt oder sichergestellt hat.

I. **Quellen**: RV. § 21; K. I, II: § 21; K. III: § 21 (§ 21); Pl. II: § 21; Pl. III: § 21 (§ 29). — Begr. 24; KB. I: 84—87; KB. II: (18), (19), 39—41, (85); Pl.: 4031 A, 4308 A.

II. **Ausführungsbestimmungen**: Bundesrat: § 19; Ba. BB. § 12; Ba. BA. § 18.

III. **Erläuterungen**:

1. Die Vorschrift des § 29 unterscheidet zwischen Steuerpflicht und Haftung; diese Unterscheidung ist wesentlich für den § 30, der eine Befreiung von der Steuerpflicht, nicht aber von der Haftung vorsieht.

2. Nicht notwendig ist, wie nach dem Wortlaut des § 29 Abs. 1 Satz 1 angenommen werden könnte, daß das Eigentumsrecht des Steuerpflichtigen erloschen ist. Vielmehr ist im § 5 regelmäßig derjenige steuerpflichtig, dem zur Zeit des Eintritts der Steuerpflicht, d. h. bei Ablauf der Jahresfrist, das Eigentum zusteht.

3. Unter Veräußerer im Abs. 2 ist wie im § 1 Abs. 2 nur derjenige verstanden, dem das Eigentum an dem Grundstück vor dem steuerpflichtigen Rechtsvorgange zustand. Hat dieser Veräußerer das Grundstück im Wege eines steuerfreien Rechtsvorganges etwa durch Überlassung (§ 7 Ziffer 4) erworben, so erstreckt sich die Steuerpflicht nicht auf seinen Rechtsvorgänger.

4. Als entsprechend im Sinne des Abs. 3 ist ein Betrag von

2 vom Hundert des Veräußerungspreises anzusehen. Sobald der Veräußerer in Höhe von 2 vom Hundert Zahlung oder Sicherheit geleistet hat, haftet der Erwerber auch für den darüber hinausgehenden Teil der Steuer nicht mehr (KB. II S. 41).

§ 30.

Von der Steuerpflicht (§ 29 Abs. 1) befreit sind:

1. der Landesfürst und die Landesfürstin;
2. das Reich;
3. die Bundesstaaten und Gemeinden (Gemeindeverbände), in deren Bereich das Grundstück sich befindet;
4. Vereinigungen aller Art, welche, ohne Erwerbszwecken zu dienen, satzungsgemäß sich mit innerer Kolonisation, Arbeiteransiedelung, Grundentschuldung oder Errichtung von Wohnungen für die minderbemittelten Klassen befassen, falls sie den zur Verteilung gelangenden Reingewinn auf eine höchstens vierprozentige Verzinsung der Kapitaleinlagen beschränken, den Mitgliedern, Geschäftsführern oder sonstigen Beteiligten auch nicht in anderer Form besondere Vorteile gewähren, bei Auslosung, Austritt eines Mitglieds oder für den Fall der Auflösung nicht mehr als den Nennwert ihrer Anteile zusichern und bei der Auflösung den etwaigen Rest ihres Vermögens für die vorbezeichneten Zwecke bestimmen. Ob diese Voraussetzungen zutreffen, entscheidet der Bundesrat. Er ist auch ermächtigt, solchen Vereinigungen der vorbezeichneten Art Steuerfreiheit zuzubilligen, die eine höchstens fünfprozentige Verzinsung der Kapitaleinlagen gewähren.

I. **Quellen:** RB. § 22; K. I: § 22; K. II: § 22 Abs. 1; K. III: § 22; Pl. II: § 22; Pl. III: § 22 (§ 30). — Begr. 30, 44; KB. I: 87—90; KB. II: 41—45; Pl.: 3913 B, 4031 A—4032 B, 4035 B—4050 B, 4308 A bis 4316 D.

II. **Ausführungsbestimmungen**: Bundesrat: §§ 15, 16, 17.

III. **Erläuterungen**:

1. Die Befreiung des § 30 ist ebenso wie die des § 1 Abs. 2 im Gegensatze zu den Befreiungen des § 7 eine persönliche und endgültige. Sie erstreckt sich nur auf die Steuerpflicht, nicht auch auf die Haftpflicht im Sinne des § 29 Abs. 2.

2. Die Befreiung der Ziffer 1 umfaßt nur die Grundstücke, die sich in dem Lande des Fürsten selbst befinden, nicht auch solche, die in einem anderen Bundesstaate liegen.

3. Die Vorschrift, daß die Vereinigungen der Ziffer 4 sich satzungsgemäß mit den daselbst bezeichneten Aufgaben befassen müssen, bringt zum Ausdruck, daß neben der Festsetzung des Zweckes in der Satzung die tatsächliche Befolgung dieser Vorschrift Voraussetzung der Steuerbefreiung ist. Die Überwachung liegt nach § 17 der Ausführungsbestimmungen den Zuwachssteuerämtern ob, denen die Registergerichte von Satzungsänderungen Mitteilung zu machen haben. Daß die Aufgaben von der Vereinigung ausschließlich verfolgt werden, ist nicht erforderlich; indessen darf die anderweite Aufgabe nicht in der Verfolgung von Erwerbszwecken bestehen. Als solcher ist nicht schon die Gehaltsgewährung an Geschäftsführer, Vorstandsmitglieder usw. zu verstehen, sofern nicht die Höhe des Gehalts die Annahme rechtfertigt, daß darin außer dem Entgelt für die Mühewaltung ein besonderer Vorteil (Gewinnbeteiligung) zugewiesen werden soll (KB. II S. 44).

4. Dadurch, daß das Vorhandensein der Voraussetzung der Entscheidung des Bundesrats unterstellt ist, wird eine gerichtliche Nachprüfung ausgeschlossen.

5. Der Antrag auf Steuerbefreiung im Falle der Ziffer 4 des § 30 ist an die Oberbehörde zu richten (§ 15 der Ausführungsbestimmungen).

§ 31.

Durch die Landesgesetzgebung können Ausnahmen von der Bestimmung der Ziffer 1 des § 30 zu Gunsten der Gemeinden (Gemeindeverbände) gemacht werden. Wo solche

landesgesetzlichen Bestimmungen bereits bestehen, behält es dabei sein Bewenden.

I. **Quellen:** RB. —; K. I: —; K. II: § 22 Abs. 2; K. III: —; Pl. II: —; Pl. III: § 22a (§ 31). — Pl.: 4317 C—4318 A.

II. **Ausführungsbestimmungen** —

III. **Erläuterung:**

Ausnahmen von der Befreiung des Landesfürsten und der Landesfürstin durch Landesgesetz können nur für den der Gemeinde zufallenden Anteil am Ertrage der Steuer vorgesehen werden.

§ 32.

Gehen dem Eintritt der Steuerpflicht mehrere aufeinanderfolgende Rechtsgeschäfte der im § 5 bezeichneten Art voraus (§ 27), so haften die an einem dieser Rechtsvorgänge als Veräußerer Beteiligten für die Steuer neben dem Steuerpflichtigen als Gesamtschuldner. Im Verhältnis der Beteiligten zueinander haftet jeder Veräußerer für die Steuer nur in der Höhe, in der er haften würde, wenn der Uebergang auf Grund des von ihm geschlossenen Veräußerungsgeschäfts erfolgt wäre.

Ist die Vornahme des steuerpflichtigen Rechtsvorganges unter Mitwirkung eines Bevollmächtigten oder durch die Tätigkeit eines Vermittlers mit der Maßgabe erfolgt, daß diesen der einen gewissen Betrag übersteigende Teil des Preises verbleibt, so haftet für den auf den Mehrerlös entfallenden Teil der Steuer neben dem Veräußerer als Gesamtschuldner derjenige, dem der Mehrerlös zukommt.

Liegt der die Haftung begründende Rechtsvorgang vor dem Inkrafttreten dieses Gesetzes, so finden die Vorschriften der Abs. 1, 2 keine Anwendung.

I. **Quellen:** RB. § 23 Abs. 1 u. 3; K. I, II: § 23; K. III: § 23 (§ 23); Pl. II: § 23; Pl. III: § 25 (§ 32). — Begr. 44; KB. I: 90, 91; KB. II: 45; Pl.: 4050 B, 4322 B.

II. **Ausführungsbestimmungen:** Bundesrat: § 19.

III. **Erläuterungen:**

1. Die Vorschrift handelt von mehreren aufeinanderfolgenden Rechtsgeschäften, nicht auch von mehreren nebeneinander abgeschlossenen. Sie greift also Platz, wenn über ein Grundstück von A. mit B., B. mit C., C. mit D. usw. ein Kaufvertrag geschlossen wird, nicht dagegen wenn A. zunächst mit B. und späterhin mit C. einen Kaufvertrag über sein Grundstück abschließt.

2. Die Haftung der Zwischenbeteiligten erstreckt sich nach außen hin auf den ganzen Steuerbetrag, nach innen nur auf den Teil, der bei Abschluß des Veräußerungsgeschäfts fällig gewesen wäre, also unter Anwendung des damals in Betracht kommenden Steuersatzes und nicht etwa eines Steuersatzes, wie er für den bis zum Abschluß des Veräußerungsgeschäfts entstandenen Zuwachs durch die inzwischen eingetretene weitere Wertsteigerung begründet sein würde. Ist z. B. über ein Grundstück zwischen A. und B., B. und C., C. und D. ein Kaufvertrag geschlossen und betrug der Zuwachs beim Abschluß des Vertrags zwischen B. und C. 60 vom Hundert, so haftet B. für eine Abgabe von 13 vom Hundert, auch wenn bei Auflassung des Grundstücks von A. an D. ein Zuwachs von 80 vom Hundert zu versteuern war und die Abgabe sich auf 14 vom Hundert belief.

3. Als die Haftung begründender Rechtsvorgang ist, wie § 33 ergibt, das Veräußerungsgeschäft anzusehen, so daß der Abs. 3, weil Veräußerungsgeschäfte nur seit dem 1. Januar 1911 als steuerpflichtige Rechtsvorgänge in Betracht kommen können (§ 17 Abs. 2 Satz 2), lediglich für die Zeit vom 1. Januar 1911 bis zum 1. April 1911 Bedeutung hat.

§ 33.

Jeder, der nach den Vorschriften des § 32 Abs. 1 für die Entrichtung der Abgabe haftet, ist berechtigt, innerhalb eines Monats nach Vornahme des die Haftpflicht begründenden Rechtsvorganges die Festsetzung und Erhebung der Abgabe von dem Wertzuwachse zu beantragen, der bis zu dem die Haftpflicht begründenden Rechtsvorgang entstanden ist.

Bei der nächsten Versteuerung bemißt sich die Abgabe nach dem Steuersatze, der bei Einrechnung dieses Wertzuwachses anzuwenden wäre.

I. Quellen: RB. § 24; K. I, II: § 24; K. III: § 24 (§ 24); Pl. II: § 24; Pl. III: § 24 (§ 33). — Begr. 21, 44; KB. I: 91; KB. II: 45; Pl.: 4050 B, 4322 B.

II. Ausführungsbestimmungen —

III. Erläuterung:

Der Antrag auf vorzeitige Festsetzung und Erhebung der Abgabe kann auf die Festsetzung beschränkt werden.

§ 34.

Ist im Falle des § 5 das steuerpflichtige Rechtsgeschäft nichtig oder aufgehoben, so ist nach näherer Bestimmung des Bundesrats die Abgabe auf Antrag zu erlassen. Dasselbe gilt, wenn wegen Nichterfüllung der Vertragsbedingungen das Rechtsgeschäft rückgängig gemacht oder das Eigentum zurückübertragen wird. Ferner ist in den Fällen der Preisminderung nach §§ 459, 460 des Bürgerlichen Gesetzbuchs der Veräußerungspreis entsprechend zu ermäßigen und die Steuer entsprechend zurückzuzahlen.

Wird das Grundstück auf den bisherigen Eigentümer wieder übertragen, so kann nach näherer Bestimmung des Bundesrats die Abgabe erlassen werden. Die Abgabe muß erlassen werden, wenn die Rückübertragung innerhalb zweier Jahre seit der Veräußerung erfolgt.

Wird die Steuer erlassen, so gilt die Veräußerung im Sinne dieses Gesetzes als nicht erfolgt.

I. Quellen: RB. § 25; K. I, II: § 25; K. III: § 25 (§ 25); Pl. II: § 25; Pl. III: § 25 (§ 34). — KB. I: 91, 92; KB. II: 45; Pl.: 4050 B—4051 C, 4322 C—4324 B.

II. Ausführungsbestimmungen: Bundesrat: §§ 12, 28—31. Pr. A. 13, 14, 15; Bay. B. § 22.

III. Erläuterungen:

1. Der Erlaß der Steuer umfaßt sowohl die Zurückzahlung als auch die Abstandnahme von der Einziehung (KB. I S. 92). Eine Verzinsung zurückgezahlter Beträge findet nicht statt (Pl. S. 4322/24).

2. Die Zuwachssteuer ist nach § 34 des Gesetzes und § 30 der Ausführungsbestimmungen auf Antrag zu erlassen oder zu erstatten:

a) im Falle der Steuerpflicht nach § 5 bei
   1. Nichtigkeit des Rechtsgeschäfts,
   2. Aufhebung durch Parteivereinbarung oder infolge Ausübung eines vorbehaltenen Rücktrittsrechts (nicht auch die Nichtausführung, weil diese gerade zur Steuerpflicht nach § 5 führt [KB. I S. 92]),
   3. Rückgängigmachung infolge Nichterfüllung der Vertragsbedingungen,
   4. Preisminderung nach §§ 459, 460 des Bürgerlichen Gesetzbuchs;

b) im Falle der Steuerpflicht nach §§ 1 bis 4 bei
   1. Nichtigkeit der Auflassung oder des sonstigen, den Eigentumsübergang bewirkenden Rechtsvorganges,
   2. Rückübertragung des Eigentums infolge Nichterfüllung der Vertragsbedingungen des Veräußerungsgeschäfts,
   3. Rückübertragung des Eigentums innerhalb zweier Jahre seit der Veräußerung.

Über den Erstattungs- oder Erlaßantrag, der innerhalb Jahresfrist zu stellen ist, entscheidet das Zuwachssteueramt unter Zustimmung der Oberbehörde (§§ 30 Abs. 3, 31 der Ausführungsbestimmungen).

3. Außer den Fällen zu 2 kann die Abgabe bei einer Rückübertragung nach mehr als zwei Jahren seit der Veräußerung aus besonderen Billigkeitsgründen vom Bundesrat erlassen oder erstattet werden (§ 30 Abs. 2, 3 der Ausführungsbestimmungen).

4. Der Rechtsvorgang, für den die erlassene oder erstattete Abgabe entrichtet war, kommt bei einem späteren Steuerfall als

Erwerbsvorgang nicht in Betracht, wenn die Abgabe in vollem Betrag erlassen oder erstattet ist (§ 31 Abs. 2 der Ausführungsbestimmungen). Dabei ist Voraussetzung, daß Erlaß oder Erstattung nicht etwa darauf beruhen, daß infolge nachträglich eingetretener Preisminderung ein steuerpflichtiger Zuwachs nicht mehr verbleibt.

§ 35.

Für die Verwaltung und Erhebung der Zuwachssteuer ist der Bundesstaat zuständig, in welchem sich das Grundstück befindet.

Die Verwaltung der Zuwachssteuer erfolgt durch die von der Landesregierung hierzu bestimmten Stellen.

I. **Quellen:** RV. §§ 26, 27; K. I, II: § 26; K. III: § 26 (§ 26); Pl. II: § 26; Pl. III: § 26 (§ 35). — Begr. 29, 45; KB. I: 92; KB. II: 45, 46, (65); Pl.: 4051 D—4053 D, 4324 B—4324 D.

II. **Ausführungsbestimmungen:** Bundesrat: §§ 1, 2, 38, 40; Pr. A. § 1, 3; Pr. A. 1, 3, 4; Bay. K. V. § 1; Bay. V. § 1; S. V. §§ 1—6; S. V. (1); W. V. § 1; Ba. LV.; Ba. VV. § 1; H. V.

III. **Erläuterungen:**

1. Die Verwaltung liegt Zuwachssteuerämtern und Oberbehörden ob, die von der Landesregierung bestimmt und öffentlich bekannt gemacht werden (§ 1 der Ausführungsbestimmungen).

2. Örtlich zuständig ist nach § 2 der Ausführungsbestimmungen das Zuwachssteueramt, in dessen Bezirke das veräußerte Grundstück liegt. Liegt das Grundstück in mehreren Bezirken, so ist das Zuwachssteueramt zuständig, in dessen Bezirke das zuständige Grundbuchamt seinen Sitz hat. Falls das Grundstück aus mehreren in verschiedenen Grundbuchbezirken gelegenen Teilstücken besteht, bestimmt unbeschadet anderweiter landesrechtlicher Bestimmungen die gemeinsame Oberbehörde, falls das Grundstück in den Bezirken verschiedener Oberbehörden gelegen ist, die Landeszentralbehörde und, falls das Grundstück im Bereiche verschiedener Bundesstaaten liegt, der Reichskanzler die Zuständigkeit.

Diese Vorschriften finden auf Berechtigungen (§ 2 des Gesetzes) entsprechende Anwendung.

Im Falle der Steuerpflicht nach § 3 des Gesetzes ist, sofern der gesamte Grundbesitz einer Vereinigung im Bezirk eines Zuwachssteueramts liegt, dieses zuständig; andernfalls finden Satz 2, 3 des Abs. 1 dieser Anmerkung entsprechende Anwendung.

3. Das in den Ausführungsbestimmungen geordnete Verfahren ist geschieden in das Anmeldungsverfahren, das dem Zuwachssteueramte die Kenntnis der Rechtsvorgänge vermitteln soll, (§§ 3 bis 11 der Ausführungsbestimmungen), in das Vorverfahren, in dem die Fälle der Steuerfreiheit (§ 1 Abs. 2, §§ 7, 30 des Gesetzes) oder der Freiveranlagung (§ 28 Abs. 3 des Gesetzes) ausgeschieden werden (§§ 12 bis 17 der Ausführungsbestimmungen), und in das Hauptverfahren, das die Veranlagung und Erhebung der Steuer umfaßt (§§ 18 bis 32 der Ausführungsbestimmungen).

§ 36.

Die Reichsbevollmächtigten für Zölle und Steuern üben in Ansehung der Ausführung dieses Gesetzes dieselben Rechte und Pflichten aus, die ihnen bezüglich der Zölle und Verbrauchssteuern beigelegt sind.

In Staaten, in denen die Geschäfte der Oberbehörde für die Zuwachssteuer anderen Behörden als den Zolldirektivbehörden übertragen sind, werden der Umfang und die Art der Tätigkeit der Reichsbevollmächtigten vom Reichskanzler im Einvernehmen mit der beteiligten Bundesregierung geregelt.

Unter Zustimmung des Bundesrats kann der Reichskanzler die Wahrnehmung der Geschäfte der Reichsbevollmächtigten, soweit die Ausführung dieses Gesetzes in Betracht kommt, anderen Beamten übertragen.

I. **Quellen:** RV. § 28; K. I, II: § 28; K. III: § 28 (§ 28); Pl. II: § 28; Pl. III: § 28 (§ 36). — Begr. 29; KB. I: 92; KB. II: 46; Pl.: 4053 D, 4324 D.

II. **Ausführungsbestimmungen;** Pr. A. 10 Abs. 2, 19, 20, Anhang II.

§ 37.

Jeder steuerpflichtige Rechtsvorgang und, sofern eine Preiserhöhung eintritt, jedes Rechtsgeschäft der im § 5 bezeichneten Art ist binnen einer Frist von einem Monat der zuständigen Steuerbehörde (§ 35 Abs. 2) anzumelden. Die Verpflichtung hierzu trifft den Veräußerer und den Erwerber. Sind mehrere Veräußerer oder Erwerber vorhanden, so trifft die Verpflichtung jeden von ihnen. Sie gilt in gleicher Weise für die gesetzlichen Vertreter.

Die Frist beginnt mit dem Zeitpunkt, in welchem der Verpflichtete von dem steuerpflichtigen Rechtsvorgang oder von dem Rechtsgeschäfte Kenntnis erhält.

Einer Anmeldung bedarf es nicht, wenn vor Ablauf der Frist die Auflassung oder Eintragung stattgefunden hat.

Sind mehrere Personen zur Erstattung der Anmeldung verpflichtet, so wird durch die von einem Verpflichteten bewirkte Anmeldung der Anzeigepflicht der übrigen genügt.

I. **Quellen:** RV. § 29; K. I, II: § 29; K. III: § 29 (§ 29): Pl. II: § 29; Pl. III: § 29 (§ 37). — KB. I: 92, 93; KB. II: 46, 47: Pl.: 4053 D, 4324 D.

II. **Ausführungsbestimmungen:** Bundesrat: §§ 3, 8—10; Bay. V. § 9.

III. **Erläuterungen:**

1. Dem Veräußerer und Erwerber oder ihren gesetzlichen Vertretern liegt nach § 3 unter D der Ausführungsbestimmungen eine Anmeldungspflicht ob,

1. wenn der Veräußerungspreis (einschließlich der Nebenleistungen, insbesondere der für Zwischenbeteiligte, Bevollmächtigte usw. vorgesehenen Gebühr, Gewinnbeteiligung usw.) oder der Wert höher ist als der Erwerbspreis, von dem Abschluß eines Rechtsgeschäfts im Sinne des § 5 des Gesetzes, soweit nicht die Beurkundung durch das Grundbuchamt, Registergericht, Gericht, Notar oder sonstige Urkundsbeamte oder -behörden (§ 38 Anmerkung 1) erfolgt ist,

2. von dem Übergange
a) des Eigentums an inländischen Grundstücken,
b) einer Berechtigung (§ 2 des Gesetzes),
c) eines Rechtes an dem Vermögen einer Vereinigung (§ 3 des Gesetzes),

soweit nicht die Auflassung oder Eintragung in das Grundbuch erfolgt ist.

2. Die Anmeldung ist binnen Monatsfrist an das Zuwachssteueramt zu richten und kann unter Benutzung eines auf dem Zuwachssteueramt erhältlichen Vordrucks oder durch Erklärung zu Protokoll erfolgen (§§ 8, 9 der Ausführungsbestimmungen).

§ 38.

Den Steuerbehörden haben nach näherer Bestimmung des Bundesrats Mitteilung zu machen

1. die Grundbuchämter
   von den Eintragungen des Eigentumsüberganges von Grundstücken in das Grundbuch;
2. die Registergerichte und -behörden
   von Eintragungen in das Handels- und Genossenschaftsregister und von Einreichungen zum Handelsregister, soweit sie in Verfolg eines steuerpflichtigen Rechtsvorganges vorgenommen werden;
3. allgemein die Behörden und Beamten des Reichs, Staates und der Gemeinde sowie die Notare
   a) von allen von ihnen beurkundeten Rechtsvorgängen, die den Übergang des Eigentums an inländischen Grundstücken zum Gegenstande haben oder zu den im § 5 bezeichneten Rechtsgeschäften gehören;
   b) von allen Fällen der Erhebung der Abgabe auf Grund der Tarifnummer 11 des Reichsstempelgesetzes.

Die Landesregierungen sind ermächtigt, im Einverständnisse mit dem Reichskanzler die Mitteilungspflicht anderen als den in Ziffer 1 und 2 genannten Stellen zu übertragen.

I. **Quellen:** RV. § 30; K. I, II: § 30; K. III: § 30 (§ 30); Pl. II: § 30; Pl. III: § 30 (§ 38). — KB. I: (93), 94; KB. II: (11), (46), 47; Pl.: 4054 A—4056 C, 4324 D.

II. **Ausführungsbestimmungen:** Bundesrat: §§ 3—7, 10; Pr. A. 5, 6, 7; Pr. AB. (1): I—V 3, Pr. AB. (2); Bay. B. §§ 2—4; W. B. §§ 2, 3; Ba. BB. §§ 2—4.

III. **Erläuterungen:**

1. Über Gegenstand und Art der Mitteilungspflicht der Behörden und Beamten geben die Ausführungsbestimmungen für die Grundbuchämter in den §§ 3, 4, für die Registergerichte und -behörden in den §§ 3, 5, für die beurkundenden Behörden, Beamten und Notare in den §§ 3, 6, 7 nähere Anweisung.

2. Neben der Mitteilungspflicht des § 38 besteht nach § 41 für Behörden, Beamte und Notare allgemein eine Pflicht zur (mündlichen und schriftlichen) Auskunfterteilung.

§ 39.

Auf Verlangen der Steuerbehörde und innerhalb einer von ihr zu bestimmenden angemessenen Frist hat der gemäß § 37 zur Anmeldung verpflichtete Veräußerer dem Amte eine Zuwachssteuererklärung einzureichen, welche die für die Steuerpflicht und die Steuerbemessung in Betracht kommenden Umstände ersehen läßt.

Die Steuererklärung ist unter der Versicherung zu erstatten, daß die Angaben nach bestem Wissen und Gewissen gemacht sind.

I. **Quellen:** RV. § 31; K. I, II: § 31; K. III: § 31 (§ 31); Pl. II: § 31; Pl. III: § 31 (§ 39). — KB. I: 94; KB. II: 47; Pl.: 4056 D, 4324 D.

II. **Ausführungsbestimmungen:** Bundesrat: §§ 18—20 Pr. A. 9.

III. **Erläuterungen:**

1. Die Aufforderung zur Abgabe der Zuwachssteuererklärung erfolgt erst, nachdem im Vorverfahren die Frage der Steuerpflicht

oder Steuerfreiheit geprüft ist. Der Aufforderung können geeignetenfalls aufklärende Vorverhandlungen vorangehen (§ 18 der Ausführungsbestimmungen).

2. Die Zuwachssteuererklärung hat nach Anleitung eines Musters zu erfolgen, kann aber zu Protokoll des Zuwachssteueramts erklärt werden (§ 18 der Ausführungsbestimmungen).

§ 40.

Trägt die Steuerbehörde Bedenken, die Angaben in der Steuererklärung als richtig anzunehmen, so teilt sie dem Steuerpflichtigen die beanstandeten Punkte unter Bestimmung einer angemessenen Frist zur Gegenerklärung mit. Erfolgt innerhalb der gesetzten Frist keine Gegenerklärung oder führen die Verhandlungen nicht zu einer Einigung, so ist die Steuerbehörde befugt, nach näherer Bestimmung der Landesregierung die erforderlichen Ermittelungen selbständig vorzunehmen und danach die Steuer zu erheben.

Die Kosten der Ermittelungen fallen dem Steuerpflichtigen zur Last, wenn sie zu einer endgültigen Steuerfestsetzung führen, die den nach den Angaben des Steuerpflichtigen veranlagten Abgabebetrag um mehr als ein Drittel übersteigt.

I. **Quellen:** RV. § 32; K. I, II: § 32; K. III: § 32 (§ 32); Pl. II: § 32, Pl. III: § 32 (§ 40). — KB. I: 94; KB. II: 47, (153); Pl.: 4056 D, 4324 D.

II. **Ausführungsbestimmungen:** Bundesrat: §§ 21, 23, 24, 32; Pr.A. 10, 16; Bay. V. §§ 16, 17; LB. § 9; W. V. § 6; W. B. § 8; Ba. VB. § 16.

III. **Erläuterungen:**

1. Erweisen sich bei den Verhandlungen gemäß § 40 einzelne der für die Steuerberechnung maßgebenden Unterlagen als nicht oder nicht ohne unverhältnismäßige Schwierigkeiten feststellbar, so ist das Zuwachssteueramt berechtigt, an ihrer Stelle eine im Vergleichswege mit dem Steuerpflichtigen festzusetzende Summe der Berechnung zu Grunde zu legen. Der Vergleich ist von dem

Steuerpflichtigen zu unterzeichnen und von dem Vorsteher des Zuwachssteueramts sowie, falls nicht die Landeszentralbehörde ein anderes bestimmt, von zwei Mitgliedern dieses Amtes zu genehmigen. In dem Vergleich ist zu bemerken, daß die Steuerbehörde zurücktreten kann, wenn die Tatsachen, auf denen er beruht, von dem Steuerpflichtigen absichtlich oder fahrlässig zu seinen Gunsten unrichtig angegeben sind (§ 23 der Ausführungsbestimmungen).

2. Weichen die Ermittelungsergebnisse von den Angaben des Steuerpflichtigen so erheblich ab, daß die Voraussetzungen des § 40 Abs. 2 des Gesetzes gegeben erscheinen, so ist dem Steuerpflichtigen nach der Steuerberechnung (§ 43) Gelegenheit zu einer Äußerung über die Gründe zu geben, die ihn zu seinen Angaben veranlaßt haben (§ 24 der Ausführungsbestimmungen).

§ 41.

Die Behörden, Beamten und Notare haben den Steuerbehörden jede zur Ermittelung der Abgabe dienliche Hilfe zu leisten und insbesondere auf Verlangen die Einsicht in die Verhandlungen zu gestatten, die sich auf die für die Steuerbemessung maßgebenden Vorgänge beziehen.

I. **Quellen:** RV. § 33; K. I, II: § 33; K. III: § 33 (§ 33); Pl. II: § 33; Pl. III: § 33 (§ 41). — KB. I: 94; KB. II: 47; Pl.: 4056 D, 4324 D.

II. **Ausführungsbestimmungen** —

§ 42.

Personen, die als Veräußerer oder Erwerber oder als Vertreter eines von diesen an dem steuerpflichtigen Rechtsvorgange teilhaben, sind verpflichtet, auf Verlangen der Steuerbehörde über die Tatsachen, die für die Veranlagung der Abgabe von Bedeutung sind, Auskunft zu geben und die hierüber in ihrem Besitze befindlichen Urkunden vorzulegen. Das Gleiche gilt von den an früheren steuerpflichtigen Vorgängen beteiligten Personen.

I. Quellen: RB. § 34; K. I, II: § 34; K. III: § 34 (§ 34); Pl. II: § 34; Pl. III: § 34 (§ 42). — KB. I: 94; KB. II: 47; Pl.: 4056 D, 4324 D.

II. Ausführungsbestimmungen —

III. Erläuterung:

Als steuerpflichtig im Sinne des § 42 Abs. 2 gelten, wie im § 17 Abs. 2, auch vor dem 1. Januar 1911 gelegene Vorgänge, die, wenn sie später eingetreten wären, zu einer Steuerbehandlung Anlaß gegeben hätten.

§ 43.

Ist die Zuwachssteuer berechnet, so erteilt die Steuerbehörde einen Steuerbescheid, der die Person des Steuerpflichtigen, den Betrag der Zuwachssteuer, deren Berechnungsgrundlagen und die von der Steuererklärung abweichenden Punkte, ferner die zulässigen Rechtsmittel, die für diese festgesetzten Fristen sowie die Behörden, bei denen sie anzubringen sind, angibt und zugleich die Anweisung zur Entrichtung der Steuer innerhalb einer zu bestimmenden Frist enthält. Die Frist muß mindestens einen Monat betragen.

I. Quellen: RB. § 35; K. I, II: § 35; K. III: § 35 (§ 35); Pl. II: § 35; Pl. III: § 35 (§ 43). — KB. I: 94; KB. II: 47; Pl.: 4057 B, 4073 C, 4324 D.

II. Ausführungsbestimmungen: Bundesrat: §§ 1 Abs. 2, 24, 25, 26; Bay. B. §§ 18, 19.

III. Erläuterung:

Die näheren Vorschriften über Steuerberechnung und Steuerbescheid finden sich in den §§ 24, 25 der Ausführungsbestimmungen.

§ 44.

Gegen den Steuerbescheid sind als Rechtsmittel zulässig:

1. die Beschwerde, soweit sie nicht landesrechtlich ausgeschlossen wird;
2. das Verwaltungsstreitverfahren oder ein durch die Landesgesetzgebung geordnetes anderweites Verfahren

vor den Verwaltungsgerichten, und wenn ein verwaltungsgerichtliches Verfahren nicht besteht oder landesrechtlich ausgeschlossen wird, der Rechtsweg.

Ob durch die Erhebung der Beschwerde seitens des Steuerpflichtigen das Verwaltungsstreitverfahren oder der Rechtsweg für ihn ausgeschlossen wird, oder ob das Verwaltungsstreitverfahren oder das anderweite Verfahren vor den Verwaltungsgerichten oder der Rechtsweg erst nach Erledigung der Beschwerde und der weiteren Beschwerde zulässig ist, richtet sich nach den landesrechtlichen Vorschriften.

I. **Quellen**: RV. § 36; K. I: § 36; K. II: § 35a; K. III: § 35a (§ 35a); Pl. II: § 35a; Pl. III: § 35a (§ 44). — Begr. 30, 45; KB. I: 94, 95; KB. II: 47; Pl.: 4057 B—4074 C, 4325 A—4327 B.

II. **Ausführungsbestimmungen**: Bundesrat: § 27; Pr. A. § 2; Bay. K. B. § 2; Bay. B. § 24; S. B. §§ 15, 16; W. B. § 9; Ba. BB. § 15.

III. **Erläuterung**:

Nach der Regelung der Rechtsmittel ist zugelassen: entweder das Verwaltungsstreitverfahren oder ein anderweites Verfahren vor den Verwaltungsgerichten oder, soweit keins von diesen Verfahren besteht oder beide ausgeschlossen sind, der Rechtsweg.

Außerdem kann zugelassen werden die Beschwerde, und zwar

a) neben dem Verwaltungsverfahren oder Rechtsweg
   1. als notwendige Voraussetzung für deren Beschreitung,
   2. neben beiden

   oder

b) mit einer den Verwaltungs- oder Rechtsweg ausschließenden Wirkung.

Soweit dem Verwaltungsstreitverfahren landesrechtlich ein Einspruch vorherzugehen hat, wird dieser von dem Begriff des Verwaltungsstreitverfahrens mit umfaßt.

§ 45.

Die Beschwerde ist binnen einer Frist von einem Monat seit der Zustellung des Bescheids bei der Steuerbehörde anzubringen.

Verspätete Beschwerden sind zuzulassen, wenn die Steuerbehörde zu der Annahme gelangt, daß der Beschwerdeführer ohne sein Verschulden verhindert war, die Frist einzuhalten.

Der Beschwerdebescheid hat anzugeben, bei welcher Behörde und innerhalb welcher Frist die weitere Beschwerde einzulegen ist.

Die Beschwerde und die weitere Beschwerde haben keine aufschiebende Wirkung.

Das Beschwerdeverfahren regelt der Bundesrat.

I. **Quellen:** RV. § 36; K. I, II: § 36; K. III: § 36 (§ 36); Pl. II: § 36; Pl. III: § 36 (§ 45). — Begr. 29; KB. II: 47; Pl.: 4057 B, 4074 D, 4327 B.

II. **Ausführungsbestimmungen:** Bundesrat: §§ 34—37; Bay. V. § 21; S. V. § 15.

III. **Erläuterungen:**

Soweit die Beschwerde nicht landesrechtlich ausgeschlossen ist, gelten für sie folgende Bestimmungen:

1. Über die Beschwerde entscheidet die Oberbehörde, über die weitere Beschwerde die Landeszentralbehörde. Erachtet die Stelle, deren Bescheid angefochten wird, die Beschwerde oder weitere Beschwerde für begründet, so kann sie ihr abhelfen; andernfalls ist innerhalb eines Monats die Beschwerde der Oberbehörde, die weitere Beschwerde der Landeszentralbehörde vorzulegen (§§ 34, 36 der Ausführungsbestimmungen).

2. Die Beschwerde wird bei dem Zuwachssteueramte, die weitere Beschwerde bei der Oberbehörde eingelegt. Die Einlegung der Beschwerde hat binnen Monatsfrist seit Zustellung des Zuwachssteuer- oder Feststellungsbescheids, die Einlegung der weiteren Beschwerde binnen Monatsfrist seit der Zustellung des Beschwerdebescheids zu erfolgen; sie kann zu Protokoll erklärt werden. Ob die Beschwerde oder weitere Beschwerde rechtzeitig eingelegt ist und ob eine verspätete Einlegung gemäß § 45 Abs. 2 des Gesetzes zuzulassen ist, entscheidet die nach Anmerkung 1 in der Sache selbst zuständige Behörde (§ 35 der Ausführungsbestimmungen).

3. Die Kosten des Beschwerdeverfahrens fallen dem Beschwerdeführer zur Last, wenn die Beschwerde als unbegründet zurückgewiesen wird. Hat die Beschwerde teilweise Erfolg, so kann dem Beschwerdeführer ein angemessener Teil der Kosten des Beschwerdeverfahrens auferlegt werden. Die Kosten des Beschwerdeverfahrens treffen den Beschwerdeführer auch dann, wenn es zu einer ihm günstigeren Steuerfestsetzung auf Grund von Umständen führt, die der Beschwerdeführer vor Erlaß des Steuerbescheids geltend machen konnte. Zu den Kosten des Beschwerdeverfahrens gehören die landesrechtlichen Gebühren (§ 37 der Ausführungsbestimmungen).

§ 46.

Für die Fristen des verwaltungsgerichtlichen Verfahrens sowie für die Frist, in der die gerichtliche Klage zu erheben ist, sind die landesrechtlichen Vorschriften maßgebend. Sind für die Frist zur Erhebung der gerichtlichen Klage landesrechtliche Vorschriften nicht getroffen, so muß die Klage binnen einer Frist von einem Monat erhoben werden; die Frist beginnt mit der Zahlung oder Stundung der Steuer.

Über die Frage, ob Stundung gemäß § 48 eintreten soll, entscheidet endgültig die Steuerbehörde.

Auf den Lauf der im Abs. 1 bezeichneten Fristen finden die für die Verjährung geltenden Vorschriften der §§ 203, 206, 207 des Bürgerlichen Gesetzbuchs entsprechende Anwendung.

Für die gerichtliche Klage sind ohne Rücksicht auf den Wert des Streitgegenstandes ausschließlich die Landgerichte zuständig. Für die Verhandlung und Entscheidung letzter Instanz ist das Reichsgericht zuständig.

I. Quellen: RV. § 37 Abs. 2—4; K. I, II: § 37; K. III: § 37 (§ 37); Pl. II: § 37; Pl. III: § 37 (§ 46). — KB. I: 94, 95; KB. II: 47, 48; Pl.: 4057 B, 4074 D, 4075 A, 4327 B.

II. Ausführungsbestimmungen —

§ 47.

Dem Grundstückseigentümer ist auf Antrag für sein Grundstück oder für Grundstücksteile von der Steuerbehörde ein Bescheid über die bis dahin feststellbaren Berechnungsgrundlagen zu erteilen. Der Bescheid unterliegt den gegen den Steuerbescheid gegebenen Rechtsmitteln. Die in dem Bescheide getroffenen Festsetzungen sind für die spätere Veranlagung maßgebend.

Für die Erteilung des Bescheids ist eine Gebühr von $1/2$ vom Tausend des Erwerbspreises, mindestens aber von zwanzig Mark zu entrichten; außerdem fallen dem Antragsteller die Kosten des Rechtsmittelverfahrens zur Last.

I. **Quellen**: RB. —; K. I: —; K. II: § 21 Abs. 3; K. III: § 37a (§ 37a); Pl. II: § 37aa; Pl. III: § 37aa (§ 47). — KB. II: 48—50; Pl.: 4075 B—4078 A, 4327 C—4328 A.

II. **Ausführungsbestimmungen**: Bundesrat: §§ 32, 33; Bay. B. § 23; S. B. § 14; Ba. BB. § 8.

III. **Erläuterungen**:

1. Über den Feststellungsbescheid gibt § 33 der Ausführungsbestimmungen die nähere Anweisung.

2. Für die spätere Veranlagung sind die Festsetzungen des Feststellungsbescheids naturgemäß nur insoweit maßgebend, als sie zur Zeit der späteren Veranlagung noch unverändert bestehen (KB. II S. 49). Insbesondere ist eine inzwischen eingetretene Wertminderung der Aufwendungen nach § 14 Ziffer 3 zu berücksichtigen.

3. Soweit es zur Vornahme der gewünschten Feststellungen der Ermittelung weiterer Werte bedarf, z. B. bei Festsetzung des Erwerbspreises eines Teilgrundstücks gemäß § 20 Abs. 1, sind diese Werte für die Gebühr mit in Rechnung zu stellen.

4. Die Kosten des E r m i t t e l u n g s verfahrens fallen dem Antragsteller nicht zur Last.

§ 48.

In Fällen, in denen die sofortige Einziehung der Steuer mit erheblichen Härten verbunden sein würde, ist die Steuer nach näherer Bestimmung des Bundesrats, nötigenfalls gegen Sicherheitsleistung, zu stunden, auch die Entrichtung in Teilbeträgen zu gestatten. Die Bewilligung kann zurückgenommen werden, insoweit deren Voraussetzungen wegfallen.

I. **Quellen:** RV. § 38; K. I, II: § 38; K. III: § 38 (§ 38); Pl. II: § 38; Pl. III: § 38 (§ 48). — Begr. 23; KB. I: 96; KB. II: 50, 51; Pl.: 4078 A, 4328 A.

II. **Ausführungsbestimmungen:** Bundesrat: § 27; Bay. V. § 20; S. V. §§ 12, 13; Ba. VV. § 12.

III. **Erläuterungen:**

1. Stundung oder Teilzahlungen hat das Zuwachssteueramt auf Antrag zu bewilligen, wenn die sofortige Einziehung der Steuer mit erheblichen Härten verbunden sein würde, oder soweit im Falle der Anfechtung eines Steuerbescheids die von dem Anfechtenden vorgebrachten Tatsachen dem Zuwachssteueramt erheblich erscheinen und zu einer Herabsetzung des Steuerbetrags führen würden (§ 27 Abs. 1 der Ausführungsbestimmungen).

2. In welcher Art für gestundete Zuwachssteuer Sicherheit zu leisten ist, richtet sich nach den für die Steuerstelle geltenden landesrechtlichen Bestimmungen (§ 27 Abs. 2 der Ausführungsbestimmungen).

§ 49.

Ist der Steuerpflichtige ein Deutscher, so ist zum Zwecke der Einziehung der Zuwachssteuer die Zwangsversteigerung eines Grundstücks ohne seine Zustimmung nicht zulässig.

I. **Quellen:** RV. § 39; K. I, II: § 39; K. III: § 39 (§ 39); Pl. II: § 39; Pl. III: § 39 (§ 49). — KB. I: 96; KB. II: 51; Pl.: 4078 C, D, 4328 A.

II. **Ausführungsbestimmungen** —

§ 50.

Die Nichterfüllung der gesetzlichen Pflicht zur Einreichung der Zuwachssteueranmeldung oder -erklärung (§§ 37, 39) unterliegt einer Geldstrafe bis zum vierfachen Betrage der Zuwachssteuer.

Die gleiche Strafe trifft denjenigen, der wissentlich unrichtige Angaben macht, die geeignet sind, zu einer Verkürzung der Steuer zu führen.

Eine Bestrafung findet jedoch nicht statt, wenn der Verpflichtete vor erfolgter Strafanzeige oder bevor eine Untersuchung gegen ihn eingeleitet worden ist, aus freien Stücken die Erfüllung der im Abs. 1 erwähnten Verpflichtungen nachholt oder seine Angaben berichtigt.

I. **Quellen:** RV. § 40; K. I, II: § 40; K. III: § 40 (§ 40); Pl. II: § 40; Pl. III: § 40 (§ 50). — Begr. 30; KB. I: 96; KB. II: 51; Pl.: 4079 A, 4328 A.

II. **Ausführungsbestimmungen:** Bundesrat: § 10.

III. **Erläuterungen:**

1. Daß der Steuerpflichtige mit Hinterziehungsabsicht gehandelt hat, ist nicht Voraussetzung für die Verhängung der Strafe in Abs. 1 und bedarf daher auch nicht der besonderen Feststellung im Strafverfahren. Vielmehr ist lediglich in Fällen, in denen das Nichtvorhandensein einer Hinterziehungsabsicht festgestellt wird, an Stelle der Strafe des § 50 diejenige des § 51 zu verhängen.

2. Das Wissen braucht sich im Falle des Abs. 2 nur auf die Unrichtigkeit der Angaben zu erstrecken, und nicht etwa auch darauf, daß diese Angaben geeignet sind, zu einer Steuerverkürzung zu führen.

3. Die Strafe trifft besonders und zum vollen Betrage jeden Zuwiderhandelnden (KB. I S. 96).

4. Der Betrag der Strafen fließt in die Kasse des Bundesstaats (§ 54 Abs. 2).

§ 51.

Ist nach den obwaltenden Umständen anzunehmen, daß die rechtzeitige Erfüllung der Verpflichtung nicht in der Absicht unterlassen worden ist, die Zuwachssteuer zu hinterziehen, oder daß die unrichtigen Angaben nicht in dieser Absicht gemacht worden sind, so tritt an die Stelle der im § 50 vorgesehenen Strafe eine Ordnungsstrafe bis zu sechshundert Mark.

Für andere als die im § 50 und im Abs. 1 bezeichneten Zuwiderhandlungen gegen die Vorschriften dieses Gesetzes oder die zu seiner Ausführung erlassenen Bestimmungen tritt eine Ordnungsstrafe bis zu einhundertfünfzig Mark ein.

I. **Quellen:** RB. § 41; K. I, II: § 41; K. III: § 41 (§ 41); Pl. II: § 41; Pl. III: § 41 (§ 51). — Begr. 30; KB. I: 96; KB. II: 51; Pl.: 4079 A, 4328 A.

II. **Ausführungsbestimmungen** —

III. **Erläuterungen:**

1. Wegen des Verhältnisses zu § 50 vergleiche die Anmerkung 1 zu § 50.

2. In Fällen, in denen die besonderen Umstände dies gerechtfertigt erscheinen lassen, kann von der Ordnungsstrafe abgesehen werden (KB. II S. 51).

§ 52.

Die Einziehung der Zuwachssteuer erfolgt unabhängig von der Bestrafung.

I. **Quellen:** RB. § 42; K. I, II: § 42; K. III: § 42 (§ 42); Pl. II: § 42; Pl. III: § 42 (§ 52). — Begr. 30; KB. I: 96; KB. II: 51; Pl.: 4079 A, 4328 A.

II. **Ausführungsbestimmungen:** Bundesrat: § 26.

§ 53.

Die Strafe trifft jeden, der eine der in den §§ 50, 51 vorgesehenen Zuwiderhandlungen begeht.

Die Strafe ist bei offenen Handelsgesellschaften, Kommanditgesellschaften und Kommanditgesellschaften auf Aktien gegen die zur Vertretung berechtigten Gesellschafter, bei Gesellschaften mit beschränkter Haftung gegen die Geschäftsführer, bei Genossenschaften, Aktiengesellschaften und sonstigen rechtsfähigen Vereinen gegen die Vorstandsmitglieder nur im einmaligen Betrage, jedoch unter Haftung jedes einzelnen als Gesamtschuldner festzusetzen. Ebenso ist in anderen Fällen zu verfahren, in denen mehrere Personen gemeinschaftlich oder als Vertreter eines Beteiligten sich strafbar gemacht haben.

Die Vorschrift des Abs. 2 Satz 1 findet entsprechende Anwendung im Verhältnis des Vollmachtgebers zum Bevollmächtigten, der innerhalb der ihm zustehenden Vertretungsmacht im Namen des Vollmachtgebers eine Handlung vornimmt, die eine strafbare Zuwiderhandlung enthält.

I. **Quellen**: RV. §§ 43, 44; K. I, II: § 43; K. III: § 43 (§ 43); Pl. II: § 43; Pl. III: § 43 (§ 53). — KB. I: 96; KB. II: 51; Pl.: 4079 A, 4328 A.

II. **Ausführungsbestimmungen** —

§ 54.

Hinsichtlich des Verwaltungsstrafverfahrens, der Strafmilderung und des Erlasses der Strafe im Gnadenwege sowie hinsichtlich der Strafvollstreckung und der Verjährung der Strafverfolgung kommen, auch für die Gebietsteile außerhalb der Zollgrenze, die sich auf die Zollstrafen beziehenden Vorschriften zur Anwendung. Die Landesregierung ist ermächtigt, zu bestimmen, daß an die Stelle der Hauptzollämter und Zoll-Direktivbehörden andere Staatsbehörden treten. Die Steuerbehörden haben in den Fällen der §§ 50, 51 den für die Strafverfolgung zuständigen Behörden Mitteilung zu machen.

Die festgesetzten Geldstrafen fallen der Staatskasse des Bundesstaats zu, von dessen Behörden die Strafentscheidung getroffen ist.

I. **Quellen:** RV. § 45; K. I, II: § 45; K. III: § 45 (§ 45); Pl. II: § 45; Pl. III: § 45 (§ 54). — Begr. 29; KB. I: 96; KB. II: 51; Pl.: 4079 A, 4328 A.

II. **Ausführungsbestimmungen:** Pr. A. 2; Bay. K. B. § 3; S. B. § 17; W. B. § 1 Abs. 2.

§ 55.

Die Umwandlung einer nicht beizutreibenden Geldstrafe in eine Freiheitsstrafe findet nicht statt. Auch ist, wenn der Verurteilte ein Deutscher ist, die Zwangsversteigerung eines Grundstücks ohne seine Zustimmung nicht zulässig.

I. **Quellen:** RV. § 46; K. I, II: § 46; K. III: § 46 (§ 46); Pl. II: § 46; Pl. III: § 46 (§ 55). — Begr. 30; KB. I: 96; KB. II: 51; Pl.: 4079 A, 4328 A.

II. **Ausführungsbestimmungen** —

§ 56.

Das Verwaltungsverfahren in Zuwachssteuerangelegenheiten ist — abgesehen von dem Rechtsmittel- und Strafverfahren — kosten-, gebühren- und stempelfrei, soweit nicht in den §§ 40 Abs. 2, 47 Abs. 2 etwas Abweichendes bestimmt ist.

I. **Quellen:** RV. § 47; K. I, II: § 47; K. III: § 47 (§ 47); Pl. II: § 47; Pl. III: § 47 (§ 56). — KB. I: 96; KB. II: 51; Pl.: 4079 A, 4328 A.

II. **Ausführungsbestimmungen:** Bundesrat: § 32; Bay. V. § 32.

§ 57.

Der Anspruch auf die Zuwachssteuer verjährt in zehn Jahren. Die Frist beginnt mit dem Schlusse des Jahres, in welchem der Anspruch auf die Steuer entstanden ist; im Falle der Sicherheitsleistung (§ 48) nicht vor Ablauf des Jahres, in welchem die Sicherheit erlischt.

I. Quellen: RV. § 48; K. I, II: § 48; K. III: § 48 (§ 48); Pl. II: § 48; Pl. III: § 48 (§ 57). — KB. I: 96; KB. II: 51; Pl.: 4079 A, 4328 A.
II. Ausführungsbestimmungen —

§ 58.

Von dem Ertrage der Zuwachssteuer erhält das Reich fünfzig vom Hundert. Weitere zehn vom Hundert erhalten, sofern nicht die Landesgesetzgebung eine andere Bestimmung trifft, die Bundesstaaten als Entschädigung für die Verwaltung und Erhebung der Steuer. Vierzig vom Hundert fließen den Gemeinden oder Gemeindeverbänden zu, in deren Bereiche das Grundstück sich befindet. Die Regelung zwischen Gemeinden und Gemeindeverbänden, soweit diesen nach den Bestimmungen der Landesgesetzgebung ein Besteuerungsrecht zusteht, sowie in Ansehung von Grundstücken, die keiner Gemeinde angehören, erfolgt durch die Landesgesetzgebung. Bis zum Erlasse des Landesgesetzes fließen die vierzig vom Hundert den Gemeinden zu, in deren Bereiche das Grundstück sich befindet; in Ansehung von Grundstücken, die keiner Gemeinde angehören und in den Fällen, in denen bisher ein Gemeindeverband Zuwachssteuer erhoben hat, erfolgt bis dahin die Regelung durch die Landesregierung.

I. Quellen: RV. § 49 Abs. 1; K. I, II: § 49 Abs. 1; K. III: § 49 Abs. 1 (§ 49); Pl. II: § 49; Pl. III: § 49 (§ 58). — Begr. 24, 25, 26, 27, 29, 45; KB. I: 96—99, 101—103; KB. II: 51—54, (65), (74); Pl.: 3905 C, D, (3908 A, 3911 A), (3917, 3918), (4051 D—4053 B), 4082 A bis 4110 A, 4328 A—4330 D.
II. Ausführungsbestimmungen: Bundesrat: §§ 11, 15; Pr. G. § 3 Abs. 2, §§ 4, 6, 7; Pr. A. 4; Bay. K. V. § 4; Bay. V. § 28; S. V. §§ 7, 18; Ba. VV. § 18; Ba. VA. § 16.
III. Erläuterung:

Die Verteilung des Ertrags erfolgt nach folgenden Grundsätzen:

1. Das Reich erhält 50 vom Hundert.
2. Die Bundesstaaten, sofern nicht die Landesgesetzgebung eine

andere Bestimmung trifft, erhalten 10 vom Hundert, wobei die Hinzufügung der Worte „als Entschädigung für die Verwaltung und Erhebung der Steuer" die Bedeutung eines gesetzgeberischen Motivs haben soll (KB. II S. 53).

3. Die Gemeinden (Gemeindeverbände) erhalten 40 vom Hundert mit der Maßgabe, daß das Anteilsverhältnis von Gemeinden und Gemeindeverbänden durch Landesgesetz zu bestimmen ist. Bis dahin erhalten die Gemeindeverbände einen Anteil nur insoweit, als
   a) der Ertrag aus außerhalb der Gemeinde gelegenen Grundstücken erhoben wird,
   b) schon bislang eine Zuwachssteuer für den Gemeindeverband erhoben wurde.

§ 59.

Die Gemeinden (Gemeindeverbände) sind berechtigt, mit Genehmigung der Landesregierung durch Satzung zu bestimmen, daß zu dem Anteil, der ihnen nach § 58 von dem Ertrage der Steuer zufließt, für ihre Rechnung Zuschläge erhoben werden.

Die Zuschläge sind nach Hundertteilen zu berechnen; sie dürfen im einzelnen Falle einhundert vom Hundert des der Gemeinde (Gemeindeverbande) zufließenden Betrags nicht übersteigen. Die Zuschläge dürfen für die verschiedenen Grundstücksarten und nach der Dauer des für die Steuererhebung maßgebenden Zeitraums verschieden festgesetzt werden.

Reichssteuer und Zuschlag dürfen zusammen dreißig vom Hundert der Wertsteigerung nicht übersteigen.

I. **Quellen:** RB. § 49 Abs. 2; K. I: § 49 Abs. 2; K. II: § 49 Abs. 2, 3, 4, 5; K. III: § 49 Abs. 2, 3, 4, 5 (§ 49a); Pl. II: § 49a; Pl. III: § 49a (§ 59). — Begr. 26, 45; KB. I: (59), (60), (74), 99, 100, 103—105; KB. II: (29), 54—58; Pl.: (3916 D), (3917), 4012 B—4013 D, 4082 A bis 4111 A, 4330 D—4331 D.

II. **Ausführungsbestimmungen:** Bundesrat: § 39; Bay. B. §§ 33—44; Ba. BB. § 17; H. B. (1).

§ 60.

Erreicht in Gemeinden (Gemeindeverbänden), in denen eine Zuwachssteuer vor dem 1. April 1909 beschlossen und vor dem 1. Januar 1911 in Kraft getreten war, deren Anteil am Ertrage der Zuwachssteuer gemäß § 58 nicht den auf Grund der vor dem 1. April 1909 beschlossenen Satzung erzielten jährlichen Durchschnittsertrag, so ist ihnen bis zum 1. April 1915 der Unterschied aus dem auf das Reich entfallenden Anteil an dem in der Gemeinde (dem Gemeindeverband) aufkommenden Ertrage zuzuweisen; von dem überschießenden Betrage fallen dem Reiche fünf Sechstel, dem Bundesstaat ein Sechstel zu. Das Gleiche gilt für Gemeinden (Gemeindeverbände), in denen die Satzung vor dem 1. Januar 1911 mit Wirkung über den 1. April 1909 zurück in Kraft getreten ist.

Statt der Zuweisung des Unterschieds kann den Gemeinden (Gemeindeverbänden) auf Antrag nach Bestimmung des Reichskanzlers für die Dauer des bezeichneten Zeitraums an Stelle der Vorschriften dieses Gesetzes die bisherige Satzung weiterhin mit der Maßgabe belassen werden,*) daß der Ertrag den Gemeinden (Gemeindeverbänden) in Höhe des vor dem 1. April 1911 erzielten Durchschnittsertrags zufließt und der überschießende Betrag an das Reich abzuführen ist.

Die Festsetzung des Durchschnittsertrags erfolgt durch den Bundesrat.

I. **Quellen**: RV. § 49 Abs. 3; K. I: § 49 Abs. 3; K. II: § 49 Abs. 6, 7; K. III: § 49 Abs. 6, 7 (§ 49b); Pl. II: § 49b; Pl. III: § 49b (§ 60). — KB. I: 100, 101, 105—108, (113); KB. II: 58—60; Pl.: 4082 A bis 4111 C, 4122 D, 4331 D.

---

*) Auf Grund dieser Vorschrift sind — zunächst bis zum 1. April 1912 — belassen worden die Zuwachssteuergesetze von Lübeck und Hamburg und die Satzungen von Emden, Erfurt, Essen, Frankfurt a. M., Gelsenkirchen, Griesheim.

II. **Ausführungsbestimmungen:** Bundesrat: §§ 44, 45; Pr. G. §§ 5, 6, 7; Pr. A. 18.

III. **Erläuterungen:**

1. Entschädigungsberechtigt sind

a) Gemeinden (Gemeindeverbände), in denen eine Zuwachssteuer vor dem 1. April 1909 beschlossen und vor dem 1. Januar 1911 in Kraft getreten war,

b) Gemeinden (Gemeindeverbände), in denen die Satzung vor dem 1. Januar 1911 mit Wirkung über den 1. April 1909 zurück in Kraft getreten ist.

Als Beschlußfassung ist dabei die Feststellung der ordnungsmäßigen Satzung zu verstehen und nicht etwa der Beschluß, durch welchen grundsätzlich zu der Einführung einer Zuwachssteuer Stellung genommen worden ist (KB. I S. 107).

Soweit eine Gemeindesatzung für ungültig erklärt worden ist, gilt sie im Sinne der Entschädigungspflicht als nicht vorhanden.

2. Für den Umfang der Entschädigung ist der jährliche Durchschnittsertrag maßgebend, der auf Grund einer vor dem 1. April 1909 beschlossenen oder im Falle zu Anmerkung 1 b vor diesem Zeitpunkt in Kraft gesetzten Ordnung erzielt worden ist.

3. Beträgt der Durchschnittsertrag mehr als 40 vom Hundert des Gesamtertrags, so ist er der Gemeinde nur insoweit zuzuweisen, als er sich innerhalb des aus der Gemeinde erzielten Gesamtertrags hält. Beträgt die Entschädigungssumme mehr als 40 vom Hundert dieses Gesamtertrags, aber weniger als der Gesamtertrag selbst, so fließen von dem Unterschiede zwischen dem Durchschnittsertrag und dem Gesamtertrage $^5/_6$ dem Reiche und $^1/_6$ dem Bundesstaate zu.

4. Die Festsetzung des Durchschnittsertrags und die Entscheidung über die Belassung der bisherigen Ordnung sind der gerichtlichen Nachprüfung entzogen. Die Aufstellung von Grundsätzen über die Berechnung des Durchschnittsertrags im Gesetz ist unterblieben, weil bei der Mannigfaltigkeit der Verhältnisse die Festsetzung nur unter Berücksichtigung der Besonderheiten des Einzelfalls möglich ist (KB. II S. 60).

§ 61.

Für diejenigen Gebietsteile eines Bundesstaats, in denen eine besondere Gemeindeverfassung nicht vorhanden ist, finden die in den §§ 58 bis 60 für Gemeinden getroffenen Vorschriften auf den Bundesstaat Anwendung.

Die Vorschriften des § 60 erstrecken sich auch auf die Bundesstaaten mit der Maßgabe, daß überall an die Stelle der Satzung das Landesgesetz tritt.

I. **Quellen:** RV. § 50; K. I, II: § 50; K. III: § 50 (§ 50); Pl. II: § 50; Pl. III: § 50 (§ 61). — Begr. 45; KB. I: 108; KB. II: 60; Pl.: 4111 D, 4331 D.

II. **Ausführungsbestimmungen:** Bundesrat: §§ 44, 45.

§ 62.

Die Steuerpflicht nach Maßgabe dieses Gesetzes erstreckt sich auch auf Rechtsvorgänge, die nach dem 31. Dezember 1910 bis zum Inkrafttreten dieses Gesetzes stattgefunden haben. Die Vorschriften des § 29 Abs. 2, 3 finden keine Anwendung.

Als Zeitpunkt des Eintritts der Steuerpflicht und als Beginn der Anmeldepflicht (§ 37) gilt der Tag des Inkrafttretens dieses Gesetzes.

Ist auf Grund der im § 72 Abs. 2 mit Wirkung vom 1. Januar 1911 aufgehobenen Vorschriften eine Zuwachssteuer bereits entrichtet, so wird sie dem Steuerpflichtigen erstattet oder, soweit für denselben Rechtsvorgang Zuwachssteuer nach diesem Gesetze zu erheben ist, auf deren Betrag angerechnet.

I. **Quellen:** RV. § 51 Abs. 1 S. 1, Abs. 2, 3; K. I, II: § 51 Abs. 1 S. 1, Abs. 2, 3; K. III: § 51 Abs. 1 S. 1, Abs. 2, 3 (§ 51); Pl. II: § 51; Pl. III: § 51 (§ 62). — Begr. 30, 31, 45; KB. I: 108, 109; KB. II: (7), 61, 86—88; Pl.: 3903 A, B, (3912 B), 4111 C- 4122 D, 4290 C, 4331 D.

II. **Ausführungsbestimmungen:** Bundesrat: §§ 12, 43; Pr. A. 17; Bay. B. §§ 45, 46.

III. Erläuterung:

In dem Falle des Abs. 1 findet eine völlig neue Steuerveranlagung statt. Eine bisher etwa gezahlte Steuer wird, soweit sie schon erhoben ist, auf die Steuerpflicht nach dem Reichsgesetze verrechnet und sofern die nach dem Reichsgesetze zu erhebende Steuer geringer ist, zu einem entsprechenden Teile erstattet oder im ganzen Betrage zurückgezahlt, wenn nach dem Reichsgesetze die Erhebung einer Zuwachssteuer überhaupt nicht in Frage kommt, weil keine Steuerpflicht oder ein Fall der Freiveranlagung vorliegt (KB. II S. 88).

§ 63.

Die Besteuerung unterbleibt, wenn die Urkunde über das Veräußerungsgeschäft, das zu dem Eigentumsübergange führte, vor dem 1. Januar 1911 in öffentlich beglaubigter Form errichtet oder bei einer Behörde eingereicht war.

I. Quellen: RB. —; K. I, II: § 51 Abs. 1 S. 2; K. III: § 51 Abs. 1 S. 2 (§ 51a); Pl. II: —; Pl. III: § 51a (§ 63). — KB. I: 108—110; KB. II: 61, 86—88; Pl.: 4114 C—4123 B, 4331 D.

II. Ausführungsbestimmungen: Bundesrat: §§ 12, 43; Pr. AB. (2): 1.

III. Erläuterungen:

1. Erforderlich ist, daß die Urkunde über das Veräußerungsgeschäft vor dem 1. Januar 1911 rechtswirksam errichtet ist (KB. I S. 109 Abs. 3). Für Rechtsgeschäfte, zu deren Abschluß es einer besonderen Form nicht bedarf, ist anderseits nicht notwendig, daß die Urkunde in öffentlich beglaubigter Form errichtet ist, sofern sie nur vor dem 1. Januar 1911 bei einer Behörde eingereicht war (KB. I S. 109 Abs. 3, 4).

2. Der Begriff des Veräußerungsgeschäfts ergibt sich aus § 5. Angebotsverträge werden nur insoweit in Betracht kommen, als sie vor dem 1. Januar 1911 angenommen worden sind.

3. Als öffentlich beglaubigte Form wird auch die gerichtliche oder notarielle Beurkundung im Sinne des § 128 des Bürgerlichen Gesetzbuchs zu gelten haben.

4. Unter Behörde ist nicht nur die Steuerbehörde zu verstehen.

§ 64.

Betrifft ein steuerpflichtiger Rechtsvorgang Grundstücke, die von Aktiengesellschaften, Kommanditgesellschaften auf Aktien oder Gesellschaften und Vereinigungen der im § 3 bezeichneten Art nach dem 31. März 1905 erworben sind, so tritt bei Erwerbsvorgängen, die vor dem 1. Januar 1911 erfolgt sind, an die Stelle des Erwerbspreises der Wert, sofern dieser um mehr als fünfundzwanzig vom Hundert hinter dem angegebenen Erwerbspreis zurückbleibt und sich nicht aus den Umständen ergibt, daß die höhere Bemessung des Erwerbspreises keine Steuerersparung bezweckt.

I. **Quellen:** RB. § 52; K. I, II: § 52; K. III: § 52 (§ 52); Pl. II: § 52; Pl. III: § 52 (§ 64). — Begr. 31, 33: KB. I: 110, 111; KB. II: 61; Pl.: 4124 B—4126 A, 4331 D.

II. **Ausführungsbestimmungen** —

III. **Erläuterungen:**

1. Grundgedanken und Zweckbestimmung dieser Vorschrift ergeben sich aus Begr. S. 31, KB. I S. 110, Pl. S. 4124/26.

2. Der Erwerb seitens einer Gesellschaft umfaßt auch die Einbringung.

3. Die Umstände, aus denen sich das Fehlen der Hinterziehungsabsicht ergibt, sind von der Gesellschaft darzutun.

§ 65.

Hat vor dem 1. Januar 1911 eine Auseinandersetzung gemäß § 7 Ziffer 3 stattgefunden, so bleibt die Steuerpflicht für die Zeit vor der Auseinandersetzung auf den Anteil des Erwerbers beschränkt. Diese Vorschrift findet entsprechende Anwendung, wenn die Zuweisung an einen Erben unter Anrechnung auf den Erbteil auf letztwilliger Verfügung von Todes wegen beruht und der Erbfall vor dem 1. Januar 1911 eingetreten ist.

Hat einer von mehreren Abkömmlingen gemäß § 7 Ziffer 4 von seinen Eltern, Großeltern oder Voreltern vor dem 1. Januar 1911 gegen Entgelt ein Grundstück erworben, so bleibt für die Zeit vor dem Erwerbe die Steuerpflicht auf den Anteil beschränkt, der dem Erwerber als gesetzliches Erbteil ohnehin angefallen sein würde.

Ist von dem Anteil des Erwerbers für die Zeit vor dem 1. Januar 1911 eine Zuwachssteuer bereits entrichtet, so wird diese Steuer auf die nach diesem Gesetze zu entrichtende Abgabe angerechnet.

I. **Quellen:** RV. § 54; K. I, II: § 54; K. III: § 54 (§ 54); Pl. II: § 54; Pl. III: § 54 (§ 65). — Begr. 39; KB. I: (13), (17); KB. I: 114, 115; KB. II: 61; Pl.: 4126 A—4127 A, 4331 D.

II. **Ausführungsbestimmungen** —

III. **Erläuterungen:**

Die Bedeutung des § 65 ergibt sich aus folgenden Beispielen:

A. Zu § 65 Abs. 1 Satz 1.

Preis für den Erwerb eines Grundstücks seitens des Erblassers . . . . 90 000 M.

Dieser Preis verteilt sich auf drei gleichberechtigte Miterben A. + B. + C. . . A. 30 000 M + B. 30 000 M + C. 30 000 M.

Betrag, den C. bei der Auseinandersetzung vor dem 1. Januar 1911 für d. Überlassung d. Grundstücks seitens der

Miterben A. und B. gezahlt hat . 90 000 M = 45 000 M + 45 000 M.

Erwerbspreis für d. Bemessung des Wertzuwachses bei Veräußerung seitens des C. an X. . . .120 000 M = 45 000 M + 45 000 M + 30 000 M.

Veräußerungspreis . . . .180 000 M.

Wertzuwachs . 60 000 M oder 50 v. H. des Erwerbspreises.

B. Zu § 65 Abs. 1 Satz 2.

Preis für den Erwerb eines Grundstücks seit. des Erblassers . 90 000 M.

		A.	B.	C.
Verteilung auf drei gleiche Erbanteile		30 000 M +	30 000 M +	30 000 M. ←
Betrag, zu dem das Grundstück im Testament d. C. in Anrechnung gebracht ist . .135 000 M.				
Verteilung auf die Erbteile . .		45 000 M +	45 000 M	(+ 45 000 M)
Erwerbspreis für d. Bemessung d. Wertzuwachses bei Veräußerung seitens des C. an X	.120 000 M =	45 000 M +	45 000 M +	30 000 M. ←
Veräußerungspreis	.180 000 M.			
Wertzuwachs .	60 000 M oder 50 v. H. des Erwerbspreises.			

§ 66.

Der Bundesrat erläßt die zur Ausführung dieses Gesetzes erforderlichen Bestimmungen und ist berechtigt, die nach diesem Gesetze fällige Abgabe auch über den Anteil des Reichs hinaus aus Billigkeitsgründen zu erlassen.

Er ist auch ermächtigt:

1. Rechtsvorgänge für steuerpflichtig zu erklären, die es — ohne unter §§ 1, 5 zu fallen — einem anderen ermöglichen, über das Grundstück wie der Eigentümer zu verfügen;
2. für solche Fälle über die Berechnung des Wertzuwachses Bestimmungen zu treffen, die von den §§ 8 bis 27 abweichen.

Die vom Bundesrate gemäß Abs. 2 getroffenen Anordnungen sind dem Reichstag, wenn er versammelt ist, sofort, andernfalls bei seinem nächsten Zusammentreten vorzulegen. Sie sind mit Wirkung von ihrem Inkrafttreten ab außer Kraft zu setzen, soweit der Reichstag dies verlangt.

I. **Quellen:** RV. § 55; K. I, II: § 55; K. III: § 55 (§ 55); Pl. II: § 55; Pl. III: § 55 (§ 66). — Begr. 30, 31, 46; KB. I: (27), 116—118; KB. II: 62—65, 85, 86; Pl.: (3912 B), 3918, 4015 D, 4127 B bis 4136 B, 4333 B—4334 A.

II. **Ausführungsbestimmungen** —

§ 67.

Abs. 3 des § 85 des Reichsstempelgesetzes erhält folgende Fassung:

> Die Entgegennahme der Auflassung oder, wenn diese nicht vor dem Grundbuchrichter erfolgt, die Eintragung des neuen Eigentümers im Grundbuch kann nach dem Ermessen des Gerichts von einer vorgängigen Sicherheitsleistung für den Abgabenbetrag abhängig gemacht werden. Über Erinne-

rungen gegen die Anordnung der Sicherheitsleistung wird im Aufsichtsweg entschieden.

Quellen: RV. —; K. I, II: —; K. III: § 56 Z. 4 (§ 56); Pl. II: § 56; Pl. III: § 56 (§ 67). — KB. II: 83, 85; Pl.: 4136 B, 4334 B.

§ 68.

Der § 89 des Reichsstempelgesetzes vom 15. Juli 1909 (Reichs-Gesetzbl. S. 833) erhält mit Wirkung vom 1. Oktober 1909 ab folgende Fassung:

Von Grundstücken, die auf Grund von Vorschriften gebunden sind, die nach den Artikeln 57, 58, 59 des Einführungsgesetzes zum Bürgerlichen Gesetzbuch von den Vorschriften des Bürgerlichen Gesetzbuchs unberührt bleiben, ist an Stelle der Abgabe nach Tarifnummer 11 eine jährliche Abgabe von $^{1}/_{20}$ vom Hundert des Wertes zu entrichten.

Die Ermittelung des Wertes findet nach den Bestimmungen des § 16 des Erbschaftssteuergesetzes vom 3. Juni 1906 (Reichs-Gesetzbl. S. 620) in dreißigjährigen Zeitabschnitten statt.

Der erste dreißigjährige Abschnitt beginnt mit dem Zeitpunkt, in welchem das Grundstück der Bindung unterworfen wird, und sofern dieser vor dem Inkrafttreten dieses Gesetzes liegt, mit dem 1. Oktober 1909.

Für die Zeit vom 1. Oktober 1909 bis zum 30. Juni 1914 wird zu der im Abs. 1 vorgesehenen Abgabe ein Zuschlag von $^{1}/_{20}$ vom Hundert des ermittelten Wertes jährlich erhoben.

Die Abgabe ruht auf dem Grundstück und gilt als öffentliche Last im Sinne des § 10 Ziffer 3 des Gesetzes über die Zwangsversteigerung und Zwangsverwaltung.

Grundstücke, zu deren rechtsgültiger Veräußerung weder eine landesherrliche oder sonstige Genehmigung noch die Zustimmung von Familienmitgliedern oder Dritten erforderlich ist und deren Veräußerungserlös nach den gesetzlichen oder hausverfassungsmäßigen oder stiftungsmäßigen Bestimmungen der freien Verwendung des Veräußerers unterliegt, gelten nicht als gebunden im Sinne der Vorschriften dieses Paragraphen.

Von der Abgabe befreit sind der Landesfürst und die Landesfürstin.

Quellen: RB. § 56 Z. 1; K. I, II: § 56 Z. 1: K. III: § 56 Z. 1 (§ 56a); Pl. II: § 56a; Pl. III: § 56a (§ 68). — KB. I: (115), (116), 118—127; KB. II: 61, 65—75; Pl.: (3913 A), 4127 A, 4136 C—4147 C, 4332 B bis 4333 A.

§ 69.

An die Stelle des § 90 des Reichsstempelgesetzes treten folgende Vorschriften:

Bei Veräußerungen, die in die Zeit bis zum 30. Juni 1914 fallen, wird zu der in Tarifnummer 11 vorgesehenen Abgabe von $^1/_2$ vom Hundert des Kaufpreises ein Zuschlag von einhundert vom Hundert erhoben.

Nach dem 30. Juni 1914 wird der Steuersatz in Tarifnummer 11 von drei zu drei Jahren durch den Bundesrat einer Nachprüfung unterzogen. Übersteigt innerhalb des dreijährigen Zeitraums der durchschnittliche Jahresanteil des Reichs am Ertrage der Zuwachssteuer den Betrag von fünfundzwanzig Millionen Mark, so ist der Steuersatz in Tarifnummer 11 mit Wirkung vom Beginne des der Feststellung folgenden Rechnungsjahrs für die folgenden drei

Jahre nach näherer Bestimmung des Bundesrats entsprechend herabzusetzen.

Die Vorschriften des Abs. 2 finden auf die Abgabe nach § 89 Anwendung. Insoweit die Abgabe für eine Zeit bezahlt ist, für welche die Herabsetzung eintritt, ist vom Reiche entsprechender Rückersatz zu leisten.

Quellen: RV. § 56 Z. 2; K. I: —; K. II: § 56 Z. 2; K. III: § 56 Z. 2 (§ 56b); Pl. II: § 56b; Pl. III: § 56b (§ 69). — Begr. 46, 47; KB. I: (113), 127—133; KB. II: 5, 6, 75—82, 154; Pl.: 3899 C, D—3901 A, (3908 A—C), 3910 C, D, 3916 C, 4114 C—4123 D, 4295 B, 4334 C bis 4335 C.

§ 70.

Die Befreiungsvorschrift am Schlusse der Tarifnummer 11 des Reichsstempelgesetzes wird dahin abgeändert:

Befreit sind auf Antrag:

1. Grundstücksübertragungen der in a und d dieser Tarifnummer bezeichneten Art, wenn der stempelpflichtige Betrag bei bebauten Grundstücken 20 000 Mark, bei unbebauten Grundstücken 5000 Mark nicht überschreitet. Erwirbt dieselbe Person von demselben Veräußerer durch verschiedene Rechtsvorgänge mehrere Grundstücke oder Grundstücksteile, so sind die Übertragungen steuerpflichtig, wenn der Wert zusammen die angegebenen Beträge übersteigt, und die Umstände ergeben, daß der Erwerb zum Zwecke der Ersparung der Steuer in mehrere Rechtsvorgänge zerlegt worden ist. Was im Sinne dieser Vorschrift als bebautes und unbebautes Grundstück anzusehen ist, bestimmt sich nach dem § 1 des Zuwachssteuergesetzes.

   Die Steuerfreiheit tritt nur ein, wenn weder der Erwerber und sein Ehegatte im letzten Jahre ein Einkommen von mehr als 2000 Mark gehabt haben, noch einer von ihnen den Grundstückshandel gewerbsmäßig betreibt. Wird festgestellt, daß der Erwerb für Rechnung eines Dritten erfolgt, so ist die Steuerfreiheit nur zu gewähren, wenn die Voraussetzungen für die Befreiung auch in der Person des Dritten vorliegen.

Beurkundungen von Übertragungen der Rechte eines befreiten Erwerbers werden in betreff der Stempelpflichtigkeit auch dann wie Beurkundungen von Veräußerungen behandelt (a Abs. 2 Satz 1 dieser Tarifnummer), wenn der erste Erwerber das Veräußerungsgeschäft erweislich auf Grund eines Vollmachtsauftrags oder einer Geschäftsführung ohne Auftrag für einen Dritten abgeschlossen hat und die Übertragung der Rechte dieses ersten Erwerbers an den Dritten erfolgt.

2. Eigentumsveränderungen, denen sich die Beteiligten aus Gründen des öffentlichen Wohles zu unterwerfen gesetzlich verpflichtet sind.

Quellen: RV. —; K. I: § 56 Z. 2; K. II: § 56 Z. 3; K. III: § 56 Z. 3 (§ 56c); Pl. II: § 56c; Pl. III: § 56c (§ 70). — KB. I: 133, 134; KB. II: 82, 83, 84, 85; Pl.: 4147 C, 4335 C.

§ 71.

Die Anmerkung zu Tarifnummer 11 des Reichsstempelgesetzes erhält in Abs. 1 folgende Fassung:

Stempelabgaben unter fünfzig Pfennig werden nicht erhoben. Höhere Beträge, welche nicht ohne Bruch durch zehn teilbar sind, werden auf den nächst höheren durch zehn teilbaren Betrag abgerundet; Stempelbeträge über fünf Mark, welche nicht ohne Bruch durch fünfzig teilbar sind, werden auf den nächst höheren durch fünfzig teilbaren Betrag abgerundet.

Quellen: RV. —; K. I, II: —; K. III: § 56 Z. 5 (§ 56d); Pl. II: § 56d; Pl. III: § 56d (§ 71). — KV. II: 83, 84, 85; Pl.: 4148 A, 4335 C.

§ 72.

Dieses Gesetz tritt mit dem 1. April 1911 in Kraft.

Die Vorschriften der Landesgesetze und die Satzungen der Gemeinden und Gemeindeverbände, welche die Besteuerung des Zuwachses bei der Veräußerung von Grundstücken betreffen, treten mit Wirkung vom 1. Januar 1911 außer Kraft, soweit sie nicht gemäß § 60 aufrecht erhalten werden. Die vor dem 1. Januar 1911 eingetretenen Rechtsvorgänge und die im § 63 bezeichneten Fälle des Eigentumsüberganges unterliegen auch dann nach diesen Gesetzen und Satzungen der Zuwachssteuer, wenn das Verfahren zur Feststellung der Steuer erst nach dem Inkrafttreten dieses Gesetzes zum Abschluß kommt.

I. Quellen: RV. § 57; K. I, II: § 57; K. III: § 57 (§ 57); Pl. II: § 57; Pl. III: § 57 (§ 72). — Begr. 47; KV. I: 134—136; KV. II: 86, 87, 88, 89; Pl.: 4114 C—4124 B, 4335 C—4336 B.

II. Ausführungsbestimmungen —

III. Erläuterungen:

Durch die Vorschrift in § 72 Abs. 2 Satz 2 wird die Berechtigung der Gemeinden (Gemeindeverbände) und Bundesstaaten zur Erhebung der bisherigen Abgabe insoweit sichergestellt, als

1. die vor dem 1. Januar 1911 nach dem Landesgesetz oder der Gemeindesatzung steuerpflichtig gewordenen Rechtsvorgänge gemäß den Vorschriften des Landesgesetzes oder der Gemeindesatzung der Besteuerung unterliegen, auch wenn das Veranlagungsverfahren erst nach dem Inkrafttreten des Reichsgesetzes in Angriff genommen wird oder zum Abschluß kommt;
2. die Eigentumsübergänge, die nach dem 31. Dezember 1910 stattgefunden haben, aber von der reichsgesetzlichen Besteuerung wegen der Übergangsbestimmung des § 63 befreit sind, der Besteuerung nach Maßgabe des Landesgesetzes oder der Gemeindesatzung unterworfen sein sollen.

Teil II.

Die reichsrechtlichen Ausführungsbestimmungen.

(Zentralblatt für das Deutsche Reich 1911 S. 79.)

A. Ausführungsbestimmungen des Bundesrats (Zuwachssteuer-Ausführungsbestimmungen) vom 27. März 1911.

§ 1.

Zuwachssteuerämter und Oberbehörden.

(1) Die mit der Verwaltung des Zuwachssteuerwesens befaßten, in den nachstehenden Bestimmungen als Zuwachssteuerämter bezeichneten Stellen und die Oberbehörden, denen sie unterstehen, werden von der Landesregierung bestimmt und öffentlich bekannt gemacht. Ein Verzeichnis der Zuwachssteuerämter und Oberbehörden ist unter Angabe ihrer Geschäftsbezirke dem Reichskanzler zur Veröffentlichung im Zentralblatt für das Deutsche Reich mitzuteilen. Das Gleiche hat mit etwaigen späteren Veränderungen zu geschehen. Die Veröffentlichung im Zentralblatt für das Deutsche Reich kann auf das Verzeichnis der Oberbehörden beschränkt werden.

(2) Die Erhebung der Zuwachssteuer kann anderen Stellen als den Zuwachssteuerämtern übertragen werden. Auch können zur Vorbereitung der Veranlagung andere Stellen als Hilfsstellen der Zuwachssteuerämter herangezogen werden. In

diesem Falle sind die zur Regelung des Geschäftsverkehrs erforderlichen besonderen Bestimmungen zu treffen.

Pr. G. §§ 1—3; Pr. A. 1, 3; Pr. E.; Bay. K. B. § 1; Bay. B. § 1; S. B. §§ 1—6, 20; S. V. (1), (2), (3); W. V. § 1; Ba. LV.; Ba. K. V. §§ 1, 10; H. B.

§ 2.

Zuständigkeit.

(1) Zuständig ist das Zuwachssteueramt, in dessen Bezirke das veräußerte Grundstück liegt. Liegt das Grundstück in mehreren Bezirken, so ist das Zuwachssteueramt zuständig, in dessen Bezirke das zuständige Grundbuchamt seinen Sitz hat. Falls das Grundstück aus mehreren in verschiedenen Grundbuchbezirken gelegenen Teilstücken besteht, bestimmt unbeschadet anderweiter landesrechtlicher Bestimmungen die gemeinsame Oberbehörde, falls das Grundstück in den Bezirken verschiedener Oberbehörden gelegen ist, die Landeszentralbehörde und, falls das Grundstück im Bereiche verschiedener Bundesstaaten liegt, der Reichskanzler die Zuständigkeit.

(2) Die Vorschriften des Abs. 1 finden auf Berechtigungen (§ 2 des Gesetzes) entsprechende Anwendung.

(3) Im Falle der Steuerpflicht nach § 3 des Gesetzes ist, sofern der gesamte Grundbesitz einer Vereinigung im Bezirk eines Zuwachssteueramts liegt, dieses zuständig; andernfalls finden die Bestimmungen des Abs. 1 Satz 2, 3 entsprechende Anwendung.

(4) Wird eine Anmeldung, eine Steuererklärung, ein Antrag oder eine sonstige Mitteilung bei einer unzuständigen Stelle eingereicht, so ist der Tag des Einganges auf dem Schriftstück zu vermerken und dieses an die zuständige Stelle abzugeben. Von der Abgabe ist dem Absender Mitteilung zu machen. Für die Wahrung einer Frist genügt der Eingang bei der unzuständigen Stelle.

Bay. B. § 8.

Erster Abschnitt.

Anmeldungsverfahren.

§ 3.

Mitteilungs- und Anmeldungspflicht.

Das Zuwachssteueramt erhält nach Maßgabe der Bestimmungen der §§ 4 bis 9 Kenntnis durch

A. die Mitteilungen der Grundbuchämter oder, soweit das Grundbuch noch nicht angelegt ist, der von der Landeszentralbehörde zu bestimmenden Behörden

von den Eintragungen in das Grundbuch, die eine Eigentumsänderung oder den Übergang einer Berechtigung (§ 2 des Gesetzes) betreffen, oder von der Umschreibung in öffentlichen Büchern;

B. die Mitteilungen der Registergerichte und -behörden von allen Eintragungen in das Handels- und Genossenschaftsregister und von Einreichungen zum Handelsregister, soweit sie in Verfolg eines steuerpflichtigen Rechtsvorganges vorgenommen werden;

C. die Mitteilungen der Behörden und Beamten des Reichs, Staates und der Gemeinde sowie der Notare

1. von allen Fällen der Erhebung der Abgabe auf Grund der Tarifnummer 11 des Reichsstempelgesetzes mit Ausnahme der Auflassungen,
2. von allen sonstigen von ihnen beurkundeten Rechtsvorgängen, die der Auflassung und Eintragung nicht bedürfende Fälle des Eigentumsüberganges an inländischen Grundstücken (§§ 1, 4 des Gesetzes), den Übergang einer Berechtigung (§ 2 des Gesetzes) zum Gegenstande haben oder zu den im § 5 des Gesetzes bezeichneten Rechtsgeschäften gehören,
3. von der Beurkundung der Übertragung eines Anteils einer Gesellschaft mit beschränkter Haftung;

D. die Anmeldungen des Veräußerers und des Erwerbers oder ihres gesetzlichen Vertreters

1. wenn der Veräußerungspreis (einschließlich der Nebenleistungen, insbesondere der für Zwischenbeteiligte, Bevollmächtigte usw. vorgesehenen Gebühr, Gewinnbeteiligung usw.) oder der Wert höher ist als der Erwerbspreis, von dem Abschluß eines Rechtsgeschäfts im Sinne des § 5 des Gesetzes, soweit nicht die Beurkundung durch einen Mitteilungspflichtigen nach A bis C erfolgt ist,

2. von dem Übergange
   a) des Eigentums an inländischen Grundstücken,
   b) einer Berechtigung (§ 2 des Gesetzes),
   c) eines Rechts an dem Vermögen einer Vereinigung (§ 3 des Gesetzes),

   soweit nicht die Auflassung oder Eintragung in das Grundbuch erfolgt ist.

Pr. A. 17; Bay. V. §§ 2, 15, 16; Ba. VA. §§ 1–5.

§ 4.

Mitteilungen der Grundbuchämter.

(1) Die Mitteilungen der Grundbuchämter (§ 3 zu A) erfolgen durch Übereignungsanzeigen, die innerhalb einer Frist von 10 Tagen nach Eintragung der Rechtsänderung — für jede Eintragung besonders — dem zuständigen Zuwachssteueramt einzusenden sind.

(2) Die Übereignungsanzeigen sind nach Anleitung des Musters 1 einzurichten. Muster 1.

(3) Soweit die Zuwachssteuerämter anderweit amtliche Mitteilungen erhalten, die sich auf die in der Übereignungsanzeige enthaltenen Angaben beziehen, kann im Einverständnisse mit dem Reichskanzler nach näherer Bestimmung der Landeszentralbehörde die Aufstellung besonderer Übereignungsanzeigen

unterbleiben oder auf diejenigen Mitteilungen beschränkt werden, die den Zuwachssteuerämtern nicht schon ohnehin zugehen.

Pr. A. 5; Pr. AB. (1) I 1, 2, 6; Pr. AB. (2); Bay. B. § 2; Ba. BB. §§ 2—4; Ba. BA. §§ 1, 2.

§ 5.

Mitteilungen der Registergerichte und -behörden.

(1) Die Registergerichte und -behörden (§ 3 zu B) haben dem Zuwachssteueramte die zu ihrer Kenntnis gelangenden Fälle mitzuteilen, in denen die Anteile einer unter § 3 des Gesetzes fallenden Vereinigung in einer Hand sich vereinigen. Im übrigen beschränkt sich die Mitteilungspflicht der Registergerichte und -behörden, soweit nicht die Landeszentralbehörde abweichende Bestimmungen trifft, auf diejenigen einzelnen Rechtsvorgänge, hinsichtlich deren das Zuwachssteueramt um Mitteilungen ersucht.

(2) Zur Feststellung, ob die in das Register neu eingetragenen Vereinigungen unter § 3 des Gesetzes fallen, sind von einem Beamten des Zuwachssteueramts oder nach Bestimmung der Landeszentralbehörde von einem anderen Beamten die Register regelmäßig in Zeiträumen von etwa drei Monaten einzusehen; die zu den Akten gehörigen Vorgänge sind hierbei auf Wunsch zugänglich zu machen.

(3) Das Zuwachssteueramt, in dessen Bezirk ein Grundstückserwerb durch eine der im § 3 des Gesetzes bezeichneten Vereinigungen erfolgt, hat dies dem Zuwachssteueramte mitzuteilen, in dessen Bezirke die Vereinigung ihren Sitz hat.

Pr. AB. (1) I 4, 5, 6; Bay. B. § 3; W. B. § 2; Ba. BA. § 3.

§ 6.

Mitteilungen der beurkundenden Behörden, Beamten und Notare.

(1) Die Mitteilungen der Behörden, Beamten und Notare (§ 3 zu C) sind innerhalb einer Frist von 10 Tagen nach der Be-

urkundung — für jeden Rechtsvorgang besonders — dem für die steuerliche Behandlung zuständigen Zuwachssteueramt einzureichen (Veräußerungsanzeige).

(2) Die Veräußerungsanzeigen sind nach Anleitung des Musters 2 einzurichten. Soweit die darin enthaltenen Mitteilungen aus der Veräußerungsurkunde sich ergeben, genügt die Übersendung einer Abschrift der Urkunde.

Muster 2.

(3) Die Bestimmung des § 4 Abs. 3 findet entsprechende Anwendung.

Pr. AB. (1) I 3, 6, II: Bay. B. § 2: W. B. §§ 3, 4: W. A. 1: W. E. 1: Ba. VB. §§ 2–4: Ba. VA. § 4.

§ 7.

(1) Die Mitteilungen der Behörden, Beamten und Notare über die Abtretung eines Geschäftsanteils sind auch bei den nicht unter § 3 des Gesetzes fallenden Gesellschaften mit beschränkter Haftung zu machen. Die Mitteilung kann unterbleiben, wenn bei den Behörden, Beamten oder Notaren Tatsachen offenkundig sind, aus denen sich ergibt, daß die Gesellschaft, deren Anteil übertragen wird, keinen Grundbesitz hat oder nicht unter § 3 des Gesetzes fällt.

(2) Das Zuwachssteueramt kann den Behörden, Beamten und Notaren seines Bezirkes diejenigen Gesellschaften namhaft machen, für die eine weitere Mitteilung der Übertragung von Geschäftsanteilen nicht für erforderlich erachtet wird.

(3) Die Landeszentralbehörde kann die Mitteilung auf die Übersendung von Monatslisten beschränken.

Pr. A. 6.

§ 8.

Anmeldungen der steuerpflichtigen Personen.

(1) Die Anmeldung des Veräußerers und Erwerbers (§ 3 zu D) hat innerhalb eines Monats zu erfolgen, nachdem der

Steuerpflichtige von dem anmeldungspflichtigen Rechtsvorgang Kenntnis erhalten hat.

(2) Die Anmeldungspflicht entfällt, soweit innerhalb der Anmeldungsfrist die Anmeldung seitens eines von mehreren Pflichtigen bewirkt ist.

Bay. V. §§ 9, 10; Ba. VA. § 5.

§ 9.

(1) Die Anmeldung ist an das für die steuerliche Behandlung des Rechtsvorganges zuständige Zuwachssteueramt zu richten.

(2) Die Anmeldung hat die in dem Muster 3 bezeichneten Angaben zu enthalten und kann zu Protokoll des Zuwachssteueramts erklärt werden. Vordrucke nach diesem Muster sind von den Zuwachssteuerämtern vorrätig zu halten und dem Anmeldungspflichtigen auf Wunsch kostenfrei zu verabfolgen.

(3) Soweit den Zuwachssteuerämtern aus anderem Anlaß vom Veräußerer oder Erwerber über die vorbezeichneten Punkte Mitteilung zu machen ist, findet die Bestimmung des § 4 Abs. 3 entsprechende Anwendung.

Ba. VA. § 5.

§ 10.

Prüfung des Einganges der Mitteilungen und Anmeldungen.

(1) Der pünktliche Eingang der Mitteilungen und Anmeldungen ist durch die Zuwachssteuerämter zu überwachen. Bei unterlassener rechtzeitiger Mitteilung sind die etwa bekannten Mitteilungs- und Anmeldungspflichtigen mit kurzer Frist zu mahnen. Mit der Mahnung des Steuerpflichtigen ist der Hinweis auf die Folgen der Nichterfüllung der Anmeldungspflicht zu verbinden. Nach fruchtlosem Ablauf der

Frist ist im Falle des § 3 zu A bis C Beschwerde bei der vorgesetzten Aufsichtsbehörde zu führen und im Falle des § 3 zu D erforderlichenfalls das Strafverfahren einzuleiten oder der zur Einleitung des Strafverfahrens zuständigen Behörde Anzeige zu erstatten.

(2) Zum Zwecke der Überwachung wird dem Zuwachssteueramt ein Verzeichnis der in seinem Bezirke befindlichen Grundbuchämter, Registergerichte und -behörden, der von der Landesregierung im Einverständnisse mit dem Reichskanzler bestimmten anderen Stellen, sowie der Notare und sonstigen Urkundsbeamten und -behörden durch Vermittelung der Oberbehörde mitgeteilt und von Veränderungen fortlaufend Kenntnis gegeben. In Übereinstimmung mit dem Reichskanzler kann nach Bestimmung der Landeszentralbehörde von diesen Mitteilungen abgesehen werden.

Pr. AB. (1) III: Bay. V. § 4; S. V. § 8; W. V. § 5; Ba. BA. § 6.

§ 11.

Weitere Behandlung der Mitteilungen und Anmeldungen.

(1) Für jedes Grundstück, für jede Berechtigung (§ 2 des Gesetzes) und für jede Vereinigung (§ 3 des Gesetzes) ist ein Kartenblatt (Grundstücksblatt) anzulegen, sobald sich eine Veranlassung hierzu ergibt. Im besonderen hat dies zu geschehen

1. nach Eingang einer Anzeige oder Anmeldung für jedes Grundstück, jede Berechtigung und jede Vereinigung, auf die sich ein in der Mitteilung oder Anmeldung enthaltener Rechtsvorgang bezieht;
2. wenn gelegentlich der Festsetzung der Steuer für den veräußerten Teil eines Gesamtbesitzes Berechnungsgrundlagen festgestellt oder gemäß § 23 Abs. 2 vereinbart werden, die auch im Falle einer späteren Über-

tragung des Restbesitzes für die Steuerberechnung von Bedeutung sein werden, für den Restbesitz;

3. wenn gemäß § 19 Abs. 2 des Gesetzes eine Feststellung der Werte der bei einer Flurbereinigung, Grenzregelung oder Umlegung empfangenen Grundstücke erfolgt, für die nichtübertragenen Grundstücke.

Das Grundstücksblatt ist nach Anleitung des Musters 4 einzurichten, das für Berechtigungen oder Vereinigungen entsprechend umzugestalten ist. Die Landeszentralbehörde kann anordnen, daß die Anlegung von Grundstücksblättern unterbleibt. Muster 4.

(2) Soweit sich die Veräußerungsanzeigen und Anmeldungen auf Veräußerungsgeschäfte im Sinne des § 5 des Gesetzes beziehen, sind sie zu sammeln und nach Eingang der Übereignungsanzeige mit dieser, andernfalls nach Ablauf eines Jahres, vom Tage des Abschlusses des ersten Veräußerungsgeschäfts an, in steuerliche Behandlung zu nehmen.

Pr. A. 7; Bay. V. § 12; W. A. 2; Ba. VV. § 5.

Zweiter Abschnitt.

Vorverfahren.

§ 12.

Eintragung in die Zuwachssteuerliste und Feststellung der Steuerfreiheit.

(1) Die in den Mitteilungen und Anmeldungen enthaltenen Rechtsvorgänge eines Rechnungsjahrs werden, sobald sie zu einer steuerlichen Behandlung Anlaß geben — Veräußerungsgeschäfte lediglich in den Fällen der §§ 5 und 33 des Gesetzes —, unter fortlaufenden Nummern in die Zuwachssteuerliste übernommen. Die Nummer der Zuwachssteuerliste ist zu den Akten zu vermerken. Die Zuwachssteuerliste ist nach Anleitung des Musters 5 einzurichten. Muster 5.

(2) Das Vorverfahren hat sich auf die Ermittelung derjenigen Tatsachen zu richten, die für die Entscheidung der Frage von Bedeutung sind, ob der mitgeteilte Rechtsvorgang keine Veranlassung zur Veranlagung einer Steuer gibt, weil ein gesetzlicher Befreiungsgrund vorliegt oder ein Fall der Freiveranlagung nach § 28 Abs. 3 des Gesetzes oder der Rückübertragung innerhalb zweier Jahre nach § 34 des Gesetzes gegeben ist.

(3) Zu diesem Zwecke unterwirft das Zuwachssteueramt die eingegangenen Mitteilungen und Anmeldungen einer Prüfung daraufhin,

1. ob über das dem Eigentumsübergang zu Grunde liegende Rechtsgeschäft eine Urkunde vor dem 1. Januar 1911 in öffentlich beglaubigter Form errichtet oder bei einer Behörde eingereicht war,
2. ob die Voraussetzungen der Befreiungsvorschrift des § 1 Abs. 2 des Gesetzes gegeben sind,
3. ob nach dem Inhalt des Vertrags die Voraussetzungen des § 7 des Gesetzes vorliegen,
4. ob der Veräußerer zu den im § 30 des Gesetzes bezeichneten Personen gehört,
5. ob der Unterschied des Erwerbspreises und des Veräußerungspreises unter Berücksichtigung der im § 16 des Gesetzes vorgeschriebenen Hinzurechnungen zum Erwerbspreis und der Steuerermäßigung nach § 28 Abs. 2 des Gesetzes so gering ist, daß der Steuerbetrag nach den Umständen voraussichtlich 20 ℳ nicht erreicht (§ 28 Abs. 3 des Gesetzes),
6. ob ein Fall der Rückübertragung nach § 34 des Gesetzes vorliegt.

Bay. V. §§ 6, 7, 11; W. E. 2; Ba. VA. §§ 7—10.

§ 13.

(1) Erscheint nach dem Inhalt der Mitteilungen und Anmeldungen dem Zuwachssteueramte die Annahme begründet, daß aus einem der im § 12 Abs. 3 Ziffer 1 bis 6 angeführten Gründe eine Zuwachssteuer nicht zur Hebung gelangen würde, ohne daß dies mit Sicherheit festzustellen ist, so ist, falls sich die Ergänzungen nicht amtlicherseits beschaffen lassen, durch Benehmen mit dem Steuerpflichtigen in mündlicher Verhandlung oder im Schriftweg zu ermitteln, ob jene Voraussetzungen gegeben sind.

(2) Sobald sich im Laufe des Vorverfahrens ergibt, daß die zu entrichtende Steuer nach den Umständen voraussichtlich den Betrag von 20 *M* nicht erreicht oder daß auf Grund der Fälle des § 12 Abs. 3 Ziffer 1 bis 4, 6 eine Steuer nicht zu erheben ist, ist das Verfahren einzustellen. Von der Einstellung ist dem Steuerpflichtigen Mitteilung zu machen, falls dieser den Steuerfall angemeldet hatte oder falls mit ihm aus Anlaß des Vorverfahrens in Verhandlung oder Schriftwechsel getreten ist.

(3) Ebenso ist zu verfahren, wenn sich bei der Gegenüberstellung von Erwerbs- und Veräußerungspreis gemäß § 12 Abs. 3 Ziffer 5 zwar ein Steuerbetrag von 20 *M* oder mehr ergibt, aus den Umständen und nach eigenem Wissen des Zuwachssteueramts aber die Annahme begründet erscheint, daß bei Anrechnung der Aufwendungen der §§ 14, 15, 21 des Gesetzes der Betrag der Zuwachssteuer 20 *M* nicht erreichen würde.

Ba. BA. § 10.

§ 14.

Die Feststellung der Steuerfreiheit ist aktenkundig zu machen und auf dem Grundstücksblatt sowie in der Zuwachssteuerliste unter Angabe der gesetzlichen Vorschrift, auf der die Steuerfreiheit beruht, zu vermerken. Ist das Verfahren auf Grund des § 13 Abs. 3 eingestellt worden, so ist dies außerdem in der Bemerkungsspalte kenntlich zu machen.

§ 15.

Steuerfreiheit der Vereinigungen nach § 30 Ziffer 4 des Gesetzes.

(1) Beansprucht eine Vereinigung, welche, ohne Erwerbszwecken zu dienen, satzungsgemäß sich mit innerer Kolonisation, Arbeiteransiedelung, Grundentschuldung oder Errichtung von Wohnungen für die minderbemittelten Klassen befaßt, für die von ihr vorzunehmenden Veräußerungen Steuerbefreiung, so hat sie einen hierauf gerichteten Antrag bei der Oberbehörde zu stellen, in deren Bezirke sie ihren Sitz hat, sowie den Nachweis zu erbringen, daß die Voraussetzungen des § 30 Ziffer 4 des Gesetzes gegeben sind.

(2) Die Oberbehörde läßt den Antrag mit ihrem Gutachten versehen durch Vermittelung der Landeszentralbehörde an den Bundesrat gelangen.

§ 16.

(1) Auf die Mitteilungs- und Anmeldungspflicht bleibt die Gewährung der Steuerfreiheit ohne Einfluß.

(2) Im Falle der Veräußerung hat das Zuwachssteueramt für das Grundstück oder die Berechtigung ein Grundstücksblatt, sofern ein solches noch nicht besteht, anzulegen und auf diesem den Grund der Steuerfreiheit einzutragen.

§ 17.

Die Zuwachssteuerämter haben aus Anlaß von Übereignungsfällen zu überwachen, ob die befreiten Vereinigungen sich ihrem Satzungszweck entsprechend verhalten. Von Satzungsänderungen hat das Registergericht dem Zuwachssteueramte des Sitzes der Vereinigung Mitteilung zu machen.

Pr. A. 8; Pr. AB. (1) I 5.

Dritter Abschnitt.

Hauptverfahren.

Erster Teil.

Veranlagung der Steuer.

§ 18.

Zuwachssteuererklärung.

(1) Hat das Vorverfahren nicht ergeben, daß die Voraussetzungen der Steuerbefreiung oder der Freiveranlagung vorliegen (§ 12 Abs. 2, 3), so fordert das Zuwachssteueramt den Steuerpflichtigen auf, innerhalb einer Frist von 2 Wochen eine Zuwachssteuererklärung einzureichen. Der Aufforderung, der geeignetenfalls aufklärende Vorverhandlungen vorausgehen können, ist ein Vordruck zur Zuwachssteuererklärung, ein Auszug aus den Bestimmungen des Gesetzes und eine Mustererklärung beizufügen. In der Steuererklärung können die Fragen, deren Beantwortung dem Amte bekannt ist, ausgefüllt und solche Fragen, die nach der Lage des Falles nicht in Betracht kommen, durchstrichen werden.

(2) Die Zuwachssteuererklärung ist nach Anleitung der Muster 6, 7 zu gestalten. Über den Inhalt des Gesetzesauszugs und der Mustererklärung trifft der Reichskanzler die näheren Bestimmungen. Muster 6, 7.

(3) Die Zustellung der Aufforderung an den Veräußerer kann vor Ablauf der gesetzlichen Anmeldungsfrist erfolgen.

(4) Das Zuwachssteueramt ist befugt, für die Abgabe der Erklärung eine längere Frist als 2 Wochen zu bewilligen.

(5) Der Einreichung der Steuererklärung steht die Abgabe dieser Erklärung zu Protokoll des Zuwachssteueramts gleich.

(6) Die Aufforderung zur Zuwachssteuererklärung kann unterbleiben, wenn es zur Festsetzung der Steuer nur einer Auskunft über bestimmte tatsächliche Verhältnisse bedarf.

Pr. A. 9; Bay. B. §§ 13—15; Ba. BA. § 11.

§ 19.

Sind bei einem Eigentumsübergange mehrere Veräußerer vorhanden, so unterliegt es dem Ermessen des Zuwachssteueramts, welchem von ihnen die Aufforderung übersandt wird. In der Regel wird es denjenigen wählen, von dem angenommen werden kann, daß er mit den in Betracht kommenden Verhältnissen am besten vertraut ist.

§ 20.

Sondererklärungen.

(1) Ergibt sich aus den Mitteilungen und Anmeldungen oder im Laufe des Verfahrens, daß ein Fall der Veräußerung oder Übereignung vorliegt, für dessen steuerliche Behandlung das Gesetz besondere Vorschriften vorsieht (Zwangsversteigerung, Gemeinschaftsteilung usw.), so hat das Zuwachssteueramt den Steuerpflichtigen zu einer Sondererklärung über diese Punkte zu veranlassen.

(2) Für die Sondererklärungen können von der Landeszentralbehörde im Einverständnisse mit dem Reichskanzler Muster vorgeschrieben werden.

Pr. A. 9 Abs. 3.

§ 21.

Prüfung der Zuwachssteuererklärung.

(1) Nach Eingang der Zuwachssteuererklärung hat das Zuwachssteueramt die Angaben auf ihre Richtigkeit und Vollständigkeit zu prüfen.

(2) Sobald sich im Laufe der Ermittelungen herausstellt, daß die Zuwachssteuer voraussichtlich einen Betrag von 20 ℳ nicht erreichen würde, ist unter Einstellung der Ermittelungen nach § 13 zu verfahren.

Bay. V. § 16.

§ 22.

Wertermittelung.

(1) In Fällen, in denen die Ermittelung des Wertes eines steuerpflichtigen Gegenstandes in Frage kommt, ist der gemeine Wert zugrunde zu legen. Unter dem gemeinen Werte ist der Verkaufs- oder Verkehrswert zu verstehen, der durch den Preis bestimmt wird, welcher im gewöhnlichen Geschäftsverkehre nach der Beschaffenheit des Gegenstandes ohne Rücksicht auf andere ungewöhnliche oder lediglich persönliche Verhältnisse zu erzielen ist.

(2) Der Reichskanzler ist ermächtigt, über die Ermittelung des Wertes und des Ertrags im Sinne der §§ 15, 22 Ziffer 2 des Gesetzes für einzelne Grundstücksarten Grundsätze aufzustellen.

(3) Die Landeszentralbehörde kann im Einverständnisse mit dem Reichskanzler bestimmen, daß, soweit für den in Betracht kommenden Zeitpunkt nach landesrechtlichen Vorschriften der gemeine Wert des Grundstücks ermittelt ist, diese Wertermittelung der Steuerberechnung zugrunde gelegt wird, sofern nicht der Steuerpflichtige nachweist, daß der Wert ein anderer war.

Bay. B. § 16; Ba. VB. § 6.

§ 23.

Vergleich.

(1) Erweisen sich einzelne der für die Steuerberechnung maßgebenden Unterlagen als nicht oder nicht ohne unverhältnismäßige Schwierigkeiten feststellbar, so ist das Zuwachssteueramt berechtigt, an ihrer Stelle eine im Vergleichsweg mit dem Steuerpflichtigen festzusetzende Summe der Berechnung zugrunde zu legen. Der Vergleich ist von dem Steuerpflichtigen zu unterzeichnen und von dem Vorsteher des Zuwachssteueramts sowie, falls nicht die Landeszentralbehörde ein anderes bestimmt, von zwei Mitgliedern dieses Amtes zu genehmigen. In dem Vergleich ist zu bemerken, daß die

Steuerbehörde zurücktreten kann, wenn die Tatsachen, auf denen er beruht, von dem Steuerpflichtigen absichtlich oder fahrlässig zu seinen Gunsten unrichtig angegeben sind.

(2) Ist das veräußerte Grundstück Teil eines größeren Gesamtgrundstücks, welches demnächst ebenfalls in Teilstücken zur Veräußerung gelangen soll, so sind die Berechnungsgrundlagen durch Verhandlung mit dem Steuerpflichtigen nach Maßgabe des Abs. 1 tunlichst für alle Grundstücke festzulegen. Die Bestimmung des Abs. 1 Satz 3 findet entsprechende Anwendung.

(3) Im Wege des Vergleichs getroffene Feststellungen sind in der Zuwachssteuerliste in die Bemerkungsspalte einzutragen; im Falle des Abs. 2 sind sie in das für den unveräußerten Besitz anzulegende Grundstücksblatt aufzunehmen.

Pr. A. 10; Bay. V. § 17; S. V. § 9; W. V. § 6; W. A. 3; Ba. VV. § 7.

§ 24.

Steuerberechnung.

Nach Abschluß der Ermittelungen ist eine Berechnung der Steuer für die Akten zu fertigen. Die Berechnung ist nach
Muster 8, 9. Anleitung der Muster 8, 9 einzurichten, die im Bedarfsfall entsprechend umzugestalten sind. Weichen die Ermittelungsergebnisse von den Angaben des Steuerpflichtigen so erheblich ab, daß die Voraussetzungen des § 40 Abs. 2 des Gesetzes gegeben erscheinen, so ist dem Steuerpflichtigen nach der Steuerberechnung Gelegenheit zu einer Äußerung über die Gründe zu geben, die ihn zu seinen Angaben veranlaßt haben.

Bay. V. § 18; W. V. § 8.

§ 25.

Zuwachssteuerbescheid.

(1) Nach Berechnung der Zuwachssteuer ist ein Zuwachs-
Muster 10, 11. steuerbescheid nach den Mustern 10, 11 zu erteilen und dem Steuerpflichtigen zuzustellen. Die Zustellung hat nach den in

dem betreffenden Bundesstaate für Zustellungen in Verwaltungssachen maßgebenden Vorschriften zu erfolgen. Sind mehrere Veräußerer beteiligt, so ist jedem von ihnen der Bescheid zuzustellen. Ist von Veräußerern ein Bevollmächtigter bestellt, so genügt die Zustellung an diesen.

(2) Im Zuwachssteuerbescheid ist die zur Empfangnahme der Zahlung zuständige Kassenstelle zu bezeichnen.

Bay. V. §§ 18, 19; W. A. 4; Ba. VV. §§ 9—11; Ba. VA. § 12.

Zweiter Teil.

Erhebung der Steuer.

§ 26.

Buchführung.

(1) Über die Erhebung der Zuwachssteuer werden zwei Bücher geführt, ein Zuwachssteuer-Sollbuch nebst einem Anhang über die erstatteten (zurückgezahlten) Zuwachssteuerbeträge, soweit nicht bereits das Sollbuch darüber Auskunft gibt, und ein Zuwachssteuer-Einnahmebuch. Beide Bücher umfassen den Zeitraum des Rechnungsjahrs.

(2) Das Sollbuch ist nach Anleitung des Musters 12 zu führen. Durch das Sollbuch ist zugleich der rechtzeitige Eingang der Steuerbeträge zu überwachen. Muster 12.

(3) Das Sollbuch wird spätestens sechs Monate nach Ablauf des Rechnungsjahrs abgeschlossen. Von einem an der Kassenführung nicht beteiligten Beamten ist in dem Sollbuch zu bescheinigen, daß die in den Zuwachssteuerlisten eingetragenen Steuerfälle und die in den Zuwachssteuerakten festgestellten, in Abgang gebrachten, erlassenen, niedergeschlagenen oder erstatteten Steuerbeträge in das Sollbuch oder dessen Anhang richtig und vollständig eingetragen, sowie daß die zur Zeit des Abschlusses rückständig gebliebenen Steuer-

beträge in das Sollbuch für das folgende Rechnungsjahr übertragen worden sind.

Muster 13. (4) Das Einnahmebuch ist nach Anleitung des Musters 13 zu führen. Von der Führung des Einnahmebuchs kann nach Bestimmung der Oberbehörde abgesehen werden, wenn anderweit für eine kassenmäßige Behandlung der Einzahlungen gesorgt ist.

Bay. B. § 22 Abs. 2, §§ 25, 26, 27, 29; S. V. § 11; W. A. 5; W. E. (1); Ba. VA. §§ 12—15.

§ 27.

Stundung und Sicherstellung.

(1) Stundung oder Teilzahlungen hat das Zuwachssteueramt auf Antrag zu bewilligen, wenn die sofortige Einziehung der Steuer mit erheblichen Härten verbunden sein würde, oder soweit im Falle der Anfechtung eines Steuerbescheids die von dem Anfechtenden vorgebrachten Tatsachen dem Zuwachssteueramt erheblich erscheinen und zu einer Herabsetzung des Steuerbetrags führen würden.

(2) Stundung oder Bewilligung von Teilzahlungen ist in der Regel nur gegen Sicherheitsleistung zulässig. In welcher Art für gestundete Zuwachssteuer Sicherheit zu leisten ist, richtet sich nach den für die Steuerstelle geltenden landesrechtlichen Bestimmungen.

(3) Die Gewährung von Teilzahlungen ist an die Bedingung zu knüpfen, daß bei dem Ausbleiben auch nur einer Teilzahlung die sofortige Beitreibung der ganzen noch rückständigen Steuerschuld erfolgen würde. Die Beitreibung hat jedoch erst zu geschehen, wenn eine Mahnung zur Entrichtung der fälligen Teilzahlung erfolglos geblieben ist.

Bay. B. § 20; S. V. § 12; W. A. 6; Ba. VV. § 12; Ba. VA. § 17.

§ 28.

Niederschlagung.

(1) Zur Niederschlagung der Zuwachssteuer wegen Uneinbringlichkeit sind die Zuwachssteuerämter befugt, soweit nicht die Landeszentralbehörde andere Bestimmungen trifft. Die Niederschlagung ist in der Zuwachssteuerliste zu vermerken.

(2) Für den einem Betrage von 2 vom Hundert des Veräußerungspreises gleichkommenden Teil der Zuwachssteuer ist die Niederschlagung nur zulässig, soweit die Steuer auch von dem Erwerber nicht beigetrieben werden kann.

Pr. A. 13; Bay. V. § 21; S. V. § 13; W. A. 7; Ba. VV. § 13; Ba. VA. § 18.

§ 29.

Erlaß und Erstattung der Steuer.

(1) Die Entscheidung über Anträge auf Erstattung zu Unrecht gezahlter Zuwachssteuer steht dem Zuwachssteueramte zu und bedarf der Zustimmung der Oberbehörde oder einer anderen von der Landeszentralbehörde im Einverständnisse mit dem Reichskanzler zu bestimmenden Stelle.

(2) Eine Erstattung der Zuwachssteuer kann auch von Amts wegen erfolgen, wenn sich bei Nachprüfung der Akten und Verhandlungen offenbare Unrichtigkeiten ergeben, diese auch nicht auf andere Weise, z. B. durch weitgehende Anrechnung von Aufwendungen, ausgeglichen erscheinen, und es sich bei der Überhebung um einen Betrag von mindestens 20 *M* handelt.

Pr. A. 14, 15; Bay. V. § 22; W. A. 8; Ba. VV. § 14; Ba. VA. § 19.

§ 30.

(1) Die Zuwachssteuer ist außer in den Fällen des § 29 auf Antrag zu erlassen oder zu erstatten,

a) im Falle der Steuerpflicht nach § 5 des Gesetzes

1. bei Nichtigkeit des Rechtsgeschäfts,

2. bei Aufhebung des Rechtsgeschäfts durch Parteivereinbarung oder infolge Ausübung eines vorbehaltenen Rücktrittsrechts,
3. bei Rückgängigmachung infolge Nichterfüllung der Vertragsbedingungen,
4. bei Preisminderung nach §§ 459, 460 des Bürgerlichen Gesetzbuchs, soweit sie eine Ermäßigung der Steuer zur Folge hat;

b) im Falle der Steuerpflicht nach §§ 1 bis 4 des Gesetzes
1. bei Nichtigkeit der Auflassung oder des sonstigen den Eigentumsübergang bewirkenden Rechtsvorganges,
2. bei Rückübertragung des Eigentums infolge Nichterfüllung der Vertragsbedingungen des Veräußerungsgeschäfts,
3. bei Rückübertragung des Eigentums innerhalb zweier Jahre seit der Veräußerung.

(2) Außerdem kann die Abgabe bei einer Rückübertragung nach mehr als zwei Jahren seit der Veräußerung aus besonderen Billigkeitsgründen erlassen oder erstattet werden.

(3) Die Entscheidung über Anträge gemäß Abs. 1 steht dem Zuwachssteueramte zu und bedarf der Zustimmung der Oberbehörde oder einer anderen von der Landeszentralbehörde im Einverständnisse mit dem Reichskanzler zu bestimmenden Stelle; im Falle des Abs. 2 entscheidet der Bundesrat.

Pr. A. 14, 15; Bay. B. § 22; W. A. 8; Ba. VB. § 14; Ba. VA. § 10.

§ 31.

(1) Dem Antrag auf Erlaß oder Erstattung der Steuer (§§ 29, 30) ist nur zu entsprechen, wenn er innerhalb eines Jahres vom Zeitpunkt der Zahlung oder Beitreibung der Abgabe ab gestellt worden ist. Wird der Antrag auf Tat-

sachen gestützt, die erst nach der Zahlung oder Beitreibung eingetreten sind, so beginnt die einjährige Frist mit dem Tage, an dem der Antragsteller von diesen Tatsachen Kenntnis erhalten hat.

(2) Der Erlaß oder die Erstattung ist in die Zuwachssteuerliste und in das Sollbuch oder dessen Anhang sowie in das Grundstücksblatt einzutragen. Der Rechtsvorgang, für den die erlassene oder erstattete Abgabe entrichtet war, kommt bei einem späteren Steuerfall als Erwerbsvorgang nicht in Betracht, wenn die Abgabe in vollem Betrag erlassen oder erstattet ist.

(3) Die näheren Bestimmungen über das Verfahren trifft die Landeszentralbehörde.

Dritter Teil.

Kosten.

§ 32.

(1) Das Verfahren in Zuwachssteuerangelegenheiten ist, soweit nicht hinsichtlich der Kosten im § 40 Abs. 2 und § 47 Abs. 2 des Gesetzes ein anderes bestimmt ist, kosten-, gebühren- und stempelfrei. Die Freiheit erstreckt sich auf das gesamte Ermittelungsverfahren, einschließlich des Verfahrens wegen Erstattung der Zuwachssteuer.

(2) Zu den Kosten des Verfahrens ist auch die Postgebühr zu rechnen, welcher die Sendungen der Steuerbehörden an die Steuerpflichtigen unterliegen; sie fällt daher den letzteren nicht zur Last. Dagegen haben die Steuerpflichtigen die Postgebühr für die von ihnen an die Steuerbehörde zu richtenden Sendungen zu tragen.

Bay. B. § 32; S. V. § 10; Ba. VV. § 16.

Vierter Abschnitt.

Feststellungsbescheid.

§ 33.

(1) Der Grundstückseigentümer, der gemäß § 47 des Gesetzes von der Steuerbehörde einen Bescheid über die bis dahin feststellbaren Berechnungsgrundlagen zu erhalten wünscht, hat mit dem Antrag eine Feststellungserklärung nach dem Muster 14 zu verbinden. Der Eingang des Antrags ist in eine besondere Liste nach dem Muster 15 unter fortlaufender Nummer einzutragen.

Muster 14. Muster 15.

(2) Bevor das Zuwachssteueramt in eine Prüfung der Angaben des Antragstellers eintritt, ist von diesem ein Kostenvorschuß von ½ vom Tausend des vorläufig geschätzten Erwerbspreises, mindestens aber von 20 ℳ zu erheben.

(3) Alsdann sind die Ermittelungen über die Berechnungsgrundlagen in gleicher Weise vorzunehmen wie für die Festsetzung der Steuer selbst. Die Berechnungsweise entspricht dem Muster 10. Nach Abschluß der Ermittelung ist dem Antragsteller ein Feststellungsbescheid zuzustellen, für den das Muster 16 dient. Die Gebühr (§ 47 Abs. 2 des Gesetzes) bildet eine eigene Einnahme der Verwaltungsbehörde.

Muster 16.

(4) Das Ergebnis der Ermittelungen ist in der besonderen Liste und in der Bemerkungsspalte des Grundstücksblatts zu vermerken.

(5) Die Bestimmungen des § 25 Abs. 1 Satz 2 bis 4 finden entsprechende Anwendung.

Bay. V. § 23; W. A. 9; Ba. VV. §§ 8, 16; Ba. VA. §§ 20, 21.

Fünfter Abschnitt.

Beschwerdeverfahren.

§ 34.

Über die Beschwerde entscheidet die Oberbehörde, über die weitere Beschwerde die Landeszentralbehörde.

Bay. V. § 21; W. V. § 9; Ba. VB. § 15; Ba. VA. § 22.

§ 35.

(1) Die Beschwerde wird bei dem Zuwachssteueramte, die weitere Beschwerde bei der Oberbehörde eingelegt.

(2) Die Einlegung der Beschwerde hat binnen Monatsfrist seit Zustellung des Zuwachssteuer- oder Feststellungsbescheids, der weiteren Beschwerde binnen Monatsfrist seit der Zustellung des Beschwerdebescheids zu erfolgen; sie kann zu Protokoll erklärt werden.

(3) Ob die Beschwerde oder weitere Beschwerde rechtzeitig eingelegt ist und ob eine verspätete Einlegung gemäß § 45 Abs. 2 des Gesetzes zuzulassen ist, entscheidet die nach §§ 34, 36 in der Sache selbst zuständige Behörde.

Bay. V. § 21; S. V. § 16.

§ 36.

Erachtet die Stelle, deren Bescheid angefochten wird, die Beschwerde oder weitere Beschwerde für begründet, so kann sie ihr abhelfen; andernfalls ist innerhalb eines Monats die Beschwerde der Oberbehörde, die weitere Beschwerde der Landeszentralbehörde vorzulegen.

§ 37.

Die Kosten des Beschwerdeverfahrens fallen dem Beschwerdeführer zur Last, wenn die Beschwerde als unbegründet zurückgewiesen wird. Hat die Beschwerde teilweise Erfolg, so kann dem Beschwerdeführer ein angemessener Teil der Kosten des Beschwerdeverfahrens auferlegt werden. Die Kosten des Beschwerdeverfahrens treffen den Beschwerdeführer auch dann, wenn es zu einer ihm günstigeren Steuerfestsetzung auf Grund von Umständen führt, die der Beschwerdeführer vor Erlaß des Steuerbescheids geltend machen konnte. Zu den Kosten des Beschwerdeverfahrens gehören auch die landesrechtlichen Gebühren.

S. V. § 15.

Sechster Abschnitt.

Aufsichts- und Prüfungsverfahren.

§ 38.

(1) Die Prüfung der Oberbehörden hat sich auf alle Fälle des § 13 Abs. 3 und auf die Fälle des § 23 Abs. 1 sowie auf Stichproben aller übrigen Veranlagungen zu erstrecken. Außerdem sind die Buchungen im Zuwachssteuer-Sollbuch nebst Anhang und im Zuwachssteuer-Einnahmebuch nachzuprüfen. Zu diesem Zwecke sind die auf Grund des § 13 Abs. 3 und des § 23 Abs. 1 entstandenen Verhandlungen alsbald nach Abschluß der Veranlagung, die Zuwachssteuerliste, das Zuwachssteuer-Sollbuch nebst Anhang und das Zuwachssteuer-Einnahmebuch im Laufe des dritten Kalendervierteljahrs nach Ablauf des Rechnungsjahrs den Oberbehörden zu übersenden. Diese prüfen die Geschäftserledigung an der Hand der Zuwachssteuerliste nach und bezeichnen bei der Rücksendung die Fälle, deren Akten sie einzusehen wünschen. Die Oberbehörde gibt Verhandlungen, die wegen ihrer grundsätzlichen Bedeutung oder aus anderen Umständen, insbesondere weil sie Besonderheiten des Geschäftsverfahrens beim einzelnen Zuwachssteuer-

amt erkennen lassen, zur Nachprüfung durch die Landeszentralbehörde geeignet erscheinen, an diese ab.

(2) Abweichungen von den vorstehenden Bestimmungen können von der Landeszentralbehörde angeordnet werden.

Pr. A. 16; Bay. B. §§ 30, 31; W. B. § 7; Ba. BB. § 19; Ba. BA. § 23.

Siebenter Abschnitt.

Schlußbestimmungen.

§ 39.

Behandlung der Zuschläge.

Die im vorstehenden vorgeschriebene Veranlagung, Erhebung und Buchführung ist auf die nach dem Zuwachssteuergesetze zu erhebende Abgabe unter Ausschluß etwaiger Zuschläge (§ 59 des Gesetzes) zu beschränken.

Bay. B. §§ 33—44.

§ 40.

Aufbewahrungsfristen.

Die Kassenbücher sind 10 Jahre, die Zuwachssteuerlisten und die Listen über Feststellungsbescheide 41 Jahre, die Zuwachssteuerakten bis zur völligen Erledigung des nächstfolgenden steuerpflichtigen Rechtsvorganges, der das veräußerte Grundstück betrifft, längstens aber 41 Jahre, die Grundstücksblätter dauernd aufzubewahren.

Ba. BA. § 24.

§ 41.

Verteilung des Ertrags auf mehrere Gemeinden (Gemeindeverbände) und Bundesstaaten.

Befindet sich der Gegenstand des steuerpflichtigen Rechtsvorganges im Bezirke mehrerer Gemeinden (Gemeindeverbände), so bestimmt die für sie gemeinsam zuständige Oberbehörde und, falls für sie mehrere Oberbehörden zuständig sind, die Landeszentralbehörde die Verteilung des auf die Gemeinden (Gemeindeverbände) entfallenden Betrags. Befindet sich der Gegenstand des steuerpflichtigen Rechtsvorganges in mehreren Bundesstaaten, so steht die Verteilung dem Bundesrate zu.

W. A. 10; Ba. VA. § 25.

§ 42.

Ermächtigung des Reichskanzlers.

Der Reichskanzler wird ermächtigt, nach Maßgabe der hervortretenden Bedürfnisse die in vorstehenden Bestimmungen vorgesehenen Muster und Anleitungen abzuändern oder zu ergänzen.

§ 43.

Sonderanordnung für die Übergangszeit.

Der Landeszentralbehörde bleibt überlassen, für die Mitteilung und Anmeldung der in der Zeit vor dem Inkrafttreten des Gesetzes eingetretenen Rechtsvorgänge im Einverständnisse mit dem Reichskanzler besondere Anordnungen zu treffen.

Pr. A. 17; Bay. B. §§ 15, 16; S. V. § 19; S. B. (3); W. V. § 12; W. V. (1); W. E. 3.

§ 44.

Fortdauer bisheriger Gesetze und Satzungen.

Die vorstehenden Bestimmungen finden keine Anwendung, soweit gemäß § 60 Abs. 2, § 61 Abs. 2 des Gesetzes die bisherigen Gesetze oder Satzungen aufrecht erhalten bleiben.

§ 45.

Abrechnung über die Zuwachssteuer und Aufstellung der Einnahme-Übersichten.

(1) Über den Ertrag der Zuwachssteuer ist von den durch die Landesregierungen bestimmten Kassen mit der Reichshaupt-

kasse monatlich nach Maßgabe der „Bestimmungen zur Regelung der Abrechnungen zwischen der Reichshauptkasse und den Landeskassen vom 23. Juni 1910 *)" abzurechnen. Entsprechend den Vorschriften in § 4 dieser Abrechnungsbestimmungen sind ferner besondere monatliche und vierteljährliche Übersichten der Einnahme an Zuwachssteuer aufzustellen, aus denen sich das Gesamtaufkommen (die eingezahlten Beträge) an Zuwachssteuer einschließlich der Nacherhebungen und abzüglich der Erstattungen (Zurückzahlungen), die Anteile der Gemeinden (Gemeindeverbände) an dem Ertrage der Zuwachssteuer, der Anteil des Bundesstaats und der an die Reichskasse abzuführende Betrag ergeben; die Übersichten sind den in den Abrechnungsbestimmungen bezeichneten Behörden oder Dienststellen innerhalb der ebendaselbst angegebenen Fristen einzureichen. Statt dessen können die Angaben in die allgemeinen „Übersichten der Einnahmen an Zöllen und Reichssteuern" aufgenommen werden. Die Oberbehörden für die Zuwachssteuer (§ 1) gelten im Sinne der Abrechnungsbestimmungen als Direktivbehörden.

(2) Soweit die Landesregierung nicht ein anderes vorschreibt, können die mit der Erhebung der Steuer befaßten Gemeinden ihren Anteil am Ertrage bei der Ablieferung zurückbehalten.

(3) Für die nach § 60 Abs. 1, § 61 des Gesetzes entschädigungsberechtigten Gemeinden (Gemeindeverbände) und Bundesstaaten ist bei den Abrechnungen und in den Einnahmeübersichten statt des Anteils von 40 v. H. der eingezahlten Steuer (§ 58 des Gesetzes) der dem Abrechnungszeitraum entsprechende Teil des vom Bundesrate festgesetzten bisherigen Durchschnittsertrags (§ 60 Abs. 3 des Gesetzes) in Anrechnung zu bringen. Der Einzelangabe und Zerlegung der als Anteil

*) Zentralblatt für das Deutsche Reich 1910 S. 352.

der Gemeinden (Gemeindeverbände) und Bundesstaaten und Zuschuß zu diesem Anteil in Aufrechnung gebrachten Beträge bedarf es in den Abrechnungen und den Einnahmeübersichten nicht. Bis zur Bestimmung des Durchschnittsbetrags durch den Bundesrat sind 60 v. H. des Ertrags nachzuweisen.

(4) Die Gemeinden (Gemeindeverbände) und Bundesstaaten, denen auf Grund des § 60 Abs. 2, § 61 Abs. 2 des Gesetzes an Stelle der Vorschriften dieses Gesetzes die bisherige Satzung oder das bisherige Landesgesetz belassen ist, haben die Abrechnung mit der Reichshauptkasse und die Aufstellung von Einnahmeübersichten nur am Schlusse des Rechnungsjahrs vorzunehmen. Die Landeszentralbehörde bestimmt, an welche mit der Reichshauptkasse im Abrechnungsverkehre stehende Landeskasse solche Gemeinden (Gemeindeverbände) am Jahresschlusse den Überschuß an Zuwachssteuer über den vom Bundesrate festgesetzten bisherigen Durchschnittsertrag abzuführen und welcher Oberbehörde sie die aufzustellenden Einnahmeübersichten einzureichen haben.

(5) Den Einnahmeübersichten für das 1. bis 4. Viertel jedes Rechnungsjahrs sowie den schließlichen Einnahmeübersichten sind nach einem vom Reichskanzler vorzuschreibenden Muster besondere Übersichten über die Zuwachssteuer für die in den §§ 60, 61 des Gesetzes bezeichneten Gemeinden (Gemeindeverbände) und Bundesstaaten beizufügen.

Pr. A. 4, 18; Bay. V. § 28; S. V. § 18; W. A. 5; Ba. VA. § 16.

§ 46.

Mitwirkung des Reichskanzlers.

Von allen Fällen, in denen eine Steuerpflicht nach § 6 des Gesetzes angenommen wird, von höchstinstanzlichen Entscheidungen der Gerichte, Verwaltungsgerichte und Verwaltungsbehörden, von anderen Entscheidungen grundsätzlicher Art, sowie von sonstigen besonders bedeutsamen Vorgängen auf dem Gebiete des Zuwachssteuerwesens, insbesondere der Einleitung des Hauptverfahrens in den Fällen der Übertragung ausgedehnter Besitzungen und großer Vermögensgesamtheiten (Bergwerke, gewerbliche, industrielle und andere Unternehmungen) haben die Zuwachssteuerämter und die sonstigen beteiligten Behörden der Landeszentralbehörde Kenntnis zu geben; diese teilen dem Reichskanzler (Reichsschatzamt) die Berichte mit. Ihm sind die entstandenen Verhandlungen auf Erfordern zugänglich zu machen.

Pr. A. 19, 20; W. V. § 10.

Übereignungsanzeige des

a) Des Veräußerers b) Des Erwerbers			Des Grundstücks								
			Grundbuchbezeichnung				Bezeichnung				Angabe, ob bebaut oder unbebaut
			Stamm-grundstück		Neues Grundstück		nach der Flurkarte				
Name, Vorname	Stand	Wohnort, Straße, Hausnummer	Bd.	Blatt	Bd.	Blatt	Ktbl. (Flur)	Parz. (Nr.)	Lage	Größe in qm	
1			2		3		4		5	6	7

*) Die Spalten 10, 11, 12 sind nicht auszufüllen, wenn der

Muster 1.

(Ausführungsbestimmungen § 4 Abs. 2.)

Grundbuchamts

Tag der Eintragung des Eigentumsüberganges in das Grundbuch	Bezeichnung des der Eigentumsübertragung zu Grunde liegenden Rechtsvorganges nach Tag und Rechtsgeschäft	Bei dem letzten vorangegangenen Eigentumsübergange betrug der Preis oder Wert *)			Der jetzige Veräußerungspreis oder Wert beträgt		Bemerkungen
		im Jahre	der Liegenschaften und Gebäude M Pf.	anderer mitverkaufter Gegenstände M Pf.	für Liegenschaften und Gebäude M Pf.	für and. mitverkaufte Gegenstände M Pf.	
8	9	10	11	12	13	14	15

Datum, Bezeichnung des Grundbuchamts.

Unterschrift.

Erwerbsvorgang vor dem 1. Januar 1885 liegt.

Veräußerungsanzeige für

Aktenzeichen Nummer des Notariatsregisters	Tag der Beurkundung des Rechtsgeschäfts	a) Des Veräußerers b) Des Erwerbers Name, Vorname	Stand	Wohnort, Straße, Hausnummer
1	2	3		

Muster 2.

(Ausführungsbestimmungen § 6 Abs. 2.)

Behörden, Beamte und Notare.

Des Grundstücks Grundbuchbezeichnung		Angabe, ob bebaut oder unbebaut	Art und Tag des zugrundeliegenden Rechtsgeschäfts	Der Verkaufspreis oder Wert beträgt				Bemerkungen
				für Liegenschaften und Gebäude		für andere mitverkaufte Gegenstände		
Band (Flur)	Blatt (Nummer)			ℳ	Pf.	ℳ	Pf.	
4		5	6	7		8		9

Datum, Bezeichnung der Behörde usw.

Unterschrift.

Muster 3.

(Ausführungsbestimmungen § 9 Abs. 2.)

Zuwachssteueranmeldung

des .... betreffend die Übereignung de Grundstück
.... Veräußerung de .... Berechtigung ....
Übertragung eines Anteils der ....
mit dem Sitze in ....

Name, Stand und Wohnort a) des Veräußerers b) des Erwerbers	Bezeichnung des Grundstücks, der grundstücksgleichen Berechtigung od. des Anteilsrechts (Lage und Größe des Grundstücks od. der Berechtigung — Bezeichnung d. Gesellschaft und d. Umfanges des Gesellschaftsanteils)	Bezeichnung des Rechtsvorganges, auf dem der Erwerb des Veräußerers beruht a) Art, b) Zeitpunkt der Vornahme, c) Rechtsgrund	Bezeichnung des Rechtsvorganges, auf dem die jetzige Veräußerung beruht a) Art, b) Zeitpunkt der Vornahme, c) Rechtsgrund	Preis od. Wert a) zur Zeit des Erwerbes durch den jetzigen Veräußerer, b) zur Zeit der jetzigen Veräußerung ℳ	Pf.	Angabe, ob Steuerfreiheit in Anspruch genommen wird, u. weshalb?
1	2	3	4	5		6

Die Richtigkeit und Vollständigkeit dieser Anmeldung versichere ich.

.... , den ....

....

(Unterschrift)

Muster 4.

(Ausführungsbestimmungen § 11 Abs. 1.)

Grundstücksblatt.

Lfde. Nr.	Bezeichnung des Grundstücks nach dem Grundbuche		Bezeichnung des Grundstücks nach der Flurkarte*)		Lage des Grundstücks		Größe in qm	Angabe, ob bebaut oder unbebaut
	Band	Blatt	Kartenblatt (Flur)	Parzelle (Nr.)	Gemeinde, Straße	Nr.		
1	2		3		4		5	6

*) Die Bezeichnung nach der Flurkarte ist nur erforderlich bei Teilveräußerungen.

Des ersten Veräußerers und der folgenden Erwerber			Anteil an dem Grundstück	Veräußerungspreis oder Wert		Der Eigentumsübergang oder das Rechtsgeschäft ist				Von der veranlagten Steuer sind erlassen, niedergeschlagen oder erstattet (zurückgezahlt)		Der Zuwachssteuerliste oder der Akten		Bemerkungen, insbesondere Tag des Einganges der Anzeige, der Feststellungen nach § 23 Abs. 2, § 33 Abs. 4 der Ausf.-Best.
Name und Vorname	Stand	Wohnort, Straße, Hausnummer		M	Pf.	steuerfrei auf Grund des §	frei veranlagt	steuerpflichtig in Höhe von M	Pf.	M	Pf.	Jahrgang	Nr.	
7			8	9		10				11		12		13

Zuwachssteueramt

....

Muster 5.

(Ausführungsbestimmungen § 12 Abs. 1.)

Zuwachssteuerliste für das Rechnungsjahr 19.......

Laufende Nummer	Des Veräußerers — Name (auch Vorname), Stand, Wohnort (auch Straße und Hausnummer)	Des Erwerbers — Name (auch Vorname), Stand, Wohnort (auch Straße und Hausnummer)	Bezeichnung des veräußerten Grundstücks nach der Grundbuchbezeichnung Band Blatt	dem Kartenblatt (Flur)	der Parzelle (Nr.)	der Lage	der Größe qm	ob bebaut oder unbebaut	Tag des Eintritts der Steuerpflicht	Des steuerpflichtigen Rechtsvorganges a) Bezeichnung, b) Zeitpunkt	Im Vorverfahren steuerfrei erklärt auf Grund des § .. des Gesetzes	Im Vorverfahren frei veranlagt	Tag der Aufforderung zur Abgabe der Zuwachssteuererklärung	Tag des Einganges der Zuwachssteuererklärung
1	2	3	4	5	6	7	8	9	10	11	12	13	14	15

Das Veranlagungsverfahren ist eingestellt am	Der Steuerbescheid			Die Zuwachssteuer										Von der gezahlten Zuwachssteuer (Sp. 24) sind erstattet		Die Erstattung ist nachgewiesen in dem Anhang zum Sollbuch		Bemerkungen
	ist zugestellt am	ist angefochten am	ist rechtskräftig geworden am	ist festgesetzt auf		ist in das Zuwachssteuer-Sollbuch übertragen unter Nr.	ist anderweit festgesetzt auf		ist erlassen oder niedergeschlagen mit		ist gezahlt mit							
				M	Pf.		M	Pf.	M	Pf.	M	Pf.	M	Pf.	für das Jahr	unter Nr.		
16	17	18	19	20		21	22		23		24		25		26		27	

Muster 6.
(Ausführungsbestimmungen § 18 Abs. 2.)

Zuwachssteuererklärung.

Bezeichnung des Grundstücks.

Gemeinde	Grundbuch von .... Band .. Blatt ..	Kartenblatt (Flur)	Parzelle (Nr.)	Größe ha	Größe a	Größe qm	Lage und Beschaffenheit (Straße, Gebäudeart, Kulturart)

Bisheriger Eigentümer (Veräußerer) ....
(Name, Stand und Wohnort) ....

Neuer Eigentümer (Erwerber) ....
(Name, Stand und Wohnort) ....

Art und Tag des Eigentumsüberganges (Auflassung, Zwangsversteigerung, Enteignung usw.)

Art und Tag des dem Eigentumsübergange zugrunde liegenden Rechtsgeschäfts (Kauf, Tausch usw.) einschließlich etwaiger Zwischenverträge

Vorstehende Angaben sind nach den dem Zuwachssteueramte vorliegenden Mitteilungen eingetragen. Der bisherige Eigentümer hat jedoch die Angaben zu prüfen und zu ergänzen.

A. Erwerbspreis*).

1. Wann haben Sie oder Ihre Eltern (Voreltern, Erblasser) das Grundstück erworben?

2**). Welcher Preis wurde hierbei vereinbart? **Die diesen Preis nachweisenden Urkunden sind tunlichst beizufügen.** Etwa in dem Preise enthaltene oder außerdem verabredete Nebenleistungen sind nach Art und Wert anzugeben.

3. Umfaßt der zu 2 angegebene Erwerbspreis Erzeugnisse des Grundstücks, Maschinen (§ 10), Mobiliar, Inventar usw. (§ 13) und wieviel wurde auf jede Art dieser Gegenstände gerechnet?

4. a) Haben Sie oder Ihre Eltern (Voreltern, Erblasser) die Erwerbskosten ganz oder teilweise getragen?

   b) Wie hoch waren diese einschließlich der ortsüblichen Vermittelungsgebühr?

   Die Frage zu b ist nur zu beantworten — unter Vorlage der Belege —, wenn die Erwerbskosten mehr als 4 Prozent des zu 2 angegebenen Preises unter Abzug des Betrags zu 3 betragen haben.

---

*) Bei der Veräußerung eines Teilgrundstücks sind die Fragen zu 2 und 4 für das Gesamtgrundstück zu beantworten unter Angabe der Größe dieses Grundstücks. Gleichzeitig ist, wenn Frage 5 nicht beantwortet wird, hierneben anzugeben, wie hoch Sie den Erwerbswert des jetzt veräußerten Grundstücks im Verhältnis zum Erwerbspreis des Gesamtgrundstücks schätzen.

**) Die Frage ist nicht zu beantworten, wenn Sie oder Ihre Eltern (Voreltern, Erblasser) das Grundstück vor dem 1. Januar 1885 erworben hatten, sofern Sie nicht die Zinsvergünstigung unter C Anmerkung a in Anspruch nehmen.

5. Wie hoch war der gemeine Wert des Grundstücks

a) zur Zeit des Erwerbes, falls hierfür ein Preis nicht vereinbart oder nicht mehr zu ermitteln ist,

b) am 1. Januar 1885, falls der Erwerbsvorgang vor diesem Zeitpunkt liegt?

Die Grundlagen der Wertangabe (Kaufpreise anderer Grundstücke, die sich zur Vergleichung eignen, Ertragswerte, amtliche Wertermittelungen) sind möglichst beizufügen.

B. Veräußerungspreis.

1. Wie hoch ist der gegenwärtige Veräußerungspreis?

Etwa in dem Preise enthaltene oder außerdem verabredete Nebenleistungen sind nach Art und Wert anzugeben.

2. Umfaßt der zu 1 angegebene Veräußerungspreis auch Erzeugnisse, Maschinen (§ 10), Mobiliar, Inventar usw. (§ 13) und wieviel ist auf jede Art dieser Gegenstände gerechnet?

3. Haben Sie die Kosten der Veräußerung und Übertragung übernommen und bezahlt (§ 22 Ziff. 1) und in welchem Betrage?

Die Höhe der einzelnen Posten ist tunlichst durch Belege nachzuweisen.

4. Haben Sie oder Ihre Eltern (Voreltern, Erblasser) für eine (nach dem 1. Januar 1911 entstandene) Wertminderung Ihres Grundstücks eine Entschädigung erhalten (§ 23)?

Welcher Betrag dieser Entschädigung ist nicht zur Beseitigung des Schadens verwendet worden?

5. Wer hat die Zahlung der Wertzuwachssteuer übernommen?

C. Aufwendungen des bisherigen Eigentümers*).

1 **). Befinden sich auf dem Grundstück zur Zeit der Veräußerung Bauten, Neubauten oder sonstige dauernde besondere Verbesserungen, die der bisherige Eigentümer oder dessen Eltern (Voreltern, Erblasser) während ihrer Besitzzeit vorgenommen haben (§ 14 Ziff. 3)?

2. Welche Aufwendungen haben der bisherige Eigentümer oder dessen Eltern (Voreltern, Erblasser) für diese Bauten und Verbesserungen gemacht?

Für jeden Bau und jede sonstige Verbesserung ist der Betrag der Aufwendung und der Zeitpunkt, in welchem sie gemacht ist, anzugeben (bei Bauten und Umbauten der Zeitpunkt der behördlichen Gebrauchsabnahme und, soweit eine solche nicht besteht, der Zeitpunkt der gebrauchsfertigen Herstellung). Die Belege sind tunlichst beizufügen.

Hierunter sind nicht anzuführen

a) zur Wiederherstellung von Baulichkeiten verwandte Beträge aus Versicherungen, falls die wiederhergestellten Baulichkeiten bereits bei dem Erwerbe seitens des bisherigen Eigentümers oder seiner Eltern (Voreltern, Erblasser) bestanden,

---

*) Aufwendungen, die vor dem 1. Januar 1885 liegen, sind auch dann nicht anzugeben, wenn der Erwerb vor dem 1. Januar 1885 stattgefunden hat.

Bei der Veräußerung eines Teilgrundstücks sind nur die Aufwendungen anzugeben, welche auf das Teilgrundstück entfallen.

**) Beim Übergange des Bergwerkseigentums sind hier insbesondere die bergmännischen Versuchs- und Ausrichtungsarbeiten aufzuführen.

b) Aufwendungen, die der laufenden Unterhaltung von Baulichkeiten oder der laufenden Bewirtschaftung von Grundstücken dienen,

c) Aufwendungen, die auf Erzeugnisse des Grundstücks, Maschinen, Mobiliar, Inventar und dergleichen gemacht sind.

3 *). Hat sich der Wert der Bauten, Umbauten und sonstigen Verbesserungen (§ 14 Ziff. 3) innerhalb der Besitzzeit im Werte gemindert, bejahendenfalls um wieviel?

4. Welche Aufwendungen, Leistungen und Beiträge haben der bisherige Eigentümer oder seine Eltern (Voreltern, Erblasser) während ihrer Besitzzeit für Straßenbauten, andere Verkehrsanlagen einschließlich der Kanalisierung, sowie ohne entsprechende Gegenleistung und Verzinsung für sonstige öffentliche Einrichtungen gemacht (§ 14 Ziff. 4)?

Für jede Aufwendung ist ihr Betrag und der Zeitpunkt, in dem sie gemacht ist, tunlichst durch Belege nachzuweisen.

Anmerkung.

a) Soweit der aus dem Grundstück erzielte Jahresertrag hinter 3 vom Hundert des Erwerbspreises zuzüglich der nach § 14 Ziffer 1 bis 3 zulässigen Anrechnungen zurückbleibt, ist der Veräußerer berechtigt, den Abzug des Fehlbetrags für längstens 15 zusammenhängende, nach dem 1. Januar 1885 liegende Jahre hierneben zu beantragen. Die Höhe des Fehlbetrags ist für jedes einzelne Jahr tunlichst durch Belege nachzuweisen (§ 22 Ziff. 2).

---

*) Diese Frage ist für bergmännische Versuchs- und Ausrichtungsarbeiten nicht zu beantworten.

b) Der Steuerpflichtige ist berechtigt, an Stelle der 4 prozentigen Verzinsung der unter C 4 angegebenen Aufwendungen für 15 Jahre die Hinzurechnungen des § 16 des Gesetzes für die gesamte Zeit seit dem Erwerbe, längstens seit dem 1. Januar 1885 auch für die unter C 4 angegebenen Aufwendungen hierneben zu beantragen (§ 14 Ziff. 4 Satz 3).

c) Soweit es sich um die Verbesserung von Flächen handelt, die aus Moorland, Sumpfland, Öd- oder Heideland bestehen, kann der Steuerpflichtige an Stelle der im § 14 Ziffer 3 bezeichneten Aufwendungen die Hinzurechnung der Erhöhung des Ertragswerts hierneben beantragen (§ 15).

Ich versichere hiermit, die vorstehenden Angaben nach bestem Wissen und Gewissen gemacht zu haben.

Ort: . . . .

Datum: . . . .

Name: . . . .

Nach § 50 des Gesetzes werden die Nichteinreichung der Zuwachssteuererklärung oder wissentlich unrichtige Angaben, welche geeignet sind, zu einer Verkürzung der Steuer zu führen, mit einer Geldstrafe bis zum vierfachen Betrage der Zuwachssteuer bestraft.

Muster 7.
(Ausführungsbestimmungen § 18 Abs. 2.)

Zuwachssteuererklärung,

betreffend den Übergang von Rechten an dem Vermögen de . . . .
mit dem Sitze in . . . .

---

1. Name, Stand und Wohnort a) des Veräußerers: b) des Erwerbers:	
2. Gegenstand des Überganges:	
3. Zeitpunkt des Erwerbes des Gesellschaftsanteils, des Eintritts in die Gesellschaft usw.:	
4. Kursstand oder Wert des Gesellschaftsanteils bei seinem Erwerbe, beim Eintritt in die Gesellschaft usw.:	
5. Wert des Gesamtvermögens und der Grundstücke, welche die Vereinigung zur Zeit des Erwerbes des Gesellschaftsanteils, des Eintritts in die Gesellschaft usw. besaß:	
6. Tag der Veräußerung des Gesellschaftsanteils, des Austritts aus der Gesellschaft usw.:	
7. Kursstand oder Wert des Gesellschaftsanteils am Tage der Veräußerung des Gesellschaftsanteils, des Austritts aus der Gesellschaft usw.:	

8. Wert des Gesamtvermögens und der Grundstücke, welche die Vereinigung zur Zeit der Veräußerung des Geschäftsanteils oder des Austritts aus der Gesellschaft usw. besaß:

9. Hat der Veräußerer die Erwerbs- oder Veräußerungskosten getragen und welche?

10. Hat zwischen dem Tage des Erwerbes des Gesellschaftsanteils oder des Eintritts in die Gesellschaft und dem Tage der Veräußerung des Gesellschaftsanteils oder des Austritts aus der Gesellschaft eine Verringerung oder Erhöhung des Nennbetrags des Gesellschaftsanteils stattgefunden und bejahendenfalls in welchem Betrage?

Ich versichere hiermit, die vorstehenden Angaben nach bestem Wissen und Gewissen gemacht zu haben.

Ort: . . . .

Datum: . . . .

Name: . . . .

Nach § 50 des Gesetzes werden die Nichteinreichung der Zuwachssteuererklärung oder wissentlich unrichtige Angaben, welche geeignet sind, zu einer Verkürzung der Steuer zu führen, mit einer Geldstrafe bis zum vierfachen Betrage der Zuwachssteuer bestraft.

Muster 8.

(Ausführungsbestimmungen § 24.)

Steuerberechnung.

Zuwachssteuerliste Nr. . . . . 19 . . . . .

I. Steuerpflichtiger Rechtsvorgang.

Bisheriger Eigentümer . . . .

Neuer Eigentümer . . . .

Gemarkung	Bezeichnung des Grundstücks							
	Kartenblatt (Flur)	Parzelle (Nr.)	Größe			Lage	Bezeichnung und Nutzungswert der Gebäude	Kulturart und Nutzungswert der Grundstücke
			ha	a	qm			

Anmerkung. Sind einzelne Teile des Grundstücks zu verschiedenen Zeiten erworben worden, und sind demnach die Anrechnungen gemäß Ziffer 5 b dieses Vordrucks für verschiedene Zeiten zu berechnen, so sind bei den Verhandlungen die Erwerbspreise und die auf sie entfallenden Aufwendungen gesondert zu ermitteln und sodann die sich für die verschiedenen Jahre ergebenden Hinzurechnungen zu berechnen. Wird in derartigen Fällen die Anrechnung von Zinsen gemäß § 14 Ziffer 4 des Gesetzes verlangt, so sind die Zinsen ebenfalls von diesen Teilbeträgen nach Maßgabe der verschiedenen Besitzdauer zu berechnen, demnächst aber für die einzelnen Jahre zusammenzurechnen und den Jahreserträgen des Gesamtgrundstücks gegenüberzustellen.

II. Berechnung des letzten Erwerbspreises.

1. Erwerbspreis (oder Meistgebot usw.) am . . . . ℳ . . Pf.
2. Wert des Grundstücks am . . . . " . . . "
3. Davon geht ab Preis — Wert — der nicht steuerpflichtigen Gegenstände und Lasten gemäß §§ 10, 13 . . . . " . . . "
4. . . . . Bleibt Erwerbspreis . . . . ℳ . . Pf.
5. Hinzuzurechnen sind
   a) nach § 14 Ziff. 1 als Erwerbskosten 4 % des Preises . . . . ℳ . . Pf.
   b) oder die nachgewiesenen Selbstkosten des Erwerbes . . . . " . . . "
   c) nach § 14 Ziff. 2 ausgefallene Forderungen . . . . " . . . "
   d) nach § 14 Ziff. 3 Aufwendungen für Bauten und andere Verbesserungen (abgesehen von denen zu e und g) . . . . . . ℳ . . Pf.
      Davon zu kürzen für Wertminderung . . . . " . . . "
      . . . . " . . . "
      Dazu 5 vom Hundert . . . . " . . . "
   e) nach § 14 Ziff. 3 weitere Aufwendungen für Bauten usw., welche der Steuerpflichtige als Baugewerbetreibender oder Bauhandwerker selbst ausgeführt hat . . . . ℳ . . Pf.
      Davon zu kürzen für Wertminderung . . . . " . . . "
      bleibt . . . . " . . . "

Dazu 15 vom Hundert . . . . „ . . . „

f) nach § 14 Ziff. 4 Leistungen für Straßenbau usw. . . . . „ . . . „
nebst Zinsen (§ 14 Ziff. 4 oder § 16)
. . % von . . . . *M* . . Pf. auf . . Jahre . . . . *M* . . Pf.
. . % von . . . . „ . . „ auf . . Jahre . . . . „ . . „
. . . . . „ . . . „

g) nach § 15 (Verbesserungen von Moor- und Ödland) . . . . „ . . . „

h) nach § 16 Ziff. 1:
Der Erwerbspreis gemäß Ziff. 4 und die Hinzurechnungen gemäß Ziff. 5a, b, c, d, e und g betragen für das Ar . . . . . *M* . . . Pf.
Mithin sind hinzuzurechnen

α) $2^1/_2$ % von . . . . *M* . . Pf. für . . . . . . volle Kalenderjahre . . . . „ . . . „

β) bei unbebauten Grundstücken
2 % von . . . . *M* . . Pf. für . . . . . volle Kalenderjahre — ermäßigt auf die Hälfte — . . . . „ . . . „

γ) bei bebauten Grundstücken
$1^1/_2$ % von . . . . *M* . . Pf. für . . . . . volle Kalenderjahre . . . . „ . . . „

Summe der Anrechnungen . . . . „ . . . „

6. . . . . Summe des für die Berechnung maßgebenden Erwerbspreises . . . . *M* . . Pf.

III. Berechnung des jetzigen Veräußerungspreises.

1. Veräußerungspreis am . . . . 19 . . . . *M* . . Pf.

2. In Abzug zu bringen sind

   a) nach §§ 10, 13 (Lasten, Maschinen, Inventar, Erzeugnisse) . . . . *M* . . Pf.

   b) gemäß § 22 Ziffer 1 nachgewiesene Kosten der Veräußerung . . . . " . . . "

   c) Minderung gemäß § 22 Ziff. 2, und zwar für . . . (höchstens 15 zusammenhängende) Jahre von dem Erwerbspreise*) Ziff. II, 4 und den Hinzurechnungen gemäß Ziff. 5a, b, c, d und e, insgesamt . . . *M* . . Pf. 3 % . . . *M* . . Pf. abzüglich der nachgewiesenen Höchsteinnahmen von . . . . . " . . . "

   . . . . . " . . . "

3. . . . . Bleibt . . . . " . . . "

4. Hinzuzurechnen sind . . . . . *M* . . Pf.

   a) Entschädigungen für Wertminderung usw. (§ 23) . . . . . *M* . . Pf.

   b) die vom Erwerber übernommene (§ 24) Wertzuwachssteuer**) . . . . " . . . "

   . . . . . " . . . "

5. Summe des für die Berechnung maßgebenden Veräußerungspreises . . . . *M* . . Pf.

IV. Berechnung der Steuer.

Veräußerungspreis (III 5) . . . . *M* . . Pf.
Erwerbspreis (II 6) . . . . " . . . "

Wertzuwachs . . . . *M* . . Pf.

gleich Prozenten des Erwerbspreises: . . . .

Zu zahlen sind gemäß § 28 = ... % der Wertsteigerung = ... *M* . . Pf.

Ermäßigung gemäß § 28 Abs. 2 für volle Jahre des für die Steuerberechnung maßgebenden Zeitraums, jedoch frühestens seit 1885, und zwar für die Jahre . . . . bis . . . .
also . . . . volle Jahre 1 vom Hundert = ... *M* . . Pf.

außerdem für Grundstücke, die vor dem 1. Januar 1900 erworben wurden, für jedes volle Jahr des für die Steuerberechnung maßgebenden Zeitraums vor dem 1. Januar 1911 $^1/_2$ vom Hundert . . . . = ... " . . . "

. . . . . " . . . "

bleibt Zuwachssteuer . . . . *M* . . Pf.

*) Ist unter Ziffer II, 2 der Wert angegeben, so muß hier der wirkliche Erwerbspreis angegeben werden, der vor jener Zeit bei einem steuerfreien oder steuerpflichtigen Erwerbe gezahlt worden ist.

**) Dieser Betrag ist außerhalb der Berechnung festzustellen.

Muster 9.

(Ausführungsbestimmungen § 24.)

Steuerberechnung.

Zuwachssteuerliste Nr. . . . . 19 . .

I. Steuerpflichtiger Rechtsvorgang.

Veräußerer . . . .
Erwerber . . . .
Uebergang von . . . . Anteil . . . . der . . . . . :
. . . .
. . . . mit dem Sitze in . . . .
am . . . .

II. Berechnung des Erwerbspreises.

1. Kursstand oder Wert des Gesellschaftsanteils bei seinem Erwerbe durch den jetzigen Veräußerer . . . . ℳ . . Pf.
2. Erwerbskosten . . . . „ . . „
3. . . . . Zusammen . . . . ℳ . . Pf.
4. Zur Zeit des Erwerbes durch den jetzigen Veräußerer betrug
   a) der Wert des Gesamtvermögens der Gesellschaft . . . . ℳ . . Pf.
   b) der Wert der Grundstücke und grundstücksgleichen Berechtigungen . . . . . ℳ . . Pf.

Danach ergibt sich für den auf Grundstücke und grundstücksgleiche Berechtigungen entfallenden Teil des Gesellschaftsanteils (x) folgende Verhältnisrechnung:

$$\frac{\text{Wert des Gesamtvermögens}}{\text{Wert der Grundstücke}} = \frac{\text{Erwerbspreis (Ziff. 3)}}{\text{x}} \quad \text{. . . . . ℳ . . Pf.}$$

III. Berechnung des Veräußerungspreises.

1. Kursstand oder Wert des Gesellschaftsanteils zur Zeit der jetzigen Veräußerung . . . . M . . Pf.

2. Veräußerungskosten . . . . " . . "

3. . . . . Bleibt . . . . M . . Pf.

4. Zur Zeit der Veräußerung betrug

   a) der Wert des Gesamtvermögens der Gesellschaft . . . . M . . Pf.

   b) der Wert der Grundstücke und grundstücksgleichen Berechtigungen . . . . M . . Pf.

Danach ergibt sich für den auf Grundstücke entfallenden Teil des Gesellschaftsanteils (y) folgende Verhältnisrechnung:

$$\frac{\text{Wert des Gesamtvermögens}}{\text{Wert der Grundstücke}} = \frac{\text{Veräußerungspreis (Ziff. 3)}}{y} = \ldots . M \ldots Pf.$$

Zwischen dem Tage des Erwerbes und der Veräußerung liegt $\frac{\text{keine}}{\text{eine}}$ $\frac{\text{Änderung}}{\frac{\text{Erhöhung}}{\text{Ermäßigung}}}$ des Nennwerts des Gesellschaftsanteils um . . . vom Hundert, so daß für die Gegenüberstellung von Erwerbs- und Veräußerungspreis der Veräußerungspreis um . . . . M . . . Pf.

$\frac{\text{zu erhöhen}}{\text{zu ermäßigen}}$ ist.*)

---

*) Sonstige Zu- oder Abrechnungen kommen außer den schon berücksichtigten Erwerbs- und Veräußerungskosten nicht in Frage.

IV. Berechnung der Steuer.

Veräußerungspreis (y) . . . . *M* . . Pf.
Erwerbspreis (x) . . . . „ . . „

Wertzuwachs . . . . *M* . . Pf.
gleich Prozenten des Erwerbspreises: . .

Die Steuer beträgt daher nach § 28 Abs. 1 . . . % der Wertsteigerung oder . . . . *M* . . Pf.

Sie ermäßigt sich nach § 28 Abs. 2 für . . Jahre um 1 % = ... *M* . . Pf.

für . . . . Jahre um weitere 1/2 % = ... „ . . „

. . . . . „ . . „

Die Steuer beträgt hiernach . . . . *M* . . Pf.

Muster 10.

(Ausführungsbestimmungen § 25 Abs. 1.)

Zuwachssteuerbescheid.

(Sollbuch Nr. . . . . .)

Für den Übergang des Eigentums d . . . Grundstück . . Gemeinde . . . . Gemarkung . . . . . Flur/Kartenblatt . . . Nr. . . wird die Zuwachssteuer auf den innen berechneten Betrag von . . . . M . . . Pf. hiermit festgesetzt.

Der Betrag ist binnen . . . Wochen nach Zustellung dieses Bescheids an . . . . zu zahlen.

Gegen diesen Bescheid ist . . . . binnen . . . . , beginnend mit dem Tage der . . . . zulässig. D . . . . ist . . . . anzubringen.

Durch die Einlegung de . . . . wird die Zahlung der Steuer nicht aufgehalten.

. . . . , den . . . ten . . . . 19 . . . .

Zuwachssteueramt.

Berechnung der Zuwachssteuer.

1. Erwerbspreis (oder Meistgebot usw.) am . . . . M . . Pf.
2. Wert des Grundstücks am . . . . " . . . "
3. Davon geht ab Preis — Wert — der nicht steuerpflichtigen Gegenstände und Lasten gemäß §§ 10, 13. . . . . " . . . "

bleibt Erwerbspreis . . . . M . . Pf.

4. Hinzuzurechnen sind
   a) Erwerbskosten § 14 Ziffer 1 . . . . M . . Pf.
   b) ausgefallene Hypotheken § 14 Ziffer 2 . . . . . . " . . . "
   c) Aufwendungen für Bauten und Verbesserungen § 14 Ziffer 3 (abgesehen von denen zu e) . . . . " . . . "
      Dabei abgezogen für Wertminderung . . . . M . . Pf.
      Hinzugerechnet 15 % von . . . . " . . . "
      und 5 % von . . . . " . . . "
   d) Aufwendungen für Straßenbauten usw. einschl. Zinsen nach § 14 Ziffer 4 — § 16 — . . . . " . . . "
   e) Verbesserungen von Moor- und Ödland, § 15 . . . . " . . . "
   f) Zurechnungen gemäß § 16
      $2\frac{1}{2}$ % von . . . . M . . Pf. für . . . . Jahre . . . . " . . . "
      2 % von . . . M . . Pf. (unbebaute Grundstücke) für . . Jahre — ermäßigt auf die Hälfte — . . . . " . . . "
      $1\frac{1}{2}$ % von . . . M . . Pf. (bebaute Grundstücke) für . . . . Jahre . . . . " . . . "

   . . . . " . . . "

5. . . . . Summe des Erwerbspreises . . . . M . . Pf.

6. Veräußerungspreis . . . . *M* . . Pf.

7. Davon gehen ab

a) Preis der nicht steuerpflichtigen Gegenstände und Lasten (§§ 10, 13) . . . . *M* . . Pf.

b) nachgewiesene Veräußerungskosten, § 22 Ziffer 1 . . . . „ . . . „

c) Minderung nach § 22 Ziffer 2 und zwar 3 % von . . . . *M* . . Pf. für . . . . Jahre, abzüglich der nachgewiesenen Einnahmen von . . . *M* . . Pf.

8. . . . Bleibt Veräußerungspreis . . . . *M* . . Pf.

9. Hinzuzurechnen sind

a) Entschädigungen gemäß § 23 . . . . „ . . . „

b) die vom Erwerber übernommene Zuwachssteuer gemäß untenstehender Berechnung*), § 24 . . . . . . „ . . . „

10. . . . . Summe des Veräußerungspreises . . . . „ . . . „

11. Hiernach beträgt die Wertsteigerung . . . . *M* . . Pf.

*)

Berechnung.

1. Veräußerungspreis (Ziffer 8+9 a) . . . . *M* . . Pf.
2. Erwerbspreis (Ziffer 5) . . . . „ . . . „

Wertsteigerung . . . . *M* . . Pf.

oder . . . % des Erwerbspreises.

Die Steuer beträgt nach § 28 Abs. 1 . . . % oder . . . . „ . . . „

Sie ermäßigt sich nach § 28 Abs. 2

für volle . . . Jahre um 1 % . . . . *M* . . Pf.

für volle . . . Jahre um weitere ½ % . . . . „ . . . „ . . . . „ . . . „

Steuerbetrag gemäß § 24 des Gesetzes . . . . *M* . . Pf.

oder . . . . % des Erwerbspreises, wie er sich unter Berücksichtigung der Zu- und Abrechnungen berechnet.

12. Die Steuer beträgt daher nach § 28 Abs. 1 . . . %
der Wertsteigerung (Ziffer 11) oder . . . . M . . Pf.

13. Sie ermäßigt sich nach § 28 Abs. 2
für . . Jahre um 1 % = ... M . . Pf.
für . . Jahre um weitere ½ % = ... „ . . . „
. . . . . „ . . . „

14. Die Steuer beträgt hiernach . . . . M . . Pf.

Die dem Steuerbescheide zu Grunde liegende Berechnung weicht von den Angaben der Zuwachssteuererklärung in folgenden Punkten ab:

Muster 11.
(Ausführungsbestimmungen § 25 Abs. 1.)

Zuwachssteuerbescheid.
(Sollbuch Nr. . . . .)

Für die Übertragung von Rechten am Vermögen der . . . . mit dem Sitze in . . . . seitens des . . . . an den . . . . am . . . . wird die Zuwachssteuer auf den innen berechneten Betrag von . . . . *M* . . Pf. hiermit festgesetzt.

Der Betrag ist binnen . . . . . . Wochen nach Zustellung dieses Bescheids an . . . . zu zahlen.

Gegen diesen Bescheid ist . . . . binnen . . . . beginnend mit dem Tage der . . . . zulässig. D . . . . ist . . . . anzubringen.

Durch die Einlegung de . . . . wird die Zahlung der Steuer nicht aufgehalten.

. . . ., den . . ^{ten} . . . . 19 . . .

Zuwachssteueramt.

Berechnung der Zuwachssteuer.

A. Berechnung des Erwerbspreises:

1. Kursstand oder Wert des Gesellschaftsanteils bei seinem Erwerbe durch den jetzigen Veräußerer . . . . M . . Pf.
2. Erwerbskosten . . . . „ . . „
3. . . . . Zusammen . . . . M . . Pf.
4. Zur Zeit des Erwerbes durch den jetzigen Veräußerer betrug
   a) der Wert des Gesamtvermögens der Gesellschaft . . . . M . . Pf.
   b) der Wert der Grundstücke und grundstücksgleichen Berechtigungen . . . . M . . Pf.

Danach ergibt sich für den auf Grundstücke und grundstücksgleiche Berechtigungen entfallenden Teil des Gesellschaftsanteils (x) folgende Verhältnisrechnung:

$$\frac{\text{Wert des Gesamtvermögens}}{\text{Wert der Grundstücke}} = \frac{\text{Erwerbspreis (Ziffer 3)}}{x} = \ldots \text{ M } . . \text{ Pf.}$$

B. Berechnung des Veräußerungspreises:

1. Kursstand oder Wert des Gesellschaftsanteils zur Zeit der jetzigen Veräußerung . . . . M . . Pf.
2. Veräußerungskosten . . . . „ . . „
3. . . . . Bleibt . . . . M . . Pf.
4. Zur Zeit der Veräußerung betrug
   a) der Wert des Gesamtvermögens der Gesellschaft . . . . M . . Pf.
   b) der Wert der Grundstücke und grundstücksgleichen Berechtigungen . . . . M . . Pf.

Danach ergibt sich für den auf Grundstücke entfallenden Teil des Gesellschaftsanteils (y) folgende Verhältnisrechnung:

$$\frac{\text{Wert des Gesamtvermögens}}{\text{Wert der Grundstücke}} = \frac{\text{Veräußerungspreis (Ziffer 3)}}{y}$$ . . . . ℳ . . Pf.

C. Zwischen dem Tage des Erwerbes und der Veräußerung liegt $\frac{\text{keine}}{\text{eine}}$ $\frac{\text{Änderung}}{\frac{\text{Erhöhung}}{\text{Ermäßigung}}}$ des Nennwerts des Gesellschaftsanteils um . . . . vom Hundert, so daß für die Gegenüberstellung von Erwerbs- und Veräußerungspreis der Veräußerungspreis um . . . ℳ . . Pf. $\frac{\text{zu erhöhen}}{\text{zu ermäßigen}}$ ist.

D. Hiernach beträgt die Wertsteigerung . . . . ℳ . . Pf.
oder . . . % des Erwerbspreises.

Die Steuer beträgt daher nach § 28 Abs. 1

. . . % der Wertsteigerung oder . . . . ℳ . . Pf.

Sie ermäßigt sich nach § 28 Abs. 2

für . . Jahre um 1 % = ... ℳ . . Pf.
" . . " " weitere ½ % . . . . " . . . "

. . . . " . . . "

Die Steuer beträgt hiernach . . . . ℳ . . Pf.

Die dem Steuerbescheide zu Grunde liegende Berechnung weicht von den Angaben der Zuwachssteuererklärung in folgenden Punkten ab:

Muster 12.

(Ausführungsbestimmungen § 26 Abs. 2.)

Zuwachssteuer-Sollbuch

d . . . . in . . . .

für das Rechnungsjahr 19 . . . .

Dieses Buch enthält . . . . . Blätter, *welche von einer mit dem Siegel des Unterzeichneten belegten Schnur durchzogen sind.*

. . . ., den . . . . ten . . . . . . 19 . . .

(Name) . . . .

(Dienststellung) . . . .

Geführt von

(Name) . . . .

(Dienststellung) . . . .

Anleitung zum Gebrauch.

1. Die Zuwachssteuer ist nach erfolgter Festsetzung sofort durch Ausfüllung der Spalten 1 bis 5 und 9 einzutragen; die Spalten 11 bis 13 sind nach Zahlung der Steuer auszufüllen.
2. Die Herabsetzung des Solls kommt in den Spalten 6 und 7 zur Darstellung. In die Spalte 6 sind diejenigen Beträge eingetragen, welche lediglich infolge anderweiter Festsetzung der Zuwachssteuer in Abgang kommen. In der Spalte 7 kommen die Beträge zum Ansatz, welche erlassen oder niedergeschlagen worden sind.
3. Zwischen den einzelnen laufenden Nummern ist ein entsprechender Raum für etwaige weitere Eintragungen in den Spalten 6 und 7 (bei mehrfacher Herabsetzung des Steuersolls) und 11 bis 13 (bei Teilzahlungen) zu lassen.
4. Ein Zugang des Steuersolls infolge anderweiter Festsetzung oder Nacherhebung ist unter besonderer laufender Nummer zu buchen.
5. Der Anhang dient zum Nachweis der erstatteten (zurückgezahlten) Zuwachssteuerbeträge. Spalte 9 des Anhanges kann zur Angabe der Stelle benutzt werden, an der die erstatteren Beträge kassenmäßig in Ausgabe nachgewiesen worden sind.
6. Die Verwendung von Schnur und Siegel ist nicht erforderlich, wenn es sich um fest gebundene Bücher mit fortlaufenden Blattzahlen handelt.

Laufende Nr.	Tag der Eintragung	Der Zuwachssteuerliste		Name, Stand und Wohnort des Zahlungspflichtigen	Betrag der veranlagten Steuer		Davon Abgang			
							infolge anderweiter Festsetzung		durch Erlaß oder Niederschlagung	
		Jahr	Nr.		ℳ	Pf.	ℳ	Pf.	ℳ	Pf.
1	2	3		4	5		6		7	
				Seite . .						

Bleibt berichtigtes Soll		Die im Zuwachssteuerbescheide gestellte Zahlungsfrist läuft ab am	Angabe der Bedingungen, unter welchen vom Zuwachssteueramte Stundung oder Teilzahlungen gewährt worden sind. Fälligkeit und Höhe der Teilbeträge. Angabe der Buchungsnummern, unter welchen die bestellte Sicherheit gebucht worden ist.	Die Zuwachssteuer ist eingezahlt und gebucht				Die Zuwachssteuer ist rückständig geblieben			Bemerkungen
				am	im Einnahmebuch			mit		und übertragen in das Sollbuch für das folgende Rechnungsjahr unter Nr.	
					unter Nr.	mit					
M	Pf.					M	Pf.	M	Pf.		
8		9	10	11	12	13		14		15	16

Anhang.

Nachweisung der erstatteten (zurückgezahlten) Beträge an Zuwachssteuer.

Laufende Nr.	Tag der Eintragung	Die Erstattung ist angewiesen durch		Vorbücher, in denen die Vereinnahmung des erstatteten Betrags nachgewiesen ist.						Name, Stand und Wohnort des Empfängers	Betrag der Erstattung		Bemerkungen
		Bezeichnung der Behörde	Tag und Nummer der Verfügung	Zuwachssteuerliste		Sollbuch		Einnahmebuch					
				Jahr	Nr.	Jahr	Nr.	Jahr	Nr.		M	Pf.	
1	2	3		4		5		6		7	8		9

Muster 13.

(Ausführungsbestimmungen § 26 Abs. 4.)

Zuwachssteuer-Einnahmebuch

de . .

. . . . in . . . .

für das Rechnungsjahr 19 . . .

Dieses Buch enthält . . . Blätter, *welche von einer mit dem Siegel des Unterzeichneten belegten Schnur durchzogen sind.*

. . ., den . .ten . . . 19 . .

(Name) . . . .

(Dienststellung) . . . . . .

Geführt von

(Name) . . . .

(Dienststellung) . . . . . .

Anleitung zum Gebrauch.

1. Die Einzahlungen werden bis zum Jahresschluß unter fortlaufender Nummer eingetragen.
2. Das Buch wird monatlich abgeschlossen, aber fortlaufend bis zum Vierteljahrsschluß aufgerechnet. Die Summen der vier Vierteljahre werden am Jahresschlusse wiederholt und aufgerechnet.
3. Die Verwendung von Schnur und Siegel ist nicht erforderlich, wenn es sich um fest gebundene Bücher mit fortlaufenden Blattzahlen handelt.

Laufende Nr.	Tag der Einzahlung	Nummer des Sollbuchs	Name des Zahlungspflichtigen
1	2	3	4

Der Zuwachssteuerliste Jahr und Nummer	Betrag der eingezahlten Zuwachssteuer M	Pf.	Tagessumme M	Pf.	Bemerkungen
5	6		7		8
Seite . . .					

Muster 14.

(Ausführungsbestimmungen § 33 Abs. 1.)

Erklärung

zum

Zweck eines Feststellungsbescheids nach § 47 des Zuwachssteuergesetzes.

Bezeichnung des Grundstücks.

Gemeinde	Grundbuch von ... Band .... Blatt	Kartenblatt (Flur)	Parzelle (Nr.)	Größe			Lage und Beschaffenheit (Straße, Gebäudeart, Kulturart)
				ha	a	qm	

Eigentümer: . . . .
(Name, Stand, Wohnort.)

A. Erwerbspreis.*)

1. Wann haben Sie oder Ihre Eltern (Voreltern, Erblasser) das Grundstück erworben?

2.**) Welcher Preis wurde hierbei vereinbart?

Die diesen Preis nachweisenden Urkunden sind tunlichst beizufügen. Etwa in dem Preise enthaltene oder außerdem verabredete Nebenleistungen sind nach Art und Wert anzugeben.

3. Umfaßt der zu 2 angegebene Erwerbspreis Erzeugnisse des Grundstücks, Maschinen (§ 10), Mobiliar, Inventar usw. (§ 13) und wieviel wurde auf jede Art dieser Gegenstände gerechnet?

4. a) Haben Sie oder Ihre Eltern (Voreltern, Erblasser) die Erwerbskosten ganz oder teilweise getragen?

b) Wie hoch waren diese einschließlich der ortsüblichen Vermittelungsgebühr?

Die Frage zu b ist nur zu beantworten — unter Vorlage der Belege —, wenn die Erwerbskosten mehr als 4 % des zu 2 angegebenen Preises unter Abzug des Betrags zu 3 betragen haben.

---

*) Wird der Zwischenbescheid für ein Teilgrundstück beantragt, so sind die Fragen zu 2 und 4 für das Gesamtgrundstück zu beantworten unter Angabe der Größe dieses Grundstücks. Gleichzeitig ist, wenn Frage 5 nicht beantwortet wird, hierneben anzugeben, wie hoch Sie den Erwerbswert des jetzt veräußerten Grundstücks im Verhältnis zum Erwerbspreise des Gesamtgrundstücks schätzen.

**) Die Frage ist nicht zu beantworten, wenn Sie oder Ihre Eltern (Voreltern, Erblasser) das Grundstück vor dem 1. Januar 1885 erworben hatten, sofern Sie nicht die Zinsvergünstigung unter B Anmerkung a in Anspruch nehmen.

5. Wie hoch war der gemeine Wert des Grundstücks

a) zur Zeit des Erwerbes, falls hierbei ein Preis nicht vereinbart oder nicht mehr zu ermitteln ist,

b) am 1. Januar 1885, falls der Erwerbsvorgang vor diesem Zeitpunkt liegt?

Die Grundlagen der Wertangabe (Kaufpreise anderer Grundstücke, die sich zur Vergleichung eignen, Ertragswerte, amtliche Wertermittelungen) sind möglichst beizufügen.

B. Bisher gemachte Aufwendungen.*)

1.**) Befinden sich auf dem Grundstück Bauten, Neubauten oder sonstige dauernde besondere Verbesserungen, die der Eigentümer oder dessen Eltern (Voreltern, Erblasser) während ihrer Besitzzeit vorgenommen haben (§ 14 Ziffer 3)?

2. Welche Aufwendungen haben der Eigentümer oder dessen Eltern (Voreltern, Erblasser) für diese Bauten und Verbesserungen gemacht?

Für jeden Bau und jede sonstige Verbesserung ist der Betrag der Aufwendung und der Zeitpunkt, in welchem sie gemacht ist, anzugeben (bei Bauten und

*) Aufwendungen, die vor dem 1. Januar 1885 liegen, sind auch dann nicht anzugeben, wenn der Erwerb vor dem 1. Januar 1885 stattgefunden hat.

**) Bei Bergwerkseigentum sind hier insbesondere die bergmännischen Versuchs- und Ausrichtungsarbeiten aufzuführen.

Umbauten der Zeitpunkt der behördlichen Gebrauchsabnahme und, soweit eine solche nicht besteht, der Zeitpunkt der gebrauchsfertigen Herstellung). Die Belege sind tunlichst beizufügen.

Hierunter sind nicht anzuführen

a) zur Wiederherstellung von Baulichkeiten verwandte Beträge aus Versicherungen, falls die wiederhergestellten Baulichkeiten bereits bei dem Erwerbe seitens des Eigentümers oder seiner Eltern (Voreltern, Erblasser) bestanden,

b) Aufwendungen, die der laufenden Unterhaltung von Baulichkeiten oder der laufenden Bewirtschaftung von Grundstücken dienen,

c) Aufwendungen, die auf Erzeugnisse des Grundstücks, Maschinen, Mobiliar, Inventar und dergleichen gemacht sind.

3.*) Hat sich der Wert der Bauten, Umbauten und sonstigen Verbesserungen (§ 14 Ziffer 3) während der Besitzzeit bis zur Abgabe dieser Erklärung gemindert und um welchen Betrag?

4. Welche Aufwendungen, Leistungen und Beiträge haben der bisherige Eigentümer oder seine Eltern (Voreltern, Erblasser) während ihrer Besitzzeit für Straßenbauten, andere Verkehrsanlagen einschließlich der Kanalisierung, sowie ohne entsprechende Gegenleistung und Verzinsung für sonstige öffentliche Einrichtungen gemacht (§ 14 Ziffer 4)?

Für jede Aufwendung ist ihr Betrag und der Zeitpunkt, in dem sie gemacht ist, tunlichst durch Belege nachzuweisen.

*) Diese Frage ist für bergmännische Versuchs- und Ausrichtungsarbeiten nicht zu beantworten.

Anmerkung.

a) Soweit der aus dem Grundstück erzielte Jahresertrag hinter 3% des Erwerbspreises zuzüglich der nach § 14 Ziffer 1 bis 3 zulässigen Anrechnungen zurückbleibt, ist der Eigentümer berechtigt, die Feststellung eines Fehlbetrags für längstens 15 zusammenhängende, nach dem 1. Januar 1885 liegende Jahre hierneben zu beantragen. Die Höhe des Fehlbetrags ist für jedes einzelne Jahr durch Belege nachzuweisen (§ 22 Ziffer 2).

b) Soweit es sich um die Verbesserung von Flächen handelt, die aus Moorland, Sumpfland, Öd- oder Heideland bestehen, kann der Steuerpflichtige an Stelle der im § 14 Ziffer 3 bezeichneten Aufwendungen die Feststellung der Erhöhung des Ertragswerts hierneben beantragen (§ 15).

Ich versichere hiermit, die vorstehenden Angaben nach bestem Wissen und Gewissen gemacht zu haben.

Ort: . . . .

Datum: . . . .

Name: . . . .

Nach § 50 des Gesetzes werden die Nichteinreichung der Zuwachssteuererklärung oder wissentlich unrichtige Angaben, welche geeignet sind, zu einer Verkürzung der Steuer zu führen, mit einer Geldstrafe bis zum vierfachen Betrage der Zuwachssteuer bestraft.

Muster 15.
(Ausführungsbestimmungen
§ 33 Abs. 1.)

Zuwachssteueramt
. . . .

Liste über Feststellungsbescheide

für das

Rechnungsjahr 19. . . .

Laufende. Nr.	Tag des Einganges	Name, Stand, Wohnort des Antragstellers	Bezeichnung des Grundstücks							
			Lage (Gemeinde usw. Straße, Nummer)	Grundbuch		Kartenblatt (Flur)	Parzelle (Nr.)	Größe		
				Band	Blatt			ha	a	qm
1	2	3	4	5		6	7	8		

Der Feststellung			Tag		Anderweit festgestellt auf		Tag der Rechtskraft	Festgesetzte Gebühr	
Gegenstand	Höhe		der Zustellung	der Anfechtung					
	M	Pf.			M	Pf.		M	Pf.
9	10		11	12	13		14	15	

Muster 16.
(Ausführungsbestimmungen § 33 Abs. 3.)

Nr. . . . .
der Liste über Feststellungsbescheide.

Feststellungsbescheid

über die Berechnungsgrundlagen der Zuwachssteuer
für d . . . . . . Grundstück (Gemeinde) . . . . . .
(Gemarkung) . . . . (Kartenblatt / Flur) . . . . . .
Nr. . . . , verzeichnet im Grundbuch von . . . .
Band . . . . . Blatt . . . . .

Auf Antrag des Eigentümers des vorbezeichneten Grundstücks von . . . . ha . . . . a . . . . . . qm Fläche wird . . . . am . . . . *) auf den nachstehend berechneten Betrag

von . . . . ℳ . . . . Pf.

festgesetzt.

Diese Festsetzung ist für die spätere Veranlagung zur Zuwachssteuer maßgebend.

Gegen diesen Bescheid ist . . . . binnen . . . . beginnend mit dem Tage der . . . . zulässig. D . . . . ist . . . . anzubringen. Die Kosten dieses Rechtsmittelverfahrens fallen dem Antragsteller auch dann zur Last, wenn er eine Abänderung des Bescheids erreicht.

*) Tag des Einganges der Erklärung.

Für diesen Bescheid ist nach § 47 Abs. 2 des Zuwachssteuergesetzes eine Gebühr (1/2 vom Tausend des Erwerbspreises, mindestens 20 ℳ) von . . . . . . ℳ . . . . Pf. zu entrichten. — Nach Abzug des gezahlten Kostenvorschusses von . . . . . ℳ sind . . . . . . ℳ . . . Pf. binnen 14 Tagen nach Zustellung dieses Bescheids an . . . . zu zahlen. —. Den diese Gebühr übersteigenden Betrag des Kostenvorschusses von . . . . . ℳ mit . . . . . ℳ . . . Pf. wollen Sie binnen 14 Tagen unter Vorlegung dieses Bescheids bei . . . . abheben.

Durch die Einlegung eines Rechtsmittels wird die Zahlung der Gebühr nicht aufgehalten.

. . . ., den . . . . ten . . . . 19 . . .

Zuwachssteueramt.

Berechnung der festgestellten Summe:

Die Berechnung weicht von den Angaben der Erklärung in folgenden Punkten ab:

B. Bekanntmachung des Reichskanzlers vom 12. Mai 1911.

(Zentralblatt für das Deutsche Reich S. 199.)

Gemäß § 18 Abs. 2 der Zuwachssteuer-Ausführungsbestimmungen werden die Muster für einen Auszug aus den Vorschriften des Zuwachssteuergesetzes und eine Mustererklärung A und B, die nach § 18 Abs. 1 a. a. O. der Aufforderung zur Einreichung einer Zuwachssteuererklärung beizufügen sind, nachstehend bekannt gegeben.

Auszug aus den Vorschriften des Zuwachssteuergesetzes vom 14. Februar 1911 (Reichs-Gesetzbl. S. 33 ff.).

§ 18 der Zuwachssteuer-Ausführungsbestimmungen.

(Inhalt vgl. Zentralblatt für das Deutsche Reich S. 200—207.)

Muster A zu einer

Zuwachssteuererklärung

(für Grundstücke, die am 1. Januar 1885 oder später erworben sind).

Bezeichnung des Grundstücks.

Gemeinde	Grundbuch von . . . Band . . Blatt . .	Kartenblatt (Flur)	Parzelle (Nr.)	Größe ha	a	qm	Lage und Beschaffenheit (Straße, Gebäudeart, Kulturart)
Schönau	*Schönau Band 20 Blatt 50*	*4*	*450/60 1070*	*25*	*10*	*40*	*Gut Oberhof. 20 a ein zweistöckiges Wohnhaus, ein Wirtschaftsgebäude, Hofraum und Hausgarten, 3 ha 50 a Wald, 10 ha Ackerland, 8 ha Wiesen, 2 ha Weiden, 75 a Baumgarten, 65 a 40 qm Feldwege, Weiher und Bach.*

Bisheriger Eigentümer (Veräußerer) *Albrecht Otto*
(Name, Stand und Wohnort) *Landwirt in Oberhof, Gemeinde Schönau.*

Neuer Eigentümer (Erwerber) *Hermann Schulze*
(Name, Stand und Wohnort) *Landwirt in Burgsdorf.*

Art und Tag des Eigentumsüberganges (Auflassung, Zwangsversteigerung, Enteignung usw.)

Auflassung am 15. April 1911.

Art und Tag des dem Eigentumsübergange zugrunde liegenden Rechtsgeschäfts (Kauf, Tausch usw.) einschließlich etwaiger Zwischenverträge

Notarieller Kaufvertrag vom 3. April 1911.
Zwischenverträge sind nicht geschlossen worden.

Vorstehende Angaben sind nach den dem Zuwachssteueramte vorliegenden Mitteilungen eingetragen. Der bisherige Eigentümer hat jedoch die Angaben zu prüfen und zu ergänzen.

A. Erwerbspreis.*)

1. Wann haben Sie oder Ihre Eltern (Voreltern, Erblasser) das Grundstück erworben?

1. Am 1. Oktober 1890 von mir erworben.

2.**) Welcher Preis wurde hierbei vereinbart?

Die diesen Preis nachweisenden Urkunden sind tunlichst beizufügen. Etwa in dem Preise enthaltene oder außerdem verabredete Nebenleistungen sind nach Art und Wert anzugeben.

2. 75000 M; der Veräusserer hatte sich ausserdem ein Wohnungsrecht im Jahreswerte von 200 M auf 5 Jahre ausbedungen. Beglaubigte Abschrift des Kaufvertrags liegt bei. Von der ursprünglichen Grundfläche sind im Januar 1911 im Wege der Zwangsenteignung 56 a 10 qm abgetreten worden. Der auf die enteignete Fläche entfallende Teil des Kaufpreises beträgt (entsprechend dem Verhältnis ihres Wertes zu dem des Gesamtgrundstücks zur Zeit des Erwerbes) 1 683 M.

3. Umfaßt der zu 2 angegebene Erwerbspreis Erzeugnisse des Grundstücks, Maschinen (§ 10), Mobiliar, Inventar usw. (§ 13) und wie viel wurde auf jede

3. Ja, ein besonderer Preis ist nicht vereinbart worden. Ich schätze den damaligen Wert dieser Gegenstände auf 10 000 M,

---

*) Bei der Veräußerung eines Teilgrundstücks sind die Fragen zu 2 und 4 für das Gesamtgrundstück zu beantworten unter Angabe der Größe dieses Grundstücks. Gleichzeitig ist, wenn Frage 5 nicht beantwortet wird, hierneben anzugeben, wie hoch Sie den Erwerbswert des jetzt veräußerten Grundstücks im Verhältnis zum Erwerbspreis des Gesamtgrundstücks schätzen.

**) Die Frage ist nicht zu beantworten, wenn Sie oder Ihre Eltern (Voreltern, Erblasser) das Grundstück vor dem 1. Januar 1885 erworben hatten, sofern Sie nicht die Zinsvergünstigung unter C Anmerkung a in Anspruch nehmen.

Art dieser Gegenstände gerechnet?

und zwar den Wert des übernommenen Viehbestandes auf 2 500 M,
der landwirtschaftlichen Geräte einschliesslich einer Häckselschneidemaschine auf . . 1 500 M,
der Vorräte auf . . 1 000 M,
des Holzbestandes des Waldes (unter Zugrundelegung der Holzpreise des Jahres 1890) auf 4 000 M,
der sonstigen Erzeugnisse (Obstbäume) auf . . . 1 000 M.

4. a) Haben Sie oder Ihre Eltern (Voreltern, Erblasser) die Erwerbskosten ganz oder teilweise getragen?

4. a) ja.

b) Wie hoch waren diese einschließlich der ortsüblichen Vermittelungsgebühr?

Die Frage zu b ist nur zu beantworten — unter Vorlage der Belege —, wenn die Erwerbskosten mehr als 4 Prozent des zu 2 angegebenen Preises unter Abzug des Betrags zu 3 betragen haben.

b) Ich hatte laut beiliegenden Quittungen zu zahlen
1 an Kosten des Kaufvertrags, Schreib- und Gerichtsgebühren . . 1 000 M,
2. an Staats- und Gemeinde - Umsatzsteuer und Stempel . . . . . 2 000 M,
3. an den Agenten Braun in Schönau eine Vermittelungsgebühr von 1 v. H. des Kaufpreises = 750 M; die ortsübliche Vermittelungsgebühr be-

	trägt $^1/_2$ v. H. des Kaufpreises; anzurechnen sind daher . . . . 375 ℳ.
5. Wie hoch war der gemeine Wert des Grundstücks a) zur Zeit des Erwerbes, falls hierfür ein Preis nicht vereinbart oder nicht mehr zu ermitteln ist, b) am 1. Januar 1885, falls der Erwerbsvorgang vor diesem Zeitpunkt liegt? Die Grundlagen der Wertangabe (Kaufpreise anderer Grundstücke, die sich zur Vergleichung eignen, Ertragswerte, amtliche Wertermittelungen) sind möglichst beizufügen.	*5. a)* } *b)* *Kommt nicht in Frage, da der Erwerb nicht vor dem 1. Januar 1885 gelegen und ein Erwerbspreis vereinbart und nachweisbar ist.*

B. Veräußerungspreis.

1. Wie hoch ist der gegenwärtige Veräußerungspreis? Etwa in dem Preise enthaltene oder außerdem verabredete Nebenleistungen sind nach Art und Wert anzugeben.	*1. 150 000 ℳ (75 000 ℳ bar, 75 000 ℳ Hypothekenübernahme).*
2. Umfaßt der zu 1 angegebene Veräußerungspreis auch Erzeugnisse, Maschinen (§ 10), Mobiliar, Inventar usw. (§ 13) und wieviel ist auf jede Art dieser Gegenstände gerechnet?	*2. Ja, zusammen 18 000 ℳ, und zwar:* *für den Viehbestand (2 Pferde, 15 Kühe, 2 Rinder, 5 Schweine) . . . 7 500 ℳ,* *für landwirtschaftliche Geräte einschliesslich einer Häckselschneidemaschine . . . . . 2 000 ℳ,*

für Futter- und andere Vorräte . 1 000 ℳ,
für den Waldbestand . . . . 5 000 ℳ,
für andere Erzeugnisse (Obstbäume) 2 500 ℳ.

3. Haben Sie die Kosten der Veräußerung und Uebertragung übernommen und bezahlt (§ 22 Ziffer 1) und in welchem Betrage?

Die Höhe der einzelnen Posten ist tunlichst durch Belege nachweisen.

3. Ich habe dem Agenten Nord in Ostheim eine Vermittelungsgebühr von $^1/_2$ vom Hundert des Veräusserungspreises zugesagt und laut beiliegender Quittung auch gezahlt (750 ℳ); diese Gebühr ist ortsüblich. Die sonstigen Kosten hatte der Käufer zu tragen.

4. Haben Sie oder Ihre Eltern (Voreltern, Erblasser) für eine (nach dem 1. Januar 1911 entstandene) Wertminderung Ihres Grundstücks eine Entschädigung erhalten (§ 23)?

Welcher Betrag dieser Entschädigung ist nicht zur Beseitigung des Schadens verwendet worden?

4. Im Januar 1911 musste ich im Zwangsenteignungsverfahren zum Bau der Kreisstrasse von Schönau nach Postdorf 56 ar 10 qm Ackerland an den Kreis abtreten Ich erhielt eine Entschädigung von 5 000 ℳ, und zwar 3 000 ℳ für die enteignete Fläche, 2 000 ℳ als Ersatz für die Wertminderung des zurückgebliebenen Teils, insbesondere für die durch den Strassenbau nötig gewordene Verlegung eines Feldwegs. Die Verlegung des Feldwegs ist inzwischen mit einem Kostenaufwande von 500 ℳ ausgeführt worden. Nicht zur Beseitigung des Schadens verwendet sind also 1 500 ℳ.

5. Wer hat die Zahlung der Wertzuwachssteuer übernommen?

5. Ich.

C. Aufwendungen des bisherigen Eigentümers.*)

1.**) Befinden sich auf dem Grundstück zur Zeit der Veräußerung Bauten, Neubauten oder sonstige dauernde besondere Verbesserungen, die der bisherige Eigentümer oder dessen Eltern (Voreltern, Erblasser) während ihrer Besitzzeit vorgenommen haben (§ 14 Ziffer 3)?

1.

a) Im Jahre 1893 habe ich das Wirtschaftsgebäude durch Anbau eines Stalles vergrössert.

b) Im Jahre 1900 habe ich für rund 4 ha Wiesen eine Bewässerungsanlage ausgeführt

c) Im Jahre 1902 ist eine 2 Morgen grosse Fläche ertraglosen Oedlandes in Ackerboden umgewandelt worden.

d) Im Jahre 1909 ist das von mir miterworbene Wohnhaus durch Brand teilweise zerstört und im gleichen Jahre wiederhergestellt worden.

2. Welche Aufwendungen haben der bisherige Eigentümer oder dessen Eltern (Voreltern, Erblasser) für diese Bauten und Verbesserungen gemacht?

Für jeden Bau, und jede sonstige Verbesserung ist der Betrag der Aufwendung und der Zeitpunkt, in

2.

a) Die Aufwendungen für den Anbau des Stalles im Jahre 1893 beliefen sich nach Abzug der Auslagen für Zubehör von 100 M auf 4 200 M.

b) Die Bewässerungsanlage kostete . 1 500 M.

*) Aufwendungen, die vor dem 1. Januar 1885 liegen, sind auch dann nicht anzugeben, wenn der Erwerb vor dem 1. Januar 1885 stattgefunden hat.
Bei der Veräußerung eines Teilgrundstücks sind nur die Aufwendungen anzugeben, welche auf das Teilgrundstück entfallen.

**) Beim Uebergange des Bergwerkseigentums sind hier insbesondere die bergmännischen Versuchs- und Ausrichtungsarbeiten aufzuführen.

welchem sie gemacht ist, anzugeben (bei Bauten und Umbauten der Zeitpunkt der behördlichen Gebrauchsabnahme und, soweit eine solche nicht besteht, der Zeitpunkt der gebrauchsfertigen Herstellung). Die Belege sind tunlichst beizufügen.

Hierunter sind nicht anzuführen

a) zur Wiederherstellung von Baulichkeiten verwandte Beträge aus Versicherungen, falls die wiederhergestellten Baulichkeiten bereits bei dem Erwerbe seitens des bisherigen Eigentümers oder seiner Eltern (Voreltern, Erblasser) bestanden,
b) Aufwendungen, die der laufenden Unterhaltung von Baulichkeiten oder der laufenden Bewirtschaftung von Grundstücken dienen,
c) Aufwendungen, die auf Erzeugnisse des Grundstücks, Maschinen, Mobiliar, Inventar und dergleichen gemacht sind.

c) Die Kosten der Verbesserung des früheren Oedlandes betrugen . 850 M.
d) Die Kosten für die Wiederherstellung des im Jahre 1909 durch Brand beschädigten Gebäudes betrugen nach Abzug der erhaltenen Brandentschädigung von 4 000 M noch 1 250 M.

Die Abrechnung mit den Bauunternehmern sowie die Quittungen über die weiteren Zahlungen sind beigefügt.

Der Wert des aus meinem Walde zum Anbau des Stalles entnommenen Holzes beträgt 500 M.

3.*) Hat sich der Wert der Bauten, Umbauten und sonstigen Verbesserungen (§ 14 Ziffer 3) innerhalb der Besitzzeit im

3. Der Anbau des Stalles vom Jahre 1893 dürfte jetzt etwa 500 M weniger wert sein. Von den Kosten der Bewässe-

*) Diese Frage ist für bergmännische Versuchs- und Ausrichtungsarbeiten nicht zu beantworten.

Werte gemindert, bejahendenfalls um wieviel?

rungsanlage werden wegen eingetretener Wertminderung 300 ℳ abzuziehen sein.

4. Welche Aufwendungen, Leistungen und Beiträge haben der bisherige Eigentümer oder seine Eltern (Voreltern, Erblasser) während ihrer Besitzzeit für Straßenbauten, andere Verkehrsanlagen einschließlich der Kanalisierung, sowie ohne entsprechende Gegenleistung und Verzinsung für sonstige öffentliche Einrichtungen gemacht (§ 14 Ziffer 4)?

Für jede Aufwendung ist ihr Betrag und der Zeitpunkt, in dem sie gemacht ist, tunlichst durch Belege nachzuweisen.

4. Beim Bau einer Eisenbahn im Jahre 1907 habe ich zu einer Haltestelle in der Nähe meines Gutes einen Beitrag von 2 000 ℳ bezahlt.

Anmerkung.

a) Soweit der aus dem Grundstück erzielte Jahresertrag hinter 3 vom Hundert des Erwerbspreises zuzüglich der nach § 14 Ziffer 1 bis 3 zulässigen Anrechnungen zurückbleibt, ist der Veräußerer berechtigt, den Abzug des Fehlbetrags für längstens 15 zusammenhängende, nach dem 1. Januar 1885 liegende Jahre hierneben zu beantragen. Die Höhe des Fehlbetrags ist für jedes einzelne Jahr tunlichst durch Belege nachzuweisen (§ 22 Ziffer 2).

a) Der Ertrag meines Grundstücks (Rohertrag nach Abzug der Werbungskosten) unter Einrechnung des Mietwerts der eigenen Wohnung betrug

im Jahre 1895 infolge Hagelschlags nur 1 000 ℳ,

im Jahre 1896 infolge Missernte nur 1 200 ℳ.

Die Ertragsausfälle sind durch Versicherungen nicht gedeckt. Ich beantrage Abzug des Fehlbetrags für diese 2 Jahre. Zum Belege für meine Angaben lege ich die Wirtschaftsbücher vor.

b) Der Steuerpflichtige ist berechtigt, an Stelle der 4prozentigen Verzinsung der unter C 4 angegebenen Aufwendungen für 15 Jahre die Hinzurechnungen des § 16 des Gesetzes für die gesamte Zeit seit dem Erwerbe, längstens seit dem 1. Januar 1885 auch für die unter C 4 angegebenen Aufwendungen hierneben zu beantragen (§ 14 Ziffer 4 Satz 3).	*b)* ---
c) Soweit es sich um die Verbesserung von Flächen handelt, die aus Moorland, Sumpfland, Oed- oder Heideland bestehen, kann der Steuerpflichtige an Stelle der im § 14 Ziffer 3 bezeichneten Aufwendungen die Hinzurechnung der Erhöhung des Ertragswerts hierneben beantragen (§ 15).	*c) Für die Verbesserung des Oedlandes beantrage ich die Hinzurechnung der Erhöhung des Ertragswerts anstatt des Betrags der Aufwendungen. Die 2 Morgen haben früher keinen Ertrag geliefert, jetzt liefern sie einen durchschnittlichen Jahresertrag von 100 M.*

Ich versichere hiermit, die vorstehenden Angaben nach bestem Wissen und Gewissen gemacht zu haben.

Ort: *Oberhof, Gemeinde Schönau.*

Datum: *den 5. Mai 1911.*

Name: *Albrecht Otto.*

Nach § 50 des Gesetzes werden die Nichteinreichung der Zuwachssteuererklärung oder wissentlich unrichtige Angaben, welche geeignet sind, zu einer Verkürzung der Steuer zu führen, mit einer Geldstrafe bis zum vierfachen Betrage der Zuwachssteuer bestraft.

Muster B

zu einer

Zuwachssteuererklärung

(für Grundstücke, die vor dem 1. Januar 1885 erworben sind).

Bezeichnung des Grundstücks.

Gemeinde	Grundbuch von ..... Band .... Blatt	Kartenblatt (Flur)	Parzelle (Nr.)	Größe ha	a	qm	Lage und Beschaffenheit (Straße, Gebäudeart, Kulturart)
Buchholz	*Buchholz Band 12 Blatt 2140*	*5*	*356/2*	—	*12*	*50*	*Salomonstrasse 1, 4stöckiges Wohnhaus, Schlächterei im Erdgeschoss. Hofraum.*

Bisheriger Eigentümer (Veräußerer) *Eduard Müller*
(Name, Stand und Wohnort) *Schlächtermeister in Buchholz.*
Neuer Eigentümer (Erwerber) *Alfred Meyer*
(Name, Stand und Wohnort) *Schlächtermeister in Eichendorf.*
Art und Tag des Eigentumsüberganges (Auflassung, Zwangsversteigerung, Enteignung usw.)

Auflassung am 10. April 1911.

Art und Tag des dem Eigentumsübergange zugrunde liegenden Rechtsgeschäfts (Kauf, Tausch usw.) einschließlich etwaiger Zwischenverträge

Notarieller Kaufvertrag vom 6. April 1911.
Zwischenverträge sind nicht geschlossen worden.

Vorstehende Angaben sind nach den dem Zuwachssteueramte vorliegenden Mitteilungen eingetragen. Der bisherige Eigentümer hat jedoch die Angaben zu prüfen und zu ergänzen.

A. Erwerbspreis*).

1. Wann haben Sie oder Ihre Eltern (Voreltern, Erblasser) das Grundstück erworben?	*1. Mein Vater hat das Grundstück am 1. Mai 1874 unbebaut erworben.*
2**). Welcher Preis wurde hierbei vereinbart? Die diesen Preis nachweisenden Urkunden sind tunlichst beizufügen. Etwa in dem Preise enthaltene oder außerdem verabredete Nebenleistungen sind nach Art und Wert anzugeben.	*2. Kommt nicht in Frage, da der Erwerbspreis nicht höher war als der Wert des Grundstücks am 1. Januar 1885 und da die Zinsvergünstigung unter C Anmerkung a nicht beansprucht wird.*
3. Umfaßt der zu 2 angegebene Erwerbspreis Erzeugnisse des Grundstücks, Maschinen (§ 10), Mobiliar, Inventar usw. (§ 13) und wieviel wurde auf jede Art dieser Gegenstände gerechnet?	*3.* —
4. a) Haben Sie oder Ihre Eltern (Voreltern, Erblasser) die Erwerbskosten ganz oder teilweise getragen?	*4. Kommt nicht in Frage, da als Erwerbspreis der Wert am 1. Januar 1885 gilt.*

*) Bei der Veräußerung eines Teilgrundstücks sind die Fragen zu 2 und 4 für das Gesamtgrundstück zu beantworten unter Angabe der Größe dieses Grundstücks. Gleichzeitig ist, wenn Frage 5 nicht beantwortet wird, hierneben anzugeben, wie hoch Sie den Erwerbswert des jetzt veräußerten Grundstücks im Verhältnis zum Erwerbspreis des Gesamtgrundstücks schätzen.

**) Die Frage ist nicht zu beantworten, wenn Sie oder Ihre Eltern (Voreltern, Erblasser) das Grundstück vor dem 1. Januar 1885 erworben hatten, sofern Sie nicht die Zinsvergünstigung unter C Anmerkung a in Anspruch nehmen.

b) Wie hoch waren diese einschließlich der ortsüblichen Vermittelungsgebühr? Die Frage zu b ist nur zu beantworten — unter Vorlage der Belege —, wenn die Erwerbskosten mehr als 4 Prozent des zu 2 angegebenen Preises unter Abzug des Betrags zu 3 betragen haben.	
5. Wie hoch war der gemeine Wert des Grundstücks	*5.*
a) zur Zeit des Erwerbes, falls hierfür ein Preis nicht vereinbart oder nicht mehr zu ermitteln ist,	*a)* —
b) am 1. Januar 1885, falls der Erwerbsvorgang vor diesem Zeitpunkt liegt? Die Grundlagen der Wertangabe (Kaufpreise anderer Grundstücke, die sich zur Vergleichung eignen, Ertragswerte, amtliche Wertermittelungen) sind möglichst beizufügen.	*b) Nach der beiliegenden Zusammenstellung sind für Grundstücke in der gleichen Gegend um den 1. Januar 1885 herum durchschnittlich 1 M für das qm gezahlt worden. Der gemeine Wert meines Grundstücks am 1. Jan. 1885 wird auf 1 M für das qm zu schätzen sein.*

B. Veräußerungspreis.

1. Wie hoch ist der gegenwärtige Veräußerungspreis? Etwa in dem Preise enthaltene oder außerdem verabredete Nebenleistungen sind nach Art und Wert anzugeben.	*1. 220 000 M.*

2. Umfaßt der zu 1 angegebene Veräußerungspreis auch Erzeugnisse, Maschinen (§ 10), Mobiliar, Inventar usw. (§ 13) und wieviel ist auf jede Art dieser Gegenstände gerechnet?	2. *Ja, Schlächterei mit elektrischem Betriebe. Für die maschinelle Einrichtung und das zur Schlächterei gehörige Inventar wurde ein Preis von 10 000 ℳ vereinbart, der dem Werte dieser Gegenstände entspricht. Für die Überlassung der Kundschaft sind 5 000 ℳ gerechnet, die in dem Gesamtpreise mitenthalten sind. Ich musste mich dafür bei einer Vertragsstrafe von 5000 ℳ verpflichten, in Buchholz keine Schlächterei wieder zu eröffnen.*
3. Haben Sie die Kosten der Veräußerung und Übertragung übernommen und bezahlt (§ 22 Ziffer 1) und in welchem Betrage? Die Höhe der einzelnen Posten ist tunlichst durch Belege nachzuweisen.	3. *Ich habe an den Grundstücksmakler Hoch in Berlin die Vermittelungsgebühr von 1 v. H. des Verkaufspreises gezahlt. Alle andern Kosten hat der Käufer übernommen. Quittung über meine Zahlung an Hoch liegt bei. Die Gebühr ist ortsüblich*
4. Haben Sie oder Ihre Eltern (Voreltern, Erblasser) für eine (nach dem 1. Januar 1911 entstandene) Wertminderung Ihres Grundstücks eine Entschädigung erhalten (§ 23)? Welcher Betrag dieser Entschädigung ist nicht zur Beseitigung des Schadens verwendet worden?	4 *Ja. Im Februar 1911 ist infolge Höherlegung der Strasse eine Wertminderung eingetreten, für die ich 5000 ℳ Entschädigung erhalten habe. 2000 ℳ habe ich zur Beseitigung des Schadens aufgewendet; nicht verwendet sind daher 3000 ℳ.*
5. Wer hat die Zahlung der Wertzuwachssteuer übernommen?	5. *Der Käufer Meyer.*

C. Aufwendungen des bisherigen Eigentümers*).

1. **) Befinden sich auf dem Grundstück zur Zeit der Veräußerung Bauten, Neubauten oder sonstige dauernde besondere Verbesserungen, die der bisherige Eigentümer oder dessen Eltern (Voreltern, Erblasser) während ihrer Besitzzeit vorgenommen haben (§ 14 Ziffer 3)?

2. Welche Aufwendungen haben der bisherige Eigentümer oder dessen Eltern (Voreltern, Erblasser) für diese Bauten und Verbesserungen gemacht?

Für jeden Bau, und jede sonstige Verbesserung ist der Betrag der Aufwendung und der Zeitpunkt, in welchem sie gemacht ist, anzugeben (bei Bauten und Umbauten der Zeitpunkt der behördlichen Gebrauchsabnahme und, soweit eine solche nicht besteht, der Zeitpunkt der gebrauchsfertigen Herstellung). Die Belege sind tunlichst beizufügen.

1.

a) Im Jahre 1900 hat mein Vater auf dem bisher unbebauten Grundstück ein vierstöckiges Wohnhaus gebaut.

b) Im Jahre 1905 habe ich einen Anbau zum Betrieb einer Schlächterei errichtet.

2.

a) Das Wohnhaus kostete im Jahre 1900 schlüsselfertig . . . . 160 000 ℳ

b) Die Kosten des Anbaues im Jahre 1905 betrugen . . . . 12 000 ℳ

Die Schlussabrechnungen mit dem Architekten Zimmer in Karlsdorf und dem Baumeister Winter in Buchholz füge ich zur Einsichtnahme bei.

---

*) Aufwendungen, die vor dem 1. Januar 1885 liegen, sind auch dann nicht anzugeben, wenn der Erwerb vor dem 1. Januar 1885 stattgefunden hat.

Bei der Veräußerung eines Teilgrundstücks sind nur die Aufwendungen anzugeben, welche auf das Teilgrundstück entfallen.

**) Beim Übergange des Bergwerkseigentums sind hier insbesondere die bergmännischen Versuchs- und Ausrichtungsarbeiten aufzuführen.

Hierunter sind nicht anzuführen
a) zur Wiederherstellung von Baulichkeiten verwandte Beträge aus Versicherungen, falls die wiederhergestellten Baulichkeiten bereits bei dem Erwerbe seitens des bisherigen Eigentümers oder seiner Eltern (Voreltern, Erblasser) bestanden,
b) Aufwendungen, die der laufenden Unterhaltung von Baulichkeiten oder der laufenden Bewirtschaftung von Grundstücken dienen,
c) Aufwendungen, die auf Erzeugnisse des Grundstücks, Maschinen, Mobiliar, Inventar und dergleichen gemacht sind.

3*). Hat sich der Wert der Bauten, Umbauten und sonstigen Verbesserungen (§ 14 Ziffer 3) innerhalb der Besitzzeit im Werte gemindert, bejahendenfalls um wieviel?

3. Der jetzige Wert des Anbaues beträgt 11 000 M. — Der gegenwärtige Wert des Wohnhauses im übrigen (nach Abzug des Wertes der 1905 angebauten Teile) beläuft sich auf 150 000 M. (Der Wert des gesamten Gebäudes wurde im vorigen Jahre anlässlich der Hypothekenbeleihung auf 161 000 M geschätzt.)

4. Welche Aufwendungen, Leistungen und Beiträge haben der bisherige Eigentümer oder seine Eltern (Voreltern, Erblasser) während ihrer Be-

4. Am 20. Juni 1900 an die Gemeinde Buchholz 5200 M Anliegerbeiträge gezahlt, desgleichen 4500 M am 7. November 1907.

*) Die Frage ist für bergmännische Versuchs- und Ausrichtungsarbeiten nicht zu beantworten.

sitzzeit für Straßenbauten, andere Verkehrsanlagen einschließlich der Kanalisierung, sowie ohne entsprechende Gegenleistung und Verzinsung für sonstige öffentliche Einrichtungen gemacht (§ 14 Ziffer 4)?

Für jede Aufwendung ist ihr Betrag und der Zeitpunkt, in dem sie gemacht ist, tunlichst durch Belege nachzuweisen.

Anmerkung.

a) Soweit der aus dem Grundstück erzielte Jahresertrag hinter 3 vom Hundert des Erwerbspreises zuzüglich der nach § 14 Ziffer 1 bis 3 zulässigen Anrechnungen zurückbleibt, ist der Veräußerer berechtigt, den Abzug des Fehlbetrags für längstens 15 zusammenhängende, nach dem 1. Januar 1885 liegende Jahre hierneben zu beantragen. Die Höhe des Fehlbetrages ist für jedes einzelne Jahr tunlichst durch Belege nachzuweisen (§ 22 Ziffer 2).	*a)* —
b) Der Steuerpflichtige ist berechtigt, an Stelle der 4 prozentigen Verzinsung der unter C 4 angegebenen Aufwendungen für 15 Jahre die Hinzurechnungen des § 16 des Gesetzes für die gesamte Zeit seit dem Erwerbe, längstens seit dem 1. Januar 1885 auch für die unter C 4 an-	*b)* —

gegebenen Aufwendungen hierneben zu beantragen (§ 14 Ziffer 4 Satz 3).	
c) Soweit es sich um die Verbesserung von Flächen handelt, die aus Moorland, Sumpfland, Öd- oder Heideland bestehen, kann der Steuerpflichtige an Stelle der im § 14 Ziffer 3 bezeichneten Aufwendungen die Hinzurechnung der Erhöhung des Ertragswerts hierneben beantragen (§ 15).	*c)* —

Ich versichere hiermit, die vorstehenden Angaben nach bestem Wissen und Gewissen gemacht zu haben.

Ort: *Buchholz,*

Datum: *den 10. Mai 1911.*

Name: *Eduard Müller.*

Nach § 50 des Gesetzes werden die Nichteinreichung der Zuwachssteuererklärung oder wissentlich unrichtige Angaben, welche geeignet sind, zu einer Verkürzung der Steuer zu führen, mit einer Geldstrafe bis zum vierfachen Betrage der Zuwachssteuer bestraft.

Teil III.

Die einzelstaatlichen Vollzugsanweisungen.

1. Preußen.

A. Ausführungsgesetz zum Reichszuwachssteuergesetze vom 14. Februar 1911. Vom 14. Juli 1911. (GS. S. 95.)

§ 1. Die Zuwachssteuer wird
1. in den Stadtgemeinden durch den Gemeindevorstand,
2. in den Landgemeinden und in den Gutsbezirken durch den Kreisausschuß

veranlagt.

Für Stadtgemeinden mit weniger als 2 000 Einwohnern hat die Veranlagung auf ihren Antrag durch den Kreisausschuß zu erfolgen.

Auf Antrag von Landgemeinden mit mehr als 5 000 Einwohnern oder von solchen Landgemeinden, in denen eine Wertzuwachssteuer schon vor dem 1. Januar 1911 in Kraft war, ist die Veranlagung durch den Kreisausschuß dem Gemeindevorstande zu überweisen.

§ 2. Auf die Rechtsmittel gegen die Veranlagung zur Zuwachssteuer und den Zuschlägen dazu finden in den Fällen, in denen die Steuer durch den Gemeindevorstand veranlagt worden ist, die Vorschriften der §§ 69, 70, 75 des Kommunalabgabengesetzes vom 14. Juli 1893 (Gesetzsamml. S. 152), in den Fällen, in denen die Steuer durch den Kreisausschuß veranlagt worden ist, die Vorschriften der §§ 14 Abs. 2, 11 Abs. 4 und 5 des Kreis- und Provinzialabgabengesetzes vom 23. April 1906 (Gesetzsamml. S. 159) mit der Maßgabe Anwendung, daß in erster Instanz stets der Bezirksausschuß zuständig ist.

§ 3. Die Zuwachssteuer ist, falls sie von dem Kreisausschusse veranlagt ist, an die Kreiskommunalkasse, in allen anderen Fällen an die Gemeindekasse zu zahlen. Die Kassen haben den nach den Vorschriften des Reichsgesetzes (§ 58) dem Reiche zustehenden Steueranteil nach den Bestimmungen des Bundesrats abzuführen.

Von dem nach § 58 des Reichsgesetzes dem Staate zustehenden Anteile von 10 vom Hundert des Ertrags der Zuwachssteuer erhält für die Verwaltung und Erhebung der Steuer, falls der Kreisausschuß diese veranlagt, der Kreis, in allen anderen Fällen die Gemeinde die Hälfte. Der dem Staate verbleibende Betrag ist nach Bestimmung des Finanzministers abzuführen.

§ 4. Von dem Anteil an der Zuwachssteuer, der nach den Vorschriften des Reichsgesetzes (§ 58) den Gemeinden und Gemeindeverbänden verbleibt, erhält die kreisangehörige Gemeinde, in der sich der Steuerfall ereignet hat, sofern sie nicht mehr als 15 000 Einwohner hat, zwei Drittel, sofern sie mehr als 15 000 Einwohner hat, drei Viertel. Den Rest des Anteils erhält der Kreis.

Aus den Gutsbezirken erhält der Kreis den vollen Steueranteil.

Die Kreise haben den auf sie entfallenden Steueranteil für ihre eigenen Aufgaben und zum Teil, jedoch höchstens bis zur Hälfte, auch für diejenigen einzelner Gemeinden und Gutsbezirke zu verwenden.

Ist die Zuwachssteuer vom Kreisausschusse veranlagt, so hat die Kreiskommunalkasse den nach Abs. 1 sich ergebenden Betrag an die Gemeindekasse abzuführen. Ist sie vom Gemeindevorstande veranlagt, so hat die Gemeindekasse den auf den Kreis entfallenden Anteil an die Kreiskommunalkasse abzuführen.

§ 5. Für die Zeit bis zum 1. April 1915 unterliegt die Anwendung der §§ 1 bis 4 dieses Gesetzes gemäß § 60 des Reichsgesetzes folgenden Maßgaben:

1. Wenn in der Gemeinde, in der sich der Steuerfall ereignet, aber nicht in dem Kreise, zu dem sie gehört, eine Zuwachssteuer vor dem 1. April 1909 beschlossen und vor dem 1. Januar 1911 in Kraft getreten war, so wird die Zuwachssteuer in allen Fällen des § 1 durch den Gemeindevorstand veranlagt und an die Gemeindekasse gezahlt, die ihrerseits die dem Reiche und dem Staate gebührenden Anteile gemäß § 3 dieses Gesetzes abführt. Ergibt sich nach Ablauf des Rechnungsjahrs, daß der auf die Gemeinde entfallende Anteil an Zuwachssteuer den auf Grund der maßgebenden Steuerordnung erzielten jährlichen Durchschnittsertrag übersteigt, so hat die Gemeinde, sofern sie nicht mehr als 15 000 Einwohner hat, ein Drittel, sofern sie mehr als 15000 Einwohner hat, ein Viertel des Überschusses an den Kreis abzuführen.

2. Wenn in dem Kreise, aber nicht in der kreisgehörigen Gemeinde, in der sich der Steuerfall ereignet, eine Zuwachssteuer vor dem 1. April 1909 beschlossen und vor dem 1. Januar 1911 in Kraft getreten war, so wird die Zuwachssteuer in allen Fällen des § 1 durch den Kreisausschuß veranlagt und an die Kreiskommunalkasse gezahlt, die ihrerseits die dem Reiche und dem Staate gebührenden Anteile gemäß § 3 dieses Gesetzes abführt. Ergibt sich nach Ablauf des Rechnungsjahrs, daß der dem Kreise verbliebene Anteil an Zuwachssteuer den auf Grund der maßgebenden Steuerordnung erzielten jährlichen Durchschnittsertrag übersteigt, so hat der Kreis, wenn die beteiligte Gemeinde nicht mehr als 15 000 Einwohner hat, zwei Drittel, sofern sie mehr als 15 000 Einwohner hat, drei Viertel des Über-

schusses an die Gemeinde — bei mehreren Gemeinden dieser Art nach dem Verhältnis ihres Steueraufkommens — zu überweisen. Ist in dem Rechnungsjahre jedoch Zuwachssteuer auch aus Gutsbezirken oder aus unter Ziffer 3 fallenden Gemeinden aufgekommen, so ermäßigt sich die obige Überweisungssumme derartig, daß sie zu zwei Dritteln (drei Vierteln) des gesamten Überschusses in gleichem Verhältnisse steht wie das Steueraufkommen der für die Verteilung in Betracht kommenden Gemeinden zu dem aus allen Gutsbezirken und Gemeinden im Kreise stammenden Gesamtsteueraufkommen.

3. Wenn in der Gemeinde, in der sich der Steuerfall ereignet, und auch in dem Kreise, zu dem sie gehört, eine Zuwachssteuer vor dem 1. April 1909 beschlossen und vor dem 1. Januar 1911 in Kraft getreten war, so bestimmt sich die Veranlagungsbehörde nach § 1, die Steuerempfangsstelle nach § 3 dieses Gesetzes. Ist jedoch die Veranlagung auf Grund der maßgebenden Steuerordnungen von der Gemeinde oder von dem Kreise einheitlich für beide vorgenommen worden, so wird die Zuwachssteuer von der bisher zuständigen Behörde veranlagt und an deren Kasse gezahlt. Der Anteil an dem Ertrage des einzelnen Steuerfalls, der nach Abführung der dem Reiche und dem Staate gebührenden Anteile verbleibt, ist zwischen Gemeinde und Kreis nach dem Verhältnis ihrer bisherigen Beteiligung an dem Ertrage der Zuwachssteuer oder, wenn ein bestimmtes Beteiligungsverhältnis nicht festgesetzt war, nach dem Verhältnisse der auf Grund der maßgebenden Steuerordnungen erzielten jährlichen Durchschnittserträge zu verteilen.

4. Wenn einer Gemeinde oder einem Kreise gemäß § 60 Abs. 2 des Reichsgesetzes die bisherige Steuerordnung mit der a. a. O. bezeichneten Maßgabe belassen wird, so findet eine Verteilung des Steuerertrags zwischen Gemeinde und

Kreis nur insoweit statt, als sie in der Steuerordnung etwa vorgesehen ist.

§ 6. In den Hohenzollernschen Landen tritt an die Stelle des Kreises der Amtsverband, an die Stelle des Kreisausschusses der Amtsausschuß.

§ 7. Für die Bevölkerungszahl im Sinne dieses Gesetzes ist maßgebend das Ergebnis der jeweilig letzten Volkszählung.

§ 8. Dieses Gesetz tritt mit dem Tage seiner Verkündung in Kraft.

B. Preußische Ausführungsanweisung des Ministers des Innern und des Finanzministers vom 19. Mai 1911 zum Reichszuwachssteuergesetz vom 14. Februar 1911.

Im folgenden ist zu verstehen:

1. unter Reichsgesetz: das Zuwachssteuergesetz vom 14. Februar 1911 — Reichsgesetzblatt S. 33 —,
2. unter Ausführungsgesetz: das preußische Ausführungsgesetz zum Reichszuwachssteuergesetz,
3. unter Ausführungsbestimmungen: die Zuwachssteuer-Ausführungsbestimmungen des Bundesrats vom 27. März 1911 — Zentralblatt für das Deutsche Reich S. 79 ff. —

A. Behörden für Veranlagung und Erhebung, Abrechnung und Ablieferung der Steuer.

1. Oberbehörden im Sinne des § 36 des Reichsgesetzes und der Ausführungsbestimmungen sind die geordneten Kommunalaufsichtsbehörden, also

für die Kreis- (Amts-) zuwachssteuerämter und für die städtischen Zuwachssteuerämter in erster Instanz die Regierungspräsidenten, in zweiter Instanz die Oberpräsidenten — in den Hohenzollernschen Landen der Minister des Innern —, für die Stadt Berlin der Oberpräsident zu Potsdam bezw. der Minister des Innern, für die Zuwachssteuerämter in den zur selbständigen Veranlagung befugten Landgemeinden, [sowie für die Ämter in Westfalen und für die Landbürgermeistereien in der Rheinprovinz]*) die Landräte (Oberamtmänner) als Vorsitzende der Kreis- (Amts-) ausschüsse, in höherer Instanz die Regierungspräsidenten.

Landeszentralbehörde im Sinne der Ausführungsbestimmungen sind der Minister des Innern und der Finanzminister.

Der Umfang und die Art der Tätigkeit des Reichsbevollmächtigten gegenüber diesen Behörden und den ihnen unterstehenden Zuwachssteuerämtern wird vom Reichskanzler im Einvernehmen mit der Landesregierung geregelt (§ 36 Abs. 2 des Reichsgesetzes). S. auch unter Ziffer 20.

2. An die Stelle der Hauptzollämter im Sinne der für das Verwaltungsstrafverfahren, die Strafmilderung und den Erlaß der Strafe im Gnadenwege, sowie hinsichtlich der Strafvollstreckung und der Verjährung der Strafverfolgung geltenden Zoll-Strafvorschriften (§ 54 Abs. 1 des Reichsgesetzes, Verwaltungs-Strafgesetz vom 26. Juli 1897, Gesetzsammlung S. 237) treten für den Umfang der Stadtkreise die Regierungspräsidenten, für den Umfang der Landkreise (Ämter) die Landräte (Oberamtmänner). An Stelle der Zolldirektivbehörden treten im ersten Fall die Oberpräsidenten, im zweiten Fall die Regierungspräsidenten; für die Stadt Berlin tritt an Stelle der Hauptzollämter und an Stelle der Zolldirektivbehörde, soweit diese in erster Instanz zuständig sind, der Oberpräsident von Brandenburg; in zweiter Instanz entscheidet der Minister des Innern.

3. Die Steuerveranlagung erfolgt durch die Zuwachssteuerämter (§ 1 des Ausführungsgesetzes) nach Maßgabe der Bestimmungen des Kreis- und des Kommunalabgabengesetzes.

---

*) Die Worte sind gestrichen, vgl. Erlaß zu C (Seite 237).

Die Steuererhebung erfolgt nach Maßgabe des § 3 des Ausführungsgesetzes durch die dort bezeichneten Kassen.

4. Über den Ertrag der Zuwachssteuer ist von den in Nr. 3 bestimmten Kassen monatlich mit der Regierungshauptkasse und durch diese mit der Reichshauptkasse (§ 45 der Ausführungsbestimmungen) abzurechnen. Dabei können die mit der Erhebung befaßten Gemeinde-, Kreis- (Amts-) Kassen ihren Anteil am Ertrage bei der Ablieferung zurückbehalten. Für Berlin kommt als Regierungshauptkasse diejenige in Potsdam in Betracht.

Wegen des bei der Verrechnung zu beobachtenden Verfahrens ergeht besondere Bestimmung.

B. Anmeldungsvorschriften.

5. Die Worte „bebaut oder unbebaut" im Sinne der Spalte 7 des Musters 1 der Ausführungsbestimmungen sind bei der Anmeldung nach Maßgabe der im Katasterwesen üblichen Bezeichnungsweise, nicht im Sinne der Vorschriften des § 1 des Reichsgesetzes auszufüllen.

6. Die Mitteilungen der Behörden, Beamten und Notare über die Abtretung eines Geschäftsanteils einer Gesellschaft mit beschränkter Haftung im Sinne des § 7 der Ausführungsbestimmungen erfolgen durch Übersendung von Monatslisten an die Zuwachssteuerämter.

Die den Notaren gemäß § 3 C 1 der Ausführungsbestimmungen obliegende Mitteilungspflicht fällt weg, wenn die von dem Notar aufgenommene Veräußerungsurkunde binnen 10 Tagen nach der Beurkundung dem Grundbuchamte zum Zweck der Eintragung des neuen Eigentümers eingereicht wird und die Eintragung daraufhin stattfindet.

7. Die Grundstücksblätter sind nach Maßgabe des § 11 der Ausführungsbestimmungen von den Zuwachssteuerämtern, sobald sich eine Veranlassung dazu ergibt, zunächst überall anzulegen.

Sofern in Gegenden mit stark zersplittertem Grundbesitz oder aus anderen Gründen die Anlegung von Grundstücksblättern Unzuträglichkeiten zur Folge haben sollte, bleibt der Oberbehörde überlassen, Anträge auf Abstandnahme von der Führung solcher Blätter bei der Landeszentralbehörde zu stellen.

C. Vorverfahren.

8. Die Zuwachssteuerämter haben dem zuständigen Registergerichte mitzuteilen, welche Vereinigungen von der Zuwachssteuer nach § 30 Ziffer 4 des Reichsgesetzes befreit sind. (Siehe dazu § 17 der Ausführungsbestimmungen.)

D. Hauptverfahren.

9. Die Vordrucke für die Zuwachssteuererklärung (Muster 6 der Ausführungsbestimmungen) können nach Maßgabe des örtlichen Bedürfnisses durch Fragen — namentlich nach dem Vorliegen von Zwischengeschäften (§§ 27, 32 des Reichsgesetzes), von Vermittelungen (§ 11 Abs. 2, § 32 Abs. 2 daselbst), von Fällen des § 7 Ziffer 7, § 19 daselbst — ergänzt werden. Auch kann in die Vordrucke für die Zuwachssteuererklärung der Hinweis aufgenommen werden, daß die Belege in Heftform, nach den Ziffern der Zuwachssteuererklärung geordnet, einzureichen sind.

Soweit Zwangsversteigerungen, Gemeinheitsteilungen, sowie Teilungen eines gemeinschaftlichen Grundstücks in Frage kommen, ist bis auf weiteres das für Zuwachssteuererklärungen vorgeschriebene Muster Nr. 6 der Ausführungsbestimmungen durch entsprechende Sonderfragen unter Berücksichtigung der Vorschriften in § 5 Abs. 3 Ziffer 4, § 14 Ziffer 2, und § 25 des Reichsgesetzes zu ergänzen.

Der Erlaß besonderer Muster zu Sondererklärungen im Sinne des § 20 der Ausführungsbestimmungen bleibt vorbehalten.

10. Wo das Zuwachssteueramt nur aus einer Person besteht, sind bei Vergleichen im Sinne des § 23 der Ausführungsbestim-

mungen zwei Mitglieder der Vertretung des kommunalen Verbandes, welchem jener Beamte angehört, zur Genehmigung heranzuziehen.

Sofern bei einem Vergleiche der Unterschied zwischen Erwerbs- und Veräußerungspreis ohne Berücksichtigung der anzurechnenden Aufwendungen einen Steuerertrag von mehr als 20 000 Mark erwarten läßt, ist der Vergleich nur vorbehaltlich der Zustimmung des Reichsbevollmächtigten abzuschließen. Diese ist unter Vorlegung der Vergleichsverhandlungen unverzüglich einzuholen. Erhebt der Reichsbevollmächtigte gegen den Vergleich Bedenken und schließt sich das Zuwachssteueramt diesen Bedenken nicht an, so hat es die Vergleichsverhandlungen durch Vermittelung der Oberbehörde unter Darstellung des Sachverhalts der Landeszentralbehörde vorzulegen, welche das Weitere veranlassen und gegebenenfalls die Entscheidung des Bundesrats herbeiführen wird.

11. Die im § 12 Abs. 2 des Reichsgesetzes in Bezug genommenen Vorschriften des Reichserbschaftssteuergesetzes lauten wie folgt:

§ 17. Bei Nutzungen oder Leistungen, die entweder ausdrücklich oder durch anderweitige, die Dauer begrenzende Umstände auf bestimmte Zeit beschränkt sind, ist der Gesamtwert unter Abrechnung der Zwischenzinsen durch Zusammenzählung der einzelnen Jahreswerte zu berechnen. Der Gesamtwert darf den zum gesetzlichen Zinssatze kapitalisierten Jahreswert nicht übersteigen. Bei immerwährenden Nutzungen wird das Fünfundzwanzigfache des einjährigen Betrages, bei Nutzungen von unbestimmter Dauer, sofern nicht die Vorschriften der §§ 18, 19 Anwendung finden, das Zwölfundeinhalbfache des einjährigen Betrages als Wert angenommen.

§ 18. Der Wert von Leibrenten oder anderen auf die Lebenszeit einer Person beschränkten Nutzungen, einschließlich des im § 3 Nr. 1 bezeichneten Erwerbes, wird nach dem Lebensalter der Person, mit deren Tode das Bezugsrecht erlischt, berechnet, und zwar wird als Wert bei einem Alter

1. bis zu 25 Jahren das 20 fache,
2. von mehr als 25 bis zu 35 Jahren das 18 fache,
3. von mehr als 35 bis zu 45 Jahren das 16 fache,
4. von mehr als 45 bis zu 55 Jahren das 14 fache,
5. von mehr als 55 bis zu 65 Jahren das 12 fache,
6. von mehr als 65 bis zu 70 Jahren das 10 fache,
7. von mehr als 70 bis zu 75 Jahren das 8 fache,
8. von mehr als 75 bis zu 80 Jahren das 6 fache,
9. von mehr als 80 Jahren das 4 fache

des Wertes der einjährigen Nutzung angenommen.

Ist jedoch die Nutzung oder Leistung

im Falle des Abs. 1 Nr. 1 schon innerhalb eines Zeitraumes von 10 Jahren,
im Falle des Abs. 1 Nr. 2 schon innerhalb eines Zeitraumes von 9 Jahren,
im Falle des Abs. 1 Nr. 3 schon innerhalb eines Zeitraumes von 8 Jahren,
im Falle des Abs. 1 Nr. 4 schon innerhalb eines Zeitraumes von 7 Jahren,
im Falle des Abs. 1 Nr. 5 schon innerhalb eines Zeitraumes von 6 Jahren,
im Falle des Abs. 1 Nr. 6 schon innerhalb eines Zeitraumes von 5 Jahren,
in den Fällen des Abs. 1 Nr. 7 bis 9 schon innerhalb eines Zeitraumes von 4 Jahren

nach dem Anfall erloschen, so wird der Wert nach Maßgabe der wirklichen Dauer bestimmt und die gezahlte Steuer bis auf den diesem Werte entsprechenden Betrag erstattet. In gleicher Weise wird, wenn die steuerpflichtige Masse um den nach Abs. 1 berechneten Wert einer Nutzung oder Leistung geringer veranlagt war, im Falle des früheren Erlöschens der Nutzung oder Leistung ein entsprechender Steuerbetrag nacherhoben.

§ 19. Hängt die Dauer der Nutzungen von der Lebenszeit mehrerer Personen ab, so ist, wenn das Bezugsrecht mit dem Tode der zuerst versterbenden Person erlischt, das Lebensalter der ältesten Person, wenn das Bezugsrecht mit dem Tode der letztversterbenden Person erlischt, das Lebensalter der jüngsten Person maßgebend.

§ 20. Der einjährige Betrag der Nutzung eines Geldbetrages ist, wenn er nicht anderweit feststeht, zu vier vom Hundert anzunehmen.

12. Als Sicherheiten für gestundete Zuwachssteuer kommen in Betracht (§ 27 Abs. 2 der Ausführungsbestimmungen)

a) die Verpfändung von Schuldverschreibungen des Reiches und des Preußischen Staates,
b) die Verpfändung von Forderungen, die in das Reichsschuldbuch oder in das Staatsschuldbuch des Königreichs Preußens eingetragen sind,
c) die Verpfändung von anderen, bei der Reichsbank beleihbaren (lombardfähigen) Wertpapieren,
d) die pfandweise Hinterlegung der über Wertpapiere der vorgenannten Art erteilten Hinterlegungsbescheinigungen (Depotscheine) der Reichsbank, der Seehandlung (Pr. Staatsbank) und anderer von der Landeszentralbehörde hierfür zugelassenen Bankanstalten und Kassen,
e) schriftliche Erklärungen der Reichsbank, für gestundete Steuer Zahlung zu leisten,
f) Wechsel,
g) andere Sicherheiten, z. B. Hypotheken an inländischen Grundstücken, mündelsichere Forderungen, für die eine Hypothek an einem inländischen Grundstück besteht, Bürg-

schaften, falls die Oberbehörde die Genehmigung hierzu erteilt.

Bei einer etwa erforderlich werdenden Verwertung des bestellten Pfandes zur Deckung der Steuerforderung sind die Vorschriften in den §§ 1147, 1204—1258, 1280—1290 BGB. zu beachten.

13. Die Niederschlagung der Steuer (§ 28 der Ausführungsbestimmungen) bedarf der Genehmigung der Oberbehörde, sofern ein Betrag von mehr als 300 Mark Gesamtsteuer in Frage kommt, bei Gemeinden von mehr als 10 000 Einwohnern jedoch nur dann, wenn der Betrag 1 000 Mark überschreitet.

14. Die dem Zuwachssteueramte zustehende Entscheidung über Anträge auf Erlaß oder Erstattung zu Unrecht gezahlter Steuer (§ 29 und § 30 Abs. 1 der Ausführungsbestimmungen) bedarf der Zustimmung der Oberbehörde und im Falle des § 30 Abs. 2 daselbst des Bundesrats, dessen Zustimmung durch Vermittelung der Landeszentralbehörde nachzusuchen ist.

15. Bei Erstattung von Zuwachssteuer (§§ 29 und 30 der Ausführungsbestimmungen) ist auch der Betrag für Kreis, Staat und Reich vorläufig von der Gemeindekasse auszulegen und bei der demnächstigen Monatsabrechnung (s. oben Ziffer 4) gegenüber diesen Körperschaften zu verrechnen.

Auf Kreiskommunalkassen ist diese Bestimmung sinngemäß anzuwenden:

16. Zufolge § 38 Abs. 2 der Ausführungsbestimmungen wird bestimmt:

Die Zuwachssteuerämter haben vierteljährlich die von ihnen abgeschlossenen Vergleiche (§ 23 Ziffer 1 der Ausführungsbestimmungen) in einer Liste, aus der sich Gegenstand und Höhe des Vergleichs ergeben, zusammenzustellen und diese der Oberbehörde zur Prüfung einzureichen. Die Oberbehörde kann auf Grund dieser Zusammenstellungen die Vorlegung einzelner Fälle und Akten anordnen und dieselben nachprüfen.

Die Einstellung des Verfahrens gemäß § 13 Abs. 3 der Ausführungsbestimmungen ist in der Spalte „Bemerkungen" der Zuwachssteuerliste einzutragen.

17. Die Mitteilungen über Eigentumsänderungen, die in der Zeit vom 1. Januar bis zum 1. April 1911 stattgefunden haben, sind, soweit sie die Katasterbehörden von den Grundbuchämtern erhalten haben, von den ersteren bis zum 1. Juli 1911 an die Zuwachssteuerämter in Abschrift weiterzusenden.

Die Notare und sonstigen Beamten und Behörden, die in der Zeit vom 1. Januar 1911 bis zu dem Inkrafttreten dieser Ausführungsanweisung ein unter Tarifnummer 11 des Reichsstempelgesetzes vom 15. Juli 1909 (RGBl. S. 833 ff.) oder unter § 5 Abs. 3 Z. 5 des Reichsgesetzes fallendes Veräußerungsgeschäft beurkundet haben, müssen, sofern es noch nicht geschehen ist, dem Zuwachssteueramte hiervon bis zum 1. Juli 1911 Mitteilung machen. Dieser Mitteilung bedarf es nicht, wenn die Veräußerungsurkunde zum Zwecke der Eintragung des neuen Eigentümers inzwischen dem Grundbuchamt eingereicht worden ist oder bis zum 1. Juli 1911 eingereicht wird und die Eintragung daraufhin stattgefunden hat oder stattfindet.

Die Notare können in diesen Fällen der Anmeldepflicht bezüglich der unter Tarifnummer 11 des Reichsstempelgesetzes fallenden Geschäfte genügen durch nachträgliche Übersendung von Abschriften der den Zollämtern gemachten Mitteilungen. Weitergehende Mitteilungen werden für die oben angegebene Übergangszeit nicht gemacht.

Wer in der Zeit vom 1. Januar bis zum Inkrafttreten dieser Ausführungsanweisung als Veräußerer oder Erwerber oder als gesetzlicher Vertreter eines von Beiden an einem Veräußerungsgeschäft oder an einer Eigentumsübertragung oder am Übergange einer Berechtigung (§ 2 des Reichsgesetzes) oder eines Anteilsrechtes (§ 3 a. a. O.) beteiligt gewesen ist, hat ebenfalls, soweit dies bisher nicht geschehen ist, bis zum 1. Juli 1911 den Zuwachssteuerämtern davon Mitteilung zu machen und zwar

1. von dem Veräußerungsgeschäft, soweit der Veräußerungspreis (einschließlich der Nebenleistungen, insbesondere der für Zwischenbeteiligte, Bevollmächtigte usw. vorgesehenen Gebühr, Gewinnbeteiligung usw.) oder der Wert höher ist als der Erwerbspreis, und soweit nicht eine öffentliche Beurkundung des Geschäfts erfolgt ist (§ 63 Reichsgesetzes),
2. von dem Übergange des Eigentums einer Berechtigung oder eines Anteilsrechts,

soweit nicht die Auflassung oder Eintragung in das Grundbuch erfolgt ist.

18. Die Gemeinden (Gemeindeverbände), denen auf Grund der §§ 60 Abs. 2, 61 Abs. 2 des Reichsgesetzes an Stelle der Vorschriften dieses Gesetzes die bisherige Satzung belassen ist, haben (gemäß § 45 Abs. 4 der Ausführungsbestimmungen) den Überschuß an Zuwachssteuer über den vom Bundesrat festgesetzten bisherigen Durchschnittsertrag an die Regierungshauptkasse — Berlin an die Regierungshauptkasse zu Potsdam — abzuführen und dem Regierungspräsidenten die aufzustellenden Einnahmeübersichten einzureichen.

19. Die Mitteilungen gemäß § 46 der Ausführungsbestimmungen sind, soweit Entscheidungen des Oberverwaltungsgerichts ergangen sind, unmittelbar, im übrigen durch Vermittelung der Oberbehörden der Landeszentralbehörde zu erstatten. Bei Revisionseinlegungen, die Fragen von grundsätzlicher Bedeutung betreffen oder wegen der Höhe des Streitgegenstandes von besonderer Bedeutung sind, wird das Oberverwaltungsgericht der Landeszentralbehörde Mitteilung machen.

20. Die Landeszentralbehörde wird den Beamten des Reichsschatzamts Gelegenheit geben, Einsicht in den Geschäftsgang der Zuwachssteuerämter und Oberbehörden zu nehmen, soweit Zuwachssteuerangelegenheiten in Frage kommen.

Die Oberbehörden und Zuwachssteuerämter werden daher allgemein angewiesen, den vorgedachten Reichsbeamten auf Wunsch diese Einsicht in ihren Geschäftsgang zu gestatten.

21. Für die Mitteilungen der Gerichte und Ortsgerichte bewendet es bei den von dem Herrn Justizminister getroffenen Bestimmungen.

Als Anlage sind beigefügt:

Anhang I. Allgemeine Verfügung des Herrn Justizministers vom 19. Mai 1911 über Mitteilungen an die Zuwachssteuerämter.*)

Anhang II. Zusammenstellung der den Reichsbevollmächtigten in bezug auf die Zuwachssteuer zugeteilten Bezirke, soweit Preußen in Betracht kommt. (Nicht abgedruckt.)

C. Preußischer Erlaß des Ministers des Innern und des Finanzministers vom 5. August 1911.

Wir machen hierdurch auf das in der Nummer 18 S. 95 der Gesetzsammlung veröffentlichte Ausführungsgesetz zum Reichszuwachssteuergesetz aufmerksam.

Unsere Erlasse vom 28. März d. J. — M. d. J. Ia 531; Fin.M. II 3885, III 5420 — und vom 13. April d. J. — M. d. J. Ia 599; Fin.M. II 4532 — treten mit dem Tage der Verkündung des Gesetzes außer Kraft. Soweit die Zuständigkeit zur Veranlagung der Zuwachssteuer nach diesem Gesetz eine andere ist als nach der von uns angeordneten vorläufigen Regelung, sind die am Tage des Inkrafttretens des Gesetzes in Behandlung begriffenen, noch nicht durch Erteilung eines Steuerbescheides (§ 43 Reichszuwachssteuergesetz) abgeschlossenen Zuwachssteuerfälle in dem Stadium, in dem sie sich an diesem Tage befinden, an die nach dem Gesetze zuständige Stelle abzugeben und von dieser weiterzubearbeiten.

---

*) Anlage I ist unter D (S. 238) abgedruckt.

In der mit dem Erlasse vom 19. Mai d. J. — M. d. J. Ia 786; Fin.M. II 6289 — ergangenen preußischen Ausführungsanweisung zum Reichszuwachssteuergesetz fallen, nachdem in das Ausführungsgesetz die im § 1 Abs. 2 des Entwurfs vorgesehenen besonderen Bestimmungen über die Veranlagung in den Landgemeinden der Rheinprovinz und der Provinz Westfalen nicht aufgenommen sind, unter A Nr. 1 die Worte „sowie für die Ämter in Westfalen und für die Landbürgermeistereien in der Rheinprovinz" fort.

D. Allgemeine Verfügung des Justizministers vom 19. Mai 1911 über Mitteilungen an die Zuwachssteuerämter. (JMBl. S. 201.)

Im Einverständnisse mit dem Herrn Reichskanzler, dem Herrn Minister des Innern und dem Herrn Finanzminister ordne ich an, daß die Mitteilungen, die nach dem Zuwachssteuergesetz und den dazu ergangenen Ausführungsbestimmungen des Bundesrats von den Amtsgerichten und den Ortsgerichten den Zuwachssteuerämtern zu machen sind, ausschließlich in folgender Weise zu bewirken sind.

I.

1. Von jeder Eintragung eines Eigentümers im Grundbuche gemäß § 31 Abs. 1 der Allgemeinen Verfügung zur Ausführung der Grundbuchordnung vom 20. November 1899 (JustMinistBl. S. 349) erhält das Zuwachssteueramt Nachricht durch Übersendung einer Abschrift der dem Katasteramte zu übermittelnden Eigentumsveränderungsliste.

In Spalte 18 der Abschrift ist der der Stempelberechnung zugrunde gelegte Wert und, wenn der in einer bestimmten Summe bezifferte Kauf- oder Erwerbspreis von dem Werte abweicht, auch der Kauf- oder Erwerbspreis anzugeben; hat eine Stempelberechnung nicht stattgefunden, so ist der Kauf- oder Erwerbspreis anzugeben. Darunter ist das Jahr zu vermerken, in dem der zuletzt vorangegangene Eigentumsübergang stattfand, sowie der damalige Wert (Preis). Liegt dieser Eigentumsübergang vor dem 1. Januar 1885, so ist nur das Jahr des Überganges zu vermerken. Wert oder Preis brauchen nur dann angegeben zu werden, wenn sie aus den Grundakten ersichtlich sind, der frühere Wert oder Preis auch nur dann, wenn er für den jetzt betroffenen Grundbesitz gesondert festgestellt war.

Im Falle von Rückübereignungen bei der Einrichtung von Rentengütern ist die Tatsache der Rückübereignung zur Renteneinrichtung in Spalte 19 ersichtlich zu machen.

Bis zu der alsbald von den Oberlandesgerichtspräsidenten zu veranlassenden Herstellung eigener Formulare für die Abschriften sind die vom Katasteramte gelieferten Formulare zu benutzen. In den Formularen für die Abschriften fällt der Vordruck auf der ersten und vierten Seite weg. Auf der dritten Seite werden die ersten Worte in der Überschrift der Spalte 18 geändert in: „Wert (Kauf- oder Erwerbspreis)". Die Spalten 18a, 20 bis 22 scheiden aus: der gewonnene Raum dient zur Verbreiterung der Spalte 19. Unten am Schlusse wird vorgedruckt: „.................. den .... Gerichtsschreiber des Königlichen Amtsgerichts."

Die erste Seite kann nach Anordnung des Oberlandesgerichtspräsidenten zum Vordrucke der Adresse benutzt werden. Aus der Abschrift soll hervorgehen, daß sie eine Mitteilung für die Zuwachssteuer enthält.

2. In entsprechender Weise und unter Beachtung der hierüber von dem Oberlandesgerichtspräsidenten erlassenen näheren Anweisung sind die Nachrichten durch Übersendung von Eigentumsveränderungslisten, soweit deren Ausfüllung jeweilig möglich ist, zu erteilen:

a) von der Übereignung von Berechtigungen (§ 2 des Gesetzes), für die ein Grundbuchblatt angelegt ist;

b) von der Übereignung von Grundstücken und Berechtigungen, die sich, weil das Grundbuch nicht als angelegt gilt, nach früherem Rechte vollzieht.

3. Durch Übersendung einer Liste nach dem beigefügten Muster erhält das Zuwachssteueramt Nachricht:

a) von allen Fällen, in denen beim Amtsgericht eine Abgabe nach Tarifnummer 11 des Reichsstempelgesetzes zur Erhebung gelangt, mit Ausnahme der Auflassungen;

b) von allen sonst vom Amtsgerichte beurkundeten Rechtsgeschäften, die zu den im § 5 des Gesetzes bezeichneten gehören;

c) von allen sonstigen vom Amtsgerichte beurkundeten Rechtsvorgängen, die nach dem Inhalte der Urkunde der Auflassung nicht bedürfende Fälle des Eigentumsüberganges an Grundstücken (§§ 1, 4 des Gesetzes) oder den Übergang einer Berechtigung (§ 2 des Gesetzes) zum Gegenstande haben;

d) von allen vom Amtsgerichte beurkundeten Übertragungen eines Geschäftsanteils einer Gesellschaft mit beschränkter Haftung.

Der Eintragung in die Liste bedarf es nicht:

zu a, b, wenn die Veräußerung durch Übereignung bereits ausgeführt ist oder bis zur Absendung der Liste ausgeführt wird und die Tatsache der Übereignung in einer der Listen zu Nr. 1 oder 2 zu vermerken ist;

zu c, wenn die Tatsache des Überganges in einer der Listen zu Nr. 1 oder 2 zu vermerken ist;

zu d, wenn sich aus den dem Amtsgericht offenkundigen Tatsachen ergibt, daß die Gesellschaft, deren Anteil übertragen wird, keinen Grundbesitz hat oder nicht unter § 3 des Gesetzes fällt.

Anlage zu I 3.

Veräußerungsanzeige.

Aktenzeichen	Tag der Beurkundung des Rechtsgeschäfts	a) Des Veräußerers b) Des Erwerbers: Name, Vorname	Stand	Wohnort, Straße, Hausnummer	Des Grundstücks Grundbuchbezeichnung: Band	Blatt	Angabe, ob bebaut oder unbebaut	Art und Tag des zugrundeliegenden Rechtsgeschäfts	Der Verkaufspreis bezw. Wert beträgt: für Liegenschaften und Gebäude ℳ	Pf.	für andere mitverkaufte Gegenstände ℳ	Pf.	Bemerkungen
1	2	3			4		5	6	7		8		9

Im übrigen ist es auf die Notwendigkeit der Eintragung ohne Einfluß, ob eine Zuwachssteuer zu erheben ist oder nicht.

Die einzelnen Spalten sind nur soweit auszufüllen, als sich die Tatsachen ohne weiteres aus den Urkunden ergeben. Für die Ausfüllung der Spalte 5 ist die Katasterbezeichnung maßgebend.

Jede Liste umfaßt einen Kalendermonat und ist spätestens bis zum 10. Tage des folgenden Monats abzusenden.

4. Von jedem Falle, in welchem dem Amtsgericht als Registergericht zur Kenntnis gebracht wird, daß sich die Anteile einer unter § 3 des Gesetzes fallenden Vereinigung in einer Hand vereinigen, ist das Zuwachssteueramt alsbald gesondert zu benachrichtigen.

5. Den Amtsgerichten werden von den Zuwachssteuerämtern diejenigen in den Registern des Gerichts eingetragenen Vereinigungen bezeichnet werden, welche nach § 30 Ziffer 4 des Gesetzes von der Steuerpflicht befreit sind. Von jeder Satzungsänderung, durch welche der Satzungszweck einer solchen Vereinigung geändert wird und die dem Amtsgericht als Registergericht zur Kenntnis gebracht wird, ist das Zuwachssteueramt in gleicher Weise alsbald zu benachrichtigen.

6. Die Benachrichtigungen liegen dem Gerichtsschreiber ob.

II.

Soweit Ortsgerichte zuständig sind, Rechtsgeschäfte zu beurkunden, die zu den in § 5 des Gesetzes bezeichneten gehören, haben sie über diese Rechtsgeschäfte die unter Nr. I 3 angeordnete Liste nach Maßgabe der dort getroffenen Bestimmungen zu führen. Der Oberlandesgerichtspräsident erläßt die erforderlichen näheren Anweisungen.

III.

Verzeichnisse der Grundbuchämter, Registergerichte usw. sowie der Notare oder sonstigen Urkundsbeamten (§ 10 Abs. 2

der Ausführungsbestimmungen) sind bis auf weiteres nicht mitzuteilen.

IV.

Die Bestimmungen dieser Verfügung gelten auch für die Amtsgerichte der Fürstentümer Waldeck und Pyrmont.

V.

Diese Verfügung tritt am 1. Juni 1911 in Kraft.

E. Allgemeine Verfügung des Justizministers vom 23. Juni 1911 über Mitteilungen an die Zuwachssteuerämter. (JMBl. S. 255.)

Allgemeine Verfügungen vom 13. April und 19. Mai 1911 (JustMinistBl. S. 166, 201).

In Ergänzung der Bestimmungen unter I und IV der Allgemeinen Verfügung vom 19. Mai 1911 (JustMinistBl. S. 201) über Mitteilungen an die Zuwachssteuerämter wird folgendes bestimmt:

1. Ist dem Gerichte bekannt geworden, daß der Befreiungsgrund des § 63 des Zuwachssteuergesetzes *) zutrifft, so ist diese Tatsache in Spalte 19 der dem Zuwachssteueramte zu übersendenden Eigentumsveränderungsliste unter näherer Bezeichnung der Art und des Datums der Urkunde ersichtlich zu machen.

2. Ist nur ein Teil eines Grundstücks übereignet, während das Restgrundstück im Eigentume des bisherigen Eigentümers verblieben ist, so ist in Spalte 19 „T. V." und die Bezeichnung des Restgrundstücks durch: „Rest Kbl. .... Parz. ......" zu vermerken.

---

*) § 63. **Die Besteuerung unterbleibt, wenn die Urkunde über das Veräußerungsgeschäft, das zu dem Eigentumsübergange führte, vor dem 1. Januar 1911 in öffentlich beglaubigter Form errichtet oder bei einer Behörde eingereicht war.**

2. Bayern.

A. Königliche Verordnung vom 1. April 1911, den Vollzug des Zuwachssteuergesetzes vom 14. Februar 1911 betreffend.

(G. u. VBl. S. 185.)

§ 1. Die Erhebung und Verwaltung der Zuwachssteuer erfolgt durch die Rentämter.

§ 2. Gegen den rentamtlichen Steuerbescheid findet die Beschwerde an die Regierungsfinanzkammer (§ 44 Abs. 1 Ziff. 1 des Zuwachssteuergesetzes) statt.

Gegen den Bescheid der Regierungsfinanzkammer ist weitere Beschwerde zum Staatsministerium der Finanzen sowie Beschwerde an den Verwaltungsgerichtshof zulässig. Der Verwaltungsgerichtshof behandelt die Beschwerde nach den Vorschriften der Artikel 16 bis 44 des Gesetzes über den Verwaltungsgerichtshof vom 8. August 1878.

§ 3. Bei Zuwiderhandlungen gegen die Vorschriften des Zuwachssteuergesetzes sowie gegen die dazu erlassenen Ausführungsvorschriften des Bundesrats sind zur Feststellung des Tatbestandes im Verwaltungsstrafverfahren, zur Erlassung von Strafbescheiden in diesem Verfahren sowie zur zwangsweisen Beitreibung der in solchen Strafbescheiden festgesetzten Geldstrafen die Rentämter zuständig.

Die Erhebung von Anklagen, die Vertretung und Antragstellung vor Gericht sowie die Einlegung von Rechtsmitteln (§ 464 der Reichs-Strafprozeßordnung) kommt den Regierungsfinanzkammern zu.

§ 4. Liegt das Grundstück, für das die Zuwachssteuer erhoben wird, in einem ausmärkischen Bezirke, so fließt der gemeindliche Anteil an der Steuer der Distriktsgemeinde zu.

§ 5. Die zum Vollzuge des Zuwachssteuergesetzes weiter erforderlichen Vorschriften werden vom Staatsministerium der Finanzen im Benehmen mit den beteiligten übrigen Ministerien erlassen.

B. Bekanntmachung der Staatsministerien der Justiz, des Innern und der Finanzen vom 27. Juni 1911, den Vollzug des Zuwachssteuergesetzes vom 14. Februar 1911 betreffend.

(G. u. VBl. S. 965.)

Zum Vollzuge des Zuwachssteuergesetzes vom 14. Februar 1911 (RGBl. S. 33) werden mit Bezug auf die zu diesem Gesetz erlassenen Ausführungsbestimmungen des Bundesrats (GVBl. 1911 S. 189) sowie auf Grund des § 5 der Verordnung vom 1. April 1911 (GVBl. S. 185) die nachstehenden Vorschriften erlassen.

Zuwachssteuerämter und Oberbehörden.

§ 1. Die Verwaltung und Erhebung der Zuwachssteuer obliegt den Rentämtern unter der Leitung der Regierungsfinanzkammern und unter der Oberaufsicht des Staatsministeriums der Finanzen.

In München ist das Stadtrentamt München I, in Nürnberg das Rentamt Nürnberg I zuständig.

Anmeldungsverfahren.

§ 2. Die Rentämter erhalten von den während eines Monats im Grundbuche zur Eintragung gelangten Rechtsänderungen (§ 3 A der AusfBest. des Bundesrats) durch die ihnen von den Grundbuchämtern bis spätestens zum 3. des folgenden Monats zu übersendenden Umschreibverzeichnisse (§ 18 der

Min.Bek. vom 23. Februar 1905 — JMBl. S. 593, FMBl. S. 39) Kenntnis.

Ferner sind die bei den Notaren vorkommenden Fälle der Erhebung der Abgabe auf Grund der Tarifnummer 11 des Reichsstempelgesetzes (§ 3 C Ziff. 1 der AusfBest. des Bundesrats), die von den Notaren beurkundeten Rechtsvorgänge, die der Auflassung und Eintragung ins Grundbuch nicht bedürfende Fälle des Eigentumsüberganges an Grundstücken oder den Übergang einer Berechtigung zum Gegenstande haben oder zu den im § 5 des Gesetzes bezeichneten Rechtsgeschäften gehören (§ 3 C Ziff. 2 der AusfBest. des Bundesrats), sowie die notariell beurkundeten Abtretungen von Anteilen einer Gesellschaft mit beschränkter Haftung (§ 3 C Ziff. 3 der AusfBest. des Bundesrats) aus den notariellen Gebührenregistern ersichtlich.

Auf Grund des § 4 Abs. 3, § 6 Abs. 3 der Ausführungsbestimmungen des Bundesrats wird daher verfügt, daß die Mitteilung von Übereignungsanzeigen durch die Grundbuchämter (§ 3 A, § 4 Abs. 1, 2 der AusfBest. des Bundesrats) nur im Falle der Übertragung des Bergwerkseigentums erfolgt, sowie daß Veräußerungsanzeigen durch den Notar (§ 3 C 1 bis 3, § 6 Abs. 1, 2 der AusfBest. des Bundesrats) nur einem Rentamte erstattet werden, mit dem der Notar nicht über die Gebühren abrechnet, und das sich auch nicht am gleichen Sitze, wie der Notar, befindet. Die Grundbuchämter und die Notare haben jedoch die Vorträge in den Umschreibverzeichnissen und in den Gebührenregistern, welche sich auf Rechtsvorgänge oder Beurkundungen beziehen, hinsichtlich deren die Anzeigepflicht besteht, durch Voransetzung des Buchstaben „Z" am Rande vor der Spalte 1 kenntlich zu machen. Außerdem sind im notariellen Gebührenregister in der Spalte 4 der Name, Stand und Wohnort sowohl des Erwerbers als des Veräußerers anzugeben sowie in der Spalte 5 die Gemeindebezirke zu bezeichnen, in denen die übereigneten Grundstücke oder Berechtigungen liegen. Bei

Rechtsvorgängen, bei denen es zum Übergange des Eigentums der Eintragung in das Grundbuch nicht bedarf, ist ferner in der Spalte 5 des notariellen Gebührenregisters der § 4 Abs. 1 Halbsatz 2, bei Übertragung von Geschäftsanteilen an Gesellschaften mit beschränkter Haftung der § 3 des Gesetzes anzuführen.

Für andere Behörden oder Beamte als die Notare, insbesondere für die Prozeßgerichte im Falle des Abschlusses von Prozeßvergleichen, für die Distriktsverwaltungsbehörden im Falle einer gütlichen Einigung nach Artikel 26 des Gesetzes zur Ausführung der Reichszivilprozeßordnung und Konkursordnung in der Fassung vom 26. Juni 1899 findet eine Ausnahme von den Vorschriften des § 6 Abs. 1, 2 der Ausführungsbestimmungen des Bundesrats nicht statt.

§ 3. Hinsichtlich der Mitteilungspflicht der Registergerichte hat es bei der Vorschrift im § 5 Abs. 1 der Ausführungsbestimmungen des Bundesrats zu bewenden.

Die im § 5 Abs. 2 der Ausführungsbestimmungen des Bundesrats vorgeschriebene Feststellung, ob die in das Register neu eingetragenen Vereinigungen unter den § 3 des Gesetzes fallen, erfolgt durch Beamte des am Sitze des Registergerichts befindlichen Rentamts. Letzteres verständigt das Rentamt, in dessen Bezirk die Vereinigung ihren Sitz hat.

§ 4. Verzeichnisse der im Steuerbezirke befindlichen Grundbuchämter, Registergerichte und Notare (§ 10 Abs. 2 der Ausf.-Best. des Bundesrats) werden den Rentämtern nicht mitgeteilt.

Vorverfahren.

§ 5. Die Steuerpflicht entsteht nach § 4 Abs. 1 des Gesetzes mit der Eintragung der Rechtsänderung in das Grundbuch oder, wenn es einer solchen zum Übergange des Eigentums nicht bedarf z. B. beim Eigentumserwerb im Wege der Zwangsversteigerung (§ 90 des Gesetzes über die Zwangsversteigerung und die Zwangsverwaltung), mit dem Vorgange, der die Rechtsänderung bewirkt. Die Steuerpflicht entsteht ferner nach § 3 des Gesetzes mit dem Übergange von Rechten an dem Vermögen der dort bezeichneten Vereinigungen, endlich nach § 5 des Gesetzes aus den dort bezeichneten Rechtsgeschäften, wenn seit dem Geschäftsabschluß ein Jahr verflossen ist, ohne daß der Übergang des Eigentums erfolgt ist.

§ 6. Nach § 12 der Ausführungsbestimmungen des Bundesrats sind die in den Mitteilungen und Anmeldungen enthaltenen Rechtsvorgänge, sobald sie zu einer steuerlichen Behandlung Anlaß geben, sobald also die Steuerpflicht entstanden ist, in die Zuwachssteuerliste zu übernehmen. Die Rentämter haben daher sofort in die Zuwachssteuerliste zu übertragen:

1. aus den monatlichen Umschreibverzeichnissen der Grundbuchämter alle Fälle der Umschreibung von Eigentumsübergängen an Grundstücken oder von Übergängen an grundstücksgleichen Rechten. Die treffenden Vorträge sind vom Grundbuchamt am Rande der Umschreibverzeichnisse vor der Spalte 1 durch Beisetzung des Buchstaben „Z" gekennzeichnet. Nach der erfolgten Übertragung in die Zuwachssteuerliste wird im Umschreibverzeichnis unter dem Buchstaben „Z" die Nummer der Zuwachssteuerliste vermerkt;
2. aus den monatlichen Gebührenregistern der Notare alle Fälle, bei denen es sich um die Abtretung von Geschäftsanteilen einer Gesellschaft mit beschränkter Haftung oder um Eigentums- oder Rechtsübergänge handelt, die der Eintragung im Grundbuche nicht bedürfen. Diese Fälle sind im notariellen Gebührenregister durch Voransetzung des Buchstaben „Z" vor der Spalte 1 gekennzeichnet; außerdem ist in der Spalte 5 bei ersteren Fällen der § 3, bei letzteren Fällen der § 4 Abs. 1 Halbsatz 2 angeführt. Nach der Übertragung wird im Gebührenregister unter dem Buchstaben „Z" die Nummer der Zuwachssteuerliste vermerkt;

3. aus den von Notaren oder von anderen Behörden oder Beamten, insbesondere von Gerichten, Distriktsverwaltungsbehörden erstatteten Veräußerungsanzeigen (§ 6 Abs. 1, 2, § 7 Abs. 1 der AusfBest. des Bundesrats) die darin mitgeteilten Fälle der in der Ziff. 2 bezeichneten Art. Nach erfolgter Übertragung des Falles in die Zuwachssteuerliste wird die Nummer der Zuwachssteuerliste in der Veräußerungsanzeige vermerkt und letztere zu den Spezialakten genommen.

§ 7. Veräußerungsgeschäfte, bei denen es zum Übergange des Eigentums der Eintragung im Grundbuche bedarf, sowie sonstige Rechtsgeschäfte der im § 5 des Gesetzes bezeichneten Art sind in die Zuwachssteuerliste erst dann zu übertragen, wenn seit dem Geschäftsabschluß ein Jahr verflossen ist, ohne daß der Übergang des Eigentums erfolgt ist. Zu diesem Zwecke haben die Rentämter allmonatlich die Gebührenregister der Notare an der Hand der grundbuchamtlichen Umschreibverzeichnisse einer Durchsicht zu unterstellen und bei allen Fällen, bezüglich deren die erfolgte Umschreibung im Grundbuch aus den Umschreibverzeichnissen ersichtlich ist, die Nummer der Zuwachssteuerliste unter dem Buchstaben „Z" am Rande vor der Spalte 1 zu vermerken. Jene Fälle, die nach Umfluß eines Jahres seit der Beurkundung nicht auf diese Weise ihre Erledigung gefunden haben, sind in die Zuwachssteuerliste unter Vermerkung der Nummer der letzteren im Gebührenregister zu übertragen. In gleicher Weise sind auch die bei den Rentämtern eingelaufenen besonderen Veräußerungsanzeigen über Rechtsgeschäfte der vorerwähnten Art zu behandeln. Auch diese sind allmonatlich mit den grundbuchamtlichen Umschreibverzeichnissen zu vergleichen. Ergibt sich, daß die Umschreibung im Grundbuche stattgefunden hat, so ist die Anzeige zu den Spezialakten zu nehmen. Geschäfte, die innerhalb eines Jahres seit der Beurkundung nicht auf diese Weise ihre Erledigung gefunden haben, sind in die Zuwachssteuerliste zu übertragen; die Anzeigen hierüber sind zu den Spezialakten zu nehmen.

§ 8. Ersieht das Rentamt, daß sich ein Gebührenregistervortrag oder eine Veräußerungsanzeige auf Grundstücke oder Berechtigungen bezieht, die teils im eigenen Amtsbezirke, teils im Bezirk eines anderen Rentamts oder eines außerbayerischen Zuwachssteueramts liegen, so ist mit dem mitbeteiligten Rentamt oder außerbayerischen Zuwachssteueramt ins Benehmen zu treten und nach näherer Feststellung des Sachverhalts behufs Bestimmung der für die Zuwachssteuerveranlagung zuständigen Behörde (§ 2 der AusfBest. des Bundesrats) an die vorgesetzte Regierungsfinanzkammer zu berichten. Ist die Entscheidung über die Zuständigkeit vom Staatsministerium der Finanzen oder vom Reichskanzler zu treffen, so berichten die Regierungsfinanzkammern an das Staatsministerium der Finanzen.

§ 9. Die Anmeldepflicht des Veräußerers und des Erwerbers besteht nach § 37 des Gesetzes und § 3 D der Ausführungsbestimmungen des Bundesrats für die steuerpflichtigen Rechtsvorgänge sowie für Rechtsgeschäfte der im § 5 des Gesetzes bezeichneten Art, bei denen eine Preis- oder Werterhöhung eintritt. Die Anmeldepflicht entfällt jedoch, wenn innerhalb der Anmeldefrist die Auflassung oder die Eintragung im Grundbuch erfolgt ist, ferner bei Rechtsgeschäften der im § 5 des Gesetzes bezeichneten Art, wenn die Beurkundung durch einen Mitteilungspflichtigen nach § 3 A bis C der Ausführungsbestimmungen des Bundesrats vorgenommen ist. Hiernach sind von besonderer Bedeutung die Anmeldungen der Veräußerer und der Erwerber über nicht notariell beurkundete (z. B. lediglich beglaubigte) Rechtsgeschäfte der im § 5 des Gesetzes bezeichneten Art, sowie über nicht notariell beurkundete Übergänge von Rechten an dem Vermögen (Anteilen) von offenen Handelsgesellschaften, Kommanditgesellschaften, Gewerkschaften, eingetragenen Genossenschaften oder eingetragenen Vereinen der im § 3 des Gesetzes bezeichneten Art.

§ 10. Die Anmeldungen, die sich auf dem Rentamte bereits durch die grundbuchamtlichen Umschreibverzeichnisse, durch die Gebührenregister der Notare oder durch besondere Veräußerungsanzeigen mitgeteilte Rechtsvorgänge beziehen, sind mit diesen in Behandlung zu nehmen. Anmeldungen, durch die das Rentamt von einem ihm noch nicht mitgeteilten steuerpflichtigen Eigentums- oder Rechtsübergang oder Rechtsgeschäfte der im § 5 des Gesetzes bezeichneten Art Kenntnis erlangt, sind wie Veräußerungsanzeigen gleichen Inhalts zu behandeln.

§ 11. Nachdem die in die Zuwachssteuerliste aufzunehmenden Fälle in diese übertragen sind, erfolgt im Vorverfahren die Ausscheidung der Fälle, die zu einer Steuerveranlagung keinen Anlaß bieten, weil ein gesetzlicher Befreiungsgrund nach § 1 Abs. 2, § 7, § 30, § 63 des Gesetzes vorliegt, weil die zu erwartende Steuer unter 20 ℳ bleibt oder weil es sich lediglich um eine Rückübertragung nach § 34 des Gesetzes handelt (§ 12 Abs. 3 AusfBest. des Bundesrats). Ferner sind von den in die Zuwachssteuerliste übernommenen Übertragungen von Rechten an dem Vermögen (Anteilen) von Gesellschaften oder Vereinigungen jene auszuscheiden, die sich auf Gesellschaften oder Vereinigungen beziehen, bei denen die Voraussetzungen für die Steuerpflicht nach § 3 des Gesetzes nicht gegeben sind.

Die Ausscheidung (Abs. 1) soll möglichst auf Grund der vorliegenden amtlichen Behelfe (Umschreibverzeichnisse, notarielle Gebührenregister, Veräußerungsanzeigen, Grundsteuerkataster, Steuerveranlagungsverhandlungen u. dgl.) und unter tunlichster Vermeidung der persönlichen Heranziehung und Einvernahme der Pflichtigen oder der Anstellung peinlicher Ermittelungen erfolgen. Bestehen jedoch hinsichtlich des Vorliegens der Voraussetzungen für die Steuerbefreiung oder die Freiveranlagung Zweifel, die amtlicherseits nicht behoben werden können, so hat das Rentamt mit den Beteiligten mündlich oder schriftlich ins Benehmen zu treten, sowie veranlaßtenfalls die in den Händen der Beteiligten befindlichen Urkundenabschriften zur Einsicht zu erholen.

Ob die Urkunde vor dem 1. Januar 1911 in öffentlich beglaubigter Form errichtet ist (§ 63 des Gesetzes), ob der Veräußerer persönlich befreit ist (§ 30 Ziff. 1 bis 3 des Gesetzes), sowie ob die Voraussetzungen des § 7 Abs. 1 Ziff. 1 bis 4, 7 des Gesetzes gegeben sind, wird regelmäßig ohne weiteres aus den Umschreibverzeichnissen im Zusammenhalte mit den notariellen Gebührenregistern oder aus den vorliegenden Veräußerungsanzeigen festzustellen sein.

§ 12. Die Anlegung von Grundstücksblättern (§ 11 Abs. 1 der AusfBest. des Bundesrats) findet nicht statt. Dafür ist bei den Umschreibungen im Grundsteuerkataster in der Bemerkungsrubrik die Nummer der Zuwachssteuerliste zu vermerken. Ein entsprechender Vermerk in der Bemerkungsspalte des Grundsteuerkatasters hat außerdem auch in den Fällen des § 11 Abs. 1 Ziff. 3, des § 23 Abs. 2, 3, des § 31 Abs. 2 und des § 33 der Ausführungsbestimmungen des Bundesrats zu erfolgen.

Hauptverfahren.

§ 13. Hat das Vorverfahren nicht ergeben, daß die Voraussetzungen der Steuerbefreiung oder der Freiveranlagung vorliegen, so erfolgt im Hauptverfahren die Veranlagung der Steuer.

§ 14. Das Veranlagungsverfahren ist in den §§ 18 bis 25 der Ausführungsbestimmungen des Bundesrats geregelt. Bei der Schwierigkeit der im Veranlagungsverfahren herbeizuführenden Feststellungen ist auf die persönliche Einvernahme der Beteiligten sowie auf mündliches Verhandeln mit diesen besonderes Gewicht zu legen. Soweit im Veranlagungsverfahren Erklärungen der Beteiligten (Anmeldungen, Zuwachssteuererklärungen, Sondererklärungen) abzugeben sind, können diese auch zum Protokoll des Rentamts abgegeben werden. Das Rentamt hat ferner in allen Fällen von den Erwerbs- und Veräußerungsurkunden Einsicht zu nehmen sowie Abschriften oder wenigstens Auszüge von ihnen zu den Akten zu fertigen.

§ 15. Betrifft der steuerpflichtige Rechtsvorgang steuerpflichtige und steuerfreie Gegenstände (z. B. beim Verkauf eines Fabrikgebäudes mit den Maschinen, beim Verkauf eines landwirtschaftlichen Besitztums mit der stehenden Ernte, beim Verkauf eines Waldgrundstücks mit den darauf stehenden Bäumen) oder betrifft ein steuerpflichtiger Vorgang mehrere steuerpflichtige Gegenstände, die für die Zuwachssteuerberechnung gesondert zu behandeln sind (z. B. Verkauf eines Grundstücks, dessen Teile zu verschiedenen Zeiten erworben wurden), so sind vom Steuerpflichtigen die Einzelpreise oder -werte anzugeben. Wird die Angabe unterlassen und auch auf Erfordern des Rentamts binnen einer zu stellenden Frist nicht nachgeholt, so ist das Rentamt berechtigt, die Ausscheidung auf Grund der ihm zur Verfügung stehenden Unterlagen oder falls solche mangeln, im Wege der Schätzung vorzunehmen. Das Gleiche gilt, wenn in diesen Fällen die Einzelpreise oder -werte vom Steuerpflichtigen zur Steuerersparung unrichtig angegeben sind (§ 13 des Gesetzes).

§ 16. Trägt das Rentamt Bedenken, die Angaben in einer Steuererklärung oder Sondererklärung als richtig anzuerkennen und wird auch durch die dem Steuerpflichtigen nach § 40 des Gesetzes abzufordernde Gegenerklärung eine Beseitigung der Meinungsverschiedenheiten (Einigung) nicht erzielt, so ist das Rentamt berechtigt, die erforderlichen Ermittelungen (Sachverständigenschätzungen, sonstige Erhebungen, Ermittelungen auf Grund der Kataster und dgl.) selbständig vorzunehmen und danach die Steuer zu erheben. Dies gilt insbesondere auch für den Fall, daß über den Wert eines Grundstücks oder Grundstücksteils Streit besteht. Sofern daher eine Einigung nicht zustande kommt, ist das Rentamt befugt, über den Wert des Grundstücks oder Grundstücksteils selbständig Ermittelungen anzustellen, insbesondere eine Schätzung durch Sachverständige herbeizuführen und auf Grund der hiernach beschafften Unterlagen die Steuer zu bemessen.

Ist der Wert eines Grundstücks oder Grundstücksteils aus Anlaß der Erhebung der bayerischen Landesgebühren für den in Betracht kommenden Erwerbs- oder Veräußerungsvertrag im Wege des Wertsermittelungsverfahrens nach Art. 42 des Gebührengesetzes gerichtlich festgestellt worden, so ist dieser Wert auch bei der Berechnung der Zuwachssteuer zu Grunde zu legen, sofern nicht der Steuerpflichtige nachweist, daß der Wert ein anderer war.

§ 17. Vergleiche nach § 23 der Ausführungsbestimmungen des Bundesrats sind vom Steuerpflichtigen sowie vom Rentamtsvorstande, bei dessen Verhinderung von seinem Stellvertreter, zu unterzeichnen.

Läßt bei einem Vergleiche der Unterschied zwischen Erwerbs- und Veräußerungspreis ohne Berücksichtigung der anzurechnenden Aufwendungen einen Steuerertrag von mehr als 2000 ℳ erwarten, so bedarf der Vergleich vor dem Abschlusse der Genehmigung der Regierungsfinanzkammer.

§ 18. Sobald die erforderlichen Feststellungen gepflogen sind, erfolgt die Berechnung der Zuwachssteuer für die Akten sowie die Erlassung und Zustellung des Steuerbescheids (§§ 24, 25 der AusfBest. des Bundesrats). Die Steuerberechnung ist vor der Erlassung des Steuerbescheids dem Steuerpflichtigen zur Äußerung mitzuteilen, wenn die Ermittelungsergebnisse von den Angaben des Steuerpflichtigen abweichen und die Voraussetzungen des § 40 Abs. 2 des Gesetzes gegeben sind. Die Zustellung des Steuerbescheids erfolgt unter entsprechender Anwendung des § 6 der Vollzugsvorschriften vom 25. Januar 1901 zum Gesetz über den Verwaltungsgerichtshof vom 8. August 1878 (GVBl. 1901 S. 41), jedoch hat die Bezeichnung des zuzustellenden Schriftstücks mit „Verwaltungsrechtssache" in Wegfall zu kommen.

Gleichzeitig mit der Erlassung des Steuerbescheids hat das Rentamt die festgesetzte Zuwachssteuer im Sollbuche (§ 26 der AusfBest. des Bundesrats) zu Soll zu stellen.

Erhebung der Steuer, Niederschlagung, Erstattung.

§ 19. Nach Umfluß der im Steuerbescheide für die Entrichtung der Steuer bestimmten Frist (§ 43 des Gesetzes), die mindestens einen Monat betragen muß, erfolgt die Einziehung der Steuer nach Maßgabe der für die Einhebung und Beitreibung der Staatsgefälle geltenden Vorschriften, vorbehaltlich jedoch des § 49 des Gesetzes, wonach, wenn der Pflichtige ein Deutscher ist, zum Zwecke der Einziehung der Zuwachssteuer die Zwangsversteigerung eines Grundstücks ohne seine Zustimmung nicht zulässig ist. Die Einlegung der Beschwerde, der weiteren Beschwerde sowie die Beschreitung des Verwaltungsrechtswegs hat keine aufschiebende Wirkung (§ 45 Abs. 4, § 46 Abs. 2 des Gesetzes).

§ 20. Zur Bewilligung von Stundungen und Teilzahlungen (§ 48 des Gesetzes, § 27 der AusfBest. des Bundesrats) sind, falls die Bewilligung sich auf nicht mehr als 3 Monate erstreckt, die Rentämter, im übrigen die Regierungsfinanzkammern zuständig. Stundungen und Teilzahlungen dürfen nur gegen entsprechende Sicherheitsleistung bewilligt werden. Die Gewährung von Ausnahmen bedarf der Genehmigung des Staatsministeriums der Finanzen.

§ 21. Zur Niederschlagung von Zuwachssteuerbeträgen wegen Uneinbringlichkeit (§ 28 der AusfBest. des Bundesrats) sind die Regierungsfinanzkammern zuständig.

§ 22. Über Anträge auf Erlaß oder Erstattung einer Zuwachssteuer entscheiden in den Fällen des § 29 Abs. 1, § 30 Abs. 1 der AusfBest. des Bundesrats die Regierungsfinanzkammern. Der Genehmigung der Regierungsfinanzkammer bedarf auch die in § 29 Abs. 2 ebenda vorgesehene Erstattung von Amts wegen.

Über die Erstattungen wird an Stelle des in den Ausführungsbestimmungen des Bundesrats vorgesehenen Anhangs zum Sollbuch (§ 26 der AusfBest. und Muster 12) ein Rückvergütungsregister nach dem anruhenden Muster A (nicht abgedruckt) geführt.

Feststellungsbescheid.

§ 23. Die Feststellungsbescheide (§ 47 des Gesetzes) sind vor der Zustellung der Regierungsfinanzkammer zur Vornahme einer Nachprüfung vorzulegen.

Die für die Erteilung des Bescheids zu entrichtende Gebühr fließt in die Staatskasse und ist im rentamtlichen Gebührenregister unter den Gebühren aus der Finanzverwaltung zu vereinnahmen.

Beschwerdeverfahren.

§ 24. Gegen den rentamtlichen Steuerbescheid findet Beschwerde an die Regierungsfinanzkammer statt (§ 44 Abs. 1 Ziff. 1 des Gesetzes). Die Beschwerde ist binnen einer Frist von einem Monate seit der Zustellung des Steuerbescheids beim Rentamte anzubringen (§ 45 Abs. 1 des Gesetzes).

Gegen den Bescheid der Regierungsfinanzkammer ist weitere Beschwerde zum Staatsministerium der Finanzen sowie Beschwerde an den Verwaltungsgerichtshof zulässig. Die Einlegung der weiteren Beschwerde zum Staatsministerium der Finanzen hat binnen einer Frist von einem Monate (§ 35 Abs. 2 der Ausf.-Best. des Bundesrats), die Einlegung der Beschwerde an den Verwaltungsgerichtshof binnen einer Frist von 14 Tagen (Art. 22 Abs. 4 des Gesetzes über den Verwaltungsgerichtshof vom 8. August 1878) seit der Zustellung des Beschwerdebescheids bei der Regierungsfinanzkammer zu erfolgen. Der Verwaltungsgerichtshof behandelt die Beschwerde nach den Vorschriften für Verwaltungsrechtssachen (Art. 16 bis 44 des Gesetzes über den Verwaltungsgerichtshof vom 8. August 1878).

Wird gegen den Beschwerdebescheid der Regierungsfinanzkammer sowohl die weitere Beschwerde zum Staatsministerium der Finanzen als auch die Beschwerde zum Verwaltungsgerichtshof ergriffen, so sind die Akten zunächst dem Staatsministerium der Finanzen in Vorlage zu bringen.

Das Beschwerdeverfahren sowie das verwaltungsrechtliche Verfahren unterliegt der Gebührenpflicht nach Maßgabe der Vorschriften des Gebührengesetzes.

Verrechnung und Ablieferung.

§ 25. Die zur Einzahlung gelangten Zuwachssteuerbeträge werden nach Eingang im Einnahmebuch einnahmlich verbucht. Das Einnahmebuch ist nach dem anruhenden Muster B (nicht abgedruckt) anzulegen.

§ 26. Bei der einnahmlichen Buchung ist auszuscheiden, wieviel von dem eingezahlten Betrag auf das Reich, auf den Staat und auf die Gemeinde trifft (§ 58 des Gesetzes).

Sind mehrere Gemeinden beteiligt, so wird in der Spalte 10 des Einnahmebuchs zunächst nur der auf sämtliche Gemeinden treffende Gesamtbetrag vorgetragen. Die Bestimmung des auf jede einzelne Gemeinde treffenden Anteils erfolgt durch die vorgesetzte Regierungsfinanzkammer. Liegen die Gemeinden in verschiedenen Regierungsbezirken, so entscheidet das Staatsministerium der Finanzen, liegen die Gemeinden in verschiedenen Bundesstaaten, so entscheidet der Bundesrat (§ 41 der AusfBest. des Bundesrats). Vor der Herbeiführung der höheren Entscheidung ist der rentamtliche Verteilungsvorschlag den beteiligten Gemeinden und, wenn für diese oder für eine von ihnen ein gemeindlicher Zuschlag (§ 59 des Gesetzes) erhoben wird, auch dem Steuerpflichtigen zur Äußerung mitzuteilen.

Den Maßstab für die Verteilung bildet regelmäßig die Höhe des in den einzelnen Gemeinden entstandenen Wertzuwachses.

§ 27. Das Einnahmebuch wird am letzten Werktag eines jeden Monats abgeschlossen. Die sich dabei ergebenden Anteile des Reichs, des Staates und der Gemeinden (einschließlich der Nacherhebungen und abzüglich der Erstattungen, vgl. § 31) sind alsdann in die monatlichen Reichssteuerübersichten und in die vierteljährlichen „Übersichten der Einnahmen an Zöllen und Reichssteuern" nach Maßgabe der für die Aufstellung dieser Übersichten geltenden Vorschriften einzustellen.

§ 28. Über den Anteil des Reichs an der Zuwachssteuer rechnet die Zentralstaatskasse mit der Reichshauptkasse vierteljährlich nach näherer Vorschrift des § 9 der Bestimmungen zur Regelung der Abrechnungen zwischen der Reichshauptkasse und den Landeskassen vom 23. Juni 1910 ab. Die buchmäßige Behandlung der Ablieferungen der Rentämter und Kreiskassen erfolgt in den Staatsfondskassebüchern.

Der Anteil Bayerns wird von den Rentämtern behufs einnahmlicher Verrechnung in der Staatsfondsrechnung (Nachweisung Nr. 3 Einnahmen Kap. 2 unter dem Titel „Anteil an der Zuwachssteuer", für das Jahr 1911 unter § 10 a) in die Staatsfondskassebücher übertragen.

Die Hinausvergütung der Anteile der Gemeinden erfolgt in der Weise, daß jeder Gemeinde beim Abschlusse des Einnahmebuchs der ihr zukommende Gesamtbetrag ohne Ausscheidung auf die einzelnen Steuerfälle in einer Summe überwiesen wird. Gemeindliche Anteile, die am Monatsschlusse noch nicht feststehen (§ 26 Abs. 2), werden nach erfolgter Feststellung gesondert überwiesen. Zum Zwecke der Hinausvergütung der gemeindlichen Anteile wird der Gesamtbetrag der letzteren beim Abschlusse des Einnahmebuchs in die Staatsfondskassebücher (durchlaufende Gelder) übertragen.

Das Gleiche (Abs. 3) gilt auch für die Anteile, die den Distriktsgemeinden zukommen (§ 4 der Verordnung vom 1. April 1911, GVBl. S. 185).

Von den Hinauszahlungen an amtsfremde Gemeinden wird den Rentämtern dieser Gemeinden Nachricht gegeben. Die empfangenden Rentämter sammeln die Nachrichten und stellen sie zum Zwecke der Überwachung den Gemeindeverwaltungen und ihren Aufsichtsbehörden zur Verfügung.

§ 29. Auf Grund der von den Rentämtern erstatteten vierteljährlichen Übersichten weisen die Regierungsfinanzkammern den bei den einzelnen Rentämtern aufgekommenen Anteil Bayerns zur einnahmlichen Verrechnung in der Staatsfondsrechnung ein.

Prüfungsverfahren.

§ 30. Im Laufe des dritten Vierteljahrs nach Ablauf des Rechnungsjahrs senden die Rentämter die Zuwachssteuerliste, das Zuwachssteuersollbuch, das Zuwachssteuereinnahmebuch sowie die Rückvergütungsregister an die Regierungsfinanzkammer ein.

Die Regierungsfinanzkammer prüft im allgemeinen die Listen- und Buchführung und stellt fest, ob die während des Rechnungsjahrs erstatteten monatlichen und vierteljährlichen Übersichten mit den Abschlüssen des Einnahmebuchs sich in Übereinstimmung befinden. Alsdann gibt sie die sämtlichen Behelfe an den Reichsbevollmächtigten zur Auswahl der von ihm einzusehenden Akten ab.

Die weitere Prüfung der Zuwachssteuererhebung, insbesondere die Prüfung der Akten erfolgt am Sitze der Rentämter durch abgeordnete Prüfungsbeamte der Regierungsfinanzkammer (örtliche Revision). Diese Beamten geben auch die im § 26 Abs. 3 der AusfBest. des Bundesrats vorgesehene Bestätigung ab.

§ 31. Ergeben sich infolge der Prüfungsverhandlungen Nachholungen, so sind die nachzuholenden Beträge im Sollbuche zu Soll zu stellen und nach Einzahlung im Einnahmebuche zu vereinnahmen.

Ergeben sich durch die Prüfungsverhandlungen Rückerstattungen, so sind diese in der Spalte 6 des Sollbuchs in Abgang zu bringen und im Rückvergütungsregister einzutragen. Das Rückvergütungsregister wird allmonatlich abgeschlossen. Die Monatssumme der Spalten 8 bis 11 wird beim Abschlusse des Einnahmebuchs an der Summe der Spalten 7 bis 10 des letzteren gekürzt.

Kosten.

§ 32. Die Kosten des Verwaltungsverfahrens in Zuwachssteuersachen — abgesehen von dem Rechtsmittel- und Strafverfahren — fallen, soweit nicht im § 40 Abs. 2 und im § 47 Abs. 2 des Gesetzes ein anderes bestimmt ist, der Staatskasse zur Last (§ 56 des Gesetzes, § 32 der AusfBest. des Bundesrats).

Die Kosten für die von den Finanzbehörden benötigten Formulare sind nach Anfall zahlbar; sie werden auf die Nachweisung Nr. 3 „Ausgaben" unter der neu einzustellenden Position Kap. 4 „Auf die Zuwachssteuer" verrechnet. Das Gleiche gilt hinsichtlich der Kosten für die Formulare zu den besonderen Mitteilungen (§ 6 der AusfBest. des Bundesrats) anderer staatlicher Behörden (Gerichte, Bezirksämter); diese Kosten werden von den treffenden Behörden beim zuständigen Rentamte zur Auszahlung liquidiert.

Sonstige Kosten des Verfahrens (Schätzungskosten und dgl.), die nicht nach § 40 Abs. 2 und § 47 Abs. 2 des Gesetzes dem Steuerpflichtigen überbürdet werden können und daher der Staatskasse zur Last fallen, bedürfen der Einweisung durch die Regierungsfinanzkammer. Die Verrechnung erfolgt gleichfalls auf die Nachweisung Nr. 3 „Ausgaben", Kap. 4 „Auf die Zuwachssteuer".

Gemeindliche Zuschläge.

§ 33. Die Gemeinden sind nach näherer Maßgabe des § 59 des Gesetzes berechtigt, durch Satzung zu bestimmen, daß zu dem Anteil, der ihnen nach § 58 des Gesetzes von dem Ertrage der Steuer zufließt, für ihre Rechnung Zuschläge erhoben werden.

Die Einführung des Zuschlags und dessen Bemessung erfolgt in Gemeinden mit städtischer Verfassung durch Beschluß des Magistrats unter Zustimmung der Gemeindebevollmächtigten, in rechtsrheinischen Landgemeinden durch Beschluß des Gemeindeausschusses unter Zustimmung der Gemeindeversammlung, in Gemeinden mit pfälzischer Gemeindeverfassung durch Beschluß des Gemeinderats. Außerdem ist in allen diesen Fällen die Genehmigung des Staatsministeriums des Innern erforderlich, die im Benehmen mit dem Staatsministerium der Finanzen ergeht.

Zur Erholung der Genehmigung sind an das Staatsministerium des Innern Abschriften der Beschlüsse der gemeindlichen Vertretungskörper mit einer Übersicht nach dem Muster der Beilage C (nicht abgedruckt) einzusenden. Die Einsendung erfolgt mit Begleitbogen oder mit kurzem Bericht oder Randbericht und zwar durch die kreisunmittelbaren Stadtmagistrate unmittelbar, außerdem durch Vermittlung der Bezirksämter. Weitere Schriftstücke, Rechnungen u. dgl. sind der Vorlage nicht beizufügen; auch die Abfassung eines eigenen Gesuchs hat zu unterbleiben. Die Beschlußabschriften müssen ersehen lassen, daß die Beschlüsse gültig zustande gekommen sind.

Die Genehmigung des Staatsministeriums des Innern wird im Justizministerialblatt und im Finanzministerialblatt ausgeschrieben. Den örtlich zunächst beteiligten Behörden wird außerdem die Genehmigungsentschließung besonders mitgeteilt.

§ 34. Die Berechnung und Erhebung des Zuschlags erfolgt auf Antrag der Gemeinde durch das Rentamt, dem die Erhebung der Zuwachssteuer obliegt.

Der Antrag ist in dem im § 33 Abs. 2 erwähnten Beschlusse zu stellen.

§ 35. Bei der im § 33 Abs. 4 erwähnten Veröffentlichung wird bekannt gegeben, ob der Zuschlag durch das Rentamt zu berechnen und zu erheben ist oder ob die Berechnung und Erhebung durch die Gemeinde erfolgt.

Die Genehmigungen werden von den Rentämtern in ein Verzeichnis eingestellt, das auf dem laufenden zu halten ist.

§ 36. Die Berechnung und Erhebung der gemeindlichen Zuschläge durch das Rentamt erfolgt nach den Vorschriften der §§ 37 bis 42.

§ 37. Das Rentamt hat den Zuschlag zu berechnen, sobald der Anteil der den Zuschlag erhebenden Gemeinde an der Zuwachssteuer feststeht.

Hiernach erfolgt die Berechnung des Zuschlags, wenn außer der den Zuschlag erhebenden Gemeinde eine andere Gemeinde nicht beteiligt ist, sofort bei der Erlassung des Steuerbescheids.

Sind mehrere Gemeinden beteiligt, so kann der Zuschlag erst dann berechnet werden, wenn durch die zuständige höhere Behörde festgestellt ist, wieviel von dem gemeindlichen Anteil an der Zuwachssteuer auf die den Zuschlag erhebende Gemeinde entfällt (§ 26 Abs. 2).

§ 38. Nach der Berechnung des Zuschlags in den Akten ist der geschuldete Betrag dem Pflichtigen bekannt zu geben und einzufordern. Die Bekanntgabe und Einforderung ist in den Fällen des § 37 Abs. 2 mit dem Steuerbescheide zu verbinden; die Beträge der Reichsabgabe und des Zuschlags sind jedoch hierbei getrennt zum Vortrage zu bringen.

Die Einhebung und Beitreibung erfolgt nach den gleichen Vorschriften wie die Einhebung und Beitreibung der Zuwachssteuer.

§ 39. Der gemeindliche Zuschlag ist in der Zuwachssteuerliste und im Zuwachssteuersollbuch auf einer eigenen Zeile unter dem Vortrage der in der gleichen Sache angefallenen Zuwachssteuer vorzutragen. Vor der Spalte 20 der Zuwachssteuerliste und der Spalte 5 des Sollbuchs ist dabei zu vermerken „Gemeindlicher Zuschlag".

Im Einnahmebuch und im Rückvergütungsregister ist für die gemeindlichen Zuschläge je vor der Bemerkungsspalte eine eigene Spalte zu eröffnen.

Auf die weitere Behandlung der Zuschläge sowie auf deren Hinausvergütung an die Gemeinden finden die Vorschriften im § 28 Abs. 3, 5 entsprechende Anwendung.

In die monatlichen Reichssteuerübersichten und in die vierteljährlichen Übersichten über die Einnahmen an Zöllen und Reichssteuern sind die gemeindlichen Zuschläge nicht zu übertragen.

§ 40. Die Befugnis der staatlichen Behörden zur Gewährung von Stundungen und zur Niederschlagung wegen Uneinbringlichkeit erstreckt sich auch auf die gemeindlichen Zuschläge. Eine vorherige Einvernahme der Gemeinden findet nicht statt.

Werden auf eine Gesamtschuldigkeit an Zuwachssteuer und gemeindlichem Zuschlag Teilzahlungen geleistet, so sind die eingehenden Beträge zunächst auf die Zuwachssteuer und erst nach deren vollständiger Deckung auf den gemeindlichen Zuschlag anzurechnen.

§ 41. Für die Tätigkeit der Rentämter bei der Berechnung und Erhebung der gemeindlichen Zuschläge wird eine Vergütung von 2 vom Hundert der eingehenden Beträge berechnet. Die Vergütung fließt in die Staatskasse und wird bei der Hinausvergütung der Zuschläge an die Gemeinden abgezogen.

Die Vergütung wird in der Nachweisung der „Übrigen Einnahmen" unter Kap. 4 „Vergütung für die Besorgung von Nebengeschäften durch die Rentämter" verrechnet.

§ 42. Die Gemeinden können wegen der Berechnung und Erhebung der gemeindlichen Zuschläge die Aufsichtsbeschwerde an die dem Rentamt vorgesetzte Regierungsfinanzkammer und die Oberaufsichtsbeschwerde an das Staatsministerium der Finanzen erheben.

§ 43. Erfolgt die Berechnung und Erhebung des gemeindlichen Zuschlags nicht durch das Rentamt, sondern durch die Gemeinde selbst, so sind dieser bei der monatlichen Hinausvergütung der gemeindlichen Anteile an der Zuwachssteuer (§ 28 Abs. 3) die auf die einzelnen Steuerfälle treffenden Beträge unter Bezeichnung des steuerpflichtigen Vorgangs und des Steuerpflichtigen mitzuteilen.

§ 44. Die §§ 33 bis 43 finden auf den Fall entsprechende Anwendung, daß das Grundstück, für das die Zuwachssteuer erhoben wird, in einem ausmärkischen Bezirke liegt (§ 4 der Verordnung vom 1. April 1911, GVBl. S. 185).

Zur Einführung von Zuschlägen sind in diesem Falle die Distriktsgemeinden berechtigt. Die Beschlußfassung erfolgt durch den Distriktsrat.

Schluß- und Übergangsvorschriften.

§ 45. Das Zuwachssteuergesetz ist am 1. April 1911 in Kraft getreten. Nach § 62 des Gesetzes erstreckt sich jedoch die Steuerpflicht auch auf Rechtsvorgänge, die nach dem 31. Dezember 1910 bis zum Inkrafttreten des Gesetzes stattgefunden haben.

Demgemäß besteht die Mitteilungspflicht der Grundbuchämter, der Registergerichte, der Notare und sonstigen Behörden (§ 3 A bis C der AusfBest. des Bundesrats) sowie die Anmeldepflicht des Erwerbers und des Veräußerers (§ 3 D ebenda) auch hinsichtlich der in der Zeit nach dem 31. Dezember 1910 bis zum 1. April 1911 eingetretenen Vorgänge und stattgehabten Beurkundungen.

§ 46. Die in der Zeit nach dem 31. Dezember 1910 bis zum Inkrafttreten des Gesetzes im Grundbuch zur Umschreibung gelangten Eigentums- oder Rechtsübergänge können aus den vorliegenden grundbuchamtlichen Umschreibverzeichnissen ohne weiteres in die Zuwachssteuerliste übertragen werden. Die nachträgliche Beisetzung des Buchstaben „Z" vor den anzeigepflichtigen Umschreibungen durch das Grundbuchamt wird erlassen.

Dagegen sind die notariellen Gebührenregister für die Monate Januar bis März 1911 den Notaren zur Ergänzung durch nachträgliche Beifügung des Buchstaben „Z" vor den anzeigepflichtigen Beurkundungen, durch Angabe des Erwerbers und Veräußerers in der Spalte 4, durch Angabe der Gemeindebezirke sowie gegebenenfalls durch Anführung des § 3 oder des § 4 Abs. 1 Halbsatz 2 des Gesetzes in der Spalte 5 zurückzugeben.

Soweit sich Beurkundungen auf Grundstücke oder Rechte beziehen, die ganz oder teilweise im Bezirk eines anderen Rentamts gelegen sind, als desjenigen, mit dem der Notar über die Gebühren abrechnet oder das sich am Sitze des Notariats befindet, sind die in §§ 3, 6 der Ausführungsbestimmungen des Bundesrats vorgeschriebenen Veräußerungsanzeigen nachträglich dem zuständigen Rentamte zu übersenden.

Andere Behörden, insbesondere die Prozeßgerichte bei Prozeßvergleichen, die Distriktsverwaltungsbehörden bei gütlichen Einigungen nach Art. 26 des Gesetzes zur Ausführung der Reichs-Zivilprozeßordnung und der Konkursordnung sowie die Registergerichte haben die ihnen nach §§ 3, 6 der Ausführungsbestimmungen des Bundesrats obliegenden Mitteilungen für die Zeit vom 1. Januar bis 31. März 1911 nachträglich zu erstatten.

3. Sachsen.

A. Verordnung der Ministerien der Justiz, des Innern und der Finanzen, die Vollziehung des Zuwachssteuergesetzes vom 14. Februar 1911 betreffend. Vom 29. März 1911.

(G. u. VBl. S. 87 u. VBl. der Generalzolldirektion S. 151.)

§ 1. (1) Zuwachssteuerämter sind in den Städten mit Revidierter Städteordnung die Stadträte. In den übrigen Städten und in den Landgemeinden kann das Finanzministerium dem Bürgermeister oder dem Gemeindevorstande die Geschäfte des Zuwachssteueramtes auf Widerruf übertragen.

(2) Für die Gemeinden, in denen nicht Gemeindebehörden als Zuwachssteuerämter bestellt sind, und für die selbständigen Gutsbezirke sind Zuwachssteuerämter die Hauptzollämter:

Dresden II zugleich für die Hauptzollamtsbezirke Meißen, Pirna und Schandau,
Leipzig II zugleich für den Hauptzollamtsbezirk Grimma,
Chemnitz zugleich für die Hauptzollamtsbezirke Annaberg und Freiberg,
Plauen zugleich für den Hauptzollamtsbezirk Eibenstock,
Bautzen,
Zittau,
Zwickau.

(3) Den Zuwachssteuerämtern steht die Verwaltung und Erhebung der Zuwachssteuer zu.

(4) Zur Strafverfolgung nach § 54 des Gesetzes sind lediglich die im zweiten Absatze aufgeführten Hauptzollämter und zwar das Hauptzollamt Dresden II auch für den Hauptzollamtsbezirk Dresden I und das Hauptzollamt Leipzig II auch für den Hauptzollamtsbezirk Leipzig I zuständig; insoweit erstreckt sich ihre Zuständigkeit auf die im ersten Absatze erwähnten Städte und Landgemeinden.

(5) Oberbehörde in Zuwachssteuersachen ist die Generalzolldirektion, Landeszentralbehörde das Finanzministerium.

§ 2. Amtliche Ausfertigungen in Zuwachssteuersachen haben die in § 1 Absatz 1 und 2 genannten Dienststellen unter ihrer Amtsbezeichnung mit dem Zusatze „als Zuwachssteueramt" zu vollziehen.

§ 3. (1) Die Gemeindebehörden sind als Zuwachssteuerämter an die Weisungen des Finanzministeriums und ebenso an diejenigen der Generalzolldirektion gebunden.

(2) Über Beschwerden wegen ihres Verfahrens in Zuwachssteuersachen entscheidet die Generalzolldirektion.

(3) Das Finanzministerium und ebenso die Generalzolldirektion können die Geschäftsführung der als Zuwachssteuerämter tätigen Gemeindebehörden durch Beauftragte an Ort und Stelle prüfen lassen.

§ 4. (1) Bei der Veranlagung der Steuer nach §§ 21 bis 24 der Ausführungsbestimmungen und bei der Feststellung der Unterlagen eines Feststellungsbescheides nach § 33 der Ausführungsbestimmungen hat in den Städten mit Revidierter Städteordnung ein gemischter Ausschuß nach §§ 121 bis 124 der Revidierten Städteordnung vom 24. April 1873 mitzuwirken. Mit Genehmigung des Finanzministeriums kann diesem Ausschuß das Recht, den Steuerbescheid oder den Feststellungsbescheid selbständig zu erlassen oder die Ermittelungen selbständig einzustellen, übertragen werden. In diesem Falle gilt das dem Ausschuß vorsitzende Ratsmitglied als Vorsteher des Zuwachssteueramtes.

(2) Diese Vorschrift findet auf die übrigen Städte entsprechende Anwendung, sofern in ihnen ortsgesetzlich gemischte Ausschüsse bestehen (Artikel B der Städteordnung für mittlere und kleine Städte vom 24. April 1873); andernfalls hat an Stelle des gemischten Ausschusses der Stadtgemeinderat oder ein aus Mitgliedern des Stadtgemeinderates gebildeter Ausschuß mitzuwirken.

(3) In Landgemeinden hat in gleichem Umfange der Gemeinderat oder ein aus Mitgliedern des Gemeinderates gebildeter Ausschuß mitzuwirken.

§ 5. (1) Auf Ersuchen des Hauptzollamtes hat sich der Bürgermeister oder der Gemeindevorstand derjenigen Gemeinde, in der sich das veräußerte Grundstück oder die veräußerte Berechtigung befindet, über die Berechnungsunterlagen des Steuerbescheides oder des Feststellungsbescheides gutachtlich zu äußern. Hierbei hat der Stadtgemeinderat beziehentlich der Gemeinderat oder ein aus Mitgliedern dieser Körperschaften gebildeter Ausschuß mitzuwirken.

(2) Betrifft die Veräußerung einen selbständigen Gutsbezirk, so kann das Hauptzollamt die für diesen zuständige Amtshauptmannschaft ersuchen, eine gutachtliche Äußerung des Bezirksausschusses über die Berechnungsunterlagen des Steuerbescheides oder des Feststellungsbescheides herbeizuziehen.

§ 6. (1) Die Bezirksausschüsse haben den als Zuwachssteuerämtern bestellten Hauptzollämtern bis zum 1. Juni 1911 mindestens je zwei geeignete Sachverständige zu bezeichnen, die über die Grundstücksverhältnisse des Bezirks eingehend unterrichtet sind; bei Wegfall eines solchen Sachverständigen ist ein neuer Sachverständiger vom Bezirksausschuß vorzuschlagen.

(2) Die Kreisausschüsse haben der Generalzolldirektion mindestens je vier geeignete Sachverständige vorzuschlagen; die Bestimmungen im ersten Absatz finden entsprechende Anwendung.

(3) Die Generalzolldirektion und die Hauptzollämter sind bei der Auswahl der zu hörenden Sachverständigen nicht auf die nach Absatz 1 und 2 vorgeschlagenen Personen beschränkt.

§ 7. (1) Die Gemeinden, deren Behörden als Zuwachssteuerämter tätig sind, erhalten vom Ertrage der von ihnen erhobenen Zuwachssteuer neben den ihnen nach § 58 des Gesetzes zufließenden vierzig vom Hundert weitere drei vom Hundert.

(2) In Ansehung der selbständigen Gutsbezirke fließen vierzig vom Hundert des Ertrags der Zuwachssteuer an Stelle der Gemeinde dem Bezirksverbande, dem der Gutsbezirk angehört, zu und sind bis zur gesetzlichen Regelung dem Bezirksvermögen zuzuführen.

§ 8. Von der Mitteilung und Fortführung des im § 10 Absatz 2 der Ausführungsbestimmungen vorgesehenen Verzeichnisses ist bis auf weiteres abzusehen.

§ 9. (1) Ein nach § 23 der Ausführungsbestimmungen beabsichtigter Vergleich ist vor seinem Abschlusse der Generalzolldirektion zur Genehmigung vorzulegen, sofern der Unterschied von Erwerbs- und Veräußerungspreis ohne Berücksichtigung der anzurechnenden Aufwendungen einen Steuerertrag von mehr als 200 Mark, in Städten mit Revidierter Städteordnung von mehr als 2000 Mark erwarten läßt.

(2) Der Vergleich ist, wenn eine Gemeindebehörde als Zuwachssteueramt ihn abschließt, von dem Vorsteher des Zuwachssteueramtes und einem Mitgliede der im § 4 erwähnten Ausschüsse, bei dessen Fehlen von einem zweiten Mitgliede des Stadtgemeinderates oder des Gemeinderates zu unterschreiben. Wird beim Abschluß des Vergleichs ein Hauptzollamt als Zuwachssteueramt tätig, so ist der Vergleich vom Hauptzollamtsvorstande zu unterschreiben.

§ 10. (1) In Zuwachssteuersachen werden Verfügungen der Gemeindebehörden nach den Vorschriften über die Zustellung behördlicher Zufertigungen in Verwaltungssachen zugestellt; für die Zustellung von Verfügungen staatlicher Steuerbehörden gelten die für die Zustellung des Erbschaftssteuerbescheides erlassenen Bestimmungen.

(2) Zustellungen im Auslande können auch seitens der Gemeinden durch Einschreibsendung mit Rückschein gemäß § 26 der Postordnung vom 20. März 1900 (G.- u. VBl. S. 128) vorgenommen werden. Ist dies nach den postalischen Vorschriften unzulässig, so ist dem Finanzministerium durch Vermittelung der Generalzolldirektion Anzeige zu erstatten.

§ 11. (1) Das Zuwachssteuersollbuch und das Zuwachssteuereinnahmebuch (§ 26 der Ausführungsbestimmungen) sind von verschiedenen Beamten zu führen, sofern nicht die Generalzolldirektion eine Ausnahme bewilligt. Die im § 26 Absatz 3 der Ausführungsbestimmungen erwähnte Bescheinigung kann von einem Expeditionsbeamten des Zuwachssteueramtes ausgestellt werden.

(2) Rechnungsjahr in Zuwachssteuersachen ist das Reichsrechnungsjahr (1. April bis 31. März).

§ 12. Über die Sicherstellung gestundeter Steuerbeträge und über das Verfahren bei Erlaß oder Erstattung von Steuerbeträgen (§ 27, §§ 29 bis 31 der Ausführungsbestimmungen) ergeht besondere Anordnung.

§ 13. Zur Niederschlagung der Zuwachssteuer wegen Uneinbringlichkeit (§ 28 der Ausführungsbestimmungen) bedarf es der Genehmigung der Generalzolldirektion, sofern nicht die Uneinbringlichkeit durch erfolglose Zwangsvollstreckung erwiesen ist.

§ 14. Vor Erlaß des Feststellungsbescheides (§ 33 der Ausführungsbestimmungen) ist dessen Entwurf mit dem Ergebnis der angestellten Ermittelungen der Generalzolldirektion vorzulegen.

§ 15. In den Fällen des § 37 der Ausführungsbestimmungen ist für den Beschwerdebescheid neben den sonstigen Kosten des Beschwerdeverfahrens eine Gebühr von 3 bis 100 Mark zu erheben.

§ 16. (1) Gegen den Beschwerdebescheid kann innerhalb einer Frist von vier Wochen nach seiner Zustellung die Entscheidung des Oberverwaltungsgerichts durch Erhebung der Anfechtungsklage angerufen werden. Auf die Anfechtungsklage finden die Vorschriften des Gesetzes über die Verwaltungsrechtspflege vom 19. Juli 1900 (G.- u. VBl. S. 486) Anwendung.

(2) Die weitere Beschwerde gegen den Steuerbescheid ist ausgeschlossen.

§ 17. Eingebrachte Strafbeträge sind in sächsischen Urkundenstempelmarken zu den Akten zu verwenden.

§ 18. (1) Die als Zuwachssteuerämter bestellten Gemeindebehörden haben nach näherer Anordnung der Generalzolldirektion die bei ihnen aufgekommene Zuwachssteuer unter Zurückhaltung ihres Anteils am Ertrage (§ 7 Absatz 1) monatlich an das zuständige Hauptzollamt abzuliefern. Die in § 1 Absatz 3 und Absatz 4 geordnete Zuständigkeit der Hauptzollämter erstreckt sich insoweit auf die Gemeinden, deren Behörden als Zuwachssteuerämter bestellt sind.

(2) Die Hauptzollämter haben bei der monatlichen Ablieferung an die Finanzhauptkasse von der bei ihnen selbst aufgekommenen Zuwachssteuer die den Gemeinden und den Bezirksverbänden vom Ertrage zufließenden vierzig vom Hundert (§ 58 des Gesetzes, § 7 Absatz 2 dieser Verordnung) zurückzuhalten und nach näherer Anordnung der Generalzolldirektion an die empfangsberechtigten Gemeinden oder Bezirksverbände abzuführen.

§ 19. Über die Mitteilung und Anmeldung der in der Zeit vor dem 1. April 1911 eingetretenen Rechtsvorgänge ergeht besondere Verordnung.

§ 20. Die Gemeindebehörden können die von ihnen in Zuwachssteuersachen benötigten Drucksachen gegen Erstattung der Druckkosten von der Zollwirtschaftsverwaltung bei der Generalzolldirektion beziehen.

Außerdem sind ergangen:

B. Verordnung des Finanzministeriums, die weitere Ausführung des Zuwachssteuergesetzes vom 14. Februar 1911 betreffend. Vom 30. März 1911. (G. u. VBl. S. 92.)

C. Generalverordnung der Generalzolldirektion, die Ausübung der Reichsaufsicht über die Zuwachssteuer betreffend; vom 18. April 1911. (Verordnungsblatt der Generalzolldirektion S. 162.)

D. Verordnung des Finanzministeriums, I. Abteilung, zum Vollzuge des § 43 des Zuwachssteuergesetzes sowie der §§ 27 Abs. 2 und 31 Abs. 3 der Zuwachssteuerausführungsbestimmungen; vom 18. Mai 1911. (Verordnungsblatt der Generalzolldirektion S. 225.)

E. Verordnung der Ministerien der Justiz und der Finanzen, die Vollziehung des Zuwachssteuergesetzes betreffend. Vom 29. Mai 1911. (G. u. VBl. S. 126 und Verordnungsblatt der Generalzolldirektion S. 232).

F. Verordnung des Finanzministeriums, die Errichtung eines Zuwachssteueramts betreffend; vom 29. Mai 1911. (Verordnungsblatt der Generalzolldirektion S. 232.)

G. Generalverordnung der Generalzolldirektion, betreffend die örtliche Zuständigkeit der Zuwachssteuerämter. Vom 21. Juli 1911 (Verordnungsblatt der Generalzolldirektion S. 357).

H. Verordnung der Ministerien der Justiz, des Innern und der Finanzen, die Frankierung der Veräußerungsanzeigen der Notare betreffend, vom 13. September 1911 (noch nicht veröffentlicht).

4. Württemberg.

A. Verfügung der Ministerien der Justiz, des Innern und der Finanzen vom 28. April 1911, betreffend den Vollzug des Zuwachssteuergesetzes (ABl. d. StK. S. 155).

§ 1. Als Oberbehörde für die Verwaltung der Zuwachssteuer wird vorläufig das Steuerkollegium Abteilung für direkte Steuern bestimmt.

Zuwachssteuerämter im Sinne von § 1 der Ausführungsbestimmungen und zugleich Hauptämter in Hinsicht auf das Verwaltungsstrafverfahren (Art. 11 des Gesetzes, betreffend das Verfahren der Verwaltungsbehörden bei Zuwiderhandlungen gegen die Zoll- und Steuergesetze, vom 25. August 1879, Reg.-

Bl. S. 259) sind die Bezirkssteuerämter (Kameralämter und Hauptsteueramt Stuttgart).

§ 2. Wegen der Verpflichtung der Amtsgerichte als Registergerichte zu Mitteilungen an die Zuwachssteuerämter wird auf § 38 Abs. 1 Nr. 2 des Zuwachssteuergesetzes, sowie auf die §§ 3 B und 5 Abs. 1 der Ausführungsbestimmungen hingewiesen.

§ 3. Die Behörden, Beamten und Notare, denen die Mitteilungspflicht nach § 38 Abs. 1 Nr. 3 des Zuwachssteuergesetzes und § 3 C der Ausführungsbestimmungen obliegt, sind vornehmlich die Bezirksnotare, die in Art. 3 Abs. 3 des Ausführungsgesetzes zum Bürgerlichen Gesetzbuch und dessen Nebengesetzen vom 28. Juli 1899 (RegBl. S. 423) bezeichneten Grundbuchbeamten, die Ratschreiber, die von den Amtsgerichten aufgestellten Kommissäre für Zwangsversteigerungen, die Amtsgerichte und die öffentlichen Notare.

§ 4. An Stelle der Veräußerungsanzeigen (§ 6 der Ausführungsbestimmungen) treten für die in § 3 dieser Verfügung besonders genannten Behörden, Beamten und Notare die Nachweisungen der Grundstücksübertragungen (§ 127 e der Ausführungsbestimmungen des Bundesrats zu Tarif Nr. 11 und den §§ 78—90 des Reichsstempelgesetzes vom 26. Juli 1909, ZentrBl. f. d. D. R. S. 980). Die Nachweisungen sind künftig nach dem in der Anlage beigefügten Muster auszufertigen.*)

§ 5. Zum Zweck der Überwachung des Eingangs der Veräußerungsanzeigen haben die Amtsgerichte dem Steuerkollegium Abteilung für direkte Steuern bis 15. Mai 1911 ein Verzeichnis der zu ihrem Bezirke gehörigen Bezirksnotare und öffentlichen Notare vorzulegen und späterhin jede Änderung sofort anzuzeigen. Das Steuerkollegium wird die Verzeichnisse und Änderungsanzeigen den Zuwachssteuerämtern übermitteln.

§ 6. Zur Gültigkeit eines Vergleichs (§ 23 der Ausführungsbestimmungen) ist die Genehmigung des Amtsvorstandes und

*) Hier nicht abgedruckt.

eines weiteren Beamten des Zuwachssteueramtes erforderlich und ausreichend. Wenn der Unterschied zwischen Erwerbs- und Veräußerungspreis ohne Berücksichtigung der anzurechnenden Aufwendungen einen Steuerertrag von mehr als 5000 ℳ erwarten läßt, so ist vor der Genehmigung des Vergleichs durch das Zuwachssteueramt die Zustimmung des Steuerkollegiums Abteilung für direkte Steuern einzuholen, das, soweit erforderlich, das Weitere veranlassen wird.

§ 7. Verhandlungen, die bei der Prüfung durch das Steuerkollegium Abteilung für direkte Steuern oder aus andern Umständen, insbesondere, weil sie Besonderheiten des Geschäftsverfahrens beim einzelnen Zuwachssteueramt erkennen lassen, von größerer Bedeutung erscheinen (§ 38 Abs. 1 der Ausführungsbestimmungen), sind dem Finanzministerium vorzulegen.

§ 8. Bei den in § 40 Abs. 1 des Zuwachssteuergesetzes vorgesehenen Ermittlungen kommen neben der Vernehmung von Zeugen und Sachverständigen und Augenscheinseinnahmen als Hilfsmittel insbesondere die Grund- und Gebäudesteuerkataster, sowie die Brandversicherungsanschläge in Betracht.

Die Auswahl der Sachverständigen für die Wertsermittlung bleibt dem Ermessen des Zuwachssteueramts überlassen.

§ 9. Als Rechtsmittel gegen den Steuerbescheid sind nach Maßgabe von § 44 des Zuwachssteuergesetzes zulässig:

1. die Verwaltungsbeschwerde und zwar
   a) die Beschwerde an das Steuerkollegium Abteilung für direkte Steuern,
   b) die weitere Beschwerde an das Finanzministerium;
2. nach Erledigung der weiteren Beschwerde die Rechtsbeschwerde an den Verwaltungsgerichtshof nach den Vorschriften des Gesetzes über die Verwaltungsrechtspflege vom 16. Dezember 1876 (RegBl. S. 485).

§ 10. In den Fällen des § 46 der Ausführungsbestimmungen sind die Akten dem Finanzministerium vorzulegen, welches die weitere Vorlage an den Reichskanzler (Reichsschatzamt) einleiten wird.

§ 11. Die Bezirksnotare, soweit sie ein Kanzlei- und Reisekostenaversum beziehen, ferner die gemäß Art. 3 Abs. 3 des Ausführungsgesetzes zum Bürgerlichen Gesetzbuch angestellten Grundbuchbeamten erhalten für die durch die Fertigung der Übereignungsanzeigen verursachten vermehrten Schreibarbeiten eine Vergütung. Die Festsetzung dieser Vergütung erfolgt durch das Finanzministerium im Einvernehmen mit dem Justizministerium auf Grund der von den genannten Beamten durch Vermittlung der Amtsgerichte dem Steuerkollegium Abteilung für direkte Steuern auf 31. März jedes Jahres vorzulegenden Übersicht über die Zahl der von ihnen gefertigten Übereignungsanzeigen.

§ 12. Wegen Mitteilung und Anmeldung der in der Zeit vom 1. Januar bis 31. März 1911 eingetretenen Rechtsvorgänge bleibt weitere Verfügung vorbehalten.

Außerdem sind ergangen:

B. Anweisung des Steuerkollegiums Abt. f. direkte Steuern vom 2. Mai 1911, betreffend den Vollzug des Zuwachssteuergesetzes. (ABl. d. StK. S. 163.)

C. Verfügung der Ministerien der Justiz und der Finanzen vom 12. Juni 1911, betreffend die zuwachssteuerpflichtigen Rechtsvorgänge aus der Zeit vom 1. Januar bis 31. März 1911 (ABl. d. StK. S. 175).

D. Erlaß des Steuerkollegiums Abt. f. direkte Steuern vom 16. Juni 1911, betreffend die Veräußerungsanzeigen über zuwachssteuerpflichtige Rechtsgeschäfte (ABl. d. StK. S. 176).

E. Erlaß des Steuerkollegiums Abt. f. direkte Steuern vom 16. Juni 1911, betreffend die im Steuerhauptbuch zu verrechnenden Einnahmen und Ausgaben aus der Zuwachssteuerverwaltung (ABl. d. StK. S. 177).

5. Baden.

A. Landesherrliche Verordnung vom 1. April 1911.

(G. u. VBl. S. 207.)

Das Ministerium der Finanzen wird ermächtigt, im Einvernehmen mit dem Ministerium des Innern und dem Ministerium der Justiz, des Kultus und Unterrichts die Stellen, welche sich mit der Verwaltung der Zuwachssteuer zu befassen haben, und die Oberbehörden für die Zuwachssteuer zu bestimmen sowie auf Grund des Zuwachssteuergesetzes und der vom Bundesrat hierzu erlassenen Ausführungsbestimmungen die zum Vollzug des Gesetzes erforderlichen Vorschriften als Landesregierung zu erlassen.

B. Verordnung der Ministerien der Justiz, des Kultus und Unterrichts, des Innern und der Finanzen vom 1. April 1911, den Vollzug des Zuwachssteuergesetzes betreffend.

(Zuwachssteuer-Vollzugsordnung.)

(G. u. VBl. S. 208.)

§ 1. (1). Zuwachssteuerämter sind für die Städte, in denen das Grundbuchamt als Gemeindeamt errichtet ist, die Grundbuchämter, im übrigen die mit der Verwaltung und Erhebung von Reichssteuern befaßten Bezirkssteuerbehörden (Finanz- und Hauptsteuerämter).

(2.) Die Bezirkssteuerbehörden sind auch zuständig, Strafuntersuchungen wegen Zuwiderhandlungen gegen das Zuwachssteuergesetz oder die zu seinem Vollzug ergangenen Vorschriften einzuleiten und wegen solcher Zuwiderhandlungen Strafbescheide zu erlassen.

(3.) Oberbehörde für die Zuwachssteuer ist die Zoll- und Steuerdirektion.

§ 2. Die staatlichen Grundbuchämter haben den Zuwachssteuerämtern Einzelanzeigen nach § 4 Absatz 1 und § 6 Absatz 1 der Ausführungsbestimmungen des Bundesrats in den Fällen, in denen die Festsetzung einer Zuwachssteuer nach § 1 Absatz 2, § 7, § 28 Absatz 3 und § 30 Ziffer 1 bis 3 des Gesetzes zu unterbleiben hat, nicht einzureichen. In diesen Fällen sind die Veräußerungen im Verzeichnisse einzutragen, die nach näherer Weisung der Zoll- und Steuerdirektion zu führen und den Zuwachssteuerämtern mitzuteilen sind.

§ 3. Übereignungs- und Veräußerungsanzeigen sowie die Verzeichnisse (§ 2) können von den Hilfsbeamten der Grundbuchämter gefertigt, unterzeichnet und an die Bezirkssteuerbehörden abgesandt werden.

§ 4. In Gemeinden, in denen das reichsgesetzliche Grundbuch noch nicht angelegt ist, hat der Ratschreiber unter Aufsicht des Gemeinderats die in § 2 und 3 bezeichneten Geschäfte zu verrichten.

§ 5. Die Bezirkssteuerbehörden haben Grundstücksblätter nur für Grundstücke anzulegen, bezüglich deren eine Zuwachssteuer festgesetzt wird.

§ 6. (1.) Zur Ermittelung des Wertes von Grundstücken oder sonstigen Gegenständen hat das Zuwachssteueramt die Schätzung der nach § 48 Absatz 2 und 4 des Rechtspolizeigesetzes öffentlich bestellten Schätzer oder besonders beizuziehenden Sachverständigen einzuholen.

(2.) Das bei der Schätzung einzuhaltende Verfahren richtet sich nach den für die Schätzung in Nachlaßsachen geltenden Vorschriften.

§ 7. (1.) Zum Abschluß eines Vergleichs (§ 23 der Ausführungsbestimmungen des Bundesrats) bedarf der Vorsteher des Zuwachssteueramts der Mitwirkung weiterer Beamten oder sonstiger Personen nicht. Wenn jedoch eine Zuwachssteuer von mehr als 1000 Mark in Frage steht, soll das Zuwachssteueramt beim Abschlusse des Vergleichs die Genehmigung der Zoll- und Steuerdirektion vorbehalten und diese alsbald einholen.

(2.) Das Zuwachssteueramt soll auch in den Fällen, in denen es zur Rechtswirksamkeit des Vergleichs der Zustimmung der

Zoll- und Steuerdirektion nicht bedarf, vor dem Abschlusse des Vergleichs eine Entschließung der Zoll- und Steuerdirektion einholen, wenn Zweifel über die Zweckmäßigkeit des Vergleichsabschlusses bestehen.

§ 8. In wichtigeren Fällen soll das Zuwachssteueramt vor der Zustellung oder Eröffnung eines von ihm erlassenen Feststellungsbescheides die Akten der Zoll- und Steuerdirektion zur Nachprüfung vorlegen.

§ 9. (1.) Die Zustellung der Steuerbescheide und Feststellungsbescheide hat nach den für Zustellungen in Verwaltungssachen geltenden Bestimmungen zu erfolgen. Die von Grundbuchämtern erlassenen Bescheide sind nach den für Zustellungen in Grundbuchsachen geltenden Vorschriften zuzustellen.

(2.) Der Zustellung bedarf es nicht, wenn der Bescheid zu Protokoll eröffnet wird; in diesem Fall ist dem Beteiligten eine Bescheidsausfertigung zu behändigen.

§ 10. (1.) Der Einzug der vom Grundbuchamt als Zuwachssteueramt festgesetzten Steuer erfolgt durch die Bezirkssteuerbehörde, in deren Bezirk das Grundbuchamt seinen Sitz hat, in Karlsruhe und Mannheim durch die Hauptsteuerämter.

(2.) Das Grundbuchamt übersendet der Bezirkssteuerbehörde gleichzeitig mit der Zustellung oder Eröffnung des Steuerbescheides an den Pflichtigen eine Erhebungsanweisung nach näherer Weisung der Zoll- und Steuerdirektion. Das weitere Verfahren des Grundbuchamts und der Bezirkssteuerbehörde richtet sich nach den Anordnungen der Zoll- und Steuerdirektion.

§ 11. (1.) Geht der zu erhebende Betrag in der im Steuerbescheide bestimmten Frist nicht ein, so hat die Bezirkssteuerbehörde den Pflichtigen auf seine Kosten durch ein verschlossen zu übermittelndes Schreiben zu mahnen.

(2.) Erfolgt auf die Mahnung nicht innerhalb acht Tagen die Zahlung, so leitet die Bezirkssteuerbehörde die Zwangsvollstreckung ein. Dabei sind die für die Betreibung von Steuerforderungen bestehenden Vorschriften, soweit sich nicht aus § 48 des Gesetzes ein anderes ergibt, zu beachten. Der Mahnung bedarf es nicht, wenn Gefahr im Verzuge liegt.

§ 12. Die im Gesetze (§ 29 Absatz 3 und § 48) vorgesehene Sicherstellung eines Steuerbetrags hat nach den Vorschriften zu geschehen, die wegen Annahme von Sicherheiten den Bezirkssteuerbehörden gegeben sind. Die Zoll- und Steuerdirektion kann im Einzelfall auch Sicherheitsleistungen zulassen, die nicht den Vorschriften entsprechen.

§ 13. Zur Niederschlagung der Zuwachssteuer wegen Unbeibringlichkeit sind nur die Bezirkssteuerbehörden befugt; sie bedürfen der Genehmigung der Zoll- und Steuerdirektion, sofern der nicht beigebrachte Betrag 1000 Mark übersteigt.

§ 14. (1.) In den in § 30 Absatz 1 der Ausführungsbestimmungen des Bundesrats bezeichneten Fällen bedarf es zum Erlaß der Steuer der Genehmigung der Zoll- und Steuerdirektion.

(2.) Das bei Erstattung oder Erlaß der Steuer (§§ 29 und 30 der Ausführungsbestimmungen des Bundesrats) einzuhaltende Verfahren wird durch die Zoll- und Steuerdirektion näher geregelt.

§ 15. (1.) Gegen den Steuerbescheid und den Feststellungsbescheid eines Zuwachssteueramtes ist die Beschwerde an die Zoll- und Steuerdirektion zulässig.

(2.) Gegen den Beschwerdebescheid der Zoll- und Steuerdirektion ist die weitere Beschwerde an das Finanzministerium und die Klage beim Verwaltungsgerichtshof nach Maßgabe des Verwaltungsrechtspflegegesetzes gegeben.

§ 16. (1.) Die den Pflichtigen nach § 40 Absatz 2 des Gesetzes zur Last fallenden Kosten sind nach den für die Einziehung öffentlich rechtlicher Forderungen bestehenden Vorschriften zu erheben und erforderlichenfalls zu betreiben.

(2.) Hat das Grundbuchamt dem Pflichtigen die Tragung der Kosten auferlegt, so erteilt es der Bezirkssteuerbehörde eine Erhebungsanweisung.

(3.) Der nach § 33 Absatz 2 der Ausführungsbestimmungen des Bundesrats zu erhebende Kostenvorschuß ist vom Antragsteller an die Bezirkssteuerbehörde einzuzahlen, auch wenn der Bescheid vom Grundbuchamt erteilt wird.

§ 17. Der Beschluß einer Gemeinde, daß zu dem Anteil, der ihr nach § 58 des Gesetzes vom Ertrage der Steuer zufließt, für ihre Rechnung Zuschläge erhoben werden, bedarf der Genehmigung des Finanzministeriums und des Ministeriums des Innern.

§ 18. Wie weit der bei den Grundbuchämtern durch die Verwaltung der Zuwachssteuer erwachsende Aufwand aus der Staatskasse erstattet wird, bestimmt das Finanzministerium im Benehmen mit dem Justizministerium.

§ 19. Die Inspektionsbeamten bei der Zoll- und Steuerdirektion haben nach näherer Weisung dieser Behörde die Besorgung der Zuwachssteuergeschäfte auch bei den Gemeindegrundbuchämtern einer Prüfung zu unterziehen. Sie haben ferner bei den staatlichen Grundbuchämtern bei Gelegenheit ihrer sonstigen Dienstgeschäfte (der Verkehrssteuerprüfungen) sich darüber zu verlässigen, ob die in Beziehung auf die Zuwachssteuer gegebenen Vorschriften beobachtet worden sind.

§ 20. Die Zoll- und Steuerdirektion erläßt, soweit erforderlich, die weiteren Vollzugsvorschriften, insbesondere über die Erhebung, Buchung und Nachprüfung der Zuwachssteuer.

Außerdem ist ergangen:

C. Zuwachssteuer-Vollzugsanweisung der Zoll- und Steuerdirektion vom 8. April 1911.

(Mit der Vollzugsverordnung — unter B — als Druckheft zusammengestellt).

6. Hessen.

A. Bekanntmachung des Staatsministeriums, das Reichszuwachssteuergesetz vom 14. Februar 1911 betreffend. Vom 1. April 1911.

(RegBl. S. 62.)

Auf Grund des § 35 des Reichszuwachssteuergesetzes (Reichs-Gesetzblatt Nr. 6 von 1911) und der §§ 1 und 45 der hierzu vom Bundesrat erlassenen Ausführungsbestimmungen (Zentralblatt für das Deutsche Reich, Seite 80 ff.) wird hiermit zur öffentlichen Kenntnis gebracht, daß im Großherzogtum Hessen

1) die Verwaltung der Reichszuwachssteuer den Großherzoglichen Finanzämtern für den Umfang ihrer Bezirke und
2) die Einziehung und Verrechnung der Reichszuwachssteuer, sowie etwaiger Kosten und Strafen den staatlichen Kassestellen (Großherzoglichen Bezirkskassen und Hauptstaatskasse) — unter Ausschluß der Untererhebstellen —

übertragen worden ist.

Die Großherzoglichen Finanzämter sind ferner zur Führung der Administrativuntersuchung und zum Erlaß von Strafbescheiden wegen Zuwiderhandlungen gegen die Vorschriften des Reichszuwachssteuergesetzes auf Grund des § 54 dieses Gesetzes für zuständig erklärt worden.

Oberbehörde im Sinne der vom Bundesrat erlassenen Ausführungsbestimmungen zum Reichszuwachssteuergesetz ist die Abteilung für Steuerwesen des Großherzoglichen Ministeriums der Finanzen zu Darmstadt.

B. Bekanntmachung des Staatsministeriums, die Erhebung von Zuschlägen zur Reichszuwachssteuer durch die Gemeinden betreffend. Vom 20. Mai 1911 (RegBl. S. 79).

Nach § 59 des Reichszuwachssteuergesetzes vom 14. Februar 1911 (Reichsgesetzblatt Nr. 6 von 1911) sind die Gemeinden

(Gemeindeverbände) berechtigt, mit Genehmigung der Landesregierung durch Satzung zu bestimmen, daß zu dem Anteil, der ihnen nach § 58 von dem Ertrage der Steuer zufließt, für ihre Rechnung Zuschläge erhoben werden.

Die Befugnis zur Erteilung dieser Genehmigung ist dem Großherzoglichen Ministerium des Innern mit der Maßgabe übertragen worden, daß zu dem Erlaß der genannten Satzungen neben der Genehmigung des Großherzoglichen Ministeriums des Innern die Zustimmung des Großherzoglichen Ministeriums der Finanzen erforderlich ist.

Außerdem ist ergangen:

C. Erlaß des Finanzministeriums vom 9. Mai 1911 (Amtsbl. d. Min. d. Finanzen, Abt. f. Steuerwesen S. 173).

7. Mecklenburg-Schwerin.

A. Bekanntmachung des Staatsministeriums vom 30. März 1911, betreffend das Inkrafttreten des Reichszuwachssteuergesetzes vom 14. Februar 1911 (RegBl. S. 129);

B. Bekanntmachung des Staatsministeriums vom 30. März 1911, betreffend den Vollzug des Reichszuwachssteuergesetzes vom 14. Februar 1911 und der Ausführungsbestimmungen des Bundesrats zu diesem Gesetze (RegBl. S. 159);

C. Bekanntmachung des Staatsministeriums vom 11. April 1911, betreffend Mitteilung der in der Zeit vom 1. Januar bis zum 1. April 1911 eingetretenen zuwachssteuerpflichtigen Rechtsvorgänge an die Zuwachssteuerämter (RegBl. S. 180).

D. Landesherrliche Verordnung vom 11. Oktober 1911 zur Ausführung des Zuwachssteuergesetzes (RegBl. S. 315);

E. Bekanntmachung des Finanzministeriums vom 12. Oktober 1911, betreffend die Ablieferung des den Gemeinden usw. zu gewährenden Anteils an der Reichszuwachssteuer (RegBl. S. 317).

8. Sachsen-Weimar.

A. Ausführungsgesetz zum Zuwachssteuergesetze des Reichs vom 14. Februar 1911. Vom 22. März 1911 (Reg.-Bl. S. 23);

B. Höchste Verordnung zur Ausführung des Zuwachssteuergesetzes des Reichs vom 14. Februar 1911. Vom 22. März 1911 (RegBl. S. 24);

C. Ministerialverordnung zur weiteren Ausführung des Zuwachssteuergesetzes des Reichs vom 14. Februar 1911. Vom 28. März 1911 (RegBl. S. 25);

D. Anweisung zur Ausführung des Zuwachssteuergesetzes vom 14. Februar 1911. Vom 31. März 1911 (mit dem Ausführungsgesetz werden Verordnungen als besonderes Heft zusammengestellt).

9. Mecklenburg-Strelitz.

A. Bekanntmachung des Ministeriums für die Justiz, des Innern und für die Finanzen vom 1. April 1911, betreffend das Inkrafttreten des Reichs-Zuwachssteuergesetzes vom 14. Februar 1911. (Offizieller Anzeiger S. 203);

B. Bekanntmachung des Staatsministeriums vom 1. April 1911, betreffend den Vollzug des Reichszuwachssteuergesetzes vom 14. Februar 1911 und der Ausführungsbestimmungen des Bundesrats zu diesem Gesetze. (Offizieller Anzeiger S. 239);

C. Bekanntmachung des Ministeriums, Abteilung für die Finanzen vom 6. Mai 1911, betreffend Mitteilung der in der Zeit vom 1. Januar bis zum 1. April 1911 eingetretenen steuerpflichtigen Rechtsvorgänge an die Zuwachssteuerämter. (Offizieller Anzeiger S. 318).

10. Oldenburg.

A. Landesherrliche Verordnung für das Großherzogtum Oldenburg vom 20. März 1911 zur Ausführung des Reichszuwachssteuergesetzes (GBl. S. 834);

B. Verfügung des Ministeriums der Finanzen vom 28. März 1911 — Nr. 922;

C. Landesherrliche Verordnung für das Großherzogtum Oldenburg, betreffend das Strafverfahren in Reichszuwachssteuer-Angelegenheiten vom 11. April 1911 (GBl. S. 911);

D. Verfügung des Ministeriums der Finanzen an die Oberbehörden für Zuwachssteuersachen vom 30. Mai 1911 — Nr. 1469;

E. Verfügung des Ministeriums der Finanzen, betreffend Erhebung, Verbuchung und Ablieferung der Zuwachssteuer vom 30. Mai 1911 — Nr. 1470,

F. Verfügung des Ministeriums der Finanzen, betreffend die Einnahmeübersichten wegen der Zuwachssteuer vom 23. Juni 1911 — Nr. 1725.

11. Braunschweig.

A. Landesherrliche Verordnung vom 10. April 1911, betreffend die Errichtung eines Herzoglich Braunschweigisch n Zuwachssteueramts und die Rechtsmittel in Zuwachssteuersachen (G. u. VS. S. 197);

B. Landesherrliche Verordnung vom 25. Juli 1911, betreffend die Übertragung von den Herzoglichen Hauptsteuerämtern im Zollstrafgesetz vom 26. August 1903 Nr. 46 beigelegten Befugnisse auf das Herzoglich Braunschweigische Zuwachssteueramt (G. u. VS. S. 487);

C. Bekanntmachung des Staatsministeriums, betreffend den Vollzug des Zuwachssteuergesetzes vom 14. Februar 1911 (RGBl. S. 33) und der vom Bundesrat erlassenen Zuwachssteuer-Ausführungsbestimmungen (Zentralblatt für das Deutsche Reich 1911 S. 79). Vom 2. August 1911 (G. u. VS. S. 489).

12. Sachsen-Meiningen.*)

A. Landesherrliche Verordnung vom 27. März 1911, betreffend die Ausführung des Zuwachssteuergesetzes vom 14. Februar 1911 (Sammlung der landesherrlichen Verordnungen S. 257);

B. Verfügung des Staatsministeriums vom 4. April 1911, betreffend Zuwachssteuer (RegBl. S. 363);

C. Verfügung des Staatsministeriums, Abt. der Finanzen, vom 4. April 1911 — Nr. 46, 40 V. —, betreffend Zuwachssteuer;

D. Bekanntmachung des Staatsministeriums vom 7. April 1911 (RegBl. S. 413);

E. Verfügung des Staatsministeriums, Abt. der Finanzen, vom 27. April 1911 — Nr. 38 a, 2 V. — betreffend Zuwachssteuer.

F. Ausschreiben des Staatsministeriums, Abteilung der Justiz, vom 31. Juli 1911 über die Mitteilungen an das Zuwachs-

*) Ein Gesetzentwurf über Regelung des Rechtsmittelverfahrens liegt dem Landtage vor.

steueramt in Meiningen (Sammlung der Ausschreiben der landesherrlichen Oberbehörden S. 47);

13. Sachsen-Altenburg.

A. Höchste Verordnung, die Ausführung des Reichszuwachssteuergesetzes betreffend, vom 30. März 1911 (GS. S. 135);
B. Verordnung des Ministeriums, Abteilung der Finanzen, vom 17. Mai 1911 zur weiteren Ausführung des Zuwachssteuergesetzes vom 14. Februar 1911;
C. Anweisung vom 22. Mai 1911 zur Ausführung des Zuwachssteuergesetzes vom 14. Februar 1911 (als Druckheft zusammengestellt).

14. Sachsen-Coburg-Gotha.

A. Bekanntmachung des Staatsministeriums in Gotha vom 29. März 1911 — B. IV. 1516;
B. Verfügung des Staatsministeriums in Gotha vom 8. April 1911 an die Amtsgerichte, Notare und an das Zoll- und Erbschaftssteueramt — B. IV. 1516;
C. Verfügung des Staatsministeriums in Coburg vom 15. April 1911 an die Staats- und Domänenkasse;
D. Verfügung des Staatsministeriums in Gotha vom 6. Juli 1911 — B. IV. 2861;
E. Verfügung des Staatsministeriums in Coburg vom 13. Juli 1911 — A. 4561;
F. Verfügung des Staatsministeriums in Gotha vom 7. September 1911 — B. IV. 2173;
G. Verfügung des Staatsministeriums in Coburg vom 13. März 1911 — A. 5900.

15. Anhalt.

A. Verordnung, betreffend die Ausführung des Zuwachssteuergesetzes vom 30. März 1911 (GS. S. 535);

B. Verfügungen des Staatsministeriums vom 26. Mai 1911 an die Herzogliche Finanzdirektion — 4918 I — nebst Anlagen (Erlasse zur Ausführung des Zuwachssteuergesetzes
a) an die Amtsgerichte,
b) an die Notare).

16. Schwarzburg-Rudolstadt.

Ministerialverordnung vom 30. März 1911 zur Ausführung des Zuwachssteuergesetzes (GS. S. 23).

17. Schwarzburg-Sondershausen.

A. Ausführungsgesetz zum Reichszuwachssteuergesetz vom 14. Februar 1911. Vom 29. März 1911 (GS. S. 17);
B. Ministerialverordnung zur weiteren Ausführung des Reichszuwachssteuergesetzes vom 14. Februar 1911. Vom 30. März 1911 (GS. S. 19).

18. Waldeck.

A. Verordnung zur Ausführung des Zuwachssteuergesetzes vom 14. Februar 1911. Vom 2. Juni 1911 (RegBl. S. 111);
B. Ausführungsanweisung des Landesdirektors vom 27. Juli 1911 zum Reichszuwachssteuergesetze vom 14. Februar 1911 (RegBl. S. 115).

19. Reuß ä. L.

A. Höchste Verordnung vom 31. März 1911 zur Ausführung des Zuwachssteuergesetzes vom 14. Februar 1911 (GS. S. 4);
B. Regierungs-Bekanntmachung vom 24. April 1911 (A. u. BBl. S. 282);

C. Regierungs-Verordnung vom 20. Juni 1911 zur weiteren Ausführung des Zuwachssteuergesetzes vom 14. Februar 1911 (GS. S. 13).

20. Reuß j. L.

A. Landesherrliche Verordnung vom 27. März 1911 zur Ausführung des Zuwachssteuergesetzes vom 14. Februar 1911 (GS. S. 331);

B. Verfügung des Ministeriums, Abteilung für Finanzen, vom 25. April 1911 zur weiteren Ausführung des Zuwachssteuergesetzes vom 14. Februar 1911 (A. u. VBl. S. 208).

21. Schaumburg-Lippe.

A. Ministerialerlasse, betreffend die Ausführung des Zuwachssteuergesetzes vom 14. Februar 1911. Vom 28. März 1911 (LV. S. 25) und vom 12. Mai 1911 (LV. S. 51).

B. Ministerialerlaß vom 4. April 1911 — N. M. 2390 — an die Landeskasse;

C. Ministerialerlaß vom 6. April 1911 — N. M. 2391 — vom 19. April 1911 — N. M. 2629 — an die Zuwachssteuerämter (Landratsämter), vom 12. Mai 1911 — N. M. 3273 — an die städtischen Zuwachssteuerämter und vom 11. September 1911 — N. M. 5941 — an die Zuwachssteuerämter (allgemein);

D. Ministerialerlaß vom 8. April 1911 — N. M. 2387 — an die Amtsgerichte.

22. Lippe.

A. Ausführungsgesetz zum Reichszuwachssteuergesetz vom 21. März 1911 (GS. S. 465);

B. Ausführungsanweisung des Staatsministeriums vom 15. Juli 1911 zum Reichszuwachssteuergesetz vom 14. Februar 1911 (GS. S. 588).

23. Lübeck.

Ausführungsverordnung zum Reichszuwachssteuergesetz vom 14. Februar 1911. Vom 1. April 1911 (Sammlung der Gesetze und Verordnungen S. 85).

Das Lübeckische Wertzuwachssteuergesetz vom 24. Februar 1909 und die im Städtchen Travemünde sowie in den Landgemeinden Schlutup, Moisling und Vorwerk zur Erhebung von Zuschlägen zur Wertzuwachssteuer erlassenen Satzungen sind nach Bestimmung des Reichskanzlers auf Grund von § 60 Abs. 2 des Reichszuwachssteuergesetzes vorläufig bis zum 31. März 1912 in Kraft gelassen.

24. Bremen.

A. Ausführungsgesetz zum Reichszuwachssteuergesetz. Vom 16 Mai 1911 (GBl. S. 97);

B. Verordnung zur Ausführung des Zuwachssteuergesetzes vom 14. Februar 1911. Vom 2. April 1911 (GBl. S. 81);

C. Verordnung zum Vollzuge des Reichszuwachssteuergesetzes. Vom 8. Oktober 1911 (GBl. S. 175).

D. Verordnung vom 8. Oktober 1911 zum Vollzuge des Zuwachssteuergesetzes (GBl. S. 175).

25. Hamburg.

Das Hamburgische Wertzuwachssteuergesetz vom 12. Oktober 1908 sowie die in der Stadt Cuxhaven und in den Landgemeinden Alsterdorf, Ohlsdorf, Billwärder an der Bille, Moorfleth, Moorburg und Finkenwerder erlassenen Satzungen sind nach Bestimmung des Reichskanzlers auf Grund von § 60 Abs. 2 des Reichszuwachssteuergesetzes vorläufig bis zum 31. März 1912 in Kraft gelassen.

Vollzugsvorschriften zum Reichszuwachssteuergesetze sind nicht ergangen.

26. Elsaß-Lothringen.

A. Vorläufige Vollzugsanweisung des Ministeriums, Abt. f. Finanzen, Handel und Domänen und Abteilung für Justiz und Kultus vom 10. April 1911 für die Erhebung der Zuwachssteuer nach dem Reichsgesetz vom 14. Februar 1911 (Amtsblatt des Direktors der Verkehrssteuern S. 115);

B. Erlaß des Ministeriums vom 20. April 1911, betreffend die Anzeigen und Mitteilungen der Grundbuchämter und Registergerichte in Zuwachssteuersachen (Amtsbl. d. Direktors der Verkehrssteuern S. 132);

C. Vorschriften des Direktors der Verkehrssteuern vom 26. April 1911 über die Handhabung des Zuwachssteuergesetzes vom 14. Februar 1911 (Amtsblatt des Direktors der Verkehrssteuern S. 117);

D. Anweisung des Direktors der Verkehrssteuern vom 6. Juni 1911, betreffend das Rechnungswesen in Zuwachssteuersachen (Amtsbl. des Direktors der Verkehrssteuern S. 137).

Anhang.

Bundesstaat	1. Veranlagungsbehörden — Zuwachssteuerämter — (§ 1 Abs. 1 AusfBest.)	2. a) Besondere Steuererhebungsstellen; b) Hilfsstellen der Zuwachssteuerämter (§ 1 Abs. 2 AusfBest.)
1. **Preußen** .	a) In den Stadtgemeinden der Gemeindevorstand; b) in den Landgemeinden und in den Gutsbezirken der Kreisausschuß (in Hohenzollern: Amtsausschuß); c) in den Gutsbezirken der Kreisausschuß mit der Maßgabe, daß zu a. in Stadtgemeinden mit weniger als 2000 Einwohnern auf ihren Antrag die Veranlagung durch den Kreisausschuß zu erfolgen hat; zu b. in Landgemeinden mit mehr als 5000 Einwohnern oder in Landgemeinden, die schon vor dem 1. Januar 1911 eine Wertzuwachssteuer hatten, auf ihren Antrag die Veranlagung durch d. Kreisausschuß dem Gemeindevorstand zu überweisen ist.	a) Steuererhebungsstellen: 1. die Gemeindekasse, falls die Steuer vom Gemeindevorstande veranlagt ist, 2. die Kreiskommunalkasse, falls die Steuer vom Kreisausschusse veranlagt worden ist; b) —.
2. **Bayern** ..	Die Rentämter.	—
3. **Sachsen**.	In den Städten mit revidierter Städteordnung die Stadträte; in den übrigen Städten und in den Landgemeinden der Bürgermeister oder der Gemeindevorstand, dem die Geschäfte des Zuwachssteueramts von dem Finanzministerium widerruflich übertragen sind (für die Städte mit der Städteordnung für mittlere und kleinere Städte ist dies allgemein geschehen); in den Gemeinden ohne selbständige Veranlagungsbefugnis und in den selbständigen Gutsbezirken die Hauptzollämter Dresden II (zugleich für die Hauptzollamtsbezirke Meißen, Pirna und Schandau), Leipzig II (zugleich für den Hauptzollamtsbezirk Grimma), Chemnitz (zugleich für die Hauptzollamtsbezirke Annaberg und Freiberg), Plauen (zugleich für den Hauptzollamtsbezirk Eibenstock), Bautzen, Zittau, Zwickau.	—

3. Oberbehörden (§ 36 Abs. 2 Ges., § 1 Abs. 1 AusfBest.)	4. Landeszentralbehörden im Sinne der AusfBest.	5. Für das Verwaltungsstrafverfahren zuständige Behörden (§ 54 Abs. 1 Ges.)
a) Für das Zuwachssteueramt der Stadt Berlin der Oberpräsident in Potsdam; b) für die übrigen städt. Zuwachssteuerämter und für die Kreiszuwachssteuerämter (in Hohenzollern: Amtszuwachssteuerämter) die Regierungspräsidenten; c) für die Zuwachssteuerämter in den zur selbständig. Veranlagung befugt. Landgemeind. die Landräte als Vorsitzende der Kreisausschüsse (in Hohenzollern: Die Oberamtmänner als Vorsitzende der Amtsausschüsse).	Der Minister des Innern und der Finanzminister.	Für die Stadt Berlin der Oberpräsident in Potsdam und der Minister des Innern; in den übrigen Stadtkreisen die Regierungspräsidenten und die Oberpräsidenten; in den Landkreisen die Landräte (Oberamtmänner) und die Regierungspräsidenten.
Die Regierungsfinanzkammern.	Das Staatsministerium der Finanzen.	Die Rentämter u. d. Regierungsfinanzkammern.
Die Generalzolldirektion in Dresden.	Das Finanzministerium.	Die Hauptzollämter Dresden II, Leipzig II, Chemnitz, Plauen, Bautzen, Zittau, Zwickau und die Generalzolldirektion.

Bundesstaat	1. Veranlagungsbehörden — Zuwachssteuerämter — (§ 1 Abs. 1 AusfBest.)	2. a) Besondere Steuererhebungsstellen; b) Hilfsstellen der Zuwachssteuerämter (§ 1 Abs. 2 AusfBest.)
4. **Württemberg.**	Die Bezirkssteuerämter (Kameralämter und Hauptsteueramt Stuttgart).	—
5. **Baden** ..	In den Städten Mannheim, Heidelberg, Karlsruhe, Pforzheim, Baden, Freiburg, Konstanz, Bruchsal, Durlach und Weinheim, in denen d. Grundbuchamt als Gemeindeamt errichtet ist, die Grundbuchämter; i. übrig. d. Bezirkssteuerämter (Finanz- u. Hauptsteuerämter).	a) Für die städtischen Zuwachssteuerämter (Grundbuchämter) die Bezirkssteuerbehörde, in deren Bezirk das Grundbuchamt seinen Sitz hat; in Karlsruhe und Mannheim das Hauptsteueramt; b) —.
6. **Hessen** ..	Die Finanzämter.	a) Die staatlichen Kassenstellen (Bezirkskassen u. Staatshauptkasse); b) —.
7. **Mecklenburg-Schwerin.**	Die Hauptzollämter.	—
8. **Sachsen-Weimar.**	Das Erbschafts- und Zuwachssteueramt in Weimar.	a) die Rechnungsämter; b) die Rechnungsämter u. in d. Städten Weimar, Eisenach, Jena, Apolda, Ilmenau, Neustadt a. d. Orla, Weida u. Bad Sulza die Gemeindevorstände.

3. Oberbehörden (§ 36 Abs. 2 Ges., § 1 Abs. 1 AusfBest.)	4. Landeszentralbehörden im Sinne der AusfBest.	5. Für das Verwaltungsstrafverfahren zuständige Behörden (§ 54 Abs. 1 Ges.)
Das Steuerkollegium, Abteilung für direkte Steuern in Stuttgart.	Das Finanzministerium.	Die Bezirkssteuerämter (Kameralämter und Hauptsteueramt Stuttgart) und das Steuerkollegium.
Die Zoll- und Steuerdirektion in Karlsruhe.	Das Ministerium der Finanzen.	Die Bezirkssteuerbehörden und die Zoll- und Steuerdirektion.
Das Ministerium der Finanzen (Abteilung für Steuerwesen).	Das Ministerium der Finanzen.	Die Finanzämter und das Ministerium der Finanzen (Abteilung für Steuerwesen).
Die Oberzolldirektion in Schwerin.	Das Finanzministerium.	Die Hauptzollämter und die Oberzolldirektion in Schwerin.
Die Oberzolldirektion für den Thüringischen Zoll- u. Steuerverein in Erfurt; für das Amt Allstedt u. Oldisleben u. für den Bezirk des Vordergerichts Ostheim der Großherzogl. Generalzolldirektor in Erfurt.	Staatsministerium, Departement der Finanzen.	Das Staatsministerium, Departement der Finanzen.

Bundesstaat	1. Veranlagungsbehörden — Zuwachssteuerämter — (§ 1 Abs. 1 AusfBest.)	2. a) Besondere Steuererhebungsstellen; b) Hilfsstellen der Zuwachssteuerämter (§ 1 Abs. 2 AusfBest.)
9. **Mecklenburg-Strelitz.**	Die Hauptzollämter.	—
10. **Oldenburg.**	Im Herzogtum Oldenburg: die Ämter und die Magistrate der Städte I. Klasse; im Fürstentum Lübeck: das Zuwachssteueramt in Eutin; im Fürstentum Birkenfeld: das Zuwachssteueramt in Birkenfeld.	a) Im Herzogtum Oldenburg: die Amtsrezepturen; in den Fürstentümern Lübeck und Birkenfeld: die Amtskassen; b) —.
11. **Braunschweig.**	Das Zuwachssteueramt in Braunschweig.	a) Die Hauptsteuerämter, Steuerämter u. Steuerrezepturen; b) —.
12. **Sachsen-Meiningen.**	Das Zuwachssteueramt in Meiningen.	a) Die Zollämter; b) die Amtseinnahmen, in d. Städten sowie in den Landgemeind. m. mehr als 1000 Einwohnern die Gemeindevorstände.
13. **Sachsen-Altenburg.**	Das Steuer- und Rentamt in Altenburg.	a) Alle Steuer- u. Rentämter; b) die Steuer- u. Rentämter mit Ausnahme desjenigen in Altenburg.
14. **Sachsen-Coburg u. Gotha.**	Im Herzogtum Coburg: die Staats- u. Domänenkasse in Coburg; im Herzogtum Gotha: das Zoll- und Erbschaftssteueramt in Gotha.	—
15. **Anhalt** ..	Das Erbschaftssteueramt in Dessau (unter der Bezeichnung Zuwachssteueramt).	a) Die Landeshauptkasse in Dessau; b) —.

3. Oberbehörden (§ 36 Abs. 2 Ges., § 1 Abs. 1 AusfBest.)	4. Landeszentralbehörden im Sinne der AusfBest.	5. Für das Verwaltungsstrafverfahren zuständige Behörden (§ 54 Abs. 1 Ges.)
Die Oberzolldirektion in Schwerin.	Das Ministerium, Abteilung f. d. Finanzen.	Die Hauptzollämter und die Oberzolldirektion in Schwerin.
Im Herzogtum Oldenburg: Oberbehörde für Zuwachssteuersachen in Oldenburg; im Fürstentum Lübeck: Reg.-Präs. in Eutin; im Fürstentum Birkenfeld: Reg.-Präs. in Birkenfeld.	Das Ministerium der Finanzen.	Die Zuwachssteuerämter und die Oberbehörden für Zuwachssteuersachen.
Die Zoll- u. Steuerdir. in Braunschweig.	Das Staatsministerium.	Das Zuwachssteueramt u. die Zoll- und Steuerdirektion.
Die Oberzolldirektion für den Thüringischen Zoll- u. Steuerverein in Erfurt.	Das Staatsministerium, Abteilung der Finanzen.	Das Zuwachssteueramt und die Oberzolldirektion.
Die Oberzolldirektion für den Thüringischen Zoll- u. Steuerverein in Erfurt.	Das Staatsministerium, Abteilung der Finanzen.	Das Steuer- und Rentamt in Altenburg und die Oberzolldirektion.
Die Oberzolldirektion für den Thüringischen Zoll- u. Steuerverein in Erfurt.	Das Staatsministerium.	Die Staats- u. Domänenkasse in Coburg, das Zoll- und Erbschaftssteueramt in Gotha u. d. Oberzolldirekt.
Die Finanzdirektion in Dessau.	Das Staatsministerium.	Das Zuwachssteueramt und die Finanzdirektion.

Bundesstaat	1. Veranlagungsbehörden — Zuwachssteuerämter — (§ 1 Abs. 1 AusfBest.)	2. a) Besondere Steuererhebungsstellen; b) Hilfsstellen der Zuwachssteuerämter (§ 1 Abs. 2 AusfBest.)
16. **Schwarzb.-Rudolstadt.**	Das Erbschafts- und Zuwachssteueramt in Rudolstadt.	a) Die Zoll- und Steuerämter und die Forstkasse in Katzhütte; b) die Zoll- und Steuerämter, die Forstkasse in Katzhütte, d. Gemeindevorstände der Städte mit mehr als 1200 Einwohnern und die Vorstände der Landgemeinden mit mehr als 200) Einwohnern sowie das Revisionsbureau.
17. **Schwarzb.-Sondershausen.**	Die Erbschafts- und Zuwachssteuerämter.	a) Die Zollämter unter Mitwirkung der Sporteleinnehmer; b) die Magistrate in Städten von mehr als 2500 Einwohnern.
18. **Waldeck.**	Die Kreisämter unter der Bezeichnung „Fürstliches Zuwachssteueramt“.	a) Die Staatskasse in Arolsen unter Mitwirkung der Kreisrentmeister; b) —.
19. **Reuß ä. L.**	Das Zuwachssteueramt in Greiz.	a) Die Landeskasse. b) —.
20. **Reuß j. L.**	Das Erbschaftssteueramt in Gera unter der Bezeichnung „Fürstl. Zuwachssteueramt“.	a) Das Hauptzollamt in Gera; b) —.

3. Oberbehörden (§ 36 Abſ. 2 Geſ., § 1 Abſ. 1 AusfBeſt.)	4. Landeszentralbehörden im Sinne der AusfBeſt.	5. Für das Verwaltungsſtrafverfahren zuſtändige Behörden (§ 54 Abſ. 1 Geſ.)
Die Oberzolldirektion für den Thüringiſchen Zoll- u. Steuerverein in Erfurt.	Das Miniſterium, Abteilung der Finanzen.	Die Oberzolldirektion und das Miniſterium, Abteilung der Finanzen.
Die Oberzolldirektion für den Thüringiſchen Zoll- u. Steuerverein in Erfurt.	Das Miniſterium, Finanzabteilung.	Die Erbſchafts- und Zuwachsſteuerämter und die Oberzolldirektion.
Der Landesdirektor in Arolſen.	Der Preußiſche Finanzminiſter.	Die Kreisamtmänner und der Landesdirektor.
Die Oberzolldirektion f. d. Thüring. Zoll- u. Steuerverein i. Erfurt.	Die Landesregierung.	Das Zuwachsſteueramt und die Oberzolldirektion.
Die Oberzolldirektion für den Thüringiſchen Zoll- und Steuerverein in Erfurt.	Das Miniſterium, Abteilung der Finanzen.	Das Zuwachsſteueramt und die Oberzolldirektion.

Bundesstaat	1. Veranlagungsbehörden — Zuwachssteuerämter — (§ 1 Abs. 1 AusfBest.)	2. a) Besondere Steuererhebungsstellen; b) Hilfsstellen der Zuwachssteuerämter (§ 1 Abs. 2 AusfBest.
21. **Schaumburg-Lippe.**	In d. Stadtgemeinden Bückeburg und Stadthagen die Magistrate; im übrigen die Landratsämter in Bückeburg und Stadthagen.	a) Die Landeskasse; b) —.
22. **Lippe** ...	In den Städten die Magistrate, ausgenommen d. Gemeinde Schwalenberg; diese ist dem Verwaltungsamt Blomberg angegliedert; auf dem Lande die Verwaltungsämter.	—
23. **Lübeck** ...	Der Steuerdirektor in Lübeck.	—
24. **Bremen** ..	Das Generalsteueramt in Bremen.	—
25. **Hamburg.**	Der Steuerdirektor in Hamburg.	—
26. **Elsaß-Lothringen.**	**Die Verkehrssteuerämter; in den Städten Colmar, Mülhausen, Straßburg, Zabern, Diedenhofen, Metz und Saargemünd die Verkehrssteuerämter I.**	—

3. Oberbehörden (§ 36 Abs. 2 Ges., § 1 Abs. 1 AusfBest.)	4. Landeszentralbehörden im Sinne der AusfBest.	5. Für das Verwaltungsstrafverfahren zuständige Behörden (§ 54 Abs. 1 Ges.)
Die Ministerialabteilung für Gewerbe- und Gemeindeangelegenheiten in Bückeburg.	Das Ministerium.	Die Ministerialabteilung für Gewerbe- und Gemeindeangelegenheiten in Bückeburg.
Die Regierung in Detmold.	Das Staatsministerium.	Die Zuwachssteuerämter und die Regierung.
Die Steuerbehörde in Lübeck.	Der Senat.	Die Steuerbehörde.
Der Oberzolldirektor in Bremen.	Der Senat.	Das Generalsteueramt und der Oberzolldirektor.
Die Steuerdeputation in Hamburg.	Der Senat.	Die Steuerdeputation und der Senat.
Der Direktor der Verkehrssteuern in Straßburg.	Das Ministerium, Abteilung für Finanzen, Handel und Domänen.	Die Verkehrssteuerämter u. der Direktor der Verkehrssteuern.

Bundesstaat	Beschwerde	Verwaltungsstreitverfahren oder ein durch die Landesgesetzgebung geregeltes anderweites Verfahren vor den Verwaltungsgerichten
1. **Preußen** .	Die Beschwerde ist ausgeschlossen. Zunächst Einspruch binnen vier Wochen gegen den Steuerbescheid.	Gegen den Einspruchsbescheid (der Veranlagungsbehörde) binnen 2 Wochen verwaltungsgerichtliche Klage an den Bezirksausschuß; gegen das Urteil des Bezirksausschusses binnen 2 Wochen die Revision an das Oberverwaltungsgericht.
2. **Bayern** ..	Gegen den Steuerbescheid: a) Beschwerde an die Regierungsfinanzkammer, b) weitere Beschwerde an das Staatsministerium der Finanzen.	Gegen den Beschwerdebescheid der Regierungsfinanzkammer binnen 14 Tagen seit der Zustellung Beschwerde an den Verwaltungsgerichtshof (Artikel 16 bis 44 des Gesetzes über den Verwaltungsgerichtshof vom 8. August 1878).
3. **Sachsen**.	Beschwerde an die Generalzolldirektion. Die weitere Beschwerde ist ausgeschlossen.	Gegen den Beschwerdebescheid binnen vier Wochen nach seiner Zustellung Anfechtungsklage an das Oberverwaltungsgericht (Artikel 73 f. des Gesetzes über die Verwaltungsrechtspflege vom 19. Juli 1900 (Ges. u. VBl. S. 486).

Rechtsweg	Durch die Erhebung der Beschwerde wird das Verwaltungsstreitverfahren oder der Rechtsweg ausgeschlossen	Das verwaltungsgerichtliche Verfahren oder der Rechtsweg ist erst nach Erledigung der Beschwerde oder der weiteren ☞ Beschwerde zulässig
—	—	—
—	Nein.	Nein.
—	Nein.	Anfechtungsklage gegen den Beschwerdebescheid.

Bundesstaat	Beschwerde	Verwaltungsstreitverfahren oder ein durch die Landesgesetzgebung geregeltes anderweites Verfahren vor den Verwaltungsgerichten
4. **Württemberg.**	a) **Verwaltungsbeschwerde an das Steuerkollegium, Abt. für direkte Steuern,** b) **weitere Beschwerde an d. Finanzministerium.**	**Gegen die Entscheidung d. Finanzministeriums binnen 1 Monat Rechtsbeschwerde an den Verwaltungsgerichtshof (Art. 13 des Gesetzes über die Verwaltungsrechtspflege vom 16. Dezember 1876 — Reg.Bl. S. 485 —).**
5. **Baden** ...	a) Beschwerde an die Zoll- und Steuerdirektion, b) weitere Beschwerde an das Finanzministerium.	Gegen den Beschwerdebescheid der Zoll- und Steuerdirektion binnen 1 Monat Klage beim Verwaltungsgerichtshof nach Maßgabe des Verwaltungsrechtspflegegesetzes.
6. **Hessen** ...	a) **Beschwerde an die Abteilung f. Steuerwesen des Ministeriums der Finanzen,** b) **weitere Beschwerde an das Ministerium der Finanzen.**	Gegen den Beschwerdebescheid binnen 4 Wochen Klage an den Verwaltungsgerichtshof.
7. **Mecklenburg-Schwerin.**	a) Beschwerde an die Oberzolldirektion, b) weitere Beschwerde a.d. Finanzminist.	—
8. **Sachsen-Weimar.**	a) **Beschwerde an d. Oberzolldirekt. f. d. Thüring. Zoll- u. Steuerverein i. Erfurt — f. d. Amt Allstedt u. Oldisleben u. f. d. Bezirk d. Vordergerichts Ostheim a. d. Großherzogl. General-Zolldirektor i. Erfurt,** b) **weitere Beschwerde an das Staatsministerium, Dep. der Finanzen.**	—

Rechtsweg	Durch die Erhebung der Beschwerde wird das Verwaltungsstreitverfahren oder der Rechtsweg ausgeschlossen	Das verwaltungsgerichtliche Verfahren oder der Rechtsweg ist erst nach Erledigung der Beschwerde oder der weiteren Beschwerde zulässig
—	Nein.	Ja.
—	Nein.	Gegen den Beschwerdebescheid der Zoll- und Steuerdirektion verwaltungsgerichtliche Klage und weitere Beschwerde.
—	Die Klage an den Verwaltungsgerichtshof schließt die weitere Beschwerde an das Ministerium der Finanzen aus und umgekehrt.	Ja; verwaltungsgerichtliche Klage gegen den Beschwerdebescheid.
Klage gegen das Finanzministerium bei dem Landgericht in Schwerin.	—	—
Gerichtliche Klage gegen die Entscheidung des Staatsministeriums, Dep. der Finanzen. Frist 1 Monat.	Nein.	Ja.

Bundesstaat	Beschwerde	Verwaltungsstreitverfahren oder ein durch die Landesgesetzgebung geregeltes anderweites Verfahren vor den Verwaltungsgerichten
9. **Mecklenburg-Strelitz.**	a) Beschwerde an die Oberzolldirektion in Schwerin b) weitere Beschwerde an das Ministerium, Abt. für die Finanzen.*)	—
10. **Oldenburg.**	Die Beschwerde ist ausgeschlossen.	Klage binnen 2 Wochen bei den Verwaltungsgerichten.
11. **Braunschweig.**	Beschwerde an d. Zoll- und Steuerdirektion. Die weitere Beschwerde ist ausgeschlossen.	Gegen den Beschwerdebescheid Klage beim Verwaltungsgerichtshofe.
12. **Sachsen-Meiningen.**	Die Vorschriften sind noch nicht ergangen. Der dem Landtage vorgelegte Gesetzentwurf sieht vor: Beschwerde an die Oberzolldirektion f. d. Thüringischen Zoll- u. Steuerverein in Erfurt. Die weitere Beschwerde ist ausgeschlossen.	Gegen den Beschwerdebescheid Klage im Verwaltungsstreitverfahren beim Oberverwaltungsgerichte mit einer Frist von 2 Wochen.
13. **Sachsen-Altenburg.**	Landesrechtliche Vorschriften	
14. **Sachsen-Coburg u. Gotha.**	Beschwerde an die Oberzolldirektion für den Thüringischen Zoll- u. Steuerverein in Erfurt.	—

*) Zu 9: Das Beschwerdeverfahren wird noch geregelt werden.

Rechtsweg	Durch die Erhebung der Beschwerde wird das Verwaltungsstreitverfahren oder der Rechtsweg ausgeschlossen	Das verwaltungsgerichtliche Verfahren oder der Rechtsweg ist erst nach Erledigung der Beschwerde oder der weiteren Beschwerde zulässig
Klage gegen die Entscheidung des Ministeriums, Abt. für die Finanzen, bei dem Landgericht in Neustrelitz.	Ja; durch Ergreifung d. einen Rechtsmittels seitens des Steuerpflichtigen wird das andere für ihn ausgeschlossen.	—
—	—	—
—	Nein.	Ja; verwaltungsgerichtliche Klage gegen den Beschwerdebescheid.
—	Nein.	—

sind nicht ergangen.

Im Herzogt. Coburg: Klage bei d. Gemeinschaftlichen Landgericht in Meiningen; im Herzogt. Gotha: Klage b. d. Landgericht in Gotha. Frist 1 Monat.	—	—

Bundesstaat	Beschwerde	Verwaltungsstreitverfahren oder ein durch die Landesgesetzgebung geregeltes anderweites Verfahren vor den Verwaltungsgerichten
15. **Anhalt** ..	a) Beschwerde an die Finanzdirektion b) weitere Beschwerde an das Staatsministerium.	—
16. **Schwarzburg-Rudolstadt.**	a) Beschwerde a. d. Oberzolldirektion für den Thüringischen Zoll- u. Steuerverein in Erfurt, b) weitere Beschwerde an das Ministerium, Abt. der Finanzen.	—
17. **Schwarzburg-Sondershausen.**	a) Beschwerde a. d. Oberzolldirektion für den Thüringischen Zoll- n. Steuerverein in Erfurt, b) weitere Beschwerde an das Ministerium, Abt. der Finanzen.	—
18. **Waldeck.**	a) Beschwerde an den Landesdirektor, b) weitereBeschwerde a. d. Preuß. Finanzminister.	—
19. **Reuß ä. L.**	a) Beschwerd. a. d. Ob.-Zolldirekt. f. d. Thür. Zoll- und Steuerverein in Erfurt. b) weitere Beschwerde an die Landesregierung.	—

Rechtsweg	Durch die Erhebung der Beschwerde wird das Verwaltungsstreitverfahren oder der Rechtsweg ausgeschlossen	Das verwaltungsgerichtliche Verfahren oder der Rechtsweg ist erst nach Erledigung der Beschwerde oder der weiteren Beschwerde zulässig
Ja; Frist 1 Monat.	Ja; durch Erhebung der Beschwerde wird der Rechtsweg ausgeschlossen.	—
Ja; Frist 1 Monat.	Nein.	Nein; der Rechtsweg kann auf den Steuerbescheid, auf d. Beschwerdebescheid d. Oberzolldirektion u. auf den Beschwerdebescheid d. Ministeriums, Abt. d. Finanzen, beschritten werden.
Ja; Frist 1 Monat.	—	Ja; gerichtliche Klage gegen die auf die weitere Beschwerde erlassene Entscheidung.
Ja; Frist 1 Monat.	Nein.	Ja.
Ja; Frist 1 Monat.	Nein.	Nein.

Bundesstaat	Beschwerde	Verwaltungsstreitverfahren oder ein durch die Landesgesetzgebung geregeltes anderweites Verfahren vor den Verwaltungsgerichten
20. **Reuß j. L.**	a) Beschwerde an die Oberzolldirekt. f. d. Thür. Zoll- u. Steuerverein in Erfurt. b) weitere Beschwerde an das Ministerium, Abt. der Finanzen.	—
21. **Schaumburg-Lippe.**	Landesrechtliche Vorschriften	
22. **Lippe** ...	a) Beschwerde an die Regierung, b) weitere Beschwerde an das Staatsministerium.	Gegen den Beschwerdebescheid der Regierung binnen einem Monat verwaltungsgerichtliche Klage (Revision) an das Oberverwaltungsgericht.
23. **Bremen**[1])	a) Beschwerde an den Oberzolldirektor, b) weitere Beschwerde an die Steuerkommission des Senats.	—
24. **Elsaß-Lothringen.**	Gegen den Zuwachssteuerbescheid ist bis zur Rechtsweg	

[1]) In Lübeck und Hamburg sind die staatlichen Wertzuwachs- zunächst aufrechtgehalten worden.

Rechtsweg	Durch die Erhebung der Beschwerde wird das Verwaltungsstreitverfahren oder der Rechtsweg ausgeschlossen	Das verwaltungsgerichtliche Verfahren oder der Rechtsweg ist erst nach Erledigung der Beschwerde oder der weiteren Beschwerde zulässig
Ja; Frist 1 Monat.	Nein.	Nein.

sind nicht ergangen.

Nein.	Die Erhebung der weiteren Beschwerde schließt die verwaltungsgerichtl. Klage, d. Erhebung dieser die weitere Beschwerde aus.	—
Ja; Frist 4 Wochen.	Nein.	Ja; Rechtsweg nach Erledigung des Beschwerdeverfahrens.

anderweitigen landesgesetzlichen Regelung neben der Beschwerde der zulässig.

steuergesetze gemäß § 60 Abs. 2 und § 61 des Reichszuwachssteuergesetzes

Teil IV.

Das Zuwachssteuergesetz,

im Zusammenhange dargestellt.

(Amtl. Mitteilungen, 1. Jahrgang S. 137—194.)

Inhaltsübersicht.

7. Abschnitt.

Das Verfahren bei Veranlagung und Erhebung der Steuer.

8. Abschnitt.

Steuergläubiger, Gemeindezuschläge.

Anhang.

1. Abschnitt.

Gegenstand der Steuerpflicht im allgemeinen und Zeitpunkt der Besteuerung.

I. Gegenstand der Steuerpflicht im allgemeinen.

Der Abgabe vom Wertzuwachse bei Grundstücken, wie sie in Theorie und Praxis unter dem Begriffe der Zuwachssteuer zusammengefaßt wird, liegt der Gedanke zu Grunde, daß derjenige, der im wesentlichen ohne eigenes Zutun — infolge Maßnahmen der Gemeinschaft oder anderweit — an seinem Grundbesitz eine Werterhöhung erfahren hat, von dieser einen Teil an die Gemeinschaft in dem Augenblick abführen soll, in welchem er den Zuwachs in Geld oder Geldeswert umgesetzt erhält.

In Übereinstimmung hiermit ist nach dem Gesetze (§ 1 Abs. 1) Gegenstand der Besteuerung im engeren Sinne der Wertzuwachs (der Betrag der Wertsteigerung), der ohne Zutun des Eigentümers während dessen Besitzzeit (vom Erwerb bis zur Veräußerung) entstanden ist. Als steuerpflichtige Gegenstände im weiteren Sinne werden die Sachen und Rechte bezeichnet, deren Wertzuwachs besteuert wird. Solche steuerpflichtigen Gegenstände sind:

a) alle inländischen Grundstücke (§ 1);
b) die grundstücksgleichen Berechtigungen, z. B. das Erbbaurecht, Bergwerkseigentum (§ 2) — näheres hierüber s. unten S. 374 flg. —;
c) die Anteile an dem aus Grundstücken und grundstücksgleichen Berechtigungen (Buchstabe a und b) bestehenden Vermögen von gewissen Gesellschaften und Vereinigungen (§ 3) — näheres hierüber vgl. S. 381 flg. —.

Grundstück im Sinne des Zuwachssteuergesetzes ist der wirtschaftlich zusammenhängende, zu einer wirtschaftlichen Einheit verbundene Grundbesitz. Die einzelne Lagerbuch-, Grundsteuerkatasternummer, die einzelne Parzelle, das Grundstück mit eigenem Grundbuchblatt (rechtliche Einheit) wird im Sinne des Zuwachssteuergesetzes also meist nur als ein Teilgrundstück, ein Gut, Hof, Anwesen dagegen als ein einheitliches Grundstück zu gelten haben, auch wenn bei zersplittertem Grundbesitze die einzelnen, zu einem Gute gehörigen Parzellen räumlich nicht zusammenhängen. In diesem Falle würde z. B. die Veräußerung einer Ackerparzelle aus einem Hofgut im Sinne des Zuwachssteuergesetzes als eine Teilveräußerung zu behandeln sein. Vgl. hierüber unten S. 362 flg. Zwei getrennte Grundstücke liegen aber z. B. vor, wenn der Eigentümer eines Landguts noch ein Miethaus oder eine nicht im Zusammenhange mit dem Landgut bewirtschaftete Baustelle in der Stadt besitzt.

Die Steuerpflicht bezieht sich auf jedes „inländische“, im Gebiete des Deutschen Reichs[1]) belegene Grundstück. Der Wohnort und die Staatsangehörigkeit des Eigentümers sind für die Beurteilung der Steuerpflicht gleichgültig. Die Zugehörigkeit eines Grundstücks zum Gebiet eines Bundesstaats, zum Bezirk einer Gemeinde oder eines Gemeindeverbandes kommt insofern in Betracht, als diese Zugehörigkeit von bestimmendem Einfluß ist auf die Beteiligung des Bundesstaats und der Gemeinde (des Gemeindeverbandes) an dem Ertrage der Steuer, auf die Berechtigung zur Erhebung von Gemeindezuschlägen zur Steuer und auf die Steuerbefreiungen des § 30 Ziffer 1 und 3.

Für die Steuerpflicht als solche macht es keinen Unterschied, ob es sich um bebauten oder unbebauten, städtischen oder ländlichen, gewerblich oder land- und forstwirtschaftlich genutzten

---

[1]) Zum Reichsgebiete gehören nicht die Schutzgebiete.

Grundbesitz handelt. Lediglich hinsichtlich der Berechnung des Wertzuwachses gelten für die verschiedenen Arten des Besitzes abweichende Bestimmungen (vgl. insbesondere § 16, unten S. 352 flg.). Vor allem gilt dies nach § 1 Abs. 2, § 16 Abs. 1 Ziffer 2 und Abs. 2 von bebauten und unbebauten Grundstücken. Ob ein Grundstück als bebaut oder unbebaut zu gelten hat, muß im Einzelfalle nach der im Grundstücksverkehr üblichen Auffassung entschieden werden. Einen Anhaltspunkt gibt das Gesetz selbst, indem es im § 1 Abs. 2 Satz 2 bestimmt, daß als unbebaut auch solche Grundstücke gelten, auf denen sich Gartenhäuser, Schuppen, Lagerstätten und ähnliche zu vorübergehenden Zwecken dienende Baulichkeiten befinden. Bauten, die nur für eine verhältnismäßig kurze Zeit errichtet sind, um dann wieder entfernt zu werden, oder Baulichkeiten, deren Wert gegenüber dem sonstigen Nutzungswerte des Grund und Bodens völlig in den Hintergrund tritt, machen das Grundstück nicht zu einem bebauten. Bei der Frage, ob ein Grundstück als bebaut anzusehen ist, muß die gesetzliche Auffassung des Grundstücks als einer wirtschaftlichen Einheit im Auge behalten werden. Ein Bauerngut wird daher wegen des auf ihm errichteten Wohn- und Wirtschaftsgebäudes im ganzen als ein bebautes Grundstück anzusehen sein. Wird aber von einem Gesamtgrundstück eine einzelne Parzelle abveräußert, so ist die abveräußerte Parzelle für sich allein zu betrachten, soweit nicht etwa (z. B. § 1 Abs. 2) das Gesetz eine Ausnahme bestimmt. Wenn also z. B. aus einem landwirtschaftlichen Anwesen ein Acker als Bauplatz verkauft wird, so gilt diese Baustelle nicht etwa als bebautes Grundstück, weil das Gesamtanwesen als bebautes Grundstück gilt, sondern als unbebautes.

Zum Grundstück als steuerpflichtigem Gegenstande gehört aber nicht nur der umgrenzte Teil der Erdoberfläche, der Grund und Boden im landläufigen Sinne; der gesetzliche Grundstücksbegriff umfaßt (von den im § 10 ausdrücklich bezeichneten Ausnahmen abgesehen) auch alle als wesentliche Bestandteile des Grundstücks geltenden Gegenstände (Sachen und Rechte). Hierüber vgl. unten S. 333.

II. Zeitpunkt der Besteuerung; der steuerpflichtige und der steuerfreie Rechtsvorgang.

1. Steuerpflichtiger Rechtsvorgang. Die Pflicht zur Zahlung der Zuwachssteuer ist an einen bestimmten Vorgang gebunden, den „steuerpflichtigen Rechtsvorgang". Die Wertsteigerung eines Grundstücks kann dem Eigentümer schon während der Besitzzeit in Gestalt eines höheren Ertrags (Rente) zu gute kommen (Steigerung der Mietseinnahmen, bei Umwandlung einer Wohn- in eine Geschäftsstraße höhere Mieten aus Läden und anderen Geschäftsräumen, größerer Ertrag land- und forstwirtschaftlicher Grundstücke, höhere Pachteinnahmen). Das Gesetz erfaßt aber solche Mehreinnahmen nicht, sondern nur den Wertzuwachs, der beim Grundstücksumsatz in dem höheren Veräußerungspreis als Gewinn verwirklicht wird; die Zuwachssteuer wird daher erhoben bei der Veräußerung eines Grundstücks und beschränkt sich auf den Zuwachs, der seit dem letzten vorangegangenen Veräußerungsakte (dem Erwerbe des Grundstücks durch den jetzigen Veräußerer) eingetreten ist.

Veräußerung ist jeder abgeleitete entgeltliche Eigentumswechsel. Nicht nötig ist, daß der Eigentumsübergang auf dem freien Willen des bisherigen Eigentümers beruht, wenngleich die freiwillige Veräußerung durch Kaufvertrag die ganz überwiegende Mehrzahl der Steuerfälle bilden wird. Als eine Veräußerung, bei der die Zuwachssteuer zu zahlen ist, gilt auch die Zwangsversteigerung oder die Zwangsenteignung.

Veräußerer ist also der, dem das Eigentum bis zu dem Zeitpunkt des für den Steuerfall maßgebenden Eigentumsüberganges zustand[1]), der das Entgelt (den Veräußerungspreis)

---

[1]) Beim steuerpflichtigen Veräußerungsgeschäft

erhält, Erwerber, wer durch den für den Steuerfall maßgebenden Eigentumswechsel Eigentümer wird[1]) und der das Entgelt (den Erwerbspreis) zu zahlen hat.

Das Gesetz bestimmt im § 1 Abs. 1, daß die Zuwachssteuer erhoben werde beim Übergange des Eigentums an inländischen Grundstücken.

Bei der Übertragung eines Grundstücks sind zwei Vorgänge auseinanderzuhalten:

a) der dingliche Rechtsvorgang, d. i. der Vorgang, durch den lediglich das Eigentum an einem Grundstück übertragen wird. Das geschieht in der Regel durch die Auflassung und die Eintragung des Eigentumswechsels im Grundbuch;

b) das dem dinglichen Rechtsvorgange „der Übereignung" zu grunde liegende Rechtsgeschäft, das Veräußerungsgeschäft (z. B. Kauf, Tausch), das den Veräußerer zur Übertragung des Eigentums verpflichtet und ihm den Anspruch auf das Entgelt verschafft.

Die Steuerpflicht knüpft sich nun grundsätzlich nicht schon an das Veräußerungsgeschäft, das obligatorische Rechtsgeschäft (b), sondern an die Übereignung, den dinglichen Rechtsvorgang (a).

Für den Zeitpunkt des Eintritts der Steuerpflicht maßgebend ist demnach die Eintragung des Eigentumswechsels in das Grundbuch (die Umschreibung in öffentlichen Büchern, wo das Grundbuch noch nicht als angelegt anzusehen ist). Ist zum Übergange des Eigentums die Eintragung in das Grundbuch nicht erforderlich, so tritt an die Stelle der Eintragung der Vorgang, durch den der Übergang des Eigentums bewirkt wird, z. B. die Erteilung des Zuschlags im Zwangs-

(s. unten S. 377) auch, wer sich verpflichtet, das Eigentum an einem Grundstück zu übertragen.

[1]) Beim steuerpflichtigen Veräußerungsgeschäft (§ 5) auch, wer den Anspruch auf Übertragung des Eigentums erlangt.

versteigerungsverfahren, die Zustellung des Enteignungsbeschlusses.

Die Steuerpflicht tritt also ein:
beim Übergange des Eigentums an einem Grundstück,
beim Übergange einer grundstücksgleichen Berechtigung (§ 2),
beim Übergange eines Anteils am Vermögen einer der im § 3 bezeichneten Vereinigungen.

Ausnahmsweise knüpft sich die Steuerpflicht schon an das Veräußerungsgeschäft, das dann ebenfalls zum steuerpflichtigen Rechtsvorgange wird, nämlich, wenn nicht innerhalb eines Jahres nach Abschluß des Veräußerungsgeschäfts der Übergang des Eigentums am Grundstück (der Übergang der Berechtigung — § 2 — oder des Anteils — § 3 —) erfolgt (§ 5). Näheres hierüber s. unten S. 377 flg.

Wenn auch für den Eintritt der Steuerpflicht selbst die Übereignung im engeren Sinne, und zwar die Eintragung in das Grundbuch maßgebend ist[1]), so kommt es selbstverständlich bei der Veranlagung zur Steuer, bei der Ermittelung des Veräußerungs- und früheren Erwerbspreises auf das der Übereignung zu grunde liegende Rechtsverhältnis, insbesondere auf den Inhalt der Veräußerungs- (Kauf-) verträge an.

Gleichgültig für den Eintritt der Steuerpflicht wie für die Fälligkeit der Steuer ist es, ob das ausbedungene Entgelt zu diesem Zeitpunkt schon entrichtet ist, ob die Entrichtung in bar erfolgt oder nicht, ob der Kaufpreis gestundet oder in Teilen zu zahlen ist. Auch wenn der Verkäufer eines Grundstücks später wegen Zahlungsunfähigkeit des Erwerbers einen Verlust erleidet, so berührt das an sich die Steuerpflicht nicht.

2. Steuerfreier Rechtsvorgang. Da die Wertsteigerung eines Grundstücks im Augenblick der Gewinnverwirklichung besteuert wird, sollen nach der Absicht des Gesetzgebers alle die

[1]) Ebenso für Beginn und Ende der Besitzdauer.

Fälle, in denen der Eigentumswechsel für den bisherigen Eigentümer keine Verwirklichung des Gewinnes bedeutet und die Erwerbsarten, die in nahem Zusammenhange mit einem solchen Eigentumswechsel ohne Gewinnverwirklichung stehen, von der Erhebung der Zuwachssteuer frei bleiben. Diese Fälle eines steuerfreien Eigentumsüberganges sind im § 7 aufgezählt. Hierher gehört vor allem der Eigentumsübergang durch Erbfolge, sodann die Übertragung des Eigentums auf Grund einer Schenkung. Ist die Schenkung aber in Wahrheit nur eine verschleierte Form der entgeltlichen Veräußerung, so tritt die Steuerpflicht ein. Ferner gehört hierher die Änderung in den Eigentumsverhältnissen, welche durch Begründung, Änderung, Fortsetzung und Aufhebung einer ehelichen Gütergemeinschaft entsteht. Steuerfrei bleibt auch der Eigentumsübergang in den Fällen, in denen ein Miterbe (nicht etwa bloß ein Pflichtteilsberechtigter, Vermächtnisnehmer) bei der Erbauseinandersetzung ein Grundstück von den übrigen Miterben erwirbt, auch wenn dies, wie es in manchen Gegenden gebräuchlich ist, durch Versteigerung geschieht. Das Gleiche gilt von dem Erwerbe eines Teilnehmers an einer ehelichen oder fortgesetzten Gütergemeinschaft bei Teilung des Gesamtguts. Ein wichtiger Fall der steuerfreien Eigentumsübertragung ist sodann die Grundstücksveräußerung von Eltern (Voreltern) an ihre Kinder[1]) (entferntere Abkömmlinge), also namentlich die Gutsüberlassung, ohne daß jedoch die Befreiung auf die von diesem Begriff umfaßten Verträge beschränkt bleiben soll. Steuerfrei nach § 7 ist ferner das Einbringen von Grundstücken in eine Familiengesellschaft (Gesellschaft des BGB. oder Vereinigung der im § 3 bezeichneten Art, die nur aus dem Einbringer und seinen Abkömmlingen oder aus letzteren allein besteht); das Einbringen von Nachlaß-

[1]) Nur leibliche Kinder, nicht an Kindes Statt angenommene Personen oder Stiefkinder.

grundstücken in eine solche Gesellschaft oder Vereinigung, die ausschließlich von Miterben gebildet ist; der Austausch von Grundstücken bei Flurbereinigungen, Grenzregelungen, Umlegungen, die Landausscheidung bei Ablösung von Waldnutzungsrechten; beim Bergwerkseigentum der Austausch von Feldesteilen und die Konsolidation.

Bedeutung der Steuerbefreiungen gemäß § 7:

a) Bei einem unter § 7 fallenden Eigentumsübergang wird die Zuwachssteuer nicht erhoben. Ein solcher Eigentumswechsel ist ein steuerfreier Rechtsvorgang.

b) Der bis zu einem derartigen Eigentumswechsel eingetretene Wertzuwachs ist aber (im Gegensatze zu den wirklichen Steuerbefreiungsfällen, unten S. 358 flg.) der Besteuerung nicht für alle Zukunft entzogen. Bei dem nächsten steuerpflichtigen Rechtsvorgang wird der unter § 7 fallende Erwerb grundsätzlich nicht beachtet, sondern es wird über ihn in die Vergangenheit zurückgegriffen bis auf den letzten, nach dem Gesetz als steuerpflichtig anzusehenden Rechtsvorgang und es ist dann der während der ganzen seitdem verstrichenen Zeit entstandene Wertzuwachs zu versteuern. Insofern bedeutet die Steuerfreiheit des § 7 nur ein Hinausschieben der Besteuerung. Näheres vgl. unten S. 330 flg.

Steuerfreier Rechtsvorgang (§ 17) bedeutet also einen Eigentumswechsel, der unter § 7 fällt.

Steuerpflichtiger Rechtsvorgang (§ 17) bedeutet jede andere entgeltliche Eigentumsübertragung, die ihrer Art nach an sich geeignet ist, zu einer Steuererhebung Anlaß zu geben. Dies gilt auch, wenn eine Zuwachssteuer tatsächlich nicht erhoben worden ist oder erhoben wird, sei es weil der steuerpflichtige Rechtsvorgang vor dem Wirksamwerden des Gesetzes liegt oder weil ein Wertzuwachs sich dabei nicht ergeben hat oder weil ein Fall der wirklichen Steuerbefreiung (unten S. 358 flg.) vorliegt.

Steuerfreier Erwerb (§ 17) ist der Erwerb eines Grundstücks aus einem steuerfreien Vorgang gemäß § 7.

Steuerpflichtiger Erwerb (§ 17) ist der Erwerb eines Grundstücks aus einem steuerpflichtigen Vorgang in dem eben umschriebenen Sinne.

2. Abschnitt.

Gegenstand der Steuerpflicht im einzelnen; der steuerpflichtige Wertzuwachs.

I. Übersicht über die für die Berechnung des steuerpflichtigen Wertzuwachses maßgebenden Vorschriften.

Nach der im § 1 Abs. 1 zum Ausdruck gebrachten Absicht des Gesetzgebers soll die Zuwachssteuer erhoben werden von dem Wertzuwachse, der „ohne Zutun des Eigentümers" entstanden ist. Diese Einschränkung ist dem § 1 eingefügt worden, um den gesetzgeberischen Grundgedanken hervortreten zu lassen, daß nicht auch vom Eigentümer geschaffener Wertzuwachs steuerlich erfaßt werden soll. Diese im § 1 gegebene Begriffsumgrenzung soll aber nach ausdrücklicher Feststellung in den Verhandlungen des Reichstags nicht etwa dazu führen, in jedem Falle zu untersuchen, welcher Teil der Wertsteigerung auf der Tätigkeit des Eigentümers beruht, um dann diesen Teil von der Besteuerung auszuscheiden. Die einschränkenden Worte „ohne Zutun des Eigentümers entstanden" haben vielmehr lediglich programmatische Bedeutung. Für die Ermittelung des Wertzuwachses überhaupt und für die Ausscheidung des steuerpflichtigen Teiles der Wertsteigerung sind ausschließlich und bindend die Vorschriften des Gesetzes maßgebend. Der unter Beobachtung der gesetzlichen Vorschriften berechnete Wertzuwachs gilt dann als der Wertzuwachs, der „ohne Zutun des

Eigentümers" entstanden ist. Der Steuerpflichtige kann also nicht etwa geltend machen, daß ein Teil des nach den gesetzlichen Bestimmungen sich ergebenden Wertzuwachses noch als „durch sein Zutun entstanden" und deshalb als steuerfrei anzuerkennen sei. Es wird daher im folgenden, um irrtümlichen Ansichten vorzubeugen, statt vom unverdienten Wertzuwachs allgemein vom steuerpflichtigen Wertzuwachse gesprochen werden.

Erfaßt wird der Wertzuwachs, der innerhalb eines bestimmten Zeitraums, in der Regel zwischen dem Erwerb und der Veräußerung, entstanden ist — der für die Berechnung der Steuer maßgebende Zeitraum — (Unterabschnitt II).

Um den in dieser Zeit entstandenen Wertzuwachs zu ermitteln, ist zu vergleichen der Preis des Grundstücks beim Erwerb (Erwerbspreis) mit dem Preise bei der Veräußerung (Veräußerungspreis). Für den Begriff des „Preises" eines Grundstücks gelten besondere Vorschriften und Grundsätze, die bei der Feststellung des Erwerbspreises und des Veräußerungspreises zu beachten sind — Unterabschnitt III A —. An die Stelle des „Preises" tritt in bestimmten Fällen der „Wert", den das Grundstück zu einem gewissen Zeitpunkt hatte oder hat — Unterabschnitt III B.

Hiernach ergibt sich der Erwerbspreis und Veräußerungspreis, der gemeint ist, wenn das Gesetz schlechthin vom Erwerbspreis oder vom Veräußerungspreise spricht.

Der Unterschied zwischen dem Erwerbspreis und dem Veräußerungspreis ergibt den Wertzuwachs, bei dem eine Scheidung zwischen dem steuerpflichtigen und dem (auf der Tätigkeit des Eigentümers beruhenden und daher) steuerfreien Teile noch nicht vorgenommen ist. Die steuerpflichtige Wertsteigerung wird nun in der Weise ermittelt, daß

a) zum Erwerbspreise bestimmte Beträge hinzugerechnet und
b) vom Veräußerungspreise bestimmte Beträge abgezogen werden.

Bei den gesetzlichen Hinzurechnungen zum Erwerbspreis — Unterabschnitt IV — können 3 Gruppen unterschieden werden. Es betreffen die Hinzurechnungen der

Gruppe A: Beträge, um die sich das gezahlte Entgelt beim Erwerb erhöht: Erwerbskosten und Kapitalverluste beim Erwerb aus einer Zwangsversteigerung;

Gruppe B: die vom Steuerpflichtigen nachzuweisenden Kapitalaufwendungen für wertsteigernde Maßnahmen des Eigentümers während der Besitzzeit;

Gruppe C: Pauschalbeträge (in der Form von prozentualen Zuschlägen für jedes Kalenderjahr der Besitzzeit) für die anderweite, nicht unter Gruppe B fallende wertsteigernde Tätigkeit des Eigentümers, als Ausgleich für das Sinken des Geldwerts u. a. m.

Die Abzüge vom Veräußerungspreise — Unterabschnitt V — betreffen

A. (entsprechend der Gruppe A der Hinzurechnungen zum Erwerbspreis) die Kosten der Veräußerung und
B. die aus Billigkeitsgründen zugestandene beschränkte Aufrechnung von Zinsverlusten während der Besitzzeit.

Der Erwerbspreis zusammen mit den Hinzurechnungen (Gruppe A bis C) ergibt die eine Vergleichssumme (y); der Veräußerungspreis, gemindert durch die Abzüge (A, B), ergibt die andere Vergleichssumme (x), von welcher jener Betrag y abzuziehen ist. Der Unterschied (x—y) ist der steuerpflichtige Wertzuwachs, die steuerpflichtige Wertsteigerung. Nach dem in Hundertsteln der Summe y ausgedrückten Verhältnis der Wertsteigerung (x—y) zu jenem Betrage y sind die Steuersätze des § 28 Abs. 1 abgestuft.

II. Der für die Berechnung der Steuer maßgebende Zeitraum.

Die Zuwachssteuer erfaßt die Wertsteigerung, die innerhalb eines bestimmten Zeitraums entstanden ist. Dieser Zeitraum endet mit der Veräußerung, die Anlaß zur Steuererhebung gibt. Es erhebt sich also nur noch die Frage nach dem Beginne der in Betracht kommenden Besitzzeit, innerhalb welcher die Wertsteigerung eingetreten ist.

Für die Ermittelung des Wertzuwachses ist von der Veräußerung — dem jeweiligen Steuerfalle — zurückzugehen bis zu dem letzten, nach den Bestimmungen des Zuwachssteuergesetzes steuerpflichtigen Erwerbe. Ein steuerfreier Erwerb gemäß § 7 wird nicht gerechnet. Wenn also z. B. A. am 1. August 1905 ein Grundstück von seinem Vater für 50 000 *M* übereignet erhalten hat (§ 7 Ziffer 4), das dieser am 1. April 1890 für 25 000 *M* erworben hatte, so ist für die Berechnung der Zuwachssteuer, die aus Anlaß der Veräußerung des Grundstücks durch A. zu zahlen ist, nicht sein Erwerb am 1. August 1905, sondern der Erwerb durch den Vater (Rechtsvorgänger) am 1. April 1890 zu grunde zu legen. Der für die Steuerberechnung maßgebende Zeitraum beginnt also am 1. April 1890, und der maßgebende Erwerbspreis beträgt nicht 50 000 *M*, sondern 25 000 *M*. Dieser „Rückgriff" auf den letzten steuerpflichtigen Erwerb erfaßt allerdings auch den Wertzuwachs, der bis zum Inkrafttreten des Gesetzes entstanden ist. Man kann hierbei aber von einer rückwirkenden Kraft des Gesetzes ebensowenig sprechen, wie etwa bei der Umsatzsteuer, weil sie den ganzen Grundstückswert erfaßt, von einer unbegrenzten Rückwirkung die Rede sein kann. Eine Rückwirkung liegt nur vor, soweit aus Anlaß der nach dem Gesetze steuerpflichtig gewordenen, vor dem Zeitpunkt des Inkrafttretens liegenden Veräußerungen eine Zuwachssteuer zu zahlen ist, und in diesem Sinne hat das Gesetz rückwirkende Kraft nur bis zum 1. Januar 1911.

Für den „Rückgriff" (in der oben erläuterten Bedeutung) sind nun aber zeitliche Grenzen gesetzt. Weiter zurück als bis zum 1. Januar 1885 darf nicht gegangen werden, später (nach dem 1. Januar 1925) ist die äußerste Zeitgrenze des „Rückgriffs" 40 Jahre vor Eintritt der Steuerpflicht. Ist also ein Grundstück von dem jetzigen Eigentümer schon vor dem 1. Januar 1885 gekauft oder seit langem stets vererbt worden, so ist bei der nunmehrigen Veräußerung zunächst nur der Wertzuwachs zu versteuern, der seit dem 1. Januar 1885 entstanden ist.

Der für die Steuerberechnung maßgebende Zeitraum fällt hiernach mit der Besitzdauer des Eigentümers (Veräußerers) nur dann zusammen, wenn dieser das Grundstück auf Grund eines steuerpflichtigen Rechtsvorganges (s. oben S. 326) nicht vor dem 1. Januar 1885 erworben hat. Hat der Veräußerer das Grundstück auf Grund eines steuerfreien Rechtsvorganges (§ 7) erworben, so ist die Besitzzeit des Besitzvorgängers mitzurechnen und bis zum letzten steuerpflichtigen Erwerbe, jedoch nicht weiter als bis zum 1. Januar 1885, zurückzugehen.

III. Der Wertzuwachs im allgemeinen, d. i. der Unterschied zwischen Erwerbspreis und Veräußerungspreis.

Der Beginn des für die Steuerberechnung maßgebenden Zeitraums bildet den Ausgangspunkt für die Feststellung des Wertzuwachses, denn der Unterschied zwischen dem Veräußerungspreise (Wert zur Zeit der Veräußerung) und dem Preise, der beim Erwerbe für das Grundstück gezahlt wurde (dem Werte, den das Grundstück damals hatte), ergibt den Wertzuwachs, von dem der steuerfreie Teil noch nicht ausgeschieden ist.

A. Preis.

1. Grundsätzlich ist maßgebend der Preis, also das vereinbarte Entgelt für die Übereignung des Grundstücks, und zwar einerseits der Preis, den der Veräußerer oder sein Rechts-

vorgänger seinerzeit selbst bei einem steuerpflichtigen Erwerbe bezahlt hat (Erwerbspreis), anderseits das Entgelt, das er jetzt bei der Veräußerung von dem Erwerber zu beanspruchen hat (Veräußerungspreis). Für gewöhnlich kommt es auf den (gemeinen) Wert des Grundstücks nicht an. Es macht also für die Besteuerung grundsätzlich nichts aus, ob ein Grundstück billig (unter dem wahren Werte) oder teuer (über dem wahren Werte) gekauft oder verkauft wird.

2. Gemeinsame Grundsätze und Bestimmungen für die Feststellung des Erwerbs- und Veräußerungspreises.

a) Unter dem Preise des Grundstücks ist zu verstehen der Gesamtbetrag der Gegenleistung, den die Parteien für die Übertragung des Eigentums an einem Grundstück vereinbart haben.

1. Dem Preise ist zuzuschlagen der Betrag der vom Erwerber übernommenen Hypothekenschulden, der Betrag der mit dem Grundstück auf den Erwerber übergehenden, dem Eigentümer des Grundstücks obliegenden Leistungen, z. B. Reallasten, ferner der Betrag der Nutzungen, die sich der Veräußerer vorbehält, z. B. Altenteile, ebenso der Betrag der Nutzungen, die auf dem Grundstück lasten.

2. Vom Preise ist abzuziehen der Wert etwaiger von dem Veräußerer übernommenen Lasten. Ist in dem vereinbarten Grundstückspreis auch das Entgelt für Gegenstände enthalten, die nach dem unten (Buchstabe b) Ausgeführten nicht zum Grundstück gehören, so ist dieser Teil des Entgelts ebenfalls vom Preise auszusondern.

3. Der Preis wird in einem bestimmten Geldbetrag ausgedrückt. Werden andere Gegenstände als Geld geschuldet, so ist für die Umrechnung in Geld der zwischen

den Parteien vereinbarte Geldwert maßgebend, andernfalls ist ihr Geldwert durch Schätzung zu ermitteln. Der Wert wiederkehrender Leistungen oder Nutzungen bestimmt sich nach den Vorschriften (§§ 17 flg.) des Erbschaftssteuergesetzes vom 3. Juni 1906 (Reichs-Gesetzbl. S. 620). Hat eine Partei zwischen mehreren Gegenleistungen die Wahl, so gilt bis zur Ausübung der Wahl die höchste unter den möglichen Gegenleistungen als der maßgebende Preis.

b) Für die Zuwachssteuer kommt nur der Preis und Wert des Grundstücks in Betracht. Es wird indes nicht bloß der reine Wert des Grund und Bodens erfaßt. In dem Begriffe des Grundstücks sind vielmehr außer der Erdoberfläche grundsätzlich mitenthalten die wesentlichen Bestandteile des Grundstücks. Was zu den wesentlichen Bestandteilen des Grundstücks gehört, bestimmt sich nach den Regeln des bürgerlichen Rechts (§§ 93 bis 96 BGB.). Es gehören demnach zum Grundstück namentlich alle nicht bloß zu einem vorübergehenden Zwecke mit dem Grund und Boden fest verbundenen Sachen, insbesondere Gebäude und außerdem Rechte, die mit dem Eigentum an einem Grundstück unzertrennlich verbunden sind, z. B. Grunddienstbarkeiten (sogenannte subjektiv dingliche Rechte), dingliche Gewerbeberechtigungen[1]) sofern letztere nicht unter § 2 — unten S. 374 flg. — fallen, also nicht vom Grundstück getrennt und selbständig veräußert werden können.

Eine Ausnahme macht das Zuwachssteuergesetz hinsichtlich der Maschinen; ihr Wert ist auszuscheiden, auch wenn sie nach dem bürgerlichen Rechte als wesentliche Be-

[1]) Persönliche Berechtigungen, z. B. Wirtschafts-, Apothekenkonzessionen, sind nicht zu berücksichtigen. Vgl. jedoch die Ausführungen über Preisverschleierungen S. 337.

standteile des Grundstücks zu gelten haben, und hinsichtlich der Erzeugnisse des Grundstücks, solange sie mit dem Boden zusammenhängen. Zu den Erzeugnissen (den sogenannten natürlichen Früchten) gehören Obstbäume, Rebpflanzen (nicht bloß das Obst, die Weintraube), Zierbäume, Sträucher, das aufstehende Gras und die Grasnarbe, Getreide, der ganze Waldbestand (nicht bloß dessen schlagbarer Teil). Zu den Erzeugnissen des Grundstücks gehören dagegen nicht Mineralien, Erze (Bergwerksprodukte).

Damit ist der maßgebende Grundstücksbegriff erschöpfend umgrenzt. Bei der Feststellung des Grundstückspreises haben daher vor allem die nicht wesentlichen Bestandteile, z. B. die geschnittene Ernte, Früchte, Windbruch, außer Betracht zu bleiben. Nicht zum Grundstück gehört ferner das Zubehör eines Grundstücks. Bei der Preisermittelung für ein Grundstück ist also der Preis oder Wert des Zubehörs, z. B. bei einem landwirtschaftlichen Besitztum der Preis oder Wert des toten und lebenden Inventars, auszuscheiden. Beim Verkauf eines Geschäfts ist in dem Kaufpreis oft auch ein Entgelt für den guten Ruf des Geschäfts, für die Kundschaft inbegriffen. Dieser Teil des Kaufpreises gehört ebenfalls nicht zum Grundstückspreis und ist von der Kaufsumme auszusondern (vgl. unten Ziffer 3). Wohl aber ist für die Bewertung des Grundstücks einzubeziehen die gute Geschäftslage eines Grundstücks, seine besondere Eignung zu ertragreicher Benutzung, überhaupt alle Eigenschaften des Grundstücks selbst.

c) Besondere Vorschriften sind für die Preisfeststellung in Einzelfällen gegeben, die des Sachzusammenhanges wegen an anderer Stelle behandelt sind. Dahin gehören die Bestimmungen

1. über den Preis überhaupt (Erwerbs- und Veräußerungspreis)

beim Übergang im Wege der Zwangsversteigerung (§ 9, vgl. S. 370);

2. über den Erwerbspreis

beim Erwerb aus Flurbereinigung, Grenzregelung, Umlegung (§ 19, vgl. S. 369),

bei Veräußerung von Grundstücken in Festungsrayons (§ 18, vgl. S. 372),

bei Teilveräußerungen (§ 20, vgl. S. 362 flg.),

bei Erwerb auf Grund mehrerer Zwischengeschäfte (§ 27, vgl. S. 379);

3. über den Veräußerungspreis

bei Zahlung einer Entschädigung für eine Wertminderung an den Veräußerer (§ 23, vgl. S. 373),

bei Übernahme der Zuwachssteuer durch den Erwerber (§ 24, vgl. S. 373).

3. Preisaussonderung bei einheitlicher Veräußerung von steuerpflichtigen und steuerfreien Gegenständen, insbesondere bei Übertragung von Sachinbegriffen.

Die Steuerpflicht ist beschränkt auf das Grundstück in dem oben S. 333 Buchstabe b erörterten Umfang.

Sind in dem Preise der Wert von Maschinen und der Erzeugnisse des Grundstücks enthalten, so ist dieser vom Preise (Erwerbs- und Veräußerungspreis) abzuziehen. Ein solcher Abzug ist von der Steuerbehörde von Amts wegen zu machen.

Bei der Veräußerung von Sachinbegriffen (z. B. bei der Veräußerung eines Geschäfts einschließlich des Mobiliars und des Warenlagers oder eines landwirtschaftlichen Anwesens samt dem lebenden und toten Inventar) werden die Parteien zur Vereinfachung des Ermittelungsverfahrens gut tun, den auf das Grundstück (oben S. 333 Buchstabe b) entfallenden Teil des Preises und denjenigen der auf das Mobiliar, Inventar, das Warenlager einschließlich einer etwaigen Vergütung für den

Ruf des Geschäfts, Kundschaft und dergleichen entfällt, gesondert entsprechend ihrem wirklichen Werte anzugeben. Ist das unterlassen worden, so hat die Steuerbehörde eine Frist zu bestimmen, innerhalb welcher dies nachgeholt werden soll. Geschieht dies nicht, so hat die Steuerbehörde die Preisaussonderung vorzunehmen. Liegen Parteivereinbarungen oder Angaben des Steuerpflichtigen über die Preistrennung vor, so werden diese von der Steuerbehörde nachgeprüft. Ergibt die Nachprüfung, daß zum Zwecke der Steuerersparung unrichtige Angaben gemacht worden sind, so wird der wahre Preis des Grundstücks durch Schätzung ermittelt. Für die Steuerveranlagung ist also immer der Preis maßgebend, der nach dem wirklichen Parteiwillen als Entgelt für das Grundstück gemeint war. Auf den bloß nach außen hin vereinbarten Preis kommt es nicht an. Die Steuer soll nicht etwa dadurch beeinflußt werden können, daß bei Veräußerung steuerpflichtiger und steuerfreier Gegenstände ein unverhältnismäßig hoher Teil des Preises als Entgelt für letztere im Vertrage bezeichnet wird.

Es kann daher auch bei der Veräußerung von Sachinbegriffen nur dringend geraten werden, die Preisvereinbarung nach dem wirklichen Werte der einzelnen Gegenstände zu treffen. Durch falsche Angaben macht sich der Steuerpflichtige nicht nur strafbar (§§ 50, 51), er wird auch den Zweck der Steuerersparung kaum erreichen. Vor allem aber würde der Erwerber, der sich auf solche Preisfestsetzungen einließe, sehr gegen sein Interesse handeln. Denn der Preis, der beim gegenwärtigen Steuerfall als Veräußerungspreis festgestellt wird, gilt bei der späteren steuerpflichtigen Veräußerung als Erwerbspreis. Wird dieser zu niedrig angegeben, so hat der jetzige Erwerber zu gewärtigen, daß er bei der späteren Veräußerung eine höhere Zuwachssteuer zahlen muß, daß also, was der frühere Veräußerer durch unrichtige Preisangabe an Steuer gespart hat, später dem Erwerber auferlegt wird.

4. Das Gleiche gilt für den im § 11 Abs. 2 Satz 2 ins Auge gefaßten Fall der Preisverschleierung. Bei ihr wird nach außen hin ein niedrigerer Preis verabredet, als der Käufer des Grundstücks tatsächlich zu zahlen hat. Der Mehrbetrag des wirklich gewollten Preises wird in die Form einer Vermittelungsgebühr oder einer außergewöhnlich hohen Verzinsung des gestundeten Kaufpreises oder irgendeiner anderen „Nebenleistung" gekleidet. In diesen Fällen wird der die vorgebliche Kaufsumme übersteigende Mehrbetrag des wirklichen Preises durch Schätzung ermittelt. Z. B. für ein Grundstück sollen tatsächlich 170 000 ℳ gezahlt werden. Der Preis wird in der Weise verschleiert, daß nur 120 000 ℳ verabredet werden, wovon 20 000 ℳ angezahlt werden, das Restkaufgeld 100 000 ℳ 10 Jahre unkündbar stehen bleibt und mit 10 v. H. zu verzinsen ist, wovon 5 v. H. (5 000 ℳ) als jährliche Abzahlung gedacht sind. Für die Steuerveranlagung wird nicht der vereinbarte Preis (120 000 ℳ), sondern der wirkliche Preis (170 000 ℳ) zugrunde gelegt.

B. Wert.

1. An die Stelle des Preises (Buchstabe A) tritt der „Wert" des Grundstücks in folgenden Fällen:

a) Liegt der letzte steuerpflichtige Erwerb vor dem 1. Januar 1885, so gilt als Erwerbspreis der Wert, den das Grundstück am 1. Januar 1885 hatte (nach dem 1. Januar 1925 der Wert, den das Grundstück vor 40 Jahren hatte). Hat aber der Veräußerer oder sein Rechtsvorgänger nachweislich vor diesem Zeitpunkt bei einem steuerpflichtigen Erwerb oder auf steuerfreiem Wege durch Erbauseinandersetzung oder Übernahme des Grundstücks von Eltern oder Voreltern einen höheren Preis, als der Wert des Grundstücks am 1. Januar 1885 war, bezahlt (bloße Preisabrede oder -ausweisung reicht nicht aus!), so gilt wieder an Stelle des

Wertes der gezahlte Preis als Erwerbspreis des Grundstücks am 1. Januar 1885. Z. B.: A. hat ein Grundstück im Jahre 1880 für 60000 *M* gekauft. Der Wert dieses Grundstücks am 1. Januar 1885 wird auf 50000 *M* geschätzt: maßgebender Erwerbspreis 60000 *M*; Beginn des für die Steuerberechnung maßgebenden Zeitraums 1. Januar 1885.

b) Liegt der letzte steuerpflichtige Erwerb nicht vor dem 1. Januar 1885, so tritt an die Stelle des Erwerbspreises oder des Veräußerungspreises der Wert, den das Grundstück zu Beginn oder am Ende des für die Steuerberechnung maßgebenden Zeitraums hatte,

1. wenn ein Preis nicht vereinbart oder nicht zu ermitteln ist, z. B. beim Tausche zweier Grundstücke ohne Angabe des Preises der Grundstücke;

2. wenn auf einem Grundstück eine der im § 2 aufgeführten Berechtigungen (s. hierüber unten S. 374 flg.) oder ein Nießbrauchsrecht lastet, zu deren Beseitigung der Veräußerer nicht verpflichtet ist, falls der vereinbarte Preis niedriger ist als der wirkliche Wert des Grundstücks. Diese Bestimmung hindert eine Umgehung der Steuer dadurch, daß ein Teil des Grundstückspreises zunächst für die (steuerfreie) Bestellung des das Grundstück belastenden Rechtes bezahlt wird, z. B. der Veräußerer bestellt zunächst zu Gunsten des Erwerbers gegen Entgelt ein Erbbaurecht oder ein Nießbrauchsrecht am Grundstück und überträgt dann das (nackte) Eigentum am Grundstück zu einem geringen Preise. Beispiel: Der Eigentümer A. belastet sein Grundstück zu Gunsten des B. mit einem Nießbrauchsrecht (wofür er 40000 *M* erhält) und verkauft später das Grundstück an B. für 20000 *M*. Der Wert des Grundstücks ohne Belastung mit dem Nieß-

brauchsrechte beträgt zur Zeit der Veräußerung 60 000 ℳ. Veräußerungspreis: 60 000 ℳ. Oder: A. bestellt an seinem Grundstück ein Erbbaurecht zu Gunsten des B. für 60 000 ℳ und verkauft später das mit dem Erbbaurechte belastete Grundstück für 10 000 ℳ an C. Der Grundstückswert ohne Belastung mit dem Erbbaurechte würde zur Zeit der Veräußerung 70 000 ℳ betragen. Diese Summe ist auch als Veräußerungspreis zugrunde zu legen. (Das von dem Erbbauberechtigten auf Grund des Erbbaurechts etwa errichtete Gebäude hat in diesem Falle außer Betracht zu bleiben.)

2. Ist statt des Preises der Wert des Grundstücks maßgebend, so kommt es auf den gemeinen Wert des Grundstücks an. Der gemeine Wert ist der „Verkaufs- oder Verkehrswert, der durch den Preis bestimmt wird, welcher im gewöhnlichen Geschäftsverkehre nach der Beschaffenheit des Gegenstandes ohne Rücksicht auf andere ungewöhnliche oder lediglich persönliche Verhältnisse zu erzielen ist“ [1]). Es ist also stets der Preis zu ermitteln, der für das Grundstück zu einer bestimmten Zeit bei einem unter gewöhnlichen Umständen sich vollziehenden Verkaufe gezahlt worden wäre oder gezahlt würde; besondere Umstände, die auf den Preis drücken (z. B. Notlage des Besitzers) oder ihn in die Höhe treiben (z. B. Liebhaberpreise), sind außer acht zu lassen.

Nach § 22 Abs. 2 der Ausführungsbestimmungen ist der Reichskanzler ermächtigt, über die Ermittelung des Wertes für einzelne Grundstücksarten Grundsätze aufzustellen. Im Abs. 3 a. a. O. ist vorgesehen, daß in den Bundesstaaten, in denen für den in Betracht kommenden Zeitpunkt nach landesrechtlichen Vorschriften (Steuergesetzgebung usw.) der gemeine Wert des Grundstücks ermittelt ist, die Landeszentralbehörde im Ein-

[1]) § 22 Abs. 1 der Zuwachssteuer-Ausführungsbestimmungen.

verständnisse mit dem Reichskanzler bestimmen kann, daß jene landesrechtliche Wertermittelung der Steuerberechnung zugrunde gelegt wird, wobei dem Veräußerer der Nachweis offen steht, daß der Wert seines Grundstücks tatsächlich ein anderer war. Die Bestimmungen des Reichskanzlers sind noch nicht ergangen. Bis dahin wird nach den bislang geltenden Ermittelungsgrundsätzen zu verfahren sein. Der gemeine Wert, also der normale Verkaufswert, der Preis, der unter gewöhnlichen Verhältnissen bei einem Verkaufe zu erzielen wäre oder zu einer bestimmten Zeit zu erzielen gewesen wäre, kann bei Grundstücken vor allem dadurch ermittelt werden, daß man die bei dem Verkaufe gleichartiger oder ähnlicher Grundstücke in derselben Gegend erzielten Preise zusammenstellt und diese Grundstücke dann vergleicht mit dem Grundstück, das abzuschätzen ist. Ist der Wert eines Grundstücks für die Gegenwart oder für eine noch nicht weit zurückliegende Zeit zu ermitteln, so werden keine großen Schwierigkeiten entstehen. Schwieriger wird die Abschätzung des Wertes eines Grundstücks für eine entferntere Vergangenheit, insbesondere zunächst des Grundstückswerts am 1. Januar 1885. Hier ist zu ermitteln der Zustand, in dem das Grundstück sich zu dem fraglichen Zeitpunkt befand, die Art der Bewirtschaftung, die Ertragsfähigkeit der einzelnen Flächen, die Verkehrsverhältnisse, Absatzmöglichkeiten, die Verwertbarkeit als Bauland, Entfernung von der städtischen Bauzone, bei bebauten städtischen Grundstücken insbesondere, ob das Grundstück damals an einer Wohn- oder Geschäftsstraße lag. Einen Anhalt für die Wertermittelung geben weiter insbesondere die aus dem Grundbuch, Kaufbuch oder sonstigen öffentlichen Büchern ersichtlichen Kaufpreise[1]), die in der fraglichen Zeit für ähnliche Grundstücke

[1]) Vgl. für Preußen die Sammlungen von Kaufpreisen, welche zuerst für die erstmalige Veranlagung der Ergänzungssteuer nach dem Gesetze vom 14. Juli 1893 über die im Jahre 1884 und später stattgehabten Grundstücksankäufe und Taxen nach der „technischen

bezahlt worden sind, oder die Höhe der Mieten, der gezahlten Pachtzinse, die damalige Rentabilität landwirtschaftlicher Grundstücke, vor allem auch der Stand des Immobiliarkredits, die früheren amtlichen Schätzungen bei der hypothekarischen Beleihung, die Taxgrundsätze der Immobiliarkreditanstalten, bei Gebäuden die Höhe des Brandkassenwerts, ferner auch die ersten Veranlagungen zur Ergänzungssteuer (Vermögenssteuer), die maßgebenden Einschätzungen des Grundsteuerreinertrags und des Gebäudesteuernutzungswerts. Solche Veranlagungen, z. B. zur Ergänzungssteuer, erscheinen namentlich geeignet, einen Anhalt zu bieten für den Wert des Grundstücks zu einem Zeitpunkt, der vor der ersten Veranlagung liegt. Z. B.: Ein Grundstück ist im Jahre 1895 mit 50 000 ℳ zur Ergänzungssteuer veranlagt worden. Es ist der Wert des Grundstücks am 1. Januar 1885 zu ermitteln. Ergibt eine Vergleichung der Grundstückskäufe in der fraglichen Gegend, daß die Preise im Jahre 1885 im allgemeinen um 20 v. H. geringer waren, so wird hiervon für die Schätzung des maßgebenden Grundstückswerts am 1. Januar 1885 ausgegangen werden können. Reichen die vorhandenen Anhaltspunkte nicht aus, um den Wert des Grundstücks einwandfrei festzustellen (z. B. bei Grundstücken, die wegen ihrer besonderen Eigenart keinen Marktpreis haben, oder haben in einer verkehrsarmen Gegend keine Grundstückskäufe zur fraglichen Zeit stattgefunden), so gewährt der § 23 der Ausführungsbestimmungen die Möglichkeit, den Wert im Vergleichsweg festzusetzen.

Bei der Ermittelung des zu einem früheren Zeitpunkt vor-

Anleitung vom 26. Dezember 1893 für die erstmalige Schätzung des Wertes der Grundstücke behufs Veranlagung der Ergänzungssteuer" angelegt und nach Maßgabe der „Allgemeinen Verfügung vom 1. Dezember 1896 betreffend die Sammlung von Kauf- und Pachtpreisen für die Veranlagung der Ergänzungssteuer" stetig fortgeführt worden sind.

handen gewesenen Wertes eines Grundstücks darf auf das Sinken des Geldwerts keine Rücksicht genommen werden. Diesem Umstand wird durch die Hinzurechnungen des § 16 — s. unten S. 352 — Rechnung getragen.

IV und V.

Aussonderung des steuerpflichtigen Teils der Wertsteigerung aus dem Wertzuwachs im allgemeinen.

Nachdem durch Feststellung des maßgebenden Erwerbs- und Veräußerungspreises oder -wertes entsprechend den Ausführungen unter III der Zuwachs im allgemeinen festgestellt ist, wird dessen steuerfreier — im Sinne des § 1 Abs. 1 auf Zutun des Eigentümers beruhender — Teil ausgeschieden, indem durch Zurechnungen zum Erwerbspreise (IV.) und Abrechnungen vom Veräußerungspreise (V.) der Unterschied zwischen beiden gemindert wird. Der hiernach geminderte Unterschied ist der steuerpflichtige Wertzuwachs.

IV. Die gesetzlichen Hinzurechnungen zum Erwerbspreise.

Gruppe A.

a) Als Pauschalbetrag für die Kosten des Erwerbes sind ohne besonderen Nachweis der Höhe der tatsächlichen Auslagen dem Erwerbspreis 4 v. H. des Erwerbspreises hinzuzurechnen. Weist der Veräußerer nach, daß er oder sein Rechtsvorgänger seinerzeit beim steuerpflichtigen Erwerb einschließlich einer etwaigen Vermittelungsgebühr einen höheren Kostenaufwand gehabt hat, als der Zuschlag von 4 v. H. ausmachen würde, so sind die nachgewiesenen Kosten dem Erwerbspreis hinzuzurechnen, wobei jedoch die gezahlte Vermittelungsgebühr nur in dem ortsüblichen Betrag anrechnungsfähig ist. Zu den Kosten des Erwerbes gehören die Kosten der Beurkundung des Veräußerungsgeschäfts (Kaufvertrags), die Kosten der Auflassung, der Eintragung in das Grundbuch, Schreibgebühren, überhaupt alle mit der Veräußerung verbundenen und auf besonderer rechtlicher Grundlage beruhenden Ausgaben, insbesondere auch Kaufstempel und Umsatzsteuern. Nicht zu den Kosten des Erwerbes gehört im Hinblick auf die Bestimmung des § 24 der Betrag der Zuwachssteuer, auch wenn sie vertraglich der Erwerber zu bezahlen hat (s. unten S. 373).

Eine Anrechnung von Erwerbskosten findet nicht statt, wenn statt des Preises der Wert maßgebend ist, ebenso auch nicht, wenn nach dem Inhalt des Veräußerungsgeschäfts der Erwerber das Grundstück völlig kostenfrei übernommen hat.

b) Über die Hinzurechnung der ausgefallenen Forderungen beim Erwerb im Wege der Zwangsversteigerung durch einen Hypotheken- oder Grundschuldgläubiger (§ 14 Ziffer 2) vgl. unten S. 370.

Gruppe B.

Dem Erwerbspreise sind weiter hinzuzurechnen:

a) Die Aufwendungen für Bauten, Umbauten und für sonstige dauernde besondere Verbesserungen, auch solche land- oder forstwirtschaftlicher Art.

1. Unter „Aufwendungen" sind zu verstehen die baren Ausgaben des Eigentümers einschließlich des Barwerts der etwa der eigenen Wirtschaft entnommenen Gegenstände, z. B. der Baumaterialien, des Bauholzes und des Wertes der Naturallöhne, also alle Aufwendungen, die in Geld oder Geldeswert gemacht sind. Nicht dagegen gehört zu den Aufwendungen im Sinne des § 14 Ziffer 3 der Wert der vom Eigentümer oder seinen Angehörigen geleisteten Arbeit, für die ein Lohn nicht bezahlt wird. (Der Wert der eigenen Arbeit ist ausschließlich berücksichtigt in den Zuschlägen zu den Aufwendungen — unten Ziffer 6 —, ferner in den Zuschlägen des § 16, Gruppe C).

2. Die Aufwendungen müssen betreffen: „Bauten, Umbauten oder sonstige dauernde besondere Verbesserungen".

α) Bauten, Umbauten oder die sonstigen besonderen Verbesserungen müssen dauernder Natur sein. Sie dürfen also nicht bloß vorübergehenden Zwecken dienen, sondern müssen geeignet sein, den Wert des Grundstücks für eine gewisse Dauer, wenn nicht ständig, zu beeinflussen. Eine Laube, die auf einem baureifen Gelände errichtet wird, die Einfriedigung eines Laubengeländes, das aber demnächst der Bebauung anheimfällt, Wasserabzugsgräben, die nur aus Anlaß einer Überschwemmung gezogen werden, fallen daher nicht unter § 14 Ziffer 3.

β) Die Verbesserungen müssen „besonderer" Art sein. Dadurch treten sie in Gegensatz zu den Aufwendungen, die zur laufenden Unterhaltung der Gebäude und zur laufenden Bewirtschaftung eines Grundstücks gehören. Hierüber siehe unten 3, γ. Im übrigen müssen die „besonderen" Verbesserungen nicht notwendig einen bautenähnlichen Charakter haben. Als eine besondere Verbesserung stellt sich z. B. auch tiefes Rigolen des Bodens dar. Die Verbesserungen brauchen äußerlich gar nicht sichtbar zu sein, wenn sie nur eine dauernde wesentliche Erleichterung der Wirtschaftsführung zur Folge haben oder Vermögensvorteile gewähren und dadurch den Wert des Grundstücks dauernd erhöhen. Zu den besonderen Verbesserungen können daher auch solche rechtlicher Art gehören, z. B. die Beseitigung einer auf dem Grundstück lastenden Grunddienstbarkeit oder die Bestellung einer solchen zu Gunsten des Grundstücks, der Erwerb von Wegerechten oder anderen Rechten, die eine bessere oder zweckmäßigere Bewirtschaftung ermöglichen.

γ) Zu den besonderen Verbesserungen land- und forstwirtschaftlicher Art werden regelmäßig namentlich zu zählen sein die Umwandlung von nicht oder wenig ertragfähigem Boden in ertragfähigeren Boden, Umwandlung von Wald- und Heideboden in Ackerland, Wiesen oder Weiden, Drainagen und andere Entwässerungsvorrichtungen, Bewässerungsanlagen und Umwährungen (bei Weiden und Obstgärten). Zu bemerken ist schon hier, daß Aufwendungen, welche die Erzeugnisse betreffen, nicht anrechnungsfähig sind (vgl. 3, β).

3. Voraussetzung der Anrechnungsfähigkeit dieser Aufwendungen im allgemeinen.

α) Die Aufwendungen müssen innerhalb des für die Berechnung der Steuer maßgebenden Zeitraums (oben S. 330) gemacht sein.

β) Die Aufwendungen müssen den steuerpflichtigen Gegenstand, also das veräußerte Grundstück selbst betreffen, und dürfen sich nicht etwa auf die auf dem Grundstück vorhandenen Maschinen und Erzeugnisse oder Zubehörteile und andere nicht steuerpflichtige Gegenstände beziehen.

γ) Sie müssen über den Rahmen der laufenden Unterhaltung von Baulichkeiten oder der laufenden Bewirtschaftung von Grundstücken hinausgehen. Die Kosten der zur ordnungsmäßigen Instandhaltung der Baulichkeiten erforderlichen Ausbesserungen, die Aufwendungen, die zur Erzielung von einzelnen Jahreserträgen bestimmt oder durch die bestimmungsgemäße Verwendung des Grundstücks bedingt sind, mit anderen Worten alle gewöhnlichen laufenden Betriebs- und Unterhaltungskosten sind nicht anrechnungsfähig. (Eine dauernde gute Wirtschaftsführung trägt allerdings auch zur Steigerung der Ertragsfähigkeit und damit auch des Wertes eines Grundstücks bei. Die damit verbundenen Aufwendungen innerhalb der laufenden Bewirtschaftung sind durch die Zuschläge gemäß § 16 gedeckt.) Dabei läßt sich der Kreis der laufenden Kosten jedoch nicht in einer ausnahmslos gültigen Weise umgrenzen. Vielmehr werden Verbesserungen, die gemeinhin als der laufenden Unterhaltung dienend anzusehen sind, ausnahmsweise als besondere Verbesserungen in dem Betrage zu gelten haben, in dem sie durch Verwahrlosung des Grundstücks nötig geworden sind. Wenn jemand ein verwahrlostes Gebäude oder Anwesen gekauft hat und alsbald nach dem Erwerbe zu umfassenden Instandsetzungsarbeiten oder zu ungewöhnlich hohen erstmaligen Betriebsausgaben genötigt ist, können unter solchen besonderen Umständen die durch die Nachlässigkeit des Vorbesitzers notwendig gewordenen höheren Ausgaben für die Instandsetzung (nicht Instandhaltung) des Grundstücks dem neuen Erwerber als besondere Aufwendungen angerechnet werden.

4. Voraussetzung der Anrechnungsfähigkeit von Aufwendungen im besonderen. Die Aufwendungen sind nur anrechnungsfähig, „soweit die Bauten und Verbesserungen noch vorhanden sind".
   a) Damit entfällt zunächst die Anrechnungsfähigkeit von Aufwendungen für solche Bauten und Verbesserungen, die wieder beseitigt sind. Dabei macht es keinen Unterschied, ob die Bauten und Verbesserungen freiwillig beseitigt oder etwa durch Naturgewalten zerstört worden sind. (Das Gesetz berücksichtigt im allgemeinen grundsätzlich nicht die Vermögensverluste, die mit dem Besitze des Grundstücks verbunden sind.) Eine Anlage gilt aber auch dann nicht mehr als vorhanden, wenn von ihr

zwar noch etwas zu sehen (wenn sie zwar im körperlichen Sinne noch vorhanden) ist, sie aber nicht mehr benutzbar ist, keinen wirtschaftlichen Zweck mehr hat (im wirtschaftlichen Sinne nicht mehr vorhanden ist); z. B. eine Anlage, die von dem Veräußerer nicht mehr genutzt wird und dem Verfalle preisgegeben ist.

β) Es muß nicht nachgewiesen sein, daß die Baulichkeit oder Verbesserung eine Wertsteigerung des Grundstücks zur Folge gehabt hat und noch hat, ob also ein ursächlicher Zusammenhang zwischen der Wertsteigerung des Grundstücks und der Anlage besteht; dagegen sind die Aufrechnungen nur bis zu dem Werte anrechnungsfähig, den die Bauten oder Verbesserungen zur Zeit der Veräußerung (beim Eintritt der Steuerpflicht) noch haben. Die volle Anrechnung der Aufwendung setzt also voraus, daß die betreffende Baulichkeit oder Verbesserung bis zur Veräußerung keine Wertminderung erfahren hat. Im einzelnen ist hierzu hervorzuheben:

αα) Der Wert der Bauten und Verbesserungen zur Zeit des Steuerfalls bemißt sich zunächst nach ihrer wirtschaftlichen Verwertbarkeit und ihrer Einwirkung auf die Ertragfähigkeit des Grundstücks. Beispiel: Zur Ausbeutung eines Tonlagers sind auf dem Grundstück Ziegeleigebäude errichtet worden. Nach Erschöpfung des Tonlagers wird das Ziegeleigrundstück als Baugelände veräußert. Die Ziegeleigebäude haben nur noch Abbruchswert und es können die Aufwendungen auch nur zu diesem Werte angerechnet werden.

ββ) Der Wert einer Baulichkeit oder Verbesserung ist nach allgemeinen wirtschaftlichen Gesichtspunkten festzustellen. Nicht maßgebend ist, welchen Wert die Baulichkeit oder Verbesserung gerade für die Sonderzwecke des Erwerbers hat. Mit anderen Worten: Es ist der objektive Wert maßgebend, nicht der subjektive. Beispiel: A. erwirbt in der Nähe einer Großstadt ein Grundstück und baut eine Villa. Mit der Ausdehnung der Großstadt ist später in der fraglichen Gegend die geschlossene Bauweise eingeführt worden. A. veräußert nun das Villengrundstück an B., der auf dem Gelände große Miethäuser errichten will. Für B. hat das Grundstück nur Bauplatzwert. Gleichwohl ist der zur Zeit der Veräußerung noch bestehende Wert der Villa anrechnungsfähig.

77) Die Entscheidung darüber, ob die Bauten oder Verbesserungen eine Wertminderung erfahren haben oder nicht, ob demnach die ursprünglichen Aufwendungen im ganzen Betrag oder nur zu einem entsprechenden Teilbetrag angerechnet werden können, ist im Einzelfalle nach der Art der Baulichkeit oder der Verbesserung zu beantworten. Die Regeln über die kaufmännischen Abschreibungen sind dabei nicht ohne weiteres anwendbar. Einen Anhalt gibt neben der Zweckbestimmung und dem baulichen Zustand im allgemeinen die Lebensdauer der Bauten und Verbesserungen, soweit die Benutzung und Unterhaltung sich in gewöhnlichen Grenzen hält. Dadurch wird nicht ausgeschlossen, daß in Fällen, in denen die Unterhaltung eine außergewöhnlich sorgsame oder die Benutzung eine besonders vorsichtige war, auch noch nach jahrelangem Bestehen der Baulichkeit der ursprüngliche Betrag der Aufwendungen anzurechnen sein wird.

δδ) Sind nach dem Vorhergehenden Aufwendungen nur zu einem Teilbetrag anrechnungsfähig, so kommt für die Feststellung des Wertes, den die Bauten und Verbesserungen zur Zeit der Veräußerung noch haben, in erster Linie die (dem Willen der Parteien entsprechende, nicht bloße Schein-) Preisvereinbarung der Parteien, in zweiter Linie die Ermittelung durch Schätzung in Betracht.

5. Ersatzbauten, insbesondere Verwendung von Versicherungsbeträgen. An sich ist gleichgültig, ob eine Anlage oder ein Gebäude neu errichtet wird oder ob eine früher vorhanden gewesene Anlage, ein niedergerissenes oder zerstörtes Gebäude wiederhergestellt wird. Stand das frühere Gebäude schon beim steuerpflichtigen Erwerbe, so war sein Wert in dem Erwerbspreis enthalten. Der Aufwand für den Neubau ist — in dem zur Zeit der Veräußerung vorhandenen Werte — dem Erwerbspreis hinzuzurechnen. Der Wert des früheren Gebäudes wird nicht gegengerechnet. Wenn indes für die Zerstörung oder Beschädigung eines Gebäudes, das schon vor dem für die Steuerberechnung maßgebenden Zeitraum bestanden hat, aus Versicherungen eine Entschädigung gezahlt worden ist, so gilt nur der die Entschädigungssumme übersteigende Teil der Wiederherstellungskosten als eine Aufwendung nach § 14 Ziffer 3. Bei einem Gebäude, das erst innerhalb des für die Berechnung der Steuer maßgebenden Zeitraums errichtet worden ist und später ganz oder teilweise zerstört wird, findet ein solcher Abzug der Versicherungsgelder nicht statt. (Über die Behandlung von Entschädigungen, die nicht zur Beseitigung des Schadens verwendet worden sind vgl. § 23 und unten S. 373.)

6. Die Höhe der gemachten Aufwendungen ist vom Steuerpflichtigen nachzuweisen. Zu dem anrechnungsfähigen Be-

trage — d. h. dem zur Zeit der Veräußerung bestehenden Werte — der Aufwendungen werden 5 v. H. (als Pauschalentgelt für die eigene Tätigkeit des Eigentümers), falls aber der Eigentümer Baugewerbetreibender oder Bauhandwerker (oder eine ausschließlich aus solchen Personen bestehende Gesellschaft oder Genossenschaft) ist und selbst der Bauunternehmer war, 15 v. H. hinzugerechnet. Dagegen findet abgesehen von diesen Zuschlägen und den Hinzurechnungen des § 16 (unten S. 352), keine Anrechnung von Zinsen der Aufwendungen statt, abgesehen von den sogenannten Bauzinsen, d. i. der Verzinsung des Baugeldes bis zur gebrauchsfertigen Herstellung des Gebäudes in dem Umfang, in dem die Einstellung solcher Zinsen in die Bilanz nach den Bestimmungen des Handelsgesetzbuchs zugelassen ist.

7. Eine besondere Vorschrift trifft das Gesetz für volkswirtschaftlich bedeutsame Meliorationen, bei denen es sich um die Schaffung von Neuland aus ertraglosen oder sehr wenig ertragsfähigen Flächen handelt, z. B. bei der Urbarmachung von Moorland, Sumpfland, Öd- oder Heideland. Hier kann auf Antrag des Veräußerers an Stelle der nach den vorstehenden Bestimmungen berechneten Aufwendungen dem Erwerbspreis die Erhöhung des Ertragswerts der von den Meliorationsarbeiten betroffenen Fläche (diese allein ist bei der Ermittelung des Ertragswerts zu berücksichtigen) hinzugerechnet werden.

b) Die Aufwendungen, Leistungen und Beiträge für Straßenbauten, andere Verkehrsanlagen einschließlich der Kanalisierung, sowie ohne entsprechende Gegenleistung und Verzinsung geleistete Beiträge für sonstige öffentliche Einrichtungen.

1. Unter „Aufwendungen" sind die Selbstkosten eigener Anlagen der bezeichneten Art (z. B. Unternehmerstraßen), unter

„Leistungen und Beiträgen" sind Zuschüsse zu den von Dritten, insbesondere Gemeinden hergestellten Anlagen (z. B. Anliegerbeiträge) zu verstehen. Zu den nach § 14 Ziffer 4 anrechnungsfähigen Kosten gehören beispielsweise die Ausgaben für die Neuanlage von Straßen und öffentlichen Plätzen, Pflasterung und Chaussierung bestehender Straßen, Zuschüsse für Bahnbauten, Kirchen und Schulen, — nicht dagegen laufende Abgaben für die Benutzung von Gemeindeeinrichtungen (Kanalisation, Wasserversorgung usw.).

Voraussetzungen der Anrechnungsfähigkeit:

α) Nur tatsächlich gemachte Ausgaben und nur Ausgaben, die sich auf das steuerpflichtige Grundstück beziehen, dürfen angerechnet werden.

β) Die Ausgaben müssen innerhalb des für die Steuerberechnung maßgebenden Zeitraums gemacht sein. Unerheblich dagegen ist es — im Gegensatze zu § 14 Ziffer 3 —, ob die Anlagen noch vorhanden sind.

γ) Die Beiträge für „sonstige öffentliche Einrichtungen" müssen unverzinslich und nicht rückzahlbar sein, es darf ihnen keine „entsprechende" Gegenleistung gegenüberstehen. Bei den Ausgaben für Straßen und Verkehrsanlagen besteht die Einschränkung, daß sie ohne entsprechende Gegenleistung gemacht sein müssen, nicht.

δ) Nicht hierher gehören die bei gewerblichen Unternehmungen, die mit Rücksicht auf die Verwertung eines Geländes ins Leben gerufen sind, sich ergebenden Betriebsausfälle, z. B. eines Elektrizitätswerkes, Gaswerkes, das die späteren Hausbesitzer auf einem Gelände mit elektrischem Licht oder Gas versorgen soll.

Über die Berücksichtigung von Landabtretungen für Verkehrs-, öffentliche oder gemeinnützige Zwecke vgl. § 20 Abs. 2, unten S. 365.

2. Zu dem Kapitalaufwande tritt hinzu die Anrechnung von Zinsen (nicht Zinseszinsen), und zwar von 4 v. H. für jedes volle Kalenderjahr, höchstens jedoch für 15 Jahre. Die Zinsanrechnung ist zugelassen, da es sich hier hauptsächlich um (zunächst unrentable) Aufwendungen handelt, die eine raschere Erschließung von Baugelände zur Befriedigung des Wohnungsbedürfnisses namentlich in Großstädten ermöglichen. An die Stelle der Anrechnung von 4 v. H. Zinsen auf längstens 15 Jahre können auf Antrag des Veräußerers die Zuschläge des § 16 (Gruppe C) treten. Das wird für ihn aber nur in Frage kommen, wenn die Aufwendungen erheblich mehr als 15 Jahre vor der Veräußerung zurückliegen.

Die Anrechnung weiterer auf das Grundstück gemachten Aufwendungen als die im vorstehenden unter a und b erörterten, z. B. Kosten der Hypothekenbeschaffung, ist nicht zugelassen.

Gruppe C.

Die Hinzurechnungen des § 16 sollen die während der Besitzzeit eingetretene Entwertung (verminderte Kaufkraft) des Geldes, ferner die durch die eigene Tätigkeit des Besitzers verursachte Wertsteigerung des Grundstücks, die Aufwendungen, die werterhöhend gewirkt haben, ohne unter § 14 Ziffer 3 oder 4 zu fallen, berücksichtigen.

Diese Hinzurechnungen bestehen in prozentualen Zuschlägen für jedes volle Kalenderjahr des für die Steuerberechnung maßgebenden Zeitraums. Die Zuschläge werden berechnet nach dem Erwerbspreis einschließlich der Hinzurechnungen nach § 14 Ziffer 1 und 2 — Gruppe A — und der Hinzurechnungen nach § 14 Ziffer 3, § 15 — Gruppe B a — (bei den Anrechnungen des § 14 Ziffer 4 — Gruppe B b — nur auf Antrag des Veräußerers, siehe oben S. 350) und betragen für jedes Jahr:

a) $2^1/_2$ v. H., wenn der Erwerbspreis einschließlich der zu berücksichtigenden Anrechnungen 100 ℳ für das Ar (1 ℳ für das qm), bei Weinbergen 300 ℳ für das Ar (3 ℳ für das qm) nicht übersteigt;

b) 2 v. H. von dem 1 ℳ (bei Weinbergen 3 ℳ) für das qm übersteigenden Betrage bei unbebauten[1]) Grundstücken;

c) $1^1/_2$ v. H. von dem 1 ℳ für das qm übersteigenden Betrage bei bebauten[1]) Grundstücken;

d) die Hälfte dieser Sätze, wenn die Besitzzeit nur 5 Jahre oder weniger gewährt hat und das Grundstück unbebaut erworben und während der Besitzzeit nicht bebaut worden ist.

Die Bedeutung dieser Hinzurechnungen ergeben folgende Beispiele:

Berechnung des Erwerbspreises für ein im März 1892 für 10 000 ℳ erworbenes unbebautes Grundstück, für das im März 1902 und im Oktober 1910 Aufwendungen nach § 14 Ziffer 3 gemacht worden sind, deren jede zur Zeit der Veräußerung 1 000 ℳ wert ist, und das im Oktober 1913 veräußert wird,

a) wenn die Grundstücksfläche 140 a beträgt:

Erwerbspreis	10 000,00 ℳ
Erwerbskosten (§ 14 Ziffer 1)	400,00 „
Aufwendungen + 5 v. H. (§ 14 Ziffer 3)	2 100,00 „
Hinzurechnungen nach § 16 Abs. 1 Ziffer 1	
1. $2^1/_2$ v. H. auf 20 Jahre = 50 v. H. von 10 400 ℳ	5 200,00 „
2. $2^1/_2$ v. H. auf 10 Jahre = 25 v. H. von 1 050 ℳ	262,50 „
3. $2^1/_2$ v. H. auf 2 Jahre = 5 v. H. von 1 050 ℳ	52,50 „
sind . . .	18 015,00 ℳ,

[1]) zur Zeit der Veräußerung.

b) wenn die Grundstücksfläche 10 a beträgt:

Erwerbspreis	10 000,00 ℳ
Erwerbskosten (§ 14 Ziffer 1)	400,00 „
Aufwendungen + 5 v. H. (§ 14 Ziffer 3)	2 100,00 „
Hinzurechnungen nach § 16 Abs. 1	
α) nach Ziffer 1: $2\frac{1}{2}$ v. H. auf 20 Jahre = 50 v. H. von (10 × 100 ℳ =) 1 000 ℳ	500,00 „
β) nach Ziffer 2: 2 v. H.	
1. von (10 400 ℳ — 1 000 ℳ =) 9 400 ℳ auf 20 Jahre	3 760,00 „
2. von 1 050 ℳ auf 10 Jahre . . .	210,00 „
3. von 1 050 ℳ auf 2 Jahre . . .	42,00 „
sind . . .	17 012,00 ℳ.

Die jährlichen Hinzurechnungen beginnen mit dem 1. Januar des Jahres, das auf den Anfang des für die Steuerberechnung maßgebenden Zeitraums folgt, bei Aufwendungen mit dem 1. Januar des Jahres, das auf das Jahr folgt, in welchem die Aufwendungen gemacht worden sind, und bei den Aufwendungen für Bauten und Umbauten mit dem 1. Januar des Jahres, das auf die behördliche Gebrauchsabnahme oder die gebrauchsfertige Herstellung folgt. Selbstverständlich können die jährlichen Zuschläge des § 16 nur von dem anrechnungsfähigen Betrage der Aufwendungen berechnet werden. Wenn z. B. auf einem Grundstück ein Haus gebaut wird, das abbrennt, und dann wieder ein Neubau erstellt wird, so können jährliche Zuschläge vom ersten Bauaufwande nur insoweit angerechnet werden, als bei dem Brande erhalten gebliebene Teile des Gebäudes (z. B. Grundmauern) zur Zeit des Steuerfalles noch vorhanden sind.

V. Die gesetzlichen Abzüge vom Veräußerungspreise.

Vom Veräußerungspreise sind abzuziehen:

a) Die Kosten der Veräußerung und Übertragung, die dem Veräußerer nachweislich aus Anlaß der steuerpflichtigen Übereignung des Grundstücks entstanden sind.

1. Der abzugsfähige Betrag beschränkt sich auf die tatsächlich gehabten Auslagen, wobei eine Vermittelungsgebühr nur so weit angerechnet werden darf, als sie nachweislich auch bezahlt wurde und die ortsübliche Höhe einer solchen Gebühr nicht übersteigt.
2. Allgemeine Geschäftsunkosten der Grundstücksverwertungsgesellschaften (allgemeine Spesen und Propagandakosten) sind nicht abzugsfähig.
3. Ist an Stelle des Veräußerungspreises der Wert maßgebend, so ist ein Abzug für die Kosten der Veräußerung nicht zulässig.

b) Der Ausfall an Zinsen, jedoch nur auf besonderen Antrag des Veräußerers und unter folgenden Voraussetzungen, deren Zutreffen der Antragsteller zu beweisen hat:

1. Abzugsfähig ist der Betrag, um den die einzelnen Jahreserträgnisse (nicht etwa die Durchschnittserträgnisse) des Grundstücks hinter einer Verzinsung von 3 v. H. des Erwerbspreises einschließlich der Hinzurechnungen des § 14 Ziffer 1 und 2 (Gruppe A) und der anrechnungsfähigen Aufwendungen nach § 14 Ziffer 3 (Gruppe B. a) zurückbleiben. Nicht berücksichtigt werden also die Aufwendungen nach § 14 Ziffer 4 (Gruppe B. b).
2. Die Berücksichtigung des Zinsenausfalls ist auf höchstens 15 zusammenhängende Jahre und auf den für die Steuerberechnung maßgebenden Zeitraum beschränkt. Gleichgültig ist, ob die Jahre, für welche ein Minderertrag nachgewiesen wird, am Anfang oder am Ende dieses Zeitraums liegen,

unter allen Umständen aber kann die Zinsvergünstigung des § 22 Ziffer 2 nur für einen zusammenhängenden Zeitraum von längstens 15 Jahren beansprucht werden.

3. Liegt der steuerpflichtige Erwerb vor dem 1. Januar 1885, so ist die Verzinsung von 3 v. H. nicht etwa vom Werte des Grundstücks am 1. Januar 1885 (Beginn des für die Steuerberechnung maßgebenden Zeitraums), sondern von dem Erwerbspreis zu berechnen, den der Veräußerer oder sein Rechtsvorgänger vor dem 1. Januar 1885 bei einem steuerpflichtigen oder steuerfreien Erwerbe (z. B. bei einer Erbauseinandersetzung oder bei der Übernahme des elterlichen Anwesens) gezahlt hat. Durch die Bestimmung des § 22 Ziffer 2 hat der Gesetzgeber dem Grundstücksbesitzer aus Billigkeitsgründen eine (an sich mit dem Wesen der Zuwachssteuer als einer Objektsteuer nicht im Einklang stehende) begrenzte Berücksichtigung seiner Vermögenslage (Verluste) zugestanden. Die Anrechnung der Zinsausfälle nach § 22 Ziffer 2 und die Hinzurechnungen des § 16 stellen im Endergebnis eine Verzinsung des Anlagekapitals von mindestens 5, 4½ (§ 16 Abs. 1 Ziffer 2) und 4 (§ 16 Abs. 2) v. H. dar.

3. Abschnitt.

Höhe der Steuer, Steuerschuldner, Steuerbefreiungen.

I. Höhe der Steuer.

a) Die Steuersätze sind abgestuft nach dem in Hundertsteln ausgedrückten Verhältnis des steuerpflichtigen Wertzuwachses (der Wertsteigerung) zum Betrage des Erwerbspreises einschließlich der gesetzlichen Hinzurechnungen zum Erwerbspreise. Vgl. oben S. 329.

Die Steuer beträgt 10 v. H. des steuerpflichtigen Wertzuwachses bei einer Wertsteigerung bis zu 10 v. H. und steigt um je 1 v. H. für je 20 Hundertstel Wertsteigerung bis zu 19 v. H. des steuerpflichtigen Wertzuwachses bei einer Wertsteigerung von mehr als 190 v. H. Von da ab steigt der Steuersatz um je 1 v. H. für je 10 Hundertstel Wertsteigerung. Der Höchstsatz der Steuer beträgt 30 v. H. des steuerpflichtigen Wertzuwachses bei einer Wertsteigerung von mehr als 290 v. H.

b) Ermäßigungen nach der Dauer der Besitzzeit. Von dem nach dem Steuersatze (a) berechneten Betrage geht ab für jedes volle Jahr (nicht Kalenderjahr) des für die Steuerberechnung maßgebenden Zeitraums je 1 v. H. dieses Betrags. Liegt der letzte steuerpflichtige Erwerb vor dem 1. Januar 1900, so wird von dem nach dem Steuersatze berechneten Betrage für jedes bis zum 1. Januar 1911 vollendete Jahr der Besitzzeit 1½ v. H. abgezogen. Ist ein Grundstück also vor dem 1. Januar 1885 erworben worden, so beträgt die Ermäßigung bis zum 1. Januar 1911 (26 Jahre) 39 v. H. und für jedes weitere volle Jahr bis zur Veräußerung 1 v. H. des tarifmäßigen Betrags. Diese Ermäßigungen bedeuten zusammen mit den Anrechnungen des § 16 eine weitgehende Begünstigung des alten (angestammten) Besitzes.

Berechnungsbeispiele siehe unten S. 401 flg.

II. Der Steuerschuldner.

a) Steuerpflichtig, d. h. zur Zahlung der Zuwachssteuer gesetzlich verpflichtet, ist der Veräußerer, also der, dem das Eigentum an dem Grundstück vor dem die Steuerpflicht begründenden Rechtsvorgange zustand[1]). Bisherige Miteigentümer haften als Gesamtschuldner. Die Parteien können allerdings vereinbaren, daß der Käufer (Erwerber) die Zuwachssteuer zu zahlen habe. Solche Abmachungen ändern aber nichts an

---

[1]) oder noch zusteht, wenn nach § 5 das Veräußerungsgeschäft steuerpflichtig wird — siehe unten S. 377 —.

der gesetzlichen Steuerpflicht. Die Steuerbehörde kann trotzdem von dem Veräußerer als dem gesetzlich Verpflichteten die Zahlung der Steuer verlangen. Über die Berechnung der Steuer in diesem Falle siehe unten S. 373.

b) Haftung des Erwerbers. Die Auflassung und Eintragung des Eigentumsüberganges im Grundbuch erfolgt ohne Rücksicht auf die Veranlagung, Zahlung oder Sicherstellung der Steuer. Für den Fall aber, daß die Steuer von dem Veräußerer nicht beigetrieben werden kann, haftet der Erwerber für die Steuer. Die Haftung des Erwerbers für die Bezahlung der Steuer ist jedoch auf einen Höchstbetrag von 2 v. H. des Veräußerungspreises begrenzt. Mehr als 2 v. H. des Kaufpreises hat also der Käufer eines Grundstücks auf keinen Fall zu zahlen. Der Erwerber wird von seiner Haftung befreit, sobald der Veräußerer mindestens 2 v. H. des Veräußerungspreises auf die Steuer gezahlt oder einen solchen Betrag sichergestellt hat. Nur wer ein Grundstück im Wege der Zwangsversteigerung erwirbt, haftet nicht für die Bezahlung der Steuer durch den Schuldner (bisherigen Eigentümer des zur Zwangsversteigerung gelangten Grundstücks).

Wer ein Grundstück in der Zeit vom 1. Januar 1911 bis zum 31. März 1911 erworben hat, haftet nicht als Erwerber.

Besondere Fälle von Haftung sind unten S. 379 erwähnt.

III. Steuerbefreiungen.

Nachstehend sollen die Fälle der eigentlichen Steuerbefreiung erörtert werden. Zwar wird bei dem unter § 7 fallenden Eigentumsübergang eine Zuwachssteuer ebenfalls nicht erhoben. Wie aber schon oben S. 326 ausgeführt wurde, handelt es sich hier nicht um eine endgültige Befreiung von der Steuer, sondern nur um einen Aufschub der Steuerpflicht. Bei einer späteren steuerpflichtigen Veräußerung wird der steuerfreie Erwerb nach § 7 nicht gerechnet und es muß dann gegebenenfalls der bis zu dem steuerfreien Erwerbe nach § 7 eingetretene Zuwachs auch mitversteuert werden. Im Gegensatze hierzu liegt den eigentlichen Steuerbefreiungen an sich ein steuerpflichtiger Rechtsvorgang zugrunde und es ist die Steuerbefreiung eine endgültige, d. h. es wird bei der späteren Veräußerung über den durch die Steuerfreiheit bevorzugten Eigentumswechsel nicht zurückgegriffen. Solche Fälle der eigentlichen Steuerbefreiung sind:

1. Der steuerfreie Eigentumsübergang nach § 1 Abs. 2.

Die Vorschrift bezweckt die Schonung des unbedeutenden Grundbesitzes des kleinen Mannes, die Förderung des Baues von Eigenwohnungen durch Minderbemittelte. Daneben war mitbestimmend das Mißverhältnis der Erhebungskosten zum Steuerertrage, das bei Einbeziehung dieser Veräußerungen in die Steuerpflicht voraussichtlich entstanden sein würde.

Die Steuerfreiheit tritt nur unter folgenden Voraussetzungen ein:

a) Der Veräußerungspreis oder, wenn nur ein Teil des Gesamtgrundstücks abveräußert wird, der Wert des Gesamtgrundstücks darf bei bebauten Grundstücken 20 000 ℳ, bei unbebauten 5 000 ℳ nicht übersteigen. Unter Grundstück und Gesamtgrundstück ist ein wirtschaftlich zusammenhängender Grundbesitz in dem oben S. 320 erörterten Sinne zu verstehen. Gesamtgrundstück ist also nicht etwa gleichbedeutend mit dem gesamten Grundeigentum einer Person. Über den Begriff „bebautes" Grundstück vgl. oben S. 321.

b) Der (sonst steuerpflichtige) Veräußerer und sein Ehegatte dürfen zusammen in dem der Veräußerung vorhergehenden Jahre nicht mehr als 2 000 ℳ Einkommen gehabt haben. Eine etwaige Veranlagung zur Einkommensteuer ist zwar nicht unbedingt maßgebend, sie gibt aber einen Anhalt, wobei übrigens eine Ermäßigung der Einkommensteuer um eine oder mehrere Steuerstufen aus besonderen Gründen

(Kinderzahl, Abzüge für Lebensversicherungsbeiträge usw.) unberücksichtigt bleiben müssen.

c) Der Veräußerer oder sein Ehegatte darf kein gewerbsmäßiger Grundstückshändler sein.

d) Sind als Veräußerer mehrere Miteigentümer beteiligt, so findet eine Befreiung für keinen Miteigentümer statt, sobald einer der Beteiligten die gesetzlichen Voraussetzungen (b, c) nicht erfüllt.

e) Durch das Vorschieben eines Strohmannes bei der Veräußerung kann die Steuer nicht umgangen werden. Ergibt sich, daß die Veräußerung für Rechnung eines Dritten erfolgt ist, so wird Steuerfreiheit nur gewährt, wenn alle Voraussetzungen hierfür sowohl beim Strohmann als auch in der Person jenes Dritten, der hinter der Veräußerung steht, vorliegen.

f) Die Befreiungsvorschrift gilt nur für natürliche Personen, nicht auch für rechtsfähige Vereine, Gesellschaften, Anstalten, Stiftungen.

g) Die Anwendung der Befreiungsvorschrift ist auf Grundstücke beschränkt und gilt nicht etwa auch für Berechtigungen (§ 2) und Anteilsrechte (§ 3).

2. Geringfügigkeit des Steuerbetrags.

Ergibt sich bei der Veräußerung zwar ein steuerpflichtiger Wertzuwachs, würde die Steuer aber nach dem Steuersatze (§ 28 Abs. 1) mit den Ermäßigungen des § 28 Abs. 2 weniger als 20 ℳ betragen, so unterbleibt die Erhebung der Steuer. Dagegen besteht keine sonstige steuerfreie Mindestgrenze. Auch wenn die Wertsteigerung weniger als 1 v. H. beträgt, kann der Wertzuwachs bei hochwertigen Grundstücken zur Steuererhebung Anlaß bieten.

3. Persönliche Steuerbefreiungen.

Von der Steuerpflicht sind befreit:

a) der Landesfürst und die Landesfürstin, jedoch nur bei Veräußerung von Grundstücken, die im Gebiete des eigenen Landes liegen, soweit die Steuerfreiheit nicht durch Landesgesetz zu Gunsten der Gemeinden (Gemeindeverbände) aufgehoben ist, was aber nur für den Gemeindeanteil und die etwaigen Zuschläge (§ 59) zulässig ist;

b) das Reich;

c) die Bundesstaaten mit Beschränkung auf die im eigenen Staatsgebiete belegenen Grundstücke und ebenso

d) die Gemeinden (Gemeindeverbände) für die Grundstücke, die in dem Bezirke der Gemeinde (des Gemeindeverbandes) liegen[1]);

e) Vereinigungen, die sich mit innerer Kolonisation, Arbeiteransiedelung, Grundentschuldung oder Errichtung von Wohnungen für die minderbemittelten Klassen befassen, unter den im Gesetze — § 30 Ziffer 4 — bestimmten Voraussetzungen. Ob diese Voraussetzungen vorhanden sind, entscheidet im Einzelfalle der Bundesrat; dessen Entscheidung ist auch für die Gerichte bindend.

Die Befreiung (Ziffer 3 a bis e) bezieht sich nur auf die gesetzliche Steuerpflicht. Verkauft also eine Gemeinde ein Gemeindegrundstück, so ist eine Zuwachssteuer nicht zu zahlen. Erwirbt dagegen die Gemeinde selber ein Grundstück, so ist die Zuwachssteuer zu bezahlen, auch wenn etwa vertraglich die Gemeinde die Zahlung der Steuer übernommen hat. Ebenso haftet die Gemeinde als Erwerberin gemäß § 29 Abs. 2, wenn die Steuer von dem Veräußerer nicht beigetrieben werden kann. Das Gleiche gilt von dem Landesfürsten, der Landesfürstin, dem Reiche, Bundesstaat und den genannten Vereinigungen.

---

[1]) Unter Gemeinden sind nur die politischen Gemeinden (nicht etwa Kirchen- oder Schulgemeinden) zu verstehen.

4. Abschnitt.

Einzelne Sondervorschriften.

I. Nichteinheitlicher Erwerb eines Grundstücks, Teil- (Parzellen-) veräußerung.

1. Mehrere Grundstücke (Grundstücksparzellen) werden nicht selten nacheinander erworben und zu einer wirtschaftlichen Einheit vereinigt, so daß sie zusammen ein einheitliches (Gesamt-) Grundstück im Sinne des Gesetzes bilden. Auf der anderen Seite wird häufig nicht das ganze Grundstück, sondern nur ein Teil davon, eine einzelne Parzelle (Trennstück) von der wirtschaftlichen Grundstückseinheit abveräußert (Abveräußerung eines Teilgrundstücks von dem Gesamtgrundstück) oder es wird ein zusammenhängender Grundbesitz in mehrere Teile zerlegt (parzelliert) und es werden dann die Trennstücke (Parzellen) einzeln veräußert (Parzellenveräußerung). Beides, sowohl die Abveräußerung eines Teilgrundstücks wie die Parzellenveräußerung, fällt unter den Begriff der Teilveräußerung. Z. B. von einem Landgut werden einzelne Äcker oder Wiesen verkauft oder es wird im Wege der Zwangsenteignung eine zum Bahnbau benötigte Fläche von einem Grundstück oder von einer Parzelle eines (Gesamt-) Grundstücks abgetrennt oder ein großes Baugelände wird in einzelne Baustellen abgeteilt und es werden diese Baustellen nacheinander verkauft. Danach sind folgende Fälle zu unterscheiden:

a) Ein Grundstück ist nicht einheitlich erworben, wird aber als Ganzes (einheitlich) veräußert.

b) Ein Grundstück ist einheitlich erworben, wird aber nicht einheitlich veräußert (Abveräußerung, Parzellenveräußerung).

c) Ein Grundstück ist weder einheitlich erworben noch wird es einheitlich veräußert.

Zu a. Im ersten Falle ist ein einheitlicher Veräußerungspreis vorhanden, dagegen ist der Erwerbspreis für die Teilstücke besonders zu berechnen. Das Gleiche gilt für die Hinzurechnungen der Gruppe A und C (§ 14 Ziffer 1 und 2; § 16). Keine Besonderheiten ergeben sich für die Hinzurechnungen der Gruppe B (§ 14 Ziffer 3 und 4; § 15). Z. B.: Das Stammgrundstück ist erworben vor dem 1. Januar 1885; 1895 und 1900 wird je eine Parzelle hinzugekauft. Das Gesamtgrundstück wird 1911 veräußert. Hinzurechnungen gemäß § 14 Ziffer 3 und 4 kommen nicht in Frage.

1. Stammgrundstück (10 ha).		
Wert am 1. Januar 1885	30 000 ℳ	
Hinzurechnung nach § 16 Abs. 1 Ziffer 1 (2½ v. H. für 25 Jahre) =	18 750 „	
		48 750 ℳ
2. Parzelle I (2 ha).		
Erwerbspreis	5 000 ℳ	
Erwerbskosten	200 „	
Hinzurechnung nach § 16 Abs. 1 Ziffer 1 (2½ v. H. für 15 Jahre) =	1 950 „	
		7 150 „
3. Parzelle II (1 ha).		
Erwerbspreis	4 000 ℳ	
Erwerbskosten	160 „	
Hinzurechnung nach § 16 Abs. 1 Ziffer 1 (2½ v. H. auf 10 Jahre) =	1 040 „	
		5 200 „

Mithin Erwerbspreis + Hinzurechnungen (§ 14 Ziffer 1; § 16) für das Gesamtgrundstück . . 61 100 ℳ.

Schwierigkeiten ergeben sich für die Steuerermäßigungen des § 28 Abs. 2 — oben S. 357 —, wobei die Besitzdauer der einzelnen Teile des Gesamtgrundstücks zu berücksichtigen ist.

Zu b. Im 2. Falle (Teilveräußerung eines einheitlich erworbenen Grundstücks) ist der Erwerbspreis für den veräußerten Teil des Gesamtgrundstücks zu berechnen. Er bestimmt sich nach dem Verhältnis des Wertes des Teilgrundstücks (Trennstücks) zum Werte des Gesamtgrundstücks zur Zeit des Erwerbes. Es ist also nicht bloß maßgebend die Größe der zu vergleichenden Flächen, sondern auch ihre Beschaffenheit, Kulturart, Lage. In den Ausnahmefällen, wo statt des Preises der Wert maßgebend ist, kann sich, da es ja gerade auf das Wertverhältnis ankommt, die Wertermittelung für gewöhnlich auf das abveräußerte Trennstück beschränken. Ist dagegen der Preis maßgebend, so ist der Wert des Gesamtgrundstücks und der Wert der Teilfläche (zur Zeit des Erwerbes) festzustellen und nach dem Verhältnis dieser Werte der Erwerbspreis des Trenngrundstücks zu berechnen. Die Hinzurechnungen nach § 14 Ziffer 1 und § 16 (Gruppe A und C) bemessen sich nach dem berechneten Preise des Trennstücks. Bei den Hinzurechnungen der Gruppe B (§ 14 Ziffer 3 und 4) ist zunächst festzustellen, welchen Teil des Grundstücks die Aufwendungen betreffen. Betreffen sie lediglich das veräußerte Trennstück, so werden sie voll angerechnet; betreffen sie ausschließlich das nicht veräußerte Restgrundstück, so kommen sie überhaupt nicht zur Anrechnung; betreffen sie aber beide Teile gemeinschaftlich, so erfolgt die gesetzliche Hinzurechnung nach dem Verhältnis des Wertes der Teilstücke zur Zeit der Veräußerung des einen.

Zu c. Ist ein Trennstück (eine Parzelle), das jetzt von einem Gesamtgrundstück abveräußert wird, früher für sich allein erworben worden, so wird bei der Steuerveranlagung die Parzelle wie ein selbständiges Grundstück behandelt, es wird also der Veräußerungspreis der Parzelle mit dem früher für sie bezahlten Erwerbspreis verglichen, ohne daß in diesem Falle das Wertverhältnis zwischen der Parzelle und dem Gesamtgrundstücke, mit dem sie eine Zeitlang eine wirtschaftliche Einheit bildete, zum Vergleiche heranzuziehen wäre. Das Trennstück ist auch für sich allein zu betrachten, wenn von ihm wieder nur ein Teil abveräußert wird. Nur für die Anrechnung von Aufwendungen (§ 14 Ziffer 3 und 4) ist gegebenenfalls die Vorschrift des § 21 — s. oben zu b — zu beachten. Bei ganz verwickelten Erwerbs- und Veräußerungsarten — z. B. mehrere Grundstücke werden getrennt erworben und zu einem Grundstück (Baugelände) vereinigt. Das Gelände wird dann ohne jede Rücksicht auf die früheren Grundstücksgrenzen in einzelne Trennstücke (Baustellen) zerschnitten — wird vielfach nichts anderes übrig bleiben, als den Erwerbspreis für die einzelnen Trennstücke im Wege des Vergleichs (§ 23 der Ausführungsbestimmungen) festzusetzen (Durchschnittspreise für das Quadratmeter, durchschnittliche Besitzdauer).

2. Unentgeltliche Landabtretungen für Verkehrszwecke (z. B. Abtretung von Land für Straßen und öffentliche Plätze, für Bahnbauten), für öffentliche oder gemeinnützige Zwecke (zu Gunsten von Gemeinden, Kirchen und Schulen), wie solche namentlich bei der baulichen Erschließung eines größeren Geländes häufig sind, aber auch sonst vorkommen, werden in der Weise berücksichtigt, daß der für die gesamte ursprüngliche Fläche bezahlte Erwerbspreis auf die nach der Abtretung verbleibende Fläche verteilt wird. Die förmliche Übertragung des Eigentums an dem zu den genannten Zwecken abgegebenen Land ist nicht erforderlich, es genügt die dauernde wirtschaftliche Überlassung. Selbstverständlich können solche Landabtretungen daneben nicht auch noch als Aufwendungen im Sinne des § 14 Ziffer 4 behandelt werden. Beispiel: 5 000 qm Baugelände sind für 600 000 ℳ erworben, demnächst werden 1 000 qm für Straßenland abgegeben. Der Erwerbspreis verteilt sich nunmehr auf 4 000 qm. Von dieser Fläche haben 1 000 qm den doppelten, 500 qm den dreifachen Wert der weniger günstig gelegenen restlichen 2 500 qm. Der Erwerbspreis berechnet sich sonach für

die 2 500 qm auf 250 000 ℳ (100 ℳ für das qm),
„ 1 000 „ „ 200 000 „ (200 „ „ „ „),
„ 500 „ „ 150 000 „ (300 „ „ „ „).

3. Eine Gewinn- und Verlustausgleichung ist bei der Parzellenveräußerung im § 20 Abs. 3 in der Weise vorgesehen, daß der Verlust, den der Eigentümer beim Verkauf eines Trennstücks erleidet, von der Wertsteigerung, die sich bei der Veräußerung anderer Trennstücke ergibt, abgezogen werden darf. Es muß sich aber bei einer solchen Parzellenveräußerung um einen nicht bloß wirtschaftlich, sondern auch örtlich zusammenhängenden Grundbesitz handeln[1]), der Veräußerer muß dieselbe Person oder deren Erbe sein, die verschiedenen steuerpflichtigen Rechtsvorgänge, die für die Gewinn- und Verlustausgleichung in Betracht kommen, dürfen nicht mehr als drei Jahre auseinander liegen, d. h. der Verlustverkauf und alle Gewinnverkäufe, die zur Ausgleichung herangezogen werden, müssen innerhalb des dreijährigen Zeitraums liegen. Z. B.: Trennstück x ist 1911 mit Gewinn, Trennstück y 1913 mit Verlust, Trennstück z 1915 mit Gewinn veräußert. Der Verlust bei Trennstück y kann nur entweder bei x oder bei z, nicht aber bei beiden aufgerechnet werden. Die Zuwachssteuer ist bei den einzelnen gewinnbringenden Parzellenveräußerungen zu zahlen. Kann später eine Verlustausgleichung beansprucht werden, so wird ein zuviel bezahlter Betrag erstattet.

II. Erwerb eines gemeinschaftlichen Grundstücks durch einen Mitberechtigten oder Gesellschafter.

1. Die Mitberechtigten oder Gesellschafter, die sich ihrer Rechte am bisherigen gemeinschaftlichen Grundstück begeben, sind hinsichtlich ihrer Anteile als Veräußerer anzusehen. Der nunmehrige Alleineigentümer hat seinen Anteil behalten (dieser

---

[1]) während sonst für den Grundstücksbegriff des Zuwachssteuergesetzes der wirtschaftliche Zusammenhang genügt.

Anteil ist nicht veräußert worden), hinsichtlich der anderen Anteile gilt er als Erwerber. Der Übergang eines gemeinschaftlichen Grundstücks an einen der bisherigen Mitberechtigten ist somit (falls der Erwerb nicht unter § 7, insbesondere § 7 Ziffer 3 fällt) hinsichtlich der veräußerten Anteile steuerpflichtig. Bei einer späteren Veräußerung des Grundstücks ist der Anteil des nunmehrigen Alleineigentümers und die von ihm erworbenen Anteile der früheren Mitberechtigten für die Zuwachsbesteuerung zu trennen. Beispiel: G., H. und K. erwerben im Jahre 1900 gemeinschaftlich zu gleichen Teilen ein 10 ha großes Grundstück für 45 000 ℳ; 1911 erwirbt G. das Alleineigentum; für die Anteile des H. und K. hat er diesen je 25 000 ℳ zu zahlen. 1917 verkauft G. das Grundstück für 105 000 ℳ an M.

a) Steuerfall 1911: Steuerpflichtig sind die Anteile des H. und K.

Erwerbspreis (2 × 15 000 ℳ)	30 000 ℳ
Erwerbskosten	1 200 „
Hinzurechnung nach § 16 Abs. 1 Ziffer 1 (2½ v.H. auf 10 Jahre)	7 800 „
sind . . .	39 000 ℳ.
Veräußerungspreis	50 000 „
Wertzuwachs . . .	11 000 ℳ.

b) Steuerfall 1917: Steuerpflichtig sind:

1. Anteil des G.

Erwerbspreis (des Jahres 1900)	15 000 ℳ
Erwerbskosten	600 „
Hinzurechnungen nach § 16 Abs. 1 Ziffer 1 (2½ v. H. auf 16 Jahre)	6 240 „
sind . . .	21 840 ℳ.
Veräußerungspreis (⅓ des gesamten Veräußerungspreises von 105 000 ℳ) . . .	35 000 „
Wertsteigerung . . .	13 160 ℳ.

2. Anteile des H. und K.

Erwerbspreis (des Jahres 1911) (2 × 25 000)	50 000 ℳ
Erwerbskosten	2 000 „
Hinzurechnungen nach § 16 Abs. 1 Ziffer 1 (2½ v. H. auf 5 Jahre)	6 500 „
sind . . .	58 500 ℳ.
Veräußerungspreis (⅔ des gesamten Veräußerungspreises von 105 000 ℳ) . .	70 000 „
Wertsteigerung . . .	11 500 ℳ.

2. Anders ist es bei dem steuerfreien Erwerbe gemäß § 7, z. B. bei einer Erbauseinandersetzung. Hier muß bei einer späteren Veräußerung bis zum vorhergehenden steuerpflichtigen Rechtsvorgang, allenfals bis zum 1. Januar 1885, zurückgegriffen werden, und zwar bezüglich aller Anteile. Die Abfindungssummen, die der Erwerber des Grundstücks bei der Erbauseinandersetzung an die übrigen Miterben bezahlt hat, werden bei der späteren Steuerveranlagung nicht berücksichtigt. Z. B. Karl Altmann erwirbt ein Grundstück im Jahre 1900 für 50 000 ℳ; 1912 wird er von seinen Söhnen Gustav und Ernst beerbt; Gustav erwirbt das Grundstück für 80 000 ℳ, hat also dem Ernst 40 000 ℳ herauszuzahlen, und verkauft es 1915 für 100 000 ℳ. Maßgebender Erwerbspreis ist 50 000 ℳ, für die Steuerberechnung maßgebender Zeitraum ist 1900 bis 1915.

Zur Vermeidung von Härten sind für die vor dem 1. Januar 1911 liegenden Auseinandersetzungen im § 65 besondere Bestimmungen getroffen. Danach ist die Steuerpflicht für die Zeit vor der Auseinandersetzung auf den Anteil des Erwerbers beschränkt. Beispiel: Ein Gut, das am 1. Januar 1885 100 000 ℳ wert war, geht im Jahre 1900 auf zwei gleichberechtigte Miterben, Bernhard und Max Müller, über. Max erwirbt das Gut im Jahre 1905 für 150 000 ℳ (zahlt also an Bernhard

75 000 ℳ) und veräußert es im Jahre 1911 für 200 000 ℳ. Dann ist zu versteuern die Wertsteigerung am ganzen Gut vom Jahre 1905 (Auseinandersetzung) ab und außerdem die Wertsteigerung am Anteil des Max Müller vom Jahre 1885 ab.

Die gleichen Übergangsbestimmungen gelten für die Zuweisung eines Grundstücks an eine Erben durch letztwillige Verfügung unter Anrechnung auf den Erbteil, sowie für den Erwerb eines Abkömmlings von den Eltern oder Voreltern hinsichtlich des Anteils, der dem Erwerber als gesetzliches Erbteil ohnehin zugefallen sein würde, falls bei der Zuweisung durch letztwillige Verfügung der Erbfall, beim Erwerbe von Eltern dieser Erwerb vor dem 1. Januar 1911 stattgefunden hat.

Beispiel einer Steuerberechnung siehe im Anhang unter II.

III. **Austausch von Grundstücken.**

1. Beim Austausch von Grundstücken im geschäftlichen Verkehr findet eine zweifache Veräußerung statt. Jede Partei ist zugleich Veräußerer und Erwerber. Die Zuwachssteuer ist von jedem Grundstück gesondert zu berechnen und zu bezahlen. Als Veräußerungspreis gilt zunächst der Preis, mit welchem die Parteien die Tauschgrundstücke bewerten. Eine Preisfestsetzung wird regelmäßig vorliegen, wo eine Zuzahlung zu leisten ist. Ist ein Preis durch Parteivereinbarung nicht festgesetzt oder ist die Preisabrede offenbar nur nach außen hin und zum Zwecke der Steuerersparung gemacht, so gilt als Veräußerungspreis der Wert des in Tausch gegebenen Grundstücks einschließlich des Wertes etwaiger Nebenleistungen.

2. Ein Austausch von Grundstücken und Grundstücksteilen findet auch statt bei Flur- (Feld-) bereinigungen, Grenzregelungen, Umlegungen. Ein solcher Grundstücksaustausch ist nach § 7 Ziffer 7 nicht steuerpflichtig, wenn diese Maßnahmen auf behördlicher Anordnung beruhen oder wenigstens von einer Behörde als zweckdienlich anerkannt werden. Bei der

späteren Veräußerung eines von solchen Maßnahmen betroffenen Grundstücks ist bei der Feststellung des Erwerbspreises von dem Preise auszugehen, der für das in die Flurbereinigung, Grenzregelung oder Umlegung (Verkoppelung) gegebene Grundstück gezahlt worden ist, wobei etwaige Ausgleichszahlungen entsprechend anzurechnen sind.

IV. Zwangsversteigerungen.

Der Eigentumsübergang im Wege der Zwangsversteigerung ist nach dem Gesetz ein steuerpflichtiger Rechtsvorgang. (Vgl. oben S. 322.) Sowohl für die Zwangsversteigerung als steuerpflichtigen Rechtsvorgang als auch für den Erwerb aus einer Zwangsversteigerung gelten einige Sondervorschriften.

1. Gemeinsam für die Zwangsversteigerung als steuerpflichtige Veräußerung wie für den Erwerb aus einer Zwangsversteigerung (auf den bei einer späteren Veräußerung zurückgegriffen wird) ist die auf den Preis bezügliche Sondervorschrift des § 9, insofern der Preis, der jetzt bei der zwangsweisen Veräußerung als Veräußerungspreis in Betracht kommt, bei einer späteren Veräußerung als Erwerbspreis maßgebend ist. Als Preis gilt bei der Zwangsversteigerung der Betrag des Meistgebots, d. i. das Bargebot, für das der Zuschlag erteilt wird, einschließlich der nach den Versteigerungsbedingungen oder nach den gesetzlichen Vorschriften bestehen bleibenden Rechte unter Hinzurechnung der vom Erwerber übernommenen Leistungen. Als solche gilt aber nicht etwa die Verpflichtung zur Wiedereintragung der Hypotheken. Tritt der Meistbietende die Rechte aus dem Meistgebot an einen anderen ab oder erklärt er, daß er für einen anderen geboten habe, so tritt an die Stelle des Meistgebots der Wert der Gegenleistung jenes andern, sofern dieser Wert das Meistgebot übersteigt.

2. Für den Erwerb im Wege der Zwangsversteigerung wichtig ist die Ausnahmevorschrift des § 29 Abs. 2 Satz 2, wo-

nach beim Übergang im Wege der Zwangsversteigerung eine Haftung des Erwerbers bei Zahlungsunfähigkeit des Steuerpflichtigen (d. i. des bisherigen Eigentümers) nicht besteht.

3. Besondere Beachtung verdient beim Erwerb im Wege der Zwangsversteigerung die Sondervorschrift des § 14 Ziffer 2. Danach kann der Hypotheken- oder Grundschuldgläubiger, der das Grundstück in der Zwangsversteigerung erworben hat, den nachgewiesenen Betrag seiner ausgefallenen Forderungen dem Erwerbspreis unter folgenden Voraussetzungen hinzurechnen:

a) Es darf keine Überbelastung des Grundstücks vorliegen. Übersteigt die hypothekarische Belastung den Wert des Grundstücks zur Zeit der Zwangsversteigerung oder zur Zeit der Eintragung der Hypothek, so kann der diesen Wert übersteigende Betrag der ausgefallenen Forderung nicht angerechnet werden. Z. B.: Ein Grundstück ist mit einer 1. Hypothek von 100 000 ℳ und mit einer 2. Hypothek von 70 000 ℳ belastet. Das Grundstück war weder zur Zeit der Eintragung der 2. Hypothek noch zur Zeit der Versteigerung mehr als 150 000 ℳ wert. Der 2. Hypothekengläubiger erwirbt das Grundstück in der Zwangsversteigerung. Seine Hypothek kommt nur mit 20 000 ℳ zur Ausbietung. Von den ausgefallenen 50 000 ℳ kann er nur 30 000 ℳ anrechnen.

b) Ist die Hypothekenforderung durch ein entgeltliches Rechtsgeschäft, z. B. Darlehenshingabe, erworben, so kann die Forderung nur insoweit angerechnet werden, als eine Gegenleistung erfolgt ist, z. B. also nur in Höhe des tatsächlich gezahlten Darlehens.

c) Liegt der Hypothekenforderung eine Schenkung zugrunde, so wird die Forderung nur angerechnet, wenn der Steuerpflichtige nachweist, daß mit der Eintragung keine Steuerersparung bezweckt worden ist.

d) Ist die Hypothek nicht früher als 6 Monate vor der Einleitung der Zwangsversteigerung eingetragen worden, so muß ebenfalls nachgewiesen werden, daß die Absicht der Steuerersparung nicht vorlag. Ein besonderer Beweis ist nicht erforderlich, falls die Umstände des Falles das Fehlen einer solchen Absicht erkennen lassen. Letzteres gilt namentlich bei Bauhandwerkern, die zur Sicherung ihrer Bauforderungen eine Hypothek eintragen lassen.

e) Eine Anrechnung findet in keinem Falle statt, wenn die Hypothek oder Grundschuld erst nach Einleitung der Zwangsversteigerung eingetragen worden ist. Ob der Hypotheken- oder Grundschuldgläubiger Kenntnis von der Einleitung der Zwangsversteigerung hatte oder nicht, ist gleichgültig.

V. Sondervorschrift für die Feststellung des Erwerbspreises bei Grundstücken in Festungsrayons.

Für Grundstücke in Festungsrayons, die vor dem Erlasse des Rayongesetzes vom 21. Dezember 1871 (durch einen nach dem Gesetze steuerpflichtigen Erwerbsvorgang) erworben sind, und für die eine Rayonentschädigung nicht gewährt worden ist, gilt die Sondervorschrift des § 18, wonach dem für den 1. Januar 1885 ermittelten Werte der Betrag hinzuzurechnen ist, um den das Grundstück durch Einführung der Rayonbeschränkung (zu der Zeit, als die Rayonbeschränkung eingeführt wurde, nicht etwa zu einer späteren Zeit) an Wert gemindert worden ist.

VI. Sondervorschriften für die Feststellung des Veräußerungspreises.

1. Nach § 23 sind dem Veräußerungspreise hinzuzurechnen (weil sie einen vorweggenommenen Erlös für das Grundstück darstellen) Entschädigungen für eine Wertminderung des Grundstücks.

a) Die Beschädigungen, für die ein Ersatz geleistet wird, müssen den Wert des Grundstücks dauernd vermindern. Nicht hierher gehören z. B. Hagelentschädigungen, Brandentschädigungen für Maschinen, Bäume, Waldbrände.

b) Ob der Entschädigungsanspruch auf besonderen Vorschriften des öffentlichen Rechtes oder auf privatrechtlichen Titeln beruht, ist gleichgültig. In Betracht kommen insbesondere Enteignungs- und Bergschaden.

c) Der Anspruch muß während des für die Steuerberechnung maßgebenden Zeitraums und nach dem 1. Januar 1911 (Wirksamwerden des Gesetzes) entstanden sein. Wann die Ausbezahlung des Betrags erfolgte, ist unbeachtlich.

d) Die Hinzurechnung unterbleibt, wenn die Entschädigung nachweislich zur Beseitigung des Schadens verwendet worden ist.

e) Ist die Entschädigungssumme für die Zerstörung oder Beschädigung einer Baulichkeit gewährt worden, die während des für die Steuerberechnung maßgebenden Zeitraums errichtet wurde, so ist dem Veräußerungspreis auch dann nichts hinzuzurechnen, wenn der Betrag nicht zur Beseitigung des Schadens verwendet worden ist, da ja insoweit auch keine Hinzurechnung zum Erwerbspreis möglich ist. Vgl. oben S. 346 Ziffer 4 a und S. 349 Ziffer 5.

2. Wird vereinbart, daß der Erwerber die Zahlung der Steuer zu übernehmen hat, so werden die Parteien einen entsprechend niedrigeren Preis festsetzen, als wenn die Steuer von dem hierzu gesetzlich verpflichteten Veräußerer zu zahlen wäre. Wäre in solchen Fällen der festgesetzte niedrigere Preis als Veräußerungspreis maßgebend, so würde eine derartige Überwälzung der Steuer auf den Erwerber zugleich eine Verkürzung der Steuer zur Folge haben. Dies zu verhindern, ist der Zweck des § 24. Danach ist zunächst der Steuerbetrag auszurechnen, der zu zahlen wäre, wenn die Vereinbarung über

die Zahlung der Steuer nicht getroffen wäre. Der hiernach berechnete Betrag ist dem Veräußerungspreise zuzuschlagen und dann unter Zugrundelegung des um den Zuschlag erhöhten Veräußerungspreises die tatsächlich zu zahlende Steuer festzusetzen.

Berechnungsbeispiel siehe im Anhang unter III.

5. Abschnitt.

Grundstücksgleiche Berechtigungen.

Der Besteuerung des Wertzuwachses sind gleich den Grundstücken diejenigen „Berechtigungen" unterworfen, „für welche die sich auf Grundstücke beziehenden Vorschriften des bürgerlichen Rechtes gelten". Zu diesen Berechtigungen gehören z. B. das Erbbaurecht (§§ 1012 flg. BGB.), das Erbpachtrecht mit Einschluß des Büdnerrechts und des Häuslerrechts (Artikel 63 des EG. z. BGB.), von den landesrechtlichen Berechtigungen vor allem die Bergbauberechtigungen (Bergwerkseigentum), Kohlenabbaurechte, ferner die vererblichen und veräußerlichen Rechte zur Gewinnung von nichtbergrechtlichen Mineralien, z. B. Stein, Ton, Lehm, Kalk, Sandstein, Granit, Schiefer, Porzellanerde (Artikel 68 des EG. z. BGB.), Schiffsmühlengerechtigkeiten (vgl. ALR. II 15 §§ 229, 230), Fischereigerechtigkeiten, dingliche Gewerbeberechtigungen, wie z. B. Apothekengerechtigkeiten, Wirtschaftsgerechtigkeiten. Es handelt sich dabei um Berechtigungen, die nach den für sie geltenden Rechtssätzen dem unbeweglichen Vermögen zugerechnet werden, die ähnlich dem Erbbaurecht im allgemeinen wie Grundstücke veräußert und belastet werden können und gegenüber den Grundstücken, mit denen sie in einem Zusammenhange stehen, eine rechtliche Selbständigkeit haben. Das letztere gilt insbesondere auch von den Realgewerbeberechtigungen. Sind diese mit einem

Grundstück untrennbar verbunden, so werden sie in der Regel als wesentliche Bestandteile des Grundstücks anzusehen sein. Untrennbar verbunden ist das Recht mit dem Grundstück, wenn eine gesonderte rechtsgeschäftliche Übertragung nicht möglich ist.

Die Vorschriften des Gesetzes über die Besteuerung des Wertzuwachses an Grundstücken gelten grundsätzlich auch für die grundstücksgleichen Berechtigungen. Sie werden nach dem Sprachgebrauche des Gesetzes durch das Wort Grundstück mitumfaßt. Die Gleichstellung gilt aber natürlich nur, soweit die Natur der betreffenden Berechtigung eine solche zuläßt. Nicht anwendbar ist, wie bei den Verhandlungen der Reichstagskommission ausdrücklich hervorgehoben worden ist, die Befreiungsvorschrift des § 1 Abs. 2 auf Berechtigungen, da bei ihnen zwischen Bebaut- oder Unbebautsein nicht unterschieden werden kann und da auch die Zweckbestimmung dieser Befreiungsvorschrift auf die Berechtigungen nicht zutrifft. Auch die sonstigen gesetzlichen Bestimmungen, denen der Unterschied von bebaut und unbebaut zugrunde liegt, werden nicht zur Anwendung kommen können.

Aus der Gleichstellung der Berechtigungen mit den Grundstücken folgt, daß nur die Übertragung, nicht auch die Begründung der Berechtigungen steuerpflichtig ist. Bei der ersten Veräußerung gilt als Erwerbspreis der Wert der Berechtigung (z. B. des Bergwerkseigentums) zur Zeit der Begründung (Bestellung, Verleihung). Bei gleichzeitiger Veräußerung einer grundstücksgleichen Berechtigung und eines mit ihr zusammenhängenden Grundstücks ist die Steuer für beide Gegenstände getrennt zu berechnen. Nötigenfalls ist eine Preisaussonderung gemäß § 13 Abs. 2 vorzunehmen.

Unter den Berechtigungen im Sinne des § 2 steht der wirtschaftlichen Bedeutung nach an erster Stelle das Bergwerkseigentum. Von der Besteuerung ausgenommen sind die zum unbeweglichen Vermögen gehörenden Kuxe der alten Gewerkschaften, da man diese nicht ungünstiger behandeln wollte als die zum beweglichen Vermögen gehörenden (und deshalb an sich steuerfreien) Neukuxe. Der gewöhnliche Kuxhandel fällt also nicht unter die Steuer; nur wenn der § 3 auf ihn zutrifft, besteht die Steuerpflicht (s. S. 381), ebenso wenn die Veräußerung von Kuxen wirtschaftlich der Veräußerung des Bergwerkes gleichkommt (unten S. 383). Für das Bergwerkseigentum gelten noch zwei weitere Sondervorschriften. Einmal ist der Austausch von Feldesteilen zwischen angrenzenden Bergwerken (vgl. § 51 des Preuß. Allgem. Berggesetzes) und die Vereinigung zweier oder mehrerer Bergwerke zum Zwecke der besseren bergbaulichen Ausnutzung (die Konsolidation im Sinne der §§ 41 bis 49 des Preuß. Allgem. Berggesetzes) den steuerfreien Rechtsvorgängen im Sinne des § 7 angereiht worden, sofern diese Maßnahmen keine Steuerersparung bezwecken. Nicht dagegen fällt unter die Befreiungsvorschrift des § 7 Ziffer 8 die Fusion, die Vereinigung mehrerer technisch selbständiger Bergwerke aus rein wirtschaftlichen Gründen oder die Vereinigung eines Bergwerkes mit einem Hüttenwerk oder einem anderen industriellen Unternehmen.

Weiter sind im § 14 Ziffer 3 unter den anrechnungsfähigen Aufwendungen auch die Aufwendungen für „bergmännische Versuchs- und Ausrichtungsarbeiten" aufgeführt. Die Versuchsarbeiten stellen Aufwendungen zur Einleitung und Vorbereitung des Bergbaues dar. Dazu gehören Schürfungen, Bohrungen, Versuchsschächte oder Versuchsstollen, Versuchsstrecken und andere Arbeiten, die die Aufstellung eines Betriebsplans ermöglichen. Die Ausrichtungsarbeiten in der Grube bezwecken die Aufsuchung, Zugänglichmachung und Feststellung des Verhaltens der Lagerstätten in den verschiedenen Teilen und Tiefen des Grubenfeldes. Diese bergmännischen Versuchs- und Ausrichtungsarbeiten gehören nicht zur laufenden Unterhaltung und Bewirtschaftung. Sie dienen lediglich dem Zwecke des Aufschlusses und zur Überführung der Lagerstätte, später auch zur Förderung. Die Natur dieser Arbeiten bringt es mit sich, daß die Aufwendungen hierfür auch dann dem Erwerbspreis oder bei erstmaliger Veräußerung dem Werte des Bergwerkseigentums (der unverritzten Felder) zur Zeit der Verleihung hinzugerechnet werden müssen, wenn derartige Bauten, Einrichtungen und Vorkehrungen (im körperlichen Sinne) nicht mehr vorhanden sind. Ihr andauernder Wert liegt in der durch sie möglich gewordenen bergbaulichen Erschließung der Mineralien. Im übrigen gelten für die Anrechnungsfähigkeit von Aufwendungen bei Bergwerken die gleichen Vorschriften wie bei Grundstücken.

6. Abschnitt.

Steuerpflichtige Rechtsvorgänge außer der Übereignung; Vorsorge gegen Umgehungen.

I. Das Veräußerungsgeschäft als steuerpflichtiger Rechtsvorgang.

1. Die Steuerpflicht knüpft sich, wie oben S. 323 flg. ausgeführt worden ist, grundsätzlich an den dinglichen Rechtsvorgang der Übertragung des Eigentums und nicht an das zugrunde liegende Rechtsgeschäft, durch das nur ein klagbarer Anspruch auf die Übertragung des Eigentums begründet wird (das obligatorische Rechtsgeschäft, Veräußerungsgeschäft). Da indes bei dieser Regelung die Gefahr besteht, daß namentlich im spekulativen Grundstücksverkehre die förmliche Übertragung des Eigentums und damit die Zahlung der Zuwachssteuer ungebührlich lange hinausgeschoben wird, so kann unter bestimmten Voraussetzungen auch das Veräußerungsgeschäft die Steuerpflicht begründen.

Zum steuerpflichtigen Rechtsvorgange wird das Veräußerungsgeschäft nur, wenn nicht innerhalb eines Jahres nach Abschluß des Rechtsgeschäfts die Eigentumsübertragung (Auflassung und Eintragung in das Grundbuch) erfolgt. Die Steuerpflicht tritt dann ein mit dem Ablauf der einjährigen Frist; für die Steuerveranlagung ist aber der Zeitpunkt des Vertragsabschlusses maßgebend, sowohl für die Berechnung des steuerpflichtigen Wertzuwachses wie für die Bestimmung des für die Steuerberechnung maßgebenden Zeitraums. Sind innerhalb eines Jahres mehrere Veräußerungsgeschäfte abgeschlossen worden, so wird die Frist, nach deren Ablauf die Steuerpflicht eintritt, vom ersten Rechtsgeschäft ab gerechnet, die Steuer selbst wird aber aus Anlaß des letzten innerhalb der einjährigen Frist abgeschlossenen Rechtsgeschäfts erhoben; steuerpflichtiger Rechtsvorgang ist also das letzte Rechtsgeschäft. Ist ein Veräußerungsgeschäft steuerpflichtig geworden, so ist bei einer späteren Veräußerung von diesem Veräußerungsgeschäft als dem letzten steuerpflichtigen Rechtsvorgang auszugehen. Als Veräußerungsgeschäft kommt jedes Rechtsgeschäft in Betracht, das mittelbar oder unmittelbar ein Recht einräumt, die Auflassung zu verlangen. Im § 5 Abs. 3 ist — nicht abschließend — in Ziffer 1 bis 5 eine Reihe geschäftlicher Vorgänge aufgeführt, die im Grundstücksverkehre vielfach zur Ersparung der staatlichen oder gemeindlichen Umsatzsteuer üblich geworden sind; sie werden ebenso wie Veräußerungsgeschäfte nach Ablauf eines Jahres steuerpflichtig, falls nicht inzwischen die Eigentumsübertragung erfolgt.

2. Für die Berechnung der Wertsteigerung beim Erwerb auf Grund mehrerer aufeinanderfolgender Rechtsgeschäfte trifft § 27 besondere Bestimmungen, deren Bedeutung dahin zusammenzufassen ist, daß für die Feststellung des Zuwachses nur die Gewinngeschäfte, nicht auch die Verlustgeschäfte berücksichtigt werden, so daß der Zuwachs die Summe der bei den einzelnen Geschäften gemachten Gewinne bildet.

Beispiele:

1. Meier hat ein Grundstück für 20 000 *M* erworben, verkauft es (ohne Auflassung) an Berg für 25 000 *M*, dieser ebenfalls ohne Auflassung weiter an Lehmann für 23 000 *M* und Lehmann (noch innerhalb eines Jahres seit dem ersten Kaufvertrag) für 28 000 *M* an Nolte, an welchen aufgelassen wird. Erhöhung des Preises bei der Veräußerung

von Meier an Berg um	5 000 *M*,
„ Berg an Lehmann um	0 „ [1]),
„ Lehmann an Nolte um	5 000 „
Zuwachs zusammen . . .	10 000 *M*

und nicht 8 000 *M*, wie nach dem Unterschiede zwischen Erwerbs- und Veräußerungspreis (20 000 — 28 000) ohne die Vorschrift des § 27 anzunehmen sein würde.

2. Zugrunde gelegt wird der gleiche Fall wie oben, nur mit dem Unterschiede, daß an Nolte auch nicht aufgelassen wird. Das zwischen Lehmann und Nolte abgeschlossene Veräußerungsgeschäft wird aber steuerpflichtig, weil inzwischen seit dem Kaufvertrage zwischen Meier und Berg ein Jahr verstrichen ist. Nolte veräußert später das Grundstück für 32 000 *M* an Neumann, an den aufgelassen wird. Hiernach liegen 2 Steuerfälle vor. Erster Steuerfall: Übergang von Meier bis Nolte; der Erwerbspreis und Zuwachs wie beim ersten Beispiel: 20 000 und 10 000 *M*; zweiter Steuerfall: Übergang von Nolte auf Neumann: Erwerbspreis 28 000 *M*, Veräußerungspreis 32 000 *M*.

Der eigentliche Steuerpflichtige ist in den vorerwähnten Fällen des § 27 bei dem 1. Beispiel und im ersten Falle des 2. Beispiels der bisherige Eigentümer Meier (§ 29 Abs. 1). Daneben kommen als zwischenbeteiligte Veräußerer in Betracht

---

[1]) Der Verlust wird nicht abgezogen.

beim 1. Beispiel und beim ersten Steuerfalle des 2. Beispiels Berg und Lehmann. Diese Zwischenbeteiligten haften neben dem Steuerpflichtigen gegenüber der Steuerbehörde für die Steuer als Gesamtschuldner. Unter sich haften sie nur bis zu dem Steuerbetrage, der zu zahlen wäre, wenn das von dem einzelnen Beteiligten als Veräußerer abgeschlossene Rechtsgeschäft steuerpflichtig geworden wäre. Eine Zwischenbeteiligung kann auch in der Weise stattfinden, daß der Kaufabschluß durch einen Bevollmächtigten oder Vermittler erfolgt und zwischen dem Eigentümer des Grundstücks und dem Vermittler (Bevollmächtigten) vereinbart ist, daß der einen bestimmten Betrag übersteigende Teil des Preises dem Vermittler (Bevollmächtigten) gehören soll. In diesem Falle beschränkt sich die gesamtschuldnerische Haftung des Vermittlers (Bevollmächtigten) auf den Steuerbetrag, der auf den Mehrerlös entfällt.

Die Haftungsbestimmungen des § 32 haben keine rückwirkende Kraft (a. a. O. Abs. 3).

Wer als zwischenbeteiligter Veräußerer (§ 32 Abs. 1 — nicht auch Abs. 2 —) für die Zuwachssteuer haftet, kann, um sich vor einer Erweiterung seiner Haftung zu bewahren, innerhalb eines Monats nach Abschluß des (zunächst nur die Haftung, nicht auch schon die Steuerpflicht nach § 5 begründenden) Veräußerungsgeschäfts beantragen, daß die Steuer von dem Wertzuwachse, der bis zu diesem Rechtsgeschäft entstanden ist, festgesetzt und erhoben wird. Bei der späteren endgültigen Besteuerung auf Grund des steuerpflichtigen Rechtsvorganges ist eine solche Zwischenfestsetzung für die Berechnung der Steuer ohne Einfluß. Der auf Grund der Zwischenfestsetzung bezahlte Betrag ist lediglich auf die Steuerschuld anzurechnen.

Der (im Grundbuch eingetragene) Eigentümer des Grundstücks bleibt stets Steuerschuldner; er kann also seine Haftung (richtiger Steuerschuld) nicht durch eine Zwischenfestsetzung nach § 33 begrenzen. Sein Interesse erfordert es daher, daß auf

Grund des Veräußerungsvertrags auch alsbald die Auflassung vorgenommen wird.

II. Übertragung der Geschäftsanteile von Grundstücksverwertungsgesellschaften.

Um einer Umgehung der Steuer durch Mobilisierung der Grundstückswerte vorzubeugen, hat das Gesetz neben den Grundstücken und den grundstücksgleichen Berechtigungen die Anteile an dem aus Grundstücken bestehenden Vermögen bestimmter Vereinigungen, die sich vorwiegend mit dem Grundstückshandel befassen, zu selbständigen Steuerobjekten erklärt. Als solche Vereinigungen kommen in Betracht:

1. Gesellschaften mit beschränkter Haftung,
2. Kommanditgesellschaften,
3. Gewerkschaften,
4. Eingetragene Genossenschaften,
5. Eingetragene Vereine,
6. Offene Handelsgesellschaften[1]);

jedoch nur, falls diese Vereinigungen sich mit der Verwertung von Grundstücken befassen, also wenn zum Gegenstande des Unternehmens[2]) satzungsgemäß oder nach der tatsächlichen Geschäftsführung die Verwertung von Grundstücken gehört. Verwertung im Sinne dieser Gesetzesvorschrift ist nicht schon die gelegentliche Veräußerung entbehrlich gewordener Grundstücke, auch nicht jede Art der Benutzung, insbesondere nicht die landwirtschaftliche oder gewerbliche Benutzung eines Grundstücks oder der gewöhnliche Bergwerksbetrieb, sondern die Verwertung, die auf die Verwirklichung des Mehrwerts der Grundstücke abzielt. Das geschieht in

---

[1]) Nicht auch z. B. Aktiengesellschaften, Kommanditgesellschaften auf Aktien.

[2]) Wenn auch nicht zum einzigen Gegenstande.

der Regel durch die Veräußerung, kann aber z. B. auch durch Bebauung und Vermietung erfolgen. Ohne Rücksicht auf den Gegenstand des Unternehmens tritt die Steuerpflicht der Geschäftsanteile ein, wenn die Vereinigung gebildet worden ist, um die Zuwachssteuer zu ersparen. Z. B.: Käufer und Verkäufer eines Grundstücks bilden eine G. m. b. H. Der Käufer bringt die bare Anzahlung, der Verkäufer das Grundstück zu seinem Erwerbspreis ein, später überträgt der Verkäufer seine Anteile an der G. m. b. H. an den Käufer und empfängt in dem höheren Preise dieser Anteile den Gewinn, den er durch die Veräußerung des Grundstücks gemacht hat.

Die Steuerpflicht der Anteile beschränkt sich auf den aus Grundstücken und grundstücksgleichen Berechtigungen bestehenden Teil des Gesamtvermögens der genannten Vereinigungen zur Zeit der Veräußerung des Anteils. Ob der Grundstücksbesitz zur Zeit der Veräußerung noch der gleiche ist, wie zur Zeit des Erwerbes des Anteils, ist belanglos.

Steuerpflichtiger Wertzuwachs ist bei den Geschäftsanteilen des § 3 der Unterschied zwischen dem Erwerbspreis und dem Veräußerungspreise, wobei außer den Kosten des Erwerbes und der Veräußerung keine Hinzurechnungen (insbesondere auch nicht die des § 16) und keine Abrechnungen statthaft sind.

Andere Gesellschaftsformen, die zur Umgehung der Steuer ausfindig gemacht werden sollten, können vom Bundesrat auf Grund der ihm durch § 66 Abs. 2, 3 eingeräumten Befugnis den im § 3 aufgeführten Vereinigungen und Gesellschaften gleichgestellt werden (s. unten Ziffer III).

Die beabsichtigte Einführung von Gemeindezuwachssteuerordnungen hat an vielen Orten dazu geführt, daß Vereinigungen, die Grundstücke verhältnismäßig billig erworben hatten, diese mit überhoher Bewertung in eine Gesellschaft (auch Aktiengesellschaft oder Kommanditgesellschaft auf Aktien) vor dem Inkrafttreten der Steuerordnungen eingebracht haben, damit die

Zuwachssteuer nicht den hohen Gewinn der Vereinigung, sondern den buchmäßig viel bescheideneren Gewinn der Gesellschaft erfasse. Um den Zweck solcher vor dem Inkrafttreten der Steuer liegenden geschäftlichen Maßnahmen zu vereiteln, ist die Ausnahmebestimmung des § 64 getroffen worden.

Das einer Veräußerung gleichzuachtende Einbringen von Grundstücken in eine Vereinigung der im § 3 bezeichneten Art oder eine Gesellschaft des Bürgerlichen Gesetzbuchs ist ein steuerfreier Rechtsvorgang im Sinne des § 7 (s. oben S. 324 flg.) in den daselbst in Ziffer 5 und 6 bezeichneten Fällen. Im übrigen richtet sich die Steuerpflicht bei dem Einbringen von Grundstücken in eine solche Gesellschaft oder Vereinigung nach allgemeinen Rechtsgrundsätzen. Geht das Eigentum an die Gesellschaft über, so knüpft sich die Steuerpflicht an den Eigentumsübergang gemäß § 4. Bleibt es zunächst beim obligatorischen Rechtsgeschäfte, so tritt die Steuerpflicht gemäß §§ 5, 6 ein.

III. Sonstige Vorsorge gegen Umgehungen.

Mit den unter § 5 fallenden Rechtsgeschäften und der Übertragung der Anteile von Grundstücksverwertungsgesellschaften ist aber der Kreis der neben der Übereignung möglichen steuerpflichtigen Rechtsvorgänge noch nicht geschlossen. Da zu befürchten war, daß namentlich der spekulative Grundstückshandel Geschäftsformen ausfindig machen werde, die nicht nur die Eigentumsübertragung vermeiden, sondern die äußerlich sich auch nicht als Veräußerungsgeschäfte im Sinne des § 5 darstellen, hat der Gesetzgeber in § 6 ganz allgemein bestimmt, daß die Besteuerung nicht dadurch ausgeschlossen werde, daß ein nach diesem Gesetze steuerpflichtiges Rechtsgeschäft durch ein anderes Rechtsgeschäft „verdeckt" wird. Mit dem weiteren Zusatz, wonach die Besteuerung „insbesondere" auch dadurch nicht ausgeschlossen sein soll, „daß an die Stelle des Überganges des

Eigentums ein Rechtsvorgang tritt, der es ohne Übertragung des Eigentums einem anderen ermöglicht, über das Grundstück wie ein Eigentümer zu verfügen", ist der Grundsatz aufgestellt worden, daß nicht nur der Vorgang, der in den Rechtsformen einer Veräußerung auftritt, sondern auch das Rechtsgeschäft, das sich zwar nicht rechtlich, aber wirtschaftlich als Veräußerung kennzeichnet, die Steuerpflicht zu begründen vermag. Außerdem hat das Gesetz dem Bundesrate die Befugnis erteilt — vorbehaltlich späterer Außerkraftsetzung auf Verlangen des Reichstags —, Rechtsvorgänge für steuerpflichtig zu erklären, die es — ohne unter §§ 1, 5 zu fallen — einem andern ermöglichen, über das Grundstück wie der Eigentümer zu verfügen, und hat ihm ferner gestattet, für solche Fälle über die Berechnung des Wertzuwachses Bestimmungen zu treffen, die von den §§ 8 bis 27 abweichen.

Voraussetzung für die Steuerpflicht ist unter allen Umständen, daß die Veräußerungsgeschäfte und die ihnen gleichgestellten Geschäfte rechtsgültig sind. Veräußerungsgeschäfte, die vor dem 1. Januar 1911 abgeschlossen sind, stehen einem steuerfreien Erwerbsvorgange gleich, werden also bei einer späteren Veräußerung für die Steuerveranlagung als nicht vorhanden angesehen (§ 17 Abs. 2 Satz 2).

7. Abschnitt.

Das Verfahren bei Veranlagung und Erhebung der Steuer.

I. Veranlagungsbehörden.

Die Vorschriften über das Verfahren bei Erhebung und Veranlagung der Steuer sind in den vom Bundesrat erlassenen Zuwachssteuer-Ausführungsbestimmungen enthalten (Zentralblatt für das Deutsche Reich 1911 S. 79).

Welche Behörden oder Körperschaften mit der Veranlagung und Erhebung der Steuer betraut werden, ob Staatsbehörden, Gemeinden, Gemeindeverbände usw., wird durch die einzelne Bundesregierung bestimmt. Allgemein ist vorgesehen, daß die Veranlagung durch ein Zuwachssteueramt erfolgt, über welchem Oberbehörden stehen. Die betreffende Behörde oder Körperschaft braucht sich als Zuwachssteueramt nicht ausdrücklich zu bezeichnen, vielmehr genügt z. B. die Bezeichnung „Magistrat Berlin"; es empfiehlt sich aber, dem Steuerpflichtigen gegenüber auf Schriftstücken zum Ausdruck zu bringen, daß es sich um eine Angelegenheit der Zuwachssteuer handelt.

Örtlich zuständig ist das Zuwachssteueramt, in dessen Bezirk das veräußerte Grundstück liegt. Liegt das Grundstück in mehreren Bezirken, so ist das Zuwachssteueramt zuständig, in dessen Bezirk das zuständige Grundbuchamt seinen Sitz hat. Für die Feststellung der Zuständigkeit bei Grundstücken, die in verschiedenen Grundbuchbezirken liegen, sind im § 2 der Ausführungsbestimmungen genauere Anweisungen gegeben, ebenso hinsichtlich der Zuständigkeit für die grundstücksgleichen Berechtigungen und für die Grundstücksverwertungsgesellschaften.

Um zu vermeiden, daß durch Einreichung einer Anmeldung, einer Steuererklärung oder einer sonstigen Mitteilung bei einer unzuständigen Stelle eine Frist versäumt wird, ist vorgeschrieben, daß für die Wahrung einer Frist der Eingang bei einer unzuständigen Stelle genügt und die Behörde das Schriftstück unter Mitteilung an den Absender der zuständigen Stelle abzugeben hat.

II. Mitteilungspflicht der Behörden und Anmeldungspflicht des Veräußerers und Erwerbers.

Das Zuwachssteueramt erhält von den steuerpflichtigen Rechtsvorgängen in erster Linie durch die Mitteilung der beteiligten Behörden Kenntnis. Die Grundbuchämter teilen ihm durch sogenannte Übereignungsanzeigen die Eintragung in das

Grundbuch, die eine Eigentumsänderung oder den Übergang einer Berechtigung betreffen, mit. Die Behörden, Notare und sonstigen Beamten, die ein Veräußerungsgeschäft beurkunden, benachrichtigen das Zuwachssteueramt durch die sogenannten Veräußerungsanzeigen; statt einer besonderen Anzeige kann auch eine Abschrift (Schreibmaschinendurchschlag) der Urkunde eingereicht werden. Die Veräußerung von Geschäftsanteilen der Grundstücksverwertungsgesellschaften wird den Zuwachssteuerämtern entweder von den Registergerichten mitgeteilt, falls sie eine Eintragung im Handelsregister notwendig gemacht hat, oder von den Notaren, Behörden oder sonstigen Beamten, die die Veräußerung beurkundet haben. Um das Schreibwerk nicht zu sehr zu vermehren, hat man jedoch die Registergerichte und Behörden nicht zu einer vollständigen Mitteilung über alle Eintragungen hinsichtlich solcher Gesellschaften verpflichtet, vielmehr nur für bestimmte Fälle, und im übrigen das Zuwachssteueramt beauftragt, regelmäßig die Register einzusehen. Die beurkundenden Behörden, Notare und Beamten können von einer Mitteilung der Anteilsveräußerung dann absehen, wenn Tatsachen offenkundig sind, aus denen sich ergibt, daß die Gesellschaft, deren Anteil übertragen wird, keinen Besitz hat oder nicht unter § 3 des Gesetzes fällt.

Veräußerer und Erwerber sind gleichfalls zur Anmeldung steuerpflichtiger Rechtsvorgänge verpflichtet, das Gesetz erläßt ihnen jedoch in den weitaus häufigsten Fällen diese Pflicht. Grundsätzlich müssen sie jedes Veräußerungsgeschäft, das zu einer Auflassung führen kann, mitteilen; diese Verpflichtung entfällt aber, wenn das Rechtsgeschäft gerichtlich oder notariell oder durch einen andern zuständigen Beamten beurkundet ist. Die Parteien sind ferner an sich verpflichtet, den Eigentumsübergang anzuzeigen, aber auch hier bedarf es einer Anmeldung nicht, wenn vor Ablauf eines Monats die Auflassung oder Eintragung im Grundbuch stattgefunden hat. Wohl aber ist in allen Fällen jeder steuerpflichtige Rechtsvorgang, bei dem eine Auflassung oder Eintragung in das Grundbuch nicht stattgefunden hat, insbesondere also eine Übertragung der Geschäftsanteile gemäß § 3 des Gesetzes, innerhalb eines Monats der Steuerbehörde anzumelden.

Die Anmeldepflicht besteht für den Veräußerer sowohl wie für den Erwerber, desgleichen für den gesetzlichen Vertreter des Veräußerers oder Erwerbers. Sind mehrere Veräußerer oder Erwerber beteiligt, so ist jeder von ihnen zur Anmeldung verpflichtet. Zur Anmeldung ist ein Vordruck zu benutzen, der von den Zuwachssteuerämtern kostenlos erhältlich ist, sie kann aber auch zu Protokoll des Zuwachssteueramts erklärt werden. Wird die Anmeldung von einem Verpflichteten bewirkt, so ist dadurch der Anzeigepflicht der übrigen Verpflichteten Genüge geleistet.

Allgemein ist ferner vorgeschrieben, daß alle Behörden, Beamten und Notare den Zuwachssteuerämtern jede zur Ermittelung der Abgabe dienliche Hilfe zu leisten und insbesondere auf Verlangen Einsicht in die Verhandlungen zu gestatten haben, die sich auf die für die Steuerbemessung maßgebenden Vorgänge beziehen; ferner sind Personen, die als Veräußerer oder Erwerber oder als Vertreter eines von diesen an dem steuerpflichtigen Rechtsvorgange oder an früheren steuerpflichtigen Rechtsvorgängen teilhaben, verpflichtet, auf Verlangen der Steuerbehörde über die Tatsachen, die für die Veranlagung der Abgabe von Bedeutung sind, Auskunft zu geben und die hierüber in ihrem Besitz befindlichen Urkunden vorzulegen.

Die Zuwachssteuerämter haben ihrerseits den pünktlichen Eingang der Mitteilungen und Anmeldungen zu überwachen. Bei unterlassener rechtzeitiger Meldung haben sie ihnen etwa bekannte Mitteilungs- und Anmeldungspflichtige mit kurzer Frist zu mahnen und nach fruchtlosem Ablauf derselben sich bei der vorgesetzten Behörde der mitteilungspflichtigen Stelle zu beschweren und gegen denjenigen Steuerpflichtigen, der die Anmeldung unterlassen hat, Anzeige zwecks Einleitung des Strafverfahrens zu erstatten. Eine Kontrolle über den Eingang der Mitteilungen und Anmeldungen ist vor allem dadurch gewährleistet, daß sowohl das (obligatorische) Veräußerungsgeschäft, wie der (dingliche) Eigentumsübergang mitgeteilt werden muß.

Das Zuwachssteueramt legt alsdann für jedes Grundstück, ebenso auch für jede grundstücksgleiche Berechtigung und für jede Grundstücksverwertungsgesellschaft ein Kartenblatt an, auf das es die notwendigsten Angaben einträgt, insbesondere auch den gegenwärtigen Veräußerungspreis. Hierdurch verschafft es sich die Möglichkeit, bei der nächsten Veräußerung desselben Grundstücks durch einen Blick auf das Kartenblatt festzustellen, ob ein Wertzuwachs überhaupt stattgefunden hat und ob demnach in die Steuerveranlagung einzutreten ist. Außerdem ist eine Zuwachssteuerliste zu führen, die den Gang des Veranlagungsverfahrens und seine wichtigsten Ergebnisse erkennen läßt und die zugleich der Aufsichtsbehörde als Unterlage der Prüfung dient.

Das Grundstücksblatt ist bei Eingang der Veräußerungs- und Übereignungsanzeige anzulegen. Die Eintragung in die Zuwachssteuerliste hat zu erfolgen bei Eingang der Übereignungsanzeige und aus Anlaß einer Veräußerungsanzeige nur unter den Voraussetzungen der §§ 5, 33 des Gesetzes.

III. Veranlagung, Steuererklärung, Steuerbescheid.

Das Zuwachssteueramt hat zunächst im Vorverfahren zu prüfen, ob der mitgeteilte oder angemeldete Rechtsvorgang überhaupt der Steuerpflicht unterliegt und sodann, ob er voraussichtlich zu einer Steuer von mehr als 20 ℳ führen wird. Denn bleibt die festzusetzende Steuer unter diesem Betrage — § 28 Abs. 3 des Gesetzes —, so ist sie nicht zu erheben. Das

Zuwachssteueramt stellt daher zunächst fest, ob nicht einer der Befreiungsgründe vorliegt, ob also die Urkunde nicht vor dem 1. Januar 1911 errichtet ist, ob der Veräußerer infolge geringen Einkommens steuerfrei, ob ein Erbfall oder ein anderer steuerfreier Rechtsvorgang nach § 7 des Gesetzes vorliegt, ob der Veräußerer eine Gemeinde oder eine sonstige nach § 30 des Gesetzes steuerfreie Person oder Körperschaft ist und endlich, ob der Unterschied zwischen Erwerbs- und Veräußerungspreis unter Berücksichtigung der in § 16 vorgeschriebenen Hinzurechnungen zum Erwerbspreis und der Steuerermäßigung nach § 28 Abs. 2 des Gesetzes so gering ist, daß der Steuerertrag nach den Umständen voraussichtlich 20 ℳ nicht erreicht. Kann das Zuwachssteueramt eine dieser Tatsachen nicht mit Sicherheit feststellen, so wird es amtlicherseits sich die notwendigen Unterlagen verschaffen, gegebenenfalls mit den Steuerpflichtigen mündlich oder im Schriftwege verhandeln. Auch später soll die weitere Veranlagung sofort abgebrochen werden, sobald sich ergibt, daß der voraussichtliche Steuerertrag 20 ℳ nicht überschreiten wird. Die Feststellung der Steuerfreiheit ist dann aktenkundig zu machen und auf dem Grundstücksblatte wie in der Zuwachssteuerliste zu vermerken.

Ergibt dagegen das oben beschriebene Vorverfahren nicht, daß die Voraussetzungen der Steuerbefreiung oder Freiveranlagung vorliegen, so fordert das Zuwachssteueramt nunmehr den Steuerpflichtigen auf, innerhalb einer Frist von zwei Wochen eine Zuwachssteuererklärung einzureichen. Einen Vordruck zur Zuwachssteuererklärung sowie einen Auszug aus den Bestimmungen des Gesetzes und eine Mustererklärung fügt es dieser Aufforderung bei; es empfiehlt sich, daß das Amt Fragen über Tatsachen, die ihm bekannt sind, ausfüllt und solche Fragen, die nach der Lage des Falles nicht in Betracht kommen, durchstreicht.

Nicht unbedingt erforderlich ist, daß bei jeder Veranlagung

der Zuwachssteuer die Steuererklärung ausgefüllt wird. Sind dem Zuwachssteueramte bei einfachen Fällen alle für die Berechnung notwendigen Unterlagen bereits bekannt geworden, so kann es von dem Erfordern einer Steuererklärung Abstand nehmen. Auch die Steuererklärung kann — ebenso wie die Anmeldung — zu Protokoll des Zuwachssteueramts erklärt werden. Sind mehrere Veräußerer beteiligt, so wird das Zuwachssteueramt demjenigen die Aufforderung zusenden, von dem es annehmen kann, daß er mit den in Betracht kommenden Verhältnissen am besten vertraut ist. In den Vordruck der Zuwachssteuererklärung sind im wesentlichen nur die Fragen aufgenommen worden, die bei Veräußerungen im Wege des gewöhnlichen Geschäftsverkehrs in Frage kommen werden. Das Zuwachssteueramt wird, wenn noch Sonderfragen notwendig sind, das Grundstück etwa im Wege der Zwangsversteigerung erworben ist, weitere Fragen hinzufügen.

Nach Eingang der Steuererklärung sind die Angaben auf ihre Richtigkeit und Vollständigkeit zu prüfen. Dabei werden sich möglicherweise in einzelnen Fällen erhebliche Schwierigkeiten ergeben insbesondere bei der Feststellung der Aufwendungen, die der Steuerpflichtige gemacht zu haben erklärt. § 23 der Ausführungsbestimmungen gibt für solche Fälle die Möglichkeit, im Wege des Vergleichs zu einer bindenden Einigung mit dem Steuerpflichtigen zu gelangen, um auf diese Weise zu weitgehende und kostspielige Nachforschungen zu vermeiden und langwierige Prozesse von vornherein zu verhüten. Solche Vergleiche werden namentlich in den Fällen sich als zweckmäßig erweisen, wo etwa eine Terraingesellschaft ein Grundstück als Ganzes erworben hat und der Erwerbspreis sich für die einzelne Parzelle nicht ohne weiteres feststellen läßt: deshalb ist hier gleichfalls die Möglichkeit vorgesehen, von vornherein einen Erwerbspreis für alle Parzellen im Wege des Vergleichs festzusetzen.

Nach Abschluß der Ermittelungen ist dann eine Steuerberechnung für die Akten zu fertigen. Zeigt sich dabei, daß die Ermittelungsergebnisse von den Angaben des Steuerpflichtigen so erheblich abweichen, daß der festgesetzte Abgabebetrag um mehr als $^1/_3$ höher ist als die Angabe des Steuerpflichtigen, so soll das Zuwachssteueramt dem Steuerpflichtigen hiervon Mitteilung machen; denn da diesem nach § 40 Abs. 2 des Gesetzes in diesem Falle die Kosten der Ermittelung zur Last fallen, soll ihm die Möglichkeit gegeben werden, seine Angaben noch einmal einer Nachprüfung zu unterziehen.

Nach Berechnung der Steuer ist ein Steuerbescheid zu erteilen und dem Steuerpflichtigen, wenn mehrere Veräußerer beteiligt sind, jedem von ihnen zuzustellen. Für den Steuerbescheid ist ebenso, wie für die Steuererklärung und die zu den Akten zu fertigende Steuerberechnung ein Muster in den Ausführungsbestimmungen des Bundesrats enthalten.

IV. Erhebung der Steuer, Stundung, Erlaß, Kosten.

Welche Stellen mit der Erhebung der Steuer betraut werden, wird durch die Landesregierung bestimmt. Allgemein ist vorgeschrieben, daß zwei Bücher zu führen sind, ein Zuwachssteuer-Sollbuch und ein Zuwachssteuer-Einnahmebuch, beide den Zeitraum des Rechnungsjahrs umfassend. Das Sollbuch wird spätestens 6 Monate nach Ablauf des Rechnungsjahrs abgeschlossen. Die näheren Bestimmungen über die Bescheinigung der Richtigkeit trifft § 26 der Ausführungsbestimmungen des Bundesrats.

In Fällen, in denen die sofortige Einziehung der Steuer mit erheblichen Härten verbunden sein würde, hat das Zuwachssteueramt Stundung oder Teilzahlung auf Antrag zu bewilligen. Beides ist in der Regel nur gegen Sicherheitsleistung zulässig; in welcher Art für gestundete Steuer Sicherheit zu leisten ist, richtet sich nach den für die Steuerstelle geltenden landesrechtlichen Bestimmungen. Stundung oder Teilzahlung können auch dann bewilligt werden, wenn der Steuerbescheid angefochten ist und die von dem Anfechtenden vorgebrachten Tatsachen dem Zuwachssteueramt erheblich erscheinen und zu einer Herabsetzung des Steuerbetrags führen würden. — Ob die Zuwachssteuerämter auch zur Niederschlagung der Steuer wegen Uneinbringlichkeit befugt sind, oder ob es hierzu der Genehmigung anderer Behörden bedarf, bestimmt die Landeszentralbehörde.

Hinsichtlich des Erlasses und der Erstattung der Steuer sind folgende Fälle zu unterscheiden:

A. Die Veräußerung wird rückgängig gemacht. Dann besteht ein Anspruch auf Erlaß der Steuer (d. i. auf Erstattung der bereits bezahlten Steuer oder auf Niederschlagung der festgesetzten Steuer)

   a) bei Festsetzung der Steuer aus Anlaß des Übereignungsvorganges:

      1. wenn die Auflassung oder der die Rechtsänderung bewirkende Rechtsvorgang nichtig war,
      2. wenn das Eigentum wegen Nichterfüllung der Vertragsbedingungen an den Veräußerer zurückübertragen wird,
      3. wenn das Eigentum aus einem anderen Grunde innerhalb zweier Jahre seit der Veräußerung zurückübertragen wird;

   b) bei Festsetzung der Steuer aus Anlaß eines gemäß § 5 steuerpflichtigen Rechtsgeschäfts:

      1. wenn das Rechtsgeschäft nichtig ist,
      2. wenn das Rechtsgeschäft durch Parteivereinbarung oder durch eine Rücktrittserklärung aufgehoben ist,
      3. wenn das Rechtsgeschäft wegen Nichterfüllung der Vertragsbedingungen rückgängig gemacht wird.

B. In den Fällen der Preisminderung nach §§ 459, 460 BGB. wird die Veräußerung zwar aufrecht erhalten, es tritt aber eine Ermäßigung des Veräußerungspreises ein. Der Steuerpflichtige kann verlangen, daß der verminderte Veräußerungspreis der Steuerveranlagung zugrunde gelegt und dementsprechend die Steuer ermäßigt oder, falls sich infolge der Preisminderung kein Wertzuwachs mehr ergibt, ganz erlassen wird. Z. B.: Ein Haus ist erworben für 80 000 ℳ und wird veräußert für 90 000 ℳ. Nachträglich wird, da sich Hausschwamm herausgestellt hat, der Kaufpreis um 10 000 ℳ gemindert.

C. Es besteht zwar nicht (wie bei A und B) ein Rechtsanspruch auf Erlaß der Steuer, es kann aber aus besonderen Billigkeitsgründen gewährt werden:

a) gänzlicher Erlaß der Steuer, wenn aus andern Gründen als wegen Nichterfüllung der Vertragsbedingungen — oben Buchstabe A a 2 — das Eigentum nach mehr als zwei Jahren seit der Veräußerung an den Veräußerer zurückübertragen wird,

b) gänzlicher oder teilweiser Erlaß der nach dem Gesetze fälligen Steuer in einzelnen Ausnahmefällen zur Vermeidung von Härten und Unbilligkeiten auf Grund der allgemeinen Ermächtigung des Bundesrats nach § 66 Abs. 1.

Über die Anträge auf Erlaß der Steuer entscheidet in den Fällen der Buchstaben A und B das Zuwachssteueramt mit Genehmigung der Oberbehörde. Der Erlaß der Abgabe aus Billigkeitsgründen (Buchstabe C a und b) steht dem Bundesrate zu.

Der Antrag auf Erlaß der Steuer muß innerhalb eines Jahres seit der Zahlung oder Beitreibung der Abgabe gestellt werden. Wird der Antrag auf Tatsachen gestützt, die erst nach der Zahlung oder Beitreibung eingetreten sind, so beginnt die einjährige Frist mit dem Tage, an dem der Antragsteller von diesen Tatsachen Kenntnis erhalten hat (§ 31 Abs. 1 der Ausführungsbestimmungen).

Wird in den Fällen der Buchstaben A und C a die Steuer erlassen, so ist bei einem späteren Steuerfalle die Veräußerung, die (weil nichtig oder rückgängig gemacht) zum völligen Erlasse der Steuer geführt hat, als nicht erfolgt anzusehen, es wird also über diesen Vorgang hinaus bis zum früheren steuerpflichtigen Erwerbe zurückgegriffen. Dagegen ist im Falle der Buchstaben B und C b von diesem Erwerbe bei einer späteren steuerpflichtigen Veräußerung auszugehen.

Das Verfahren ist kosten-, gebühren- und stempelfrei, und zwar erstreckt sich diese Freiheit auf das gesamte Ermittelungsverfahren, einschließlich des Verfahrens wegen Erstattung der Zuwachssteuer; zu den Kosten des Verfahrens ist auch die Postgebühr zu rechnen, welcher die Sendungen der Steuerbehörden an die Steuerpflichtigen unterliegen; sie fällt daher den letzteren nicht zur Last. Dagegen haben die Steuerpflichtigen die Postgebühr für die von ihnen an die Steuerbehörde zu richtenden Sendungen zu tragen. — Eine Ausnahme hinsichtlich der Kosten gilt nur für den Feststellungsbescheid (vgl. unten V) und für den Fall, daß die Veranlagung zur Festsetzung einer Abgabe führt, welche um mehr als $^1/_3$ höher ist als der nach den Angaben des Steuerpflichtigen selbst veranlagte Betrag (§ 40 Abs. 2).

Der Anspruch auf die Zuwachssteuer verjährt in 10 Jahren; die Frist beginnt mit dem Schlusse des Jahres, in welchem der Anspruch auf die Steuer entstanden ist, im Falle der Sicherheitsleistung nicht vor Ablauf des Jahres, in welchem die Sicherheit erlischt.

Ist der Steuerpflichtige ein Deutscher, so ist zum Zwecke der Steuereinziehung die Zwangsversteigerung eines Grundstücks ohne seine Zustimmung nicht zulässig.

Die Ausführungsbestimmungen des Bundesrats enthalten dann ferner in §§ 15 bis 17 Vorschriften über die steuerfrei bleibenden gemeinnützigen Vereinigungen, im § 38 über das Aufsichts- und Prüfungsverfahren, im § 40 über die Aktenaufbewahrung, im § 45 über die Abrechnung der Behörden und im § 46 über die Mitwirkung des Reichsschatzamts bei der Ausführung des Gesetzes.

V. Feststellungsbescheid.

Der mutmaßliche Betrag der zu zahlenden Steuer kann bei dem Verkaufsangebote keine unwichtige Rolle spielen. Nun machen die für die Höhe der Steuer maßgebenden Feststellungen, namentlich die des Erwerbspreises oder des an seine Stelle tretenden Wertes, der anrechnungsfähigen Aufwendungen (§ 14 Ziffer 3, 4; § 15) und Ertragsausfälle (§ 22 Ziffer 2) oft umfangreiche Ermittelungen notwendig. In vielen Fällen würde daher eine bloße unverbindliche Auskunft für den Grundstücksbesitzer, der verkaufen will, wenig Wert haben. Um eine sichere und bessere geschäftliche Berechnung zu ermöglichen, was namentlich auch den Bedürfnissen des soliden Grundstückshandels entspricht, hat das Gesetz die Steuerbehörden verpflichtet, dem Grundstückseigentümer auf Antrag einen Bescheid über die bis dahin feststellbaren Berechnungsgrundlagen (maßgebender Erwerbspreis, Hinzurechnungen zum Erwerbspreis, Abzüge vom Veräußerungspreise nach § 22 Ziffer 2) für sein Grundstück oder für Grundstücksteile zu erteilen. Dieser „Feststellungsbescheid" (§ 33 der AusfBest.) ist der Rechtskraft fähig und kann mit den gleichen Rechtsmitteln angefochten werden wie der endgültige Steuerbescheid. Der Grundstückseigentümer wird, sofern er den Inhalt des Feststellungsbescheids als richtig nicht anerkennen kann, von den ihm zustehenden Rechtsmitteln Gebrauch machen müssen; denn die in dem Bescheide getroffenen Feststellungen sind bei der demnächstigen Veräußerung für die

Steuerveranlagung bindend. Sie können also, wenn der Feststellungsbescheid rechtskräftig geworden ist, nicht etwa noch in dem späteren, durch den Steuerbescheid eröffneten Rechtsmittelverfahren angefochten werden. Die bindende Kraft des Feststellungsbescheids erleidet naturgemäß insofern eine Einschränkung, als die Verhältnisse, die ihm zugrunde lagen, sich verändert haben. Ist z. B. seit dem Erlasse des Feststellungsbescheids eine innerhalb des für die Steuerberechnung maßgebenden Zeitraums errichtete Baulichkeit wieder beseitigt worden, so sind die Aufwendungen hierfür troß der Feststellung in diesem Bescheide später nicht mehr anrechnungsfähig, weil die Baulichkeit nicht mehr vorhanden ist; ebenso ist, wenn etwa die Veräußerung erst mehrere Jahre später erfolgt, eine inzwischen eingetretene Wertminderung der Bauten zu berücksichtigen.

Mit dem Antrag auf Erteilung eines Feststellungsbescheids hat der Grundstückseigentümer nach einem vom Zuwachssteueramt erhältlichen Vordruck eine Erklärung abzugeben, die sich auf die Tatsachen erstreckt, welche bis dahin eingetreten sind und die Grundlage für die zu treffenden Feststellungen bilden (Feststellungserklärung).

Die Kosten der von der Steuerbehörde einzuleitenden Ermittelungen hat der Antragsteller nicht zu tragen, dafür hat er aber für die Erteilung des Bescheids eine Gebühr zu bezahlen, die 1/2 vom Tausend des festgestellten Erwerbspreises (ohne Hinzurechnungen), mindestens aber 20 ℳ beträgt. Ein entsprechender Kostenvorschuß ist von der Steuerbehörde alsbald nach Eingang des Antrags zu erheben. Dem Antragsteller fallen außerdem die Kosten des Rechtsmittels selbst dann zur Last, wenn er in diesem Verfahren obsiegt, weil das ganze Verfahren lediglich in seinem Interesse liegt. Die Grundstückseigentümer werden daher nur dann die Erteilung eines Feststellungsbescheids beantragen, wenn ein erhebliches Interesse an der alsbaldigen Klarlegung der Zuwachssteuerfrage vorliegt. Das wird namentlich bei der Parzellierung eines größeren, der Bebauung zu erschließenden Geländes der Fall sein.

VI. Rechtsmittelverfahren.

Das Rechtsmittelverfahren bestimmt sich nach Landesrecht; reichsgesetzlich ist nur vorgeschrieben, daß gegen den Steuerbescheid zwei Rechtsmittel zulässig sind:

1. die Beschwerde, soweit sie nicht landesrechtlich ausgeschlossen wird;
2. das Verwaltungsstreitverfahren oder ein durch die Landesgesetzgebung geordnetes anderweites Verfahren vor den Verwaltungsgerichten, und, wenn ein verwaltungsgerichtliches Verfahren nicht besteht oder landesrechtlich ausgeschlossen wird, der Rechtsweg.

Für die unter Ziffer 1 bezeichnete Beschwerde enthalten § 45 des Gesetzes sowie §§ 34 bis 37 der Ausführungsbestimmungen nähere Vorschriften. Für die Fristen des verwaltungsgerichtlichen Verfahrens sowie für die Frist, in der die gerichtliche Klage zu erheben ist, sind die landesgesetzlichen Vorschriften maßgebend. Soweit hiernach gerichtliche Klage zugelassen ist, sind ohne Rücksicht auf den Wert des Streitgegenstandes ausschließlich die Landesgerichte, für die Verhandlung und Entscheidung letzter Instanz das Reichsgericht zuständig. Über die Frage, ob eine Stundung eintreten soll, entscheidet jedoch endgültig die Steuerbehörde.

VII. Strafverfahren.

Wer die gesetzliche Frist zur Einreichung der Zuwachssteueranmeldung oder -erklärung nicht erfüllt, oder wer wissentlich unrichtige Angaben macht, die geeignet sind, zu einer Verkürzung der Steuer zu führen, unterliegt einer Geldstrafe bis zum vierfachen Betrage der Zuwachssteuer. Eine Bestrafung findet jedoch nicht statt, wenn der Verpflichtete vor erfolgter

Strafanzeige oder, bevor eine Untersuchung gegen ihn eingeleitet worden ist, aus freien Stücken die Erfüllung der erwähnten Verpflichtung nachholt oder seine Angaben berichtigt. Ist nach den obwaltenden Umständen anzunehmen, daß die rechtzeitige Erfüllung der Verpflichtung nicht in der Absicht unterlassen worden ist, die Zuwachssteuer zu hinterziehen oder daß die unrichtigen Angaben nicht in dieser Absicht gemacht worden sind, so tritt an die Stelle jener Strafe eine Ordnungsstrafe bis zu 600 ℳ. Für andere als die oben bezeichneten Zuwiderhandlungen gegen die Vorschriften des Gesetzes oder die zu seiner Ausführung erlassenen Bestimmungen tritt eine Ordnungsstrafe bis zu 150 ℳ ein. Gegen wen die Strafe bei Gesellschaften und bei Zuwiderhandlungen durch einen Bevollmächtigten zu richten ist, bestimmt § 53 im einzelnen. Hinsichtlich des Verwaltungsstrafverfahrens, der Strafmilderung und des Erlasses der Strafe im Gnadenwege sowie hinsichtlich der Strafvollstreckung und der Verjährung der Strafverfolgung gelten die Vorschriften, die sich auf die Zollstrafen beziehen. Jedoch sind die Landesregierungen ermächtigt, die Zuständigkeit der Behörden anders zu bestimmen. Die Umwandlung einer nicht beizutreibenden Geldstrafe in eine Freiheitsstrafe findet nicht statt. Auch ist, wenn der Verurteilte ein Deutscher ist, die Zwangsversteigerung eines Grundstücks ohne seine Zustimmung nicht zulässig. Die Einziehung der Zuwachssteuer erfolgt unabhängig von der Bestrafung.

8. Abschnitt.

Steuergläubiger, Gemeindezuschläge.

I. Beteiligung des Reichs, der Bundesstaaten, Gemeinden und Gemeindeverbände am Ertrage der Steuer.

Die Verwaltung und Erhebung der Zuwachssteuer ist Sache der einzelnen Bundesstaaten (§ 35). Von dem Ertrage der

Steuer erhält das Reich 50 v. H.[1]), 10 v. H. ist den Bundesstaaten als Entschädigung für die Verwaltung und Erhebung der Steuer zugewiesen. 40 v. H. fließen den Gemeinden oder Gemeindeverbänden zu, in deren Bereiche das Grundstück sich befindet.

Der landesgesetzlichen Regelung ist vorbehalten:

a) über den reichsgesetzlichen Anteil des Bundesstaats anderweite Bestimmung zu treffen;

b) zu bestimmen, ob die Gemeinden oder ob Gemeindeverbände, denen landesrechtlich ein Besteuerungsrecht zusteht,[2]) zum Bezuge des Gemeindeanteils am Ertrage der Steuer ausschließlich berechtigt sind oder in welchem Verhältnis sich Gemeinde und Gemeindeverband in diesen Ertrag zu teilen haben;

c) die Zuweisung des Gemeindeanteils bei Grundstücken, die keiner Gemeinde angehören.

Bis zum Erlaß eines Landesgesetzes fließt der Gemeinde, in deren Bereiche sich das Grundstück befindet, 40 v. H. des Ertrags zu. Nur in den Fällen, in denen ein Gemeindeverband (Kreis, Amt) bisher eine Zuwachssteuer erhoben hat, kann die Landesregierung bis zum Erlaß eines Landesgesetzes die Beteiligung von Gemeinde und Gemeindeverband anderweitig regeln, und ebenso erfolgt bis zum Erlaß eines Landesgesetzes die Regelung durch die Landesregierung in Ansehung von Grundstücken, die keiner Gemeinde angehören.

II. Gemeindezuschläge.

Die Gemeinden (Gemeindeverbände) sind berechtigt, mit Genehmigung der Landesregierung Zuschläge zu dem ihnen

---

[1]) Vom Rohertrage; das Reich ist an den Verwaltungs- und Erhebungskosten nicht beteiligt.

[2]) Nicht erforderlich ist, daß der Gemeindeverband bisher zur Erhebung einer Zuwachssteuer landesgesetzlich berechtigt war.

zufließenden Anteil am Ertrage der Steuer zu erheben. Es ist ihnen aber verwehrt, selbständige (von den Bestimmungen des Reichsgesetzes abweichende) Steuerordnungen fernerhin zu erlassen. Es handelt sich vielmehr nur um Zuschläge zu der nach den Vorschriften des Reichsgesetzes geschuldeten Steuer. Daraus folgt, daß das Recht auf Erhebung eines Gemeindezuschlags überall da wegfällt, wo nach den Bestimmungen des Reichsgesetzes eine Steuer nicht zu zahlen ist, sei es, weil sich z. B. wegen der Hinzurechnungen des § 16 kein steuerpflichtiger Wertzuwachs mehr ergibt oder weil ein Fall der Steuerbefreiung vorliegt (§ 1 Abs. 2, § 28 Abs. 3, § 30 — hinsichtlich der Ziffer 1 des § 30 zu vergleichen jedoch § 31 —).

Die Zuschläge sind nach Hundertteilen zu berechnen; für ihre Höhe ist in doppelter Hinsicht eine Grenze gezogen:

a) einmal darf der Zuschlag nicht mehr als 100 v. H. des Anteils betragen, der der Gemeinde (dem Gemeindeverband) ohnehin zufließen würde;

b) Reichssteuer und Zuschlag dürfen sodann zusammen 30 v. H. des steuerpflichtigen Wertzuwachses nicht übersteigen (Höchstsatz des § 28 Abs. 1; die Ermäßigungen des § 28 Abs. 2 dürfen aber durch die Gemeindezuschläge in Anspruch genommen werden).

Innerhalb der angegebenen Grenzen können die Zuschläge für einzelne Grundstücksarten und nach der Besitzdauer verschieden festgesetzt werden. Es können also z. B. landwirtschaftlich benutzte oder bebaute Grundstücke von den Zuschlägen ganz befreit oder mit geringeren Zuschlägen belegt werden als Bauland oder es können die sogenannten Urbesitzer, deren Ackerland zu wertvollem Bauland geworden ist, zu höheren Zuschlägen herangezogen werden.

Anhang.

Berechnung der Steuer an einzelnen Beispielen.

I.

A. Neumann in Steinheim veräußert am 27. April 1911 ein in der Friedrichstraße daselbst gelegenes Hausgrundstück von 2 500 qm an G. Wild in Ahlfeld. Der Kaufpreis beträgt 100 000 ℳ bar und 150 000 ℳ Hypothekenübernahme. Neumann hat das Grundstück im Jahre 1900 von seinem Vater geerbt. Der Erblasser hat es vor dem 1. Januar 1885 erworben. Im Jahre 1895 sind im Erdgeschosse des bisher nur zu Wohnzwecken benutzten Hauses mit einem Kostenaufwand von 25 000 ℳ Läden eingebaut worden. Im Jahre 1905 hat Neumann eine Zentralheizungs- und Warmwasserversorgungsanlage eingerichtet und zugleich zwei Läden mit Nebengelassen zu einem Café-Restaurant[1]) umgebaut mit einem Gesamtkostenaufwand von 12 950 ℳ.

1. Wert am 1. Januar 1885 (damals nur Wohnstraße; ähnliche Preise in der betreffenden Gegend um den 1. Januar 1885; amtliche Schätzung in der fraglichen Zeit aus Anlaß einer Hypothekenbestellung) . . . . 100 000,00 ℳ
2. Baukosten (vom Erblasser 1895 aufgewendet) . . . . 25 000 ℳ

   Hiervon gehen ab:
   a) Weil nicht mehr vorhanden, die Kosten der Einrichtung der zwei zu einem Restaurant umgebauten Läden mit . . . 5 000 ℳ,

[1]) Wert der (persönlichen) Schankwirtschaftsberechtigung ist nicht zu berücksichtigen.

Übertrag . .	5 000 M	25 000 M	100 000,00 M
b) Wertminderung der übrigen Läden	2 000 „		
zusammen . . .		7 000 „	
		noch . . .	18 000,00 „
		+ 5% . . =	900,00 „

3. Aufwendungen des Veräußerers im Jahre 1905 nach Abzug einer Wertminderung von 950 M — 12 000,00 „
+ 5% . . = 600,00 „

4. Hinzurechnungen nach § 16 Abs. 1
a) von 100 000 M auf 26 Jahre

Ziffer 1: $2\frac{1}{2}$% von .	2 500 M	=	1 625,00 „
Ziffer 2: $1\frac{1}{2}$% von .	97 500 „	=	38 025,00 „
	100 000 M		

b) $1\frac{1}{2}$% von 18 900 M auf 15 Jahre . = 4 252,50 „
c) $1\frac{1}{2}$% von 12 600 M auf 5 Jahre . = 945,00 „

5. Summe des Erwerbspreises einschließlich der Hinzurechnungen . . . . 176 347,50 M

6. Veräußerungspreis . . . . . 100 000 M
+ 150 000 „
zusammen . . . 250 000 M

7. abzüglich (§ 22 Ziffer 1) 1% Vermittlergebühr (hält sich in ortsüblichen Grenzen) . . . . . = 2 500 „

8. noch . . . . 247 500 M

Veräußerungspreis (Summe 8)	247 500,00 M
Erwerbspreis (Summe 5).	176 347,50 „
Steuerpflichtiger Wertzuwachs	71 152,50 M

= 40,34% des Erwerbspreises + Hinzurechnungen.

Zu zahlen sind gemäß § 28 Abs. 1: 12% der Wertsteigerung von 71 152,50 *M*	=	8 538,30 *M*
Ermäßigung gemäß § 28 Abs. 2 (für 26 volle Jahre des für die Steuerberechnung maßgebenden Zeitraums — seit dem 1. Januar 1885 —) um $1\frac{1}{2}$% (= 39%) des Steuerbetrags	=	3 329,94 „
Fälliger Steuerbetrag . . .		**5 208,36** *M*

II.

Der Fabrikant Alfred Steiner in Reichheim veräußert im August 1911 sein an der Bachstraße in Reichheim gelegenes, 50 a großes Fabrikgrundstück (Weberei) an den Kaufmann Leo Hopf für 350 000 *M*. Der Wert der maschinellen Einrichtung sowie der mitveräußerten Inventargegenstände, der Material- und Warenvorräte beträgt 100 000 *M*. Die Fabrik ist im Jahre 1890 von dem Veräußerer und seinem Bruder Erwin auf der von ihnen im Januar 1888 für 20 000 *M* unter Zahlung der Erwerbskosten erworbenen Baustelle errichtet worden. Der reine Bauaufwand (ohne die innere Einrichtung, Dampfkessel, Dampfmaschine, Transmissionen, Webstühle usw.) belief sich auf 120 000 *M*. 1890 waren an die Stadtgemeinde Reichheim 10 000 *M* Anliegerbeiträge zu entrichten; 1892 wurde an sie ein Beitrag von 4 000 *M* zu den Kosten eines Industriegleises gezahlt. Im Mai 1904 hat der Veräußerer das Alleineigentum an der Fabrik, die bisher den beiden Brüdern Alfred und Erwin gemeinsam zu gleichen Teilen gehörte, erworben. Der Übernahmepreis betrug 320 000 *M*. In dem Preise war der auf 120 000 *M* zu veranschlagende Wert der Maschinen, Inventargegenstände, Waren- und Materialvorräte mitenthalten.

A. Ursprünglicher Anteil des Veräußerers.

			Dav. die Hälfte
1. Erwerbspreis		20 000 ℳ	10 000,00 ℳ
2. Erwerbskosten (§ 14 Ziffer 1) . .		800 ℳ	400,00 „
3. Aufwendungen nach § 14 Ziffer 3 für das Fabrikgebäude	120 000 ℳ		
Hiervon gehen ab wegen Wertminderung . . .	20 000 „	100 000 „	50 000,00 „
	+ 5% . .	5 000 „	2 500,00 „
4. Aufwendungen nach § 14 Ziffer 4:			
a) Anliegerbeitr. 1890	10 000 ℳ		
+ 4% auf 15 Jahre	6 000 „	16 000 ℳ	8 000,00 „
b) Beitrag zu den Kosten des Industriegleises 1892 .	4 000 ℳ		
+ 4% auf 15 Jahre	2 400 „	6 400 „	3 200,00 „
5. Hinzurechnungen nach § 16 Abs. 1:			
a) 2½% auf 22 Jahre von 5 000 ℳ . =	2 750 ℳ		
1½% auf 22 Jahre von 15 800 ℳ . =	5 214 „		
b) 1½% auf 20 Jahre von 105 000 ℳ =	31 500 „	39 464 „	19 732,00 „
6. Erwerbspreis + Hinzurechnungen			93 832,00 ℳ
7. Veräußerungspreis		350 000 ℳ	
Hiervon ist abzuziehen für steuerfreie Gegenstände		100 000 „	
bleiben . . .		250 000 ℳ	

8. Abzüge nach § 22 Ziffer 1 = 0 ℳ, nach § 22 Ziffer 2 — die Bau-

Übertrag . . .	250 000 ℳ	93 832,00 ℳ
stelle war 2 Jahre ertraglos —		Dav. die Hälfte
2 × 3 % von 20 800 ℳ . . . =	1 248 ℳ	
9. Bleiben	248 752 ℳ	124 376,00 ℳ
Steuerpflichtiger Wertzuwachs . . .		**30 544,00 ℳ**
	= 32,55 %	

Steuersatz 12 % . . . . . . = 3 665,28 ℳ
Ermäßigung nach § 28 Abs. 2
1 % auf 23 Jahre | 34 % = 1 246,19 ℳ
½ % auf 22 Jahre |
Für Anteil A. zu zahlende Steuer 2 419,09 ℳ.

B. Früherer Anteil des Erwin Steiner.

1. Erwerbspreis . . . . 320 000 ℳ		Dav. die Hälfte
Abzuziehen sind für steuerfreie Gegenstände 120 000 „		
bleiben . . .	200 000 ℳ	100 000,00 ℳ
2. Hinzurechnungen nach § 16 Abs. 1		
Ziffer 1: 2½ % auf 6 Jahre von 5 000 ℳ	750 „	375,00 „
Ziffer 2: 1½ % auf 6 Jahre von 195 000 ℳ	17 550 „	8 775,00 „
3. Erwerbspreis + Hinzurechnungen		109 150,00 ℳ
4. Veräußerungspreis . . 350 000 ℳ		
Abzuziehen sind für steuerfreie Gegenstände 100 000 „		
bleiben . . .	250 000 ℳ	125 000,00 „
Steuerpflichtiger Wertzuwachs . . .		**15 850,00 ℳ**
	= 14,52 %.	

Steuersatz 11 % . . . . . =	1 743,50 ℳ
Ermäßigung nach § 28 Abs. 2	
1 % auf 7 Jahre . . . . =	122,04 „
Für den Anteil B. zu zahl. Steuer	1 621,46 ℳ
Für den Anteil A. zu zahl. Steuer	2 419,09 „
Gesamtbetrag der fälligen Steuer	**4 040,55** ℳ.

III.

Der Rentner Hermann Kerner hat am 1. Januar 1886 ein in der Gemeinde Wohlau gelegenes unbebautes Grundstück von 50 a für 7 500 ℳ unter Zahlung der Erwerbskosten erworben und darauf im gleichen Jahre eine Villa gebaut, die ihn 32 500 ℳ gekostet hat. Im Jahre 1905 hatte er 5 000 ℳ Anliegerbeiträge an die Gemeinde Wohlau zu zahlen. Am 8. Juni 1911 verkauft er das Grundstück an den Bauunternehmer Max Schlegel für 104 000 ℳ. Schlegel bricht die Villa ab und errichtet auf dem Grundstück mehrstöckige Miethäuser. Die Zahlung der Zuwachssteuer hat der Käufer vertraglich übernehmen müssen.

1. Erwerbspreis	7 500,00 ℳ
2. Erwerbskosten (§ 14 Ziffer 1) 4 % . . . =	300,00 „
3. Villenbau 1886 (nach Abzug einer Wertminderung	
von 2 500 ℳ)	30 000,00 „
+ 5 % . . . . =	1 500,00 „
4. Aufwendungen nach § 14 Ziffer 4 im Jahre	
1905	5 000,00 „
+ 4 % Zinsen auf 5 Jahre . . . . . . =	1 000,00 „
5. Hinzurechnungen nach § 16 Abs. 1	
a) von 7 800 ℳ auf 24 Jahre, und zwar	
nach Ziffer 1 von (50×100 ℳ =) 5 000 ℳ	
zu 2½ % . . . . =	3 000,00 „
nach Ziffer 2 von 2 800 ℳ zu 1½ % =	1 008,00 „
b) 1½ % von 31 500 ℳ auf 24 Jahre =	11 340,00 „
6. Summe des Erwerbspreises + Hinzurechnungen	60 648,00 ℳ

7. Veräußerungspreis	104 000,00 M
8. Vom Veräußerer gezahlte Vermittlergebühr 1 % (ortsüblich)	1 040,00 „
9. Bleiben	102 960,00 M
Erwerbspreis (Summe 6) . . .	60 648,00 „
Steuerpflichtiger Wertzuwachs . . .	42 312,00 M
= 69,76 %, Steuersatz 13 % . . . . . . =	5 500,56 „
Ermäßigung nach § 28 Abs. 2: $1\frac{1}{2}$ % des Steuerbetrags auf 25 Jahre . . . . =	2 062,71 „
Steuerbetrag . . .	3 437,85 M
Wird dieser Betrag gemäß § 24 dem Veräußerungspreise hinzugerechnet, so ergibt sich ein Zuwachs von 42 312 + 3 437,85 M =	45 749,85 M
= 75,4 % des Erwerbspreises + Hinzurechnungen.	
Mithin Steuersatz 14 % . . . . =	6 404,97 M
Ermäßigung nach § 28 Abs. 2: $1\frac{1}{2}$ % des Steuerbetrags auf 25 Jahre . . . . =	2 401,87 „
Fälliger Steuerbetrag . . .	4 003,10 M

IV.

Der Direktor Walter Kaufmann in Erstein hat im Februar 1895 ein Hausgrundstück von 2 a Fläche für 80 000 M unter Zahlung der Erwerbskosten erworben. Infolge von Tiefbauten, die im Jahre 1912 in der Nähe des Grundstücks ausgeführt werden, bekommt das Haus Risse, so daß es polizeilich geräumt werden muß. Der Unternehmer der Tiefbauten hat an Kaufmann 30 000 M Schadenersatz zu leisten. Im Mai 1913 verkauft Kaufmann das nicht mehr bewohnbare Hausgrundstück, das in einer günstigen Geschäftsgegend liegt, für 120 000 M.

1. Erwerbspreis im Jahre 1895	80 000,00 ℳ
2. Erwerbskosten (§ 14 Ziffer 1) 4 % . . . =	3 200,00 „
3. Zurechnungen nach § 16 Abs. 1 von 83 200 ℳ auf 17 Jahre	
Ziffer 1: 2½ % von 200 ℳ . . . =	85,00 „
Ziffer 2: 1½ % von 83 000 ℳ . . =	21 165,00 „
4. Summe d. Erwerbspreises + Hinzurechnungen	104 450,00 ℳ
5. Veräußerungspreis	120 000,00 „
6. Abzüglich der vom Veräußerer gezahlten Vermittlerprovision von 1 % (ortsüblicher Betrag) . . . . =	1 200,00 „
bleiben . . .	118 800,00 ℳ
7. Hinzuzurechnen ist die Schadenersatzsumme [1]) von	30 000,00 „
8. sind	148 800,00 ℳ
Veräußerungspreis (Summe 8) . . .	148 800,00 „
Erwerbspreis (Summe 4) . . .	104 450,00 „
Steuerpflichtiger Wertzuwachs . . .	44 350,00 ℳ
Wertsteigerung 42,4 % des Erwerbspreises + Hinzurechnungen, Steuersatz 12 %	= 5 322,00 ℳ
Ermäßigung nach § 28 Abs. 2 für volle Jahre der Besitzdauer, und zwar	
a) für die Zeit von Februar 1895 bis dahin 1913, also für 18 volle Jahre 1 % = 957,96 ℳ	
b) für die Zeit von Februar 1895 bis 1. Januar 1911, also für 15 volle Jahre ½ % . = 399,15 „	
zusammen . . .	1 357,11 „
Fällige Steuer . . .	**3 964,89 ℳ**

[1]) Anders wenn Kaufmann das Grundstück unbebaut erworben

V.

Ein Kartoffelland von 2 ha, das seit langer Zeit im Besitze der Familie Amrain in Schönfelde ist, wird im Jahre 1915 an eine Terraingesellschaft zum Preise von 50 ℳ für das qm veräußert.

1.	Wert am 1. Januar 1885 (damalige Preise in der fraglichen Gegend 1 ℳ für das qm)	20 000,00 ℳ
2.	Hinzurechnungen (nach § 14 Ziffer 1, 3, 4 — keine,) nach § 16 Abs. 1 Ziffer 1 — 2½% für 30 Jahre (75 % von 20 000 ℳ) . =	15 000,00 „
3.	Erwerbspreis + Hinzurechnungen	35 000,00 ℳ
4.	Veräußerungspreis	1 000 000,00 „
	(Kosten der Veräußerung sind von der Käuferin übernommen worden, eine Vermittelungsgebühr ist nicht gezahlt worden.) (Zinsausfälle können nach § 22 Ziffer 2 nicht aufgerechnet werden, da ein vor dem 1. Januar 1885 gezahlter Erwerbspreis nicht angegeben ist.)	
	Steuerpflichtige Wertsteigerung . . . = 2 757 %.	965 000,00 ℳ
	Steuersatz 30 % . . . . =	289 500,00 ℳ
	Ermäßigung nach § 28 Abs. 2:	
	30 Jahre 1 % = 30 %	
	26 Jahre ½ % = 13 %	
	43 % . . . =	124 485,00 „
	Fällige Steuer . . .	**165 015,00 ℳ**

---

und selbst das Gebäude errichtet hätte, dann wäre der Bauaufwand gemäß § 14 Ziffer 3 nur im Betrage des Abbruchswerts des Gebäudes dem Erwerbspreise hinzuzurechnen, anderseits aber auch die Schadenersatzsumme dem Veräußerungspreise nicht hinzuzurechnen.

VI.

Der Architekt Riemann in Kirchberg kauft im Mai 1895 ein Grundstück von 30 a in der Nähe der städtischen Bauzone für 15 000 ℳ unter Zahlung der Erwerbskosten und verkauft es, nachdem er 500 qm unentgeltlich zu Straßenareal an die Stadt abgetreten und an Kanalisationsgebühren im Jahre 1905 6 000 ℳ bezahlt hat, im Juli 1911 für 50 000 ℳ an den Maurermeister Schulze daselbst. Riemann hatte das Grundstück während der ganzen Zeit (16 Jahre) für jährlich 100 ℳ an den Gärtner Butzke verpachtet gehabt.

1.	Erwerbspreis für 2 500 qm (nach Abzug der abgetretenen 500 qm, § 20 Abs. 2)		15 000,00 ℳ
2.	Erwerbskosten		600,00 „
3.	Aufwendungen nach § 14 Ziffer 4 (6 000 ℳ + 4 % auf 5 Jahre) . . . . =		7 200,00 „
4.	Hinzurechnungen des § 16 Abs. 1		
	Ziffer 1: von 2 500 ℳ $2\frac{1}{2}$ % auf 15 Jahre =		937,50 „
	Ziffer 2: von 13 100 ℳ 2 % auf 15 Jahre =		3 930,00 „
5.	Erwerbspreis + Hinzurechnungen		27 667,50 ℳ
6.	Veräußerungspreis		50 000,00 ℳ
7.	Veräußerungskosten	500,00 ℳ	
8.	Zinsenausfall nach § 22 Ziffer 2 (3 % von 15 600 ℳ = 468 ℳ — 100 ℳ =) 368 × 15 . . =	5 520,00 „	
			6 020,00 „
9.	Veräußerungspreis — Abzüge		43 980,00 ℳ
			27 667,50 „
	Steuerpflichtige Wertsteigerung . . .		16 312,50 ℳ
			= 58,96 %.

Steuersatz 13 %	=	2 120,62 M
Ermäßigungen nach § 28 Abs. 2		
1 % für 16 Jahre . . . . = 16 %		
½ % „ 15 „ . . . . M 7,5 %		
23,5 %	=	498,35 „
Fällige Steuer . . .		1 622,27 M

VII.

Der Bauunternehmer Roth in Waldau kauft im Juli 1907 zwei zusammenhängende Bauplätze von 3 000 qm für 60 000 M unter Zahlung der Erwerbskosten. Auf der einen 1 200 qm großen Parzelle errichtet er ein Wohnhaus, das andere Trennstück mit 1 800 qm verkauft er im August 1911 an den Privatier Pichler in Waldau für 45 000 M. Das veräußerte Grundstück hat keinen Ertrag abgeworfen.

1. Erwerbspreis des veräußerten Trennstücks — Gleichwertigkeit der Trennstücke wird unterstellt — (³/₅ von 60 000 M)			36 000,00 M
2. Erwerbskosten (§ 14 Ziffer 1)			1 440,00 „
3. Hinzurechnungen nach § 16, und zwar nach Abs. 2 nur die Hälfte der Sätze des Abs. 1 für 3 Kalenderjahre, also			
a) von 1 800 M (3 × ⁵/₄ %) = .		67,50 M	
b) von 35 640 M (3 × 1 %) = .		1 069,20 „	
			1 136,70 „
4. Erwerbspreis + Hinzurechnungen			38 576,70 M
5. Veräußerungspreis		45 000 M	
6. Nachgewiesene Veräußerungskosten . .	507,20 M		
7. Zinsenausfall (4 × 3 %) von 37 440 M =	4 492,80 „	5 000 „	

8. Bleiben	40 000,00 M
Steuerpflichtige Wertsteigerung . . .	1 423,30 M
= unter 10 %.	
Steuersatz 10% = ...	142,33 M
Ermäßigung nach § 28 Abs. 2 4×1% = . . .	5,69 „
Zu zahlende Steuer . . .	**136,64** M

VIII.

Der Gutsbesitzer Hart in Thunau hat im Mai 1894 ein Landgut mit einem Flächengehalt von 40 ha (Acker-, Wiesen- und Weideland, Wald, Wohn- und Wirtschaftsgebäude) mit dem lebenden und toten Inventar für 120 000 M unter Zahlung der Erwerbskosten gekauft. Im Jahre 1900 muß er 1 ha im Wege der Zwangsenteignung für 10 000 M an den Eisenbahnfiskus abtreten. Die Hälfte der Enteignungsentschädigung ist als Entschädigung [1]) für die wirtschaftlich ungünstige Durchtrennung des Grundstücks anzusehen. 1904 brennt das Wirtschaftsgebäude ab; er erhält 12 000 M Brandentschädigung und errichtet im gleichen Jahre ein neues Wirtschaftsgebäude mit einem Kostenaufwande von 20 400 M. 1906 wird ein Stück Waldboden in Ackerland umgewandelt. An Arbeitslöhnen für Rigolen und an sonstigen Kosten der Urbarmachung sind 1 000 M nachgewiesen. Im August 1911 verkauft er das Gut an den Landwirt Werner in Pflugfelden für 200 000 M (ebenfalls mit lebendem und totem Inventar). Kosten übernimmt der Käufer. Vermittlergebühren sind nicht zu zahlen.

[1]) Wäre dem Veräußerungspreis hinzuzurechnen, wenn der Entschädigungsanspruch nach dem 1. Januar 1911 entstanden wäre.

1. Erwerbspreis		120 000,00 ℳ
2. Abzuziehen sind:		
a) für nicht steuerpflichtige Gegenstände . . . . (Viehbestand, landwirtschaftliche Geräte und Maschinen, sonstiges Inventar, Waldbestand, Obstbäume und sonstige Erzeugnisse),	18 000 ℳ	
b) für die enteignete Fläche entsprechend dem Verhältnis ihres Wertes zu dem Werte des Gesamtgrundstücks beim Erwerbe	2 000 „	20 000,00 „
3. Bleibt Erwerbspreis		100 000,00 ℳ
4. Erwerbskosten, § 14 Ziffer 1		4 000,00 „
5. Aufwendungen, § 14 Ziffer 3:		
a) für den Neubau (20 400 ℳ, wovon abgehen 12 000 ℳ Brandentschädigung und 400 ℳ entsprechend der inzwischen eingetretenen Wertminderung des Gebäudes) = 8 000 ℳ + 5% . . . . =		8 400,00 „
b) für Urbarmachung des Waldbodens 1 000 ℳ + 5% . . . . =		1 050,00 „
6. Hinzurechnungen nach § 16 Abs. 1 Ziffer 1:		
a) zu 3 und 4 ($2^1/_2$% auf 16 Jahre von 104 000 ℳ) . . . . =		41 600,00 „
b) zu 5a ($2^1/_2$% auf 6 Jahre von 8 400 ℳ) =		1 260,00 „
c) zu 5b ($2^1/_2$% auf 4 Jahre von 1 050 ℳ) =		105,00 „
7. Erwerbspreis + Hinzurechnungen		156 415,00 ℳ

8. Veräußerungspreis	200 000 M	
9. Abzuziehen sind für nicht steuerpflichtige Gegenstände (wie bei 2a)	25 000 „	
bleiben . . .		175 000,00 „
Steuerpflichtige Wertsteigerung . . .		18 585,00 M
= 11,88 %.		
Steuersatz 11 %		2 044,35 M
Steuerermäßigung nach § 28 Abs. 2		
1 % für 17 Jahre	17 %	
1/2 % für 16 Jahre	8 %	
	25 % =	511,09 „
Fällige Steuer . . .		1 533,26 M.

Sachregister.

(Die Zahlen bedeuten die Seiten.)

A.

B.

D.

E.

F.

G.

L.

M.

S.

T.

U.

V.

W.

3.

Druck von Otto Walter in Berlin S. 14.

Guttentag'sche Sammlung

Deutscher Reichsgesetze.

Text-Ausgaben mit Anmerkungen. Taschenformat.

---

1. **Verfassung des Deutschen Reichs.** Von Dr. **L. von Rönne. 10. Aufl.** von Landrat **P. von Rönne** und Regierungs-assessor **von Dobbeler.** 1912. **2 M. 60 Pf.**

2. **Strafgesetzbuch** für das Deutsche Reich. Von Dr. **H. Rüdorff. 23. Aufl.** bearbeitet von Prof. Dr. **Franz v. Liszt** und Dr. **Ernst Delaquis.** 1910. **1 M. 80 Pf.**

3. **Militärstrafgerichtsordnung** nebst Einführungsgesetz. Von Wirkl. Geheimen Kriegsrat Dr. jur. **A. Romen** und Kriegsgerichtsrat Dr. jur. **Carl Rissom.** 1910. **6 M.**

4. **Handelsgesetzbuch vom 10. Mai 1897** unter Ausschluß des Seerechts. **14. Aufl.** Herausgegeben von Geh. Justizrat Prof. Dr. **A. Mosse. 8°.** 1911. **5 M.**

5. **Wechselordnung vom 3. Juni 1908. Kommentar** von Justizrat Dr. **J. Stranz** und Rechtsanwalt Dr. **M. Stranz,** und das **Wechselstempelsteuergesetz vom 15. Juli 1909** von Geh. Regierungsrat **P. Loeck. 11. Aufl.** 1913. **4 M.**

5 a. **Wechselstempelsteuergesetz** apart. **11. Aufl.** 1913. **1 M. 50 Pf.**

6. **Reichsgewerbeordnung** nebst Ausführungsbestimmungen. Von **Berger** und **Wilhelmi. 18. veränderte und sehr vermehrte Auflage** von Stadtrat Dr. **Karl Flesch** in Verbindung mit Dr. **Friedr. Hiller** und Dr. **Herm. Luppe.** 1910. **4 M.**

7. **Post- und Telegraphen-Gesetzgebung.** Nebst Weltpostvertrag und internationalem Telegraphenvertrag. **6. Aufl.** von Geh. Ober-Postrat Dr. **M. König.** 1908. **4 M.**

8. Die Reichsgesetze über den **Unterstützungswohnsitz, die Freizügigkeit, den Erwerb und Verlust der Bundes- und Staatsangehörigkeit.** Von Geheimrat Dr. **J. Krech,** Mitglied des Bundesamtes für das Heimatwesen. 8. **Aufl.** 1912. 3 M. 60 Pf.

9. Sammlung **kleinerer strafrechtlicher Reichsgesetze.** Von Dr. **K. H. Kriegsmann,** Privatdozent in **Kiel. 3. Aufl.** 1910. 4 M.

10. Das **Reichsbeamtengesetz** von **J. Pieper. 2. Aufl.** 1901. 4 M. 50 Pf.

Reichsbeamtengesetz von 1907 siehe Nr. 82.

11. **Zivilprozeßordnung mit Gerichtsverfassungsgesetz** in der Fassung vom 1. Juni 1910. Von **R. Sydow.** Fortgeführt von **L. Busch. 14. Aufl.** 8°. 1913. 8 M.

12. **Strafprozeßordnung und Gerichtsverfassungsgesetz** nebst den Gesetzen, betr. die Entschädigung der im Wiederaufnahmeverfahren freigesprochenen Personen und die Entschädigung für unschuldig erlittene Untersuchungshaft. Von Dr. **A. Hellweg,** Reichsgerichtsrat. **16. Aufl.** von Professor Dr. **Kohlrausch.** 1912. 3 M.

13. **Konkursordnung und Anfechtungsgesetz.** Von **R. Sydow.** Fortgeführt von **L. Busch. 11. Aufl.** 1911. 2 M. 80 Pf.

14. **Gerichtsverfassungsgesetz** mit Einführungsgesetz. Herausgegeben von **R. Sydow.** Fortgeführt von **L. Busch. 9. Aufl.** 1905. **Mit Nachtrag, enthaltend die Novelle vom 1. Juni** 1909. 1 M. 50 Pf.

15. **Das Deutsche Gerichtskostengesetz** nebst den Gebührenordnungen für Gerichtsvollzieher, Zeugen und Sachverständige. Von **R. Sydow.** **Weiter bearbeitet** von Reichsgerichtsrat **L. Busch** und Gerichtsassessor **Arno Busch. 9. Aufl.** 1912. 2 M. 60 Pf.

16. **Rechtsanwaltsordnung.** Von **R. Sydow. 5. Aufl.** von Justizrat **M. Jacobsohn.** 1907. Mit Nachtrag, enthaltend die Bestimmungen vom 22. Mai 1910. 1 M. 20 Pf.

17. Die **Deutsche Gebührenordnung für Rechtsanwälte und das Preußische Gebührengesetz** vom 27. September/6. Oktober 1899. Von **R. Sydow.** Fortgeführt von **L. Busch. 10. Aufl.** 1911. 2 M. 70 Pf.

18. **Reichsstempelgesetz** vom 15. Juli 1909 in der durch das Zuwachssteuergesetz vom 14. Februar 1911 geänderten Fassung. (Börsen-, Lotterie- [Spiel- und Wette-], Frachturkunden-, Fahrkarten-, Kraftfahrzeug-, Tantieme-, Scheck- und Grundstücksübertragungssteuer.) Mit den gesamten Ausführungsbestimmungen. **11. Aufl.** von Geh. Regierungsrat **P. Loeck.** 1912. 8°. 6 M.

19. Die **Seegesetzgebung.** Von Dr. **W. E. Knitschky. 4. Aufl.** bearbeitet von Oberlandesgerichtsrat **Otto Rudorff** in Hamburg. 1908. Mit **Anhang, enthaltend** die Bestimmungen von 1909. 6 M.

20. **Krankenversicherungsgesetz.** Von weil. Dr. **E. von Woedtke. 11. Aufl.** von Geh. Reg.-Rat Dr. **G. Eucken-Addenhausen.** 1905. 3 M.

21. Die **Konsulargesetzgebung.** Von Professor Dr. **Ph. Zorn. 3. Aufl.** bearbeitet von Reg.-Assessor Dr. **A. Zorn.** 1911. 4 M. 50 Pf.

22. **Patentgesetz.** Nebst Ausführungsbestimmungen, völkerrechtlichen Verträgen und der Patentanwalts-Ordnung. 7. **Aufl.** bearbeitet von **R. Lutter,** Geh. Reg.-Rat im Kaiserl. Patentamt. 1908. 2 M. 80 Pf.

23. **Gewerbe-Unfallversicherungsgesetz.** Von weil. Dr. **E. von Woedtke. 9. Aufl.** von **Franz Caspar,** Direktor im Reichsamt des Innern. 1907. 2 M. 50 Pf.

24. **Aktiengesellschaft und Kommanditgesellschaften auf Aktien.** Von Kammergerichtsrat Dr. **H. Keyßner** und Justizrat Dr. **H. Veit Simon. 6. Aufl.** von Amtsrichter **L. Keyßner.** 1911. 3 M.

25. **Brausteuergesetz.** vom 15. Juli 1909. Von **A. Düsse,** Oberzollrevisor. **2. Aufl.** 1910. 3 M.

26. Die Reichsgesetzgebung über **Münz- und Notenbankwesen.** Papiergeld, Prämienpapiere und Reichsschulden. Von Dr. jur **R. Koch,** Präsident des Reichsbankdirektoriums, **6. Aufl.** 1910. 4 M.

27. Die Gesetzgebung, betr. das **Gesundheitswesen** im Deutschen Reich. Von Dr. jur. **E. Goesch** und Dr. med. **J. Karsten.** 1888. 1 M. 60 Pf.

28. **Bau-Unfallversicherungsgesetz.** Vom 30. Juni 1900. Von **R. Chrzescinski,** Kaiserl. Regierungsrat. **3. Aufl.** 1900. 2 M.

29. **Erwerbs- und Wirtschaftsgenossenschaften.** Von **L. Parisius** und Dr. **H. Crüger. 14. neu bearb. Aufl.** von Dr. **H. Crüger.** 1912. 1 M. 80 Pf.

30. **Invalidenversicherungsgesetz** vom 13. Juli 1899. Von weil. Dr. **E. von Woedtke.** **10. Aufl.** von Regierungsrat **H. Follmann.** 1906. 4 M. (Vergriffen!) Neue Fassung S. 109 Reichsversicherungsordnung.

31. **Gewerbegerichtsgesetz.** Von Stadtrat **L. Mugdan.** **7. Aufl.** bearbeitet von **W. Cuno,** Oberbürgermeister zu Hagen i. W. 1911. 2 M. 50 Pf.

32. Reichsgesetz, betr. die **Gesellschaften mit beschränkter Haftung.** Von **L. Parisius** und Dr. **H. Crüger.** **12. Aufl.** von Dr. **H. Crüger.** 1912. 1 M. 80 Pf.

33. **Vereins- und Versammlungsrecht.** Von Dr. **E. Ball.** **2. Aufl.** von Dr. **F. Friedenthal.** 1907. 2 M. 50 Pf.

Reichs-Vereinsgesetz vom 19. April 1908 siehe Nr. 88.

34. Die **Abzahlungsgeschäfte.** Gesetz vom 16. Mai 1894. **3. vermehrte Aufl.** besorgt von Dr. **E. Wilke,** Landgerichtsrat. 1910. 1 M. 25 Pf.

35. Die **Reichs-Eisenbahngesetzgebung.** Von **W. Coermann,** Kaiserl. Amtsrichter. 1895. 2 M. 25 Pf.

36. Gesetze, betr. die **privatrechtlichen Verhältnisse der Binnenschiffahrt und der Flößerei.** Von **E. Löwe,** Landgerichtsrat. **4. Aufl.** 1909. 3 M.

37. Gesetz gegen den **unlauteren Wettbewerb.** Von Justizrat **A. Pinner.** **6. Aufl.** 1912. 1 M. 50 Pf.

38/39. **Bürgerliches Gesetzbuch nebst Einführungsgesetz** von Dr. **A. Achilles.** In Verbindung mit **Professor Dr. André,**

Kammergerichtsrat **Ritgen**, Reichsgerichtsrat Dr. **Strecker**, Senatspräsident Dr. **v. Unzner** herausgegeben von Geh. Ober-Justizrat **Greiff**. **7. Aufl.** 8°. 1912. 7 M.

40. Gesetz, betr. die **Pflichten der Kaufleute bei Aufbewahrung fremder Wertpapiere (Depotgesetz)**. Mit Erläuterungen. Von **F. Lusensky**, Geh. Ober-Regierungsrat. **2. Aufl.** 1905. 1 M.

41. **Börsengesetz.** In der Fassung der Novelle vom 8. Mai 1908. **2. Aufl.** Von Wirkl. Geh. Ober-Regierungsrat **Th. Hemptenmacher**, Staatskommissar an der Berliner Börse. 1908. 2 M.

42. **Grundbuchordnung** nebst den preußischen Ausführungsbestimmungen. Mit Einleitung. Von Prof. Dr. **O. Fischer. 6. Aufl.** 1912. 2 M.

43. **Zwangsvollstreckung in das unbewegliche Vermögen** im **Reiche und in Preußen.** Mit Einleitung, Kosten- und Gebührentabellen. Von Dr. **F. Krech**, Kaiserl. Geh. Regierungsrat und Professor Dr. **O. Fischer. 6. Aufl.** 1910. 2 M.

44. Das Reichsgesetz über das **Auswanderungswesen** vom 9. Juni 1897. Von Professor Dr. **Felix Stoerk.** 1899. 2 M. 25 Pf.

45. **Das Entmündigungsrecht** unter Berücksichtigung der für Preußen geltenden Vorschriften nebst der preußischen Justiz-Ministerial-Verfügung vom 28. November 1899. Von Landgerichtsrat Dr. **P. Koll** in Cöln. 1900. 1 M. 50 Pf.

46. Die Gesetze des Reiches und Preußens über die **freiwillige Gerichtsbarkeit.** Von **Herm. Jastrow,** Amtsgerichtsrat. **5. Aufl.** 1911. 3 M. 60 Pf.

47. Das **deutsche Vormundschaftsrecht** und das preuß. Gesetz über die Fürsorgeerziehung Minderjähriger nebst den dazu gehörigen preußischen Nebengesetzen. Von Oberverwaltungsgerichtsrat **Max Schultzenstein** und Amtsgerichtsrat Dr. **Paul Köhne. 2. Aufl.** 1901. 3 M.

48. Gesetze und Verordnungen, betr. den **Drogen-, Gift- und Farbenhandel** außerhalb der Apotheken. Von Dr. **J. Broh,** Rechtsanwalt. 1899. 1 M. 25 Pf.

49. Deutsche **Kolonialgesetzgebung.** Von Professor Dr. **Philipp Zorn.** 1901. 4 M. 50 Pf. 2. Aufl. im Druck.

50. Der **Viehkauf** (Viehgewährschaft) nach dem Bürgerlichen Gesetzbuche. Nebst Verordn. betr. die Hauptmängel und Gewährsfristen beim Viehhandel. Von Rechtsanwalt Dr. **H. Stölzle** und Königl. Kreistierarzt **H. Weiskopf. 5. Aufl.** 1913. 6 M.

51. **Hypothekenbankgesetz** vom 13. Juli 1899. Von Dr. **H. Göppert. 2. Aufl.** Bearbeitet von Geh. Reg.-Rat Dr. **Seidel.** 1911. 2 M. 40 Pf.

52. Gesetz, betreffend die gemeinsamen **Rechte der Besitzer von Schuldverschreibungen.** Von Dr. **Heinrich Göppert.** 1900. 2 M.

53. **Reichspreßgesetz** vom 7. Mai 1874. Mit Kommentar von **A. Born,** Erster Bürgermeister der Stadt Marienburg (Westpr.). 1911. **2. Aufl.** 2 M.

54. Die **Reichsgesetzgebung über den Verkehr** mit **Nahrungsmitteln, Genußmitteln** und **Gebrauchsgegenständen.** Von Dr. **Georg Lebbin**, Nahrungsmittelchemiker in Berlin. 1900. 2 M. 25 Pf.

55. Das Recht der **Beschlagnahme von Lohn- und Gehaltsforderungen.** Von Justizrat **Georg Meyer. 4. Aufl.** 1910. 2 M. 60 Pf.

56. Gesetz, betr. die **Bekämpfung gemeingefährlicher Krankheiten.** Nebst Ausführungsbestimmungen. Von Dr. **Bruno Burckhardt**, Regierungsrat, Mitglied des Kaiserl. Gesundheitsamts. 1900. 1 M. 40 Pf.

57. **See-Unfallversicherungsgesetz.** Von Dr. **Max Mittelstein**, Oberlandesgerichtsrat in Hamburg. 1901. 2 M.

58. **Das Recht der unehelichen Kinder** nach dem BGB. Von **Hermann Jastrow**, Amtsgerichtsrat. 1901. 1 M. 80 Pf.

59. Reichsgesetz über die **Beurkundung des Personenstandes und die Eheschließung.** Von Dr. **F. Fidler**, Amtsgerichtsrat. 1912. **2. Aufl.** 2 M. 50 Pf.

60. Gesetz, betreffend das **Urheberrecht an Werken der Literatur und der Tonkunst** in der Fassung vom 22. Mai 1910. Von Geh. Justizrat **Otto Lindemann. 3. Aufl.** 1910. 1 M. 60 Pf.

61. **Gesetz** über **das Verlagsrecht.** Von Justizrat **E. Heinitz. 2. Aufl.** Bearbeitet von Rechtsanwalt Dr. **Br. Marwitz.** 1911. 1 M. 80 Pf.

62. Gesetz über **private Versicherungsunternehmungen.** **Von H. Könige**, Reichsgerichtsrat. **2. Aufl.** 1910. **4 M. 20 Pf.**

63. **Gesetzestafel des Deutschen Reichsrechts.** Systematisch geordnete Nachweisung des z. Z. geltenden Reichsrechts. Ergänzungsband zu der Guttentag'schen Sammlung Deutscher Reichsgesetze. Von **Hugo Bruhns**, Syndikus. 1913. 8°. **2. Aufl.** 3 M. 50 Pf.

64. Gesetzsammlung betr. den **Handel mit Drogen und Giften.** Reichsgesetzliche Bestimmungen und Anhang mit den landesgesetzlichen Verordnungen sämtlicher Bundesstaaten. Von Rechtsanwalt **H. Sonnenfeld**, Syndikus der Berliner Drogisten-Innung. **2. Aufl.** 1912. 4 M.

65. Das **Weingesetz** in der Fassung von 1909. Mit Ausführungsbestimmungen von Dr. **Georg Lebbin**, Nahrungsmittelchemiker. **2. Aufl.** 1909. 2 M. 50 Pf.

66. Die **Eisenbahn-Gesetzgebung.** Von **W. Pietsch**, Rechnungsrat im Reichs-Eisenbahn-Amt. **2. Aufl.** 1913. 3 M. 60 Pf.

67. **Militär-Strafgesetzbuch für das Deutsche Reich** vom 20. Juni 1872 nebst dem Einführungsgesetz. Von Wirkl. Geh. Kriegsrat Dr. jur. **A. Romen** und Kriegsgerichtsrat Dr. jur. **C. Rissom.** 1912. 6 M.

68. Das **Fleischbeschaugesetz.** Vom 3. Juni 1900. Von Dr. **Georg Lebbin**, Nahrungsmittelchemiker und Rechtsanwalt Dr. **Georg Baum.** 1903. 4 M.

69. Reichsgesetz über die **Naturalleistungen der bewaffneten Macht im Frieden** nebst den in Preußen geltenden Bestimmungen. Von Regierungsassessor Dr. **Walter v. Hippel.** 1903. 1 M. 25 Pf.

70. Das **Reichs-Haftpflichtgesetz**, vom 7. Juni 1871. Von Regierungsrat Dr. **G. Eger.** 1903. 3 M.

71. **Kinderarbeit in gewerblichen Betrieben**, vom 30. März 1903. Von **H. Spangenberg**, Oberverwaltungsgerichtsrat. **2. Aufl.** 1904. 1 M. 60 Pf.

72. **Unfallversicherungsgesetz für Land- und Forstwirtschaft** von weil. Dr. **E. von Woedtke**, fortgesetzt von **Alfred Radtke**, Geh. Regierungsrat und Senatspräsident im Reichsversicherungsamt. **2. Aufl.** 1904. 4 M. 50 Pf.

73. **Entschädigung für unschuldig erlittene Verhaftung und Bestrafung.** Nebst Anhang, enthaltend die dazu gehörigen Nebengesetze über Schadensersatz. Von Dr. jur. **A. Romen**, Wirkl. Geh. Kriegsrat. 1904. 2 M.

74. Die **Kaufmannsgerichte** nebst den preuß. Ausführungsbestimmungen. Von Professor Dr. **Max Apt. 3. Aufl.** 1905. 2 M.

75. Reichsgesetz über die **Konsulargerichtsbarkeit.** Von Dr. jur. **A. F. Vorwerk**, Rechtsanwalt in Schanghai. 2. Ausgabe, mit dem Schutzgebietsgesetz und der Ausführungsverordnung, betr. die Rechtsverhältnisse in den Schutzgebieten. 1908. 2 M.

76. **Die Rechtshilfe im Verkehr mit den ordentlichen Gerichten nach deutschem Reichsrecht.** Von Landrichter Dr. **A. Friedländer.** 1906. 1 M. 80 Pf.

77. **Das Reichserbschaftssteuergesetz.** Vom 3. Juni 1906. Von **Ulrich Hoffmann**, Rechnungsrat im Königl. Preuß. Finanzministerium. **2. Aufl.** 1911. 5 M.

78. **Zigarettensteuergesetz.** Vom 15. Juli 1909. Von Dr. **Cuno**, Regierungsassessor. **2. Aufl.** in Vorbereitung, nach Erlaß der sämtlichen Ausführungsbestimmungen.

79. **Die Militärpensionsgesetze** vom 31. Mai 1906 nebst Ausführungsbestimmungen. Zum Gebrauch für Heer, Marine und Schutztruppe von Dr. jur. **A. Romen**, Wirklicher Geheimer Kriegsrat.

a) I. Teil: Offizierpensionsgesetz. 1907. 3 M. 50 Pf.
b) II. Teil: Mannschaftsversorgungsgesetz. 1908. 3 M. 50 Pf.

80. Reichsgesetzgebung über **gerichtliche Registerführung.** Von **Otto Lindemann**, Geh. Justizrat. 1906. 3 M.

81. Gesetz, betr. **Urheberrecht an Werken der bildenden Künste und der Photographie.** Von Dr. **Ludwig Fuld**, Rechtsanwalt. 1907. 1 M.

82. **Reichsbeamtengesetz** in der Fassung vom 18. Mai 1907 und seine Ergänzungen von Geheimrat Professor Dr. **Adolf Arndt.** 1908. 3 M.

83. Reichsgesetz über **den Versicherungsvertrag** nebst Einführungsgesetz. Von Dr. **Paul Hager** und Dr. **E. Bruck. 2. vermehrte und verbesserte Auflage.** 1910. 5 M.

84. **Sammlung kleinerer privatrechtlicher Reichsgesetze** von Oberlandesgerichtsrat **Georg Müller.** 1908. 6 M. 50 Pf.

85. **Scheckgesetz** mit Einleitung usw. Von Prof. Dr. **Max Apt. 5. Aufl.** Mit Postscheckordnung vom 6. Nov. 1908 und im Anhang „Besteuerung des Schecks". 1909. 2 M.

Postscheckordnung vom 6. Nov. 1908. Apart mit Erläuterungen und Ausführungsbestimmungen. (30 Pf.)

86. **Die Auslieferungsverträge des Deutschen Reiches** von Landrichter **A. Cohn.** 1908. 4 M.

87. Gesetz zum **Schutz der Warenbezeichnungen.** Von Geh. Reg.-Rat, Mitglied des Patentamts Dr. **Freund** und Rechtsanwalt **Magnus. 5. Aufl.** 1909. 3 M. 50 Pf.

88. **Vereinsgesetz** vom 19. April 1908. Von Dr. jur. **A. Romen,** Wirkl. Geh. Kriegsrat. **3. Aufl.** 1912. 2 M. 50 Pf.

89. **Vogelschutzgesetz** vom 30. Mai 1908 nebst den das Flugwild betr. Bestimmungen der Preußischen Jagdordnung von Dr. jur. **Leo von Boxberger.** 1908. 1 M.

90. Die Haager Abkommen über das **Internationale Privatrecht** von Dr. **G. A. E. Bogeng.** 1908. 2 M. 20 Pf.

91. **Eisenbahn-Verkehrsordnung** vom 23. Dez. 1908. Mit Ausführungsbestimmungen. Von Regierungsassessor bei der Eisenbahndirektion Breslau Dr. **Ernst Blume.** 1909. 2 M. 50 Pf.

92. Gesetz, betr. den **Verkehr mit Kraftfahrzeugen.** Von Amtsrichter **R. Kirchner. 2. Ausgabe** ergänzt durch die Bundesratsverordnung vom 3. Febr. 1910 und das Internationale Uebereinkommen vom 11. Okt. 1909. 1910. 3 M.

93. Gesetz über die **Sicherung der Bauforderungen** von Justizrat Dr. **E. Harnier. 3. Aufl.** 1912. 1 M. 60 Pf.

94. **Haftpflicht der Reichs- und Staats-Beamten** von Dr. **H. Delius. 2. Aufl.** 1909. Mit dem Nachtrag, enth. das Gesetz über die Haftung des Reichs für seine Beamten vom 22. Mai 1910. 3 M. 50 Pf.

95. Die Berner Uebereinkunft über **internationales Urheberrecht** von Dr. **Herm. Dungs**, vortrag. Rat im Reichsjustizamt. 1910. 1 M.

96. **Branntweinsteuergesetz** vom 15. Juli 1909. Unter Berücksichtigung der für das Reich erlassenen Ausführungsbestimmungen. Von Geh. Reg.-Rat **Johs. Ray**, vortrag. Rat im Reichsschatzamt. 1910. 3 M. 50 Pf.

97. **Schutzgebietsgesetz** nebst der Verordnung betr. die Rechtsverhältnisse in den Schutzgebieten, dem Gesetz über die Konsulargerichtsbarkeit sowie den Ausführungsbest. und ergänzenden Vorschriften. Von **Johs. Gerstmeyer**, Wirkl. Legationsrat und vortrag. Rat im Reichskolonialamt. 1910. 3 M.

98. **Sechs Haager Abkommen** über **Internationales Privatrecht**. Von Dr. **Herm. Dungs**, vortrag. Rat im Reichs-Justizamt. 1910. 1 M. 50 Pf.

99. **Die Abkommen der Haager Friedenskonferenz** von Dr. jur. **Hans Wehberg**. 1910. 3 M.

100. Gesetz über den **Absatz von Kalisalzen**. Von Geh. Bergrat **Carl Voelkel**. 1910. 2 M. 40 Pf.

101. **Zuwachssteuergesetz** vom 14. Februar 1911. Von Dr. **W. Cuno**, Regierungsrat im Reichsschatzamt. 1911. 3 M. 60 Pf.

102. **Urheberrecht an Mustern und Modellen** u. Ges. betr. Schutz v. Gebrauchsmustern von Reg.-Rat **Johs. Neuberg**, Mitgl. d. **K.** Patentamts. 1911. 2 M. 40 Pf.

103. **Reichs-Viehseuchengesetz** vom 26. Juni 1909 nebst Ausführungsvorschriften u. dem preuß. Ausführungsgesetz. Von Landrat Dr. **Walter v. Hippel**. **2. Aufl.** 1912. 4 M. 50 Pf.

104. **Versicherungsgesetz** für Angestellte vom 20. Dez. 1911. Von Rechtsanwalt **O. Bernstein** und Dr. **J. Kupferberg**. **2. Aufl.** 1912. 3 M. 50 Pf.

105. **Das Geldwesen in den deutschen Schutzgebieten.** Von **W. Hintze**, Geheimer expedierender Sekretär im Reichskolonialamt. 1912. 2 M.

106—109. **Reichs-Versicherungs-Ordnung nebst Einführungsgesetz:** 4 Bände.

106. Erstes, fünftes und sechstes Buch. **Gemeinsame Vorschriften. — Beziehungen der Versicherungsträger zu einander und zu anderen Verpflichteten — Verfahren.** Bearbeitet von Dr. **K. Lippmann**, Reg.-Rat Geh. Rat Dr. **L. Laß** und **H. Siefart**, vortrag. Räte im Reichsamt des Innern. 1912. Im Druck.

107. Zweites Buch. **Krankenversicherung.** Von Geh. Reg.-Rat **H. Siefart**, vortrag. Rat im Reichsamt des Innern. 1912. Im Druck.

108. Drittes Buch. **Unfallversicherung.** Von Geh. Reg.-Rat **A. Radtke**, Senatsvorsitzender im Reichsversicherungsamt. 1912. Im Druck.

109. Viertes Buch. **Invaliden- und Hinterbliebenenversicherung.** Bearbeitet von Geh. Ober-Regierungs-Rat **B. Jaup**, vortragender Rat im Reichsamt des Innern und **H. Follmann**, Geh. Reg.-Rat im Reichsversicherungsamt. 1912. 4 M.

Guttentag'sche Sammlung

Preußischer Gesetze.

Text-Ausgaben mit Anmerkungen. Taschenformat.

---

1. Die **Verfassungs-Urkunde** für den Preußischen Staat. Mit Einleitung, vollständigem Kommentar. Von Prof. Dr. **Adolf Arndt. 7. Aufl.** 1911. 4 M.

2. Preußische **Beamten-Gesetzgebung.** Enthaltend die wichtigsten Beamtengesetze in Preußen. Von **C. Pfafferoth. 4., neubearb. Aufl.** 1905. Mit Anhang: Abänderung vom 27. Mai 1907. 2 M.

3. **Die Aufnahme des Nottestaments** durch die bestellten Urkundspersonen. Anweisung mit Musterbeispielen und Abriß des Erbrechts von Amtsgerichtsrat **C. Kurtz.** 1904. 1 M. 50 Pf.

4. **Gebührenordnung** für **Notare** vom 25. Juli 1910. **4. Aufl.** bearbeitet von Justizrat **Rausnitz.** 1910. 2 M. 20 Pf.

5. Gesetz vom **24. April 1854 (betr. die außerehel. Schwängerung).** Von Dr. **Schulze.** 1873. 75 Pf.
   Gültiges Recht siehe: Reichsgesetze Nr. 58.

6. Die **Preuß. Ausführungsgesetze und Verordnungen zu den Reichs-Justizgesetzen.** Von **R. Sydow. 3. vermehrte Aufl.** 1895. 2 M. 40 Pf. Siehe Seite 24, Busch-Eylau, Ausführungsgesetze.

7. **Allg. Gerichtsordnung** und Preuß. **Konkursordnung.** Von **F. Vierhaus.** Vergriffen.

8. **Vormundschaftsordnung.** Von **F. Schultzenstein.**
   Gültiges Recht siehe: Reichsgesetze Nr. 47.

9. Die Preußische **Grundbuchgesetzgebung.** Von Prof. Dr. **Fischer.** Vergriffen. Siehe: Reichsgesetze Nr. 42.

10. **Einkommensteuergesetz.** Von **A. Fernow,** Geh. Ober-Finanzrat. **7. Aufl.** 1908/9. Mit Nachtrag, enth. die Bestimmungen v. 22. März und 26. Mai 1909. 3 M. 25 Pf. Neue Aufl. im Druck.

11. **Gewerbesteuergesetz.** Von **A. Fernow,** Geh. Ober-Finanzrat. **5., vermehrte Aufl.** 1910. 3 M.

12. **Allgemeines Berggesetz** für die Preußischen Staaten vom 24. Juni 1865. Von **W. Westhoff** und **W. Schlüter. 3. Aufl.** bearbeitet von **Schlüter** und **Hense.** 1913. 7 M. 50 Pf.

13. **Ergänzungssteuergesetz** (V e r m ö g e n s s t e u e r g e s e t z). Von **A. Fernow,** Geh. Ober-Finanzrat. **4. vermehrte Aufl.** 1907. 2 M. 40 Pf.

14. **Kommunalabgabengesetz.** Vom 14. Juli 1893 und Gesetz wegen Aufhebung direkter Staatssteuern. Von Dr. **F. Adickes,** Oberbürgermeister. **5. Aufl.** Bearbeitet von Stadtrat Dr. **Woell.** 1911. 2 M. 40 Pf.

15. Die **Kreisordnungen** für den Preußischen Staat. Von **O. Kolisch,** Landgerichtsrat. 1894. 4 M.

16. **Konzessionierung gewerblicher Anlagen.** Preuß. Ausführungs-Anweisung zu §§ 16 u. ff. der Gewerbe-Ordnung. Von Dr. **W. v. Rüdiger,** Geh. Regierungs- u. Gewerberat. **2. Aufl.** 1901. 2 M.

17. Preußisches **Gerichtskostengesetz.** Vom 25. Juli 1910. Mit Kostentabellen. Von Dr. **P. Siméon, Kammergerichtsrat. 6. Aufl.** 1910. 3 M. 60 Pf.

18. Preußisches **Stempelsteuergesetz** vom 30. Juni 1909. Mit sämtlichen Ausführungsbestimmungen. Von **P. Loeck**, Geh. Regierungsrat. **7. Aufl.** 8°. 1911. 7 M.

19. Das **Jagdscheingesetz.** Mit ausführlichen Erläuterungen. Von **F. Kunze**, Wirklichem Geh. Ober-Regierungsrat. **2. Aufl.** 1899. 2 M.

20. Die **preußischen Erbschaftssteuergesetze.** Unter Berücksichtigung der Novelle vom 31. Juli 1895. Von **U. Hoffmann**, Rechnungsrat im Königl. preuß. Finanzministerium. 1905. 4 M.

(Reichs-Erbschaftssteuergesetz s. Reichsgesetze Nr. 77).

21. Gesetz über die **Handelskammern.** Von **F. Lusensky**, Geh. Regierungsrat. **2. Aufl.** 1909. 3 M.

22. Gesetz, betr. **Anstellung und Versorgung der Kommunalbeamten.** Von Dr. **W. Ledermann**, Magistratsassessor zu Berlin. 1899. 1 M. 25 Pf.

23. **Ausführungsgesetz zum Bürgerlichen Gesetzbuche.** Von Kammergerichtsrat Dr. **P. Simeon. 2. Aufl.** 1905. 1 M. 80 Pf. Siehe auch Busch-Eylau S. 24.

24. Die **Hinterlegungsordnung** in der Fassung des Ausführungsgesetzes zum BGB. vom 20. Sept. 1899 nebst Ausführungsbestimmungen. Von Regierungsrat Dr. **Georg Bartels. 2. Aufl.** 1908. 2 M.

25. **Preußische Kommunalbeamtengesetzgebung.** Von Magistrats-Assessor Dr. **Fr. Kremski**, Berlin. 1901. 3 M.

26. Gesetze über das **Diensteinkommen der Lehrer und Lehrerinnen, Ruhegehalt und Fürsorge für Hinterbliebene.** Tabelle zur Berechnung der Ruhegehalts-, Witwen- und Waisenbezüge. Von Dr. **Ed. Cremer,** Beigeordneter. 1900. 2 M. 40 Pf.

27. Gesetz, betreffend die **Warenhaussteuer.** Von Geh. Ober-Finanzrat Dr. **G. Strutz.** 1900. 1 M. 20 Pf.

28. Gesetz über die **Fürsorgeerziehung Minderjähriger.** Von Landgerichtsdirektor Dr. **P. F. Aschrott. 2. umgearbeitete Aufl.** 1907. 2 M. 80 Pf.

29. Gesetz, betr. **die ärztlichen Ehrengerichte, das Umlagerecht und die Kassen der Aerztekammern.** Von Amtsgerichtsrat Dr. **F. Fidler.** 1901. 1 M. 50 Pf.

30. Das **Preußische Staatsschuldbuch** und **Reichsschuldbuch.** Von Wirkl. Geh. Ober-Finanzrat **J. Mücke.** 1902. 2 M.

31a. **Die geltenden Preußischen Gesindeordnungen.** Herausgegeben in zwei Bänden von **Stephan Gerhard,** Rechtsanwalt in Berlin. **1902.**

Band I: Gesindeordnung für die altpreußischen Provinzen vom 8. Nov. 1810, mit Erläuterungen unter Berücksichtigung der Ergänzungsgesetze und der Rechtsverhältnisse der Gesindevermieter, sowie die Gesindeordnungen für Neuvorpommern und Rügen und für die Rheinprovinz. 2 M. 50 Pf. Neue Aufl. in Vorbereitung.

31b. **Band II:** Gesindeordnungen für Hannover, Schleswig-Holstein, Hessen-Nassau und den Regierungsbezirk Hohenzollern. 2 M. 50 Pf.

Siehe auch Seite 25: Ratgeber von Grieben.

32. **Die Städteordnung für die sechs östlichen Provinzen Preußens** vom 30. Mai 1853. Von Dr. jur. **Walter Ledermann**, Stadtrat zu Berlin. **2. Aufl.** 1913. 7. M.

33. **Rentenguts- und Anerbenrechts-Gesetzgebung in Preußen.** Von Landgerichtsrat **M. Peltasohn** und Rechtsanwalt **Bruno Peltasohn.** 1903. 3 M.

34. Sammlung der wichtigsten **preußischen Strafgesetze** nebst Anhang: Gesetz betr. polizeiliche Strafverfügungen vom 23. April 1883. Von **Otto Lindemann,** Geheimen Justizrat. 1912. **2. Aufl.** 3 M. 50 Pf.

35. **Geschäftsordnung für Gerichtsvollzieher.** Gerichtsvollzieherordnung und Gebührensätze von Amtsgerichtssekretär **Emil Exner.** 1904. 3 M. 50 Pf.

36. **Polizeiverordnungen in Preußen.** Von **Otto Lindemann,** Geheimen Justizrat. 1912. **2. Aufl.** 2 M. 50 Pf.

37. Gesetz über die **Enteignung von Grundeigentum** vom 11. Juni 1874. Von Oberlandesgerichtsrat **O. Meyer. 2. Aufl.** 1911. 2 M. 25 Pf.

38. **Kreis- und Provinzial-Abgabengesetz.** Vom 23. April 1906. Von **Fr. Schmidt,** Gemeindevorsteher. 1906. 1 M. 25 Pf.

39. Gesetz, betr. die **Unterhaltung der öffentl. Volksschulen.** Von Dr. **A. Marcks,** Reg.-Rat. 1906. 2 M.

40. **Verwaltungsstrafverfahren** bei Zuwiderhandlungen gegen die Zollgesetze und indirekte Reichs- und Landesabgaben, sowie die Bestimmungen über die Schlacht- und Wildpretsteuer vom 26. Juli 1897. Von Dr. **Richard Katzenstein,** Gerichtsassessor. 1907. 3 M. 60 Pf.

41. Die **preußischen Jagdpolizeigesetze.** Von **Fr. Kunze,** Wirkl. Geh. Oberregierungsrat und **R. Kühnemann,** Rechtsanwalt. **2. Aufl.** 1907. 3 M. 60 Pf.

42. Die Gesetzgebung über die **Allgemeine Landesverwaltung** und über die **Zuständigkeit der Verwaltungs- und Verwaltungsgerichtsbehörden.** Von Rechtsanwalt Dr. **Karl Friedrichs.** 1908. 3 M.

43. Gesetz betr. die **Zulassung einer Verschuldungsgrenze** für land- und forstwirtschaftlich benutzte Grundstücke nebst Ausführungsvorschriften. Von Dr. jur. **R. Lewed,** Syndikus der Ostpreuß. Landschaft. 1908. 2 M. 40 Pf.

44. **Quellenschutzgesetz** nebst den Ausführungsbestimmungen von **Carl Voelkel,** Geheimer Bergrat. 1909. 1 M.

45. **Rechtsverhältnisse der Juden in Preußen** von Dr. jur. **Max Kollenscher,** Rechtsanwalt. 1910. 2 M. 40 Pf.

46. **Austritt aus der Landeskirche** vom 14. Mai 1873. Von Gerichtsassessor **Hrch. Chr. Caro.** 1911. 2 M. 40 Pf.

47. Gesetz, betr. die **Feuerbestattung** vom 14. Sept. 1911 nebst Ausführungsanweisung von Amtsgerichtsrat Dr. **W. Lohmann.** 1911. 1 M. 50 Pf.

48. **Zweckverbandsgesetz für Großberlin** vom 19. Juli 1911 nebst Abdruck des allgemeinen Zweckverbandsgesetzes. Von Magistratsräten Dr. **Ludw. Brühl,** Dr. **Kurt Gordan** und Stadtrat Dr. **Walter Ledermann** in Berlin. 1912. 4 M.

49. **Gesetze gegen die Verunstaltung landschaftlich hervorragender Gegenden** mit Ausführungsanweisuugen. Von Regierungsrat **Otto Goldschmidt.** 1912. 2 M. 50 Pf.

50. **Gesetz, betr. die Anlegung und Veränderung von Straßen und Plätzen in Städten und ländlichen Ortschaften** vom 2. Juli 1875 von Oberlandesgerichtsrat **O. Meyer.** 1912. 3 M.

51. **Preußisches Disziplinargesetz** von **Dultzig** im Druck.

52. **Preußisches Wassergesetz** von **Wulff** im Druck.

Guttentag'sche Sammlung
von Text-Ausgaben mit Sachregister ohne Anmerkungen.

Taschenformat, elegant in Leinen gebunden.

Zivilprozeßordnung mit **Gerichtsverfassungsgesetz** und **Einführungsgesetzen.** Neue Fassung. Mit der Novelle vom 22. Mai 1910. 2 M.

Konkursordnung mit **Einführungsgesetz.** 80 Pf.

Bürgerliches Gesetzbuch nebst **Einführungsgesetz.** 10. Abdruck. 2 M. 50 Pf.

Handelsgesetzbuch nebst **Einführungsgesetz** und **Seerecht.** 8. Abdruck. 1910. 1 M. 80 Pf.

Reichsversicherungsordnung von 1911 (**Kranken-**, Unfall-, Invaliden- und Hinterbliebenenversicherung). ca 2 M. 50 Pf.

Militärstrafgerichtsordnung nebst **Einführungsgesetz** u. Gesetzen, betr. Dienstvergehen der richterlichen Militärjustizbeamten und unfreiwillige Versetzung derselben usw. mit **Militär-Strafgesetzbuch.***) **2. Aufl.** 1 M. 50 Pf.

*) Ist auch einzeln zu haben. Preis 1 M.

Wechselordnung in der neuesten Fassung mit Anhang: **Wechselprozeß und Ausführungsanweisung.** 1908. 1 M.

Die Preußischen Ausführungsgesetze zum Bürgerlichen Gesetzbuche und Nebengesetze. 5. Aufl. 1 M. 80 Pf.

Reichsfinanzgesetze von 1909 einschließlich der **Reichsstempelgesetze** und des **Erbschaftssteuergesetzes.** 1909. 2 M.

Zuwachssteuergesetz vom 14. Februar 1911. 80 Pf.

Ausführungsbestimmungen zum Zuwachssteuergesetz vom 27. März 1911. 60 Pf.

Versicherungsgesetz für Angestellte vom 20. Dez. 1911. 1 M. 25 Pf.

Strafgesetzbuch. Mit ausführl. Sachregister. 1912. 1 M. 20 Pf.

Struckmann-Koch, Zivilprozeßordnung für das Deutsche Reich nebst den auf den Zivilprozeß bezüglichen Bestimmungen des Gerichtsverfassungsgesetzes und den Einführungsgesetzen. In den neuen Fassungen mit der Novelle von 1910. Kommentar. Herausgegeben unter Mitwirkung von **R. Rasch**, Landgerichtspräsident in Altona, Dr. **P. Koll**, Senatspräsident beim Oberlandesgericht in Cöln, Dr. **Flechtheim**, Rechtsanwalt beim Oberlandesgericht in Cöln. **9., umgearbeitete Auflage.** 1910. Lex.-8°. 24 M., geb. 26 M.

Pinner, Kommentar zum Gesetz **gegen den unlauteren Wettbewerb** vom 7. Juni 1909. **2. Aufl.** Herausgegeben von Justizrat **Albert Pinner** und Rechtsanwalt Dr. **Erich Eyck.** 1910. Gr.-8°. 5 M. 50 Pf., geb. 6 M. 50 Pf.

Deutsches Nahrungsmittelrecht für Juristen, Mediziner, Chemiker und Gewerbetreibende von Dr. **Georg Lebbin**, Nahrungsmittelchemiker und Dr. **Georg Baum**, Rechtsanwalt. 1907. 8°. Zwei Bände. Erster Teil: **Handbuch des Nahrungsmittelrechts.** Von Dr. **Georg Lebbin** und Dr. **Georg Baum.** Preis geb. 8 M. Zweiter Teil: **Amtliche Untersuchungsmethoden für Chemiker.** Zusammengestellt von Dr. **Georg Lebbin.** Preis geb. 8 M.

Kommentar zum Börsengesetz. Im Auftrage des Centralverbandes des Deutschen Bank- und Bankiergewerbes bearbeitet von Dr. **H. Rehm**, Dr. **H. Trumpler, Heinrich Dove**, Dr. **Ernst Neukamp**, Dr. **R. Schmidt-Ernsthausen**, Dr. **James Breit.** Mit Vorwort von Dr. **J. Riesser.** 1909. Gr.-8°. 12 M., geb. 13 M.

Patentgesetz und Gesetz, betr. den **Schutz von Gebrauchsmustern.** Von Justizrat Dr. **A. Seligsohn. 4., neubearbeitete Auflage.** 1909. Gr.-8°. 12 M., geb. in Leinen 13 M.

Die Rechtsverhältnisse der öffentlichen Anleihen. Von Geh. Regierungsrat Dr. **G. E. Freund.** Gr.-8°. 7 M., geb. 8 M.

Die Preußischen Ausführungsgesetze, Verordnungen und ministeriellen Verfügungen zu dem Bürgerlichen Gesetzbuche und den Reichs-Justizgesetzen nebst anderen zugehörigen Gesetzen. Von **L. Busch. 2. Aufl.** von Landrichter **O. Eylau.** 8°. Preis geb. 4 M. 50 Pf.

Preußische Bürgerliche Gesetzsammlung. Sammlung der noch geltenden Landesgesetze privatrechtlichen Inhalts. Herausgegeben von den Gerichtsassessoren **D. Fischer** und Dr. **F. Schroeder.** 8°. 2 Bände Preis geb. in ganz Leinen 20 M.

Erster Band: **Das Allgemeine Landrecht mit den Einführungs-Patenten.** Preis 6 M.

Zweiter Band: **Gesetze von 1773—1902.** Preis 14 M.

Preußisches Baupolizeirecht. Mit Kommentar der Baupolizeiverordnung für die Vororte von Berlin. Vom 28. Mai 1907. Von Gemeindebaurat **Carl Saß.** 8°. Preis 6 M.

Straßen- und Baufluchtliniengesetz. Kommentar für den praktischen Gebrauch mit zeichnerischen Darstellungen von Gemeindebaurat **Carl Saß.** 8°. Preis kartonniert 3 M.

Fluchtliniengesetz. —Das Gesetz, betreffend die **Anlegung** und **Veränderung** von Straßen und Plätzen in Städten und ländlichen Ortschaften vom 2. Juli 1875 von Friedrichs. **6., völlig neu bearbeitete Auflage.** Von Senatspräsident Dr. jur. **Hugo von Strauß und Torney.** In Vorbereitung. S. auch Seite 21 Bd. 50.

Die Invaliden- und Hinterbliebenenversicherung nach der **Reichsversicherungsordnung.** Eine systemat. Zusammenstellung der gesetzl. Bestimmungen von Dr. **Richard Freund,** Vorsitzendem der Landes-Versicherungsanstalt Berlin. 1911. 2 M., geb. 3 M.

Wie leitet man eine Versammlung? Geschäftlicher Handweiser für Vorsitzende. Von einem Mitgliede des deutschen Reichstages und des preußischen Abgeordnetenhauses. **2. Aufl.** 1908. kart. 1 M.

Praktischer Ratgeber für Dienstherrschaften nach dem Preuß. Gesinderecht unter Berücksichtigung der neueren Entscheidungen bearbeitet von **H. Grieben,** Verwaltungsdirektor a. D. und Bürgermeister. 1908. 1 M.

Das Recht der Handlungsgehilfen und Handlungslehrlinge. Von Rechtsanwalt **Hugo Horrwitz. 2. Aufl.** Geb. 3 M.

Die Registratur. Von **Hermann Kollrack. 2. Aufl.** 1906. 8°. **Kart.** 1 M. 40 Pf.

Die Pflichten des Waisenrates. Ein praktischer Leitfaden für Waisenräte und Verwaltungsbeamte. Von **F. Baum,** Geh. Justizrat und Vormundschaftsrichter. 8. **vermehrte und verbesserte Auflage.** 1906. 8°. 60 Pf.

Der Vormund, Gegenvormund, Pfleger und Familienrat. Nach dem Bürgerlichen Gesetzbuch, dem Reichsgesetz über die Angelegenheiten der freiwilligen Gerichtsbarkeit und dem Ausführungsgesetz zum BGB. Ein praktischer Leitfaden. Von **F. Baum,** Geh. Justizrat und Vormundschaftsrichter. 1899. 8°. 50 Pf.

Schlagwort-Register.

R. = Nummer der Sammlung Deutscher Reichsgesetze.
P. = Nummer der Sammlung Preußischer Gesetze.
S. = Seite.

Schlagwort-Register. (R. = Reichsgesetz, P. = preuß. Gesetz.)

 Nr. 6. V. 1913. 30000.

FSC
www.fsc.org
MIX
Papier | Fördert
gute Waldnutzung
FSC® C083411

Kolibri 360 GmbH
Ferdinand-Jühlke-Straße 7
99095 Erfurt, Deutschland
produktsicherheit@kolibri360.de